高职高专会计专业项目化系列教材

财务会计实务

（第 3 版）

聂守艳　孟文新　主　编

邓　蕾　刘晓南　副主编

清华大学出版社

北京

内 容 简 介

本书以财政部新修订的企业会计准则和最新税制改革政策为依据，围绕工业企业生产经营过程的主要业务设置课程内容，按照"教、学、做"一体化、"工学结合"的教学模式，在充分吸收同类教材的精华和财务会计实践内容的基础上编写而成。书中以对外报告的会计信息生成为主线，以会计实际工作岗位中的会计核算任务为依托，将内容设计为若干项目，每一项目下均设有能力目标、知识目标和素质目标，项目导读和工作任务。每一工作任务下均设置"任务导入""任务准备""任务实施(二维码形式)""案例分析""任务小结""任务考核""任务拓展"模块，层次脉络清晰，为教、学、练提供方便。

本书既可作为高等职业院校会计专业的教材，也可作为财经类其他专业的选修教材，还可作为在职会计人员的培训和自学用书。

图书在版编目(CIP)数据

财务会计实务 / 聂守艳，孟文新主编. -- 3 版.

北京：清华大学出版社，2025.7. -- (高职高专会计

专业项目化系列教材). -- ISBN 978-7-302-69645-2

Ⅰ. F234.4

中国国家版本馆 CIP 数据核字第 2025C01D57 号

责任编辑：高　岫
封面设计：高娟妮
版式设计：思创景点
责任校对：成凤进
责任印制：沈　露

出版发行：清华大学出版社

网　　　址：https://www.tup.com.cn，https://www.wqxuetang.com
地　　　址：北京清华大学学研大厦 A 座　　　　　　邮　编：100084
社 总 机：010-83470000　　　　　　　　　　　　邮　购：010-62786544
投稿与读者服务：010-62776969，c-service@tup.tsinghua.edu.cn
质 量 反 馈：010-62772015，zhiliang@tup.tsinghua.edu.cn

印 装 者：三河市铭诚印务有限公司
经　　销：全国新华书店
开　　本：185mm×260mm　　　　印　张：18.5　　　　字　数：485 千字
版　　次：2018 年 3 月第 1 版　　2025 年 8 月第 3 版　　印　次：2025 年 8 月第 1 次印刷
定　　价：59.00 元

产品编号：111631-01

第3版前言

《财务会计实务》自2018年3月出版以来，因内容充分体现了"教、学、做"一体化的职业教育思想，具有独特的编写特色，得到了很多职业院校教师和学生的肯定与支持。党的二十大报告指出："培养造就大批德才兼备的高素质人才，是国家和民族长远发展大计。"为适应新形势下会计人才培养的需求，我们结合国内外财务会计领域的最新研究成果、会计准则的更新动向及教学实践中的反馈，对《财务会计实务》第2版教材进行了全面修订，推出第3版。本书结合企业会计准则的新内容，及时反映会计发展的最新动态，修订了部分陈旧的内容；配合初级会计技术资格考试内容要求，增加了一些新内容；为了体现教学资源立体化，将部分任务以二维码形式呈现，同时增加拓展学习资料，让学生更深入地掌握财务会计实务相关知识。

修订后本书主要体现了以下三个方面的特点。

1. 内容与时俱进，满足实际需要

本书将企业会计准则的新内容和税制改革的新政策融入所涉及的项目任务中，及时反映会计发展的最新动态，体现了时效性。

本书结合职业院校学生参加专业资格考试的需要，内容覆盖现行初级会计实务考试中财务会计的知识；结合就业需要，内容涉及出纳、往来、薪酬等岗位的会计核算业务，体现了实用性。

2. 融入素质元素，注重德能兼修

本书将职业素养教育融入专业教学，如通过案例分析引导学生树立"以财资政、以财辅政"的职业价值观，培养学生爱岗敬业、诚实守信、廉洁自律、客观公正、坚持准则等职业素养和品质，教育学生树立正确的价值观和人生观，为学生的职业能力发展奠定良好的基础。

3. 配套资源丰富，方便教与学

为方便教学和提升教学效果，本书配备多种教学资源，包括电子课件、课程标准、教学大纲、案例、教案、初级会计实务演练、实训演练等，并逐步完善教学视频和其他相关教学资源。为方便教学，教师可扫描右侧二维码获取本书配套教学资源。

教学资源

本书由聂守艳(辽宁金融职业学院)、孟文新(辽宁金融职业学院)担任主编，邓蕾(辽宁金融职业学院)、刘晓南(辽宁金融职业学院)担任副主编，岳涓(辽宁金融职业学院)、宁宇鹏(辽宁波尔莱特农牧实业集团有限公司)参与了本书的编写工作。具体编写分工如下：孟文新负责编写项目导论、项目一，聂守艳负责编写项目二、项目三，邓蕾负责编写项目四、项目五，刘晓南负责编写项目六，岳涓负责编写项目七，宁宇鹏负责编写项目八。全书由孟文新

负责修订提纲和总纂工作。

由于作者水平有限,书中难免存在疏漏和不足之处,敬请广大读者批评指正,以便在日后不断修改完善。

编　者

2025 年 6 月

目 录

项目导论 财务会计认知

能力目标

1. 能够合理选择会计依据，处理会计事项。
2. 能够列示资产负债表要素和利润表要素。
3. 能够运用基础会计知识编制资产负债表和利润表。

知识目标

1. 了解企业会计岗位的设置及其核算的主要经济业务。
2. 理解财务会计的概念，掌握财务会计的基本要素。
3. 熟知企业经济业务核算的基本要求。
4. 掌握资产负债表、利润表的结构及其编制方法。

素质目标

1. 遵守会计法律法规，具备良好的会计职业道德。
2. 能够与他人交流合作，具备良好的沟通和协调能力。
3. 具有较强的自我学习能力，具备相关业务的职业判断能力。

任务 财务会计工作情境体验

任务导入

张力和刘明于 2024 年 11 月 30 日共同出资成立了隆兴商贸有限责任公司，注册资本为 1 000 000 元。其中，刘明投入人民币存款 400 000 元，张力投入人民币存款 50 000 元、专利技术 150 000 元、设备等固定资产 400 000 元，全部出资已到账。

2024 年 12 月，隆兴商贸有限责任公司发生了以下交易事项：

(1) 向旭日服装制造公司购入了 1 000 套服装，每套进价成本为 500 元，通过银行转账支付 400 000 元，其余暂欠；

(2) 本月售出服装 800 套，每套售价为 1 000 元，已向银行办理进账手续；

(3) 用转账支票支付广告费 10 000 元。

(注：假定不考虑相关税费，款项均通过银行收付。)

要求： 请以隆兴商贸有限责任公司会计的身份对该公司相关业务进行账务处理，编制资产负债表和利润表，如表 0-1、表 0-2 所示。

表 0-1 资产负债表

编制单位：隆兴商贸有限责任公司　　　　　　　　2024 年 12 月 31 日

会企 01 表
单位：元

资产	期末余额	上年年末余额	负债及所有者权益	期末余额	上年年末余额
流动资产：			流动负债：		
货币资金			短期借款		
交易性金融资产			交易性金融负债		
应收票据			应付票据		
应收账款			应付账款		
应收款项融资			预收款项		
预付款项			合同负债		
其他应收款			应付职工薪酬		
存货			应交税费		
合同资产			其他应付款		
持有待售资产			持有待售负债		
一年内到期的非流动资产			一年内到期的非流动负债		
其他流动资产			其他流动负债		
流动资产合计			流动负债合计		
非流动资产：			非流动负债：		
债权投资			长期借款		
其他债权投资			应付债券		
长期应收款			其中：优先股		
长期股权投资			永续债		
其他权益工具投资			租赁负债		
其他非流动金融资产			长期应付款		
投资性房地产			预计负债		
固定资产			递延收益		
在建工程			递延所得税负债		
生产性生物资产			其他非流动负债		
油气资产			非流动负债合计		
使用权资产			负债合计		
无形资产			所有者权益(或股东权益)：		
开发支出			实收资本(或股本)		
商誉			其他权益工具		
长期待摊费用			其中：优先股		
递延所得税资产			永续债		
其他非流动资产			资本公积		
非流动资产合计			减：库存股		
			其他综合收益		
			专项储备		
			盈余公积		
			未分配利润		
			所有者权益(或股东权益)合计		
资产总计			负债和所有者权益(或股东权益)总计		

表 0-2　利润表

会企02表

编制单位：隆兴商贸有限责任公司　　　　　　2024 年 12 月　　　　　　单位：元

项目	本期金额	上期金额
一、营业收入		
减：营业成本		
税金及附加		
销售费用		
管理费用		
研发费用		
财务费用		
其中：利息费用		
利息收入		
加：其他收益		
投资收益(损失以"－"号填列)		
其中：对联营企业和合营企业的投资收益		
以摊余成本计量的金融资产终止确认收益(损失以"－"号填列)		
净敞口套期收益(损失以"－"号填列)		
公允价值变动收益(损失以"－"号填列)		
信用减值损失(损失以"－"号填列)		
资产减值损失(损失以"－"号填列)		
资产处置收益(损失以"－"号填列)		
二、营业利润(亏损以"－"号填列)		
加：营业外收入		
减：营业外支出		
三、利润总额(亏损总额以"－"号填列)		
减：所得税费用		
四、净利润(净亏损以"－"号填列)		
(一) 持续经营净利润(净亏损以"－"号填列)		
(二) 终止经营净利润(净亏损以"－"号填列)		
五、其他综合收益的税后净额		
(一) 不能重分类进损益的其他综合收益		
1. 重新计量设定受益计划变动额		
2. 权益法下不能转损益的其他综合收益		
3. 其他权益工具投资公允价值变动		
4. 企业自身信用风险公允价值变动		
……		
(二) 将重分类进损益的其他综合收益		
1. 权益法下可转损益的其他综合收益		
2. 其他债权投资公允价值变动		
3. 金融资产重分类计入其他综合收益的金额		
4. 其他债权投资信用减值准备		
5. 现金流量套期储备		
6. 外币财务报表折算差额		
……		
六、综合收益总额		
七、每股收益		
(一) 基本每股收益		
(二) 稀释每股收益		

✎ 任务准备

一、财务会计的概念

财务会计是以货币为主要计量单位，依据相关法律法规，按照一定的程序，采用一系列专门方法,对企业经济活动进行全面、连续、系统、综合的核算和监督,并向财务报告使用者提供企业财务信息的一种管理活动。财务会计属于对外报告会计。

财务会计的概念可以从以下几个方面理解:①财务会计的本质是起源于生产实践的一种具有管理职能的活动;②财务会计核算的依据是《中华人民共和国会计法》《企业会计准则》及相关制度;③财务会计的对象是社会再生产过程中能以货币表现的经济活动,即经济业务(会计事项);④财务会计的基本职能是核算和监督;⑤财务会计以货币为主要计量单位,对经济活动的核算和监督具有全面性、连续性、系统性和综合性的特点;⑥财务会计按照"填制和审核凭证—登记账簿—编制会计报表"的基本程序对日常经济业务进行账务处理;⑦财务会计的基本目标是向财务报告使用者提供与企业财务状况、经营成果和现金流量等有关的会计信息,反映企业管理层受托责任的履行情况,有助于财务报告使用者做出经营决策;⑧财务会计工作运用一系列的专门方法,包括会计核算方法、会计分析方法、会计检查方法,其中会计核算方法是会计最基本的方法之一。会计核算方法包括设置账户、复式记账、填制和审核凭证、登记账簿、成本计算、财产清查和编制会计报表,这7种方法构成了一个完整的、科学的方法体系。

二、财务会计的基本要素

财务会计要素是对财务会计对象进行的基本分类。作为反映企业财务状况和经营成果的基本单位,会计要素又是会计报表的基本构件,也称为会计报表要素。会计要素可以划分为反映财务状况的会计要素和反映经营成果的会计要素。由于会计要素不能反映企业经济业务的具体内容,有必要对其做进一步分类。会计科目就是按照经济业务的内容和经济管理的要求,对会计要素的具体内容进行科学分类的项目名称。我国的《企业会计准则》中规定了主要会计科目及其核算内容,但会计科目仅仅是一个名称,要记录经济业务的增减变化需要在账户中具体操作。账户是依据会计科目开设的、具有一定格式结构、用来记载经济业务增减变化的载体。有关财务会计对象与会计要素及会计科目、账户之间的关系,如图0-1所示。

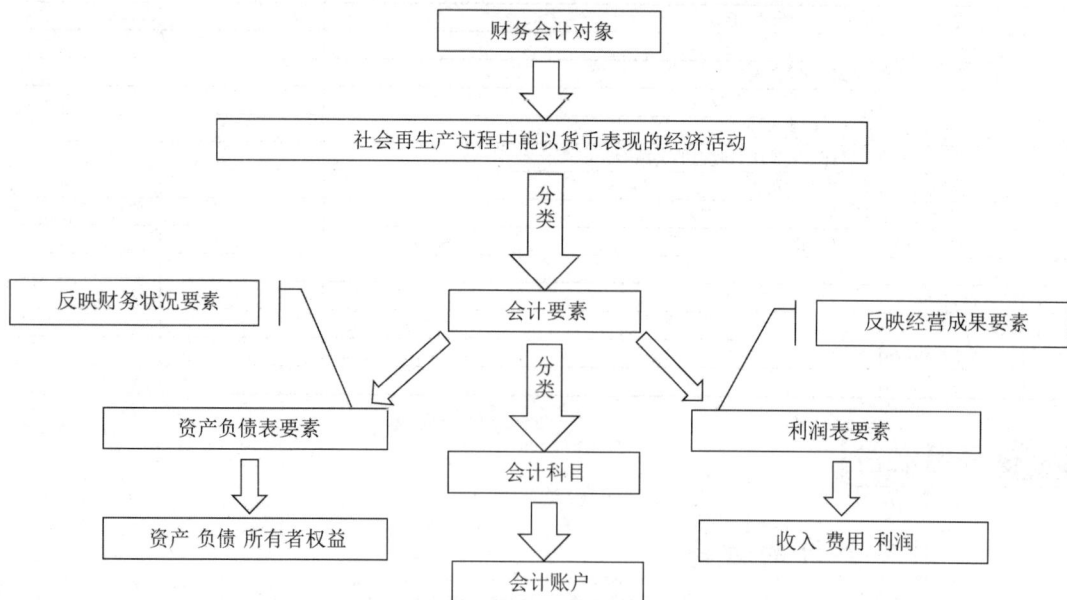

图 0-1 有关财务会计对象与会计要素及会计科目、账户之间的关系

(一) 反映财务状况的会计要素——资产负债表要素

1. 资产

资产是指企业过去的交易或者事项形成的、由企业拥有或者控制的、预期会给企业带来经济利益的资源。

企业的资产按其流动性分类，可以分为流动资产和非流动资产。其中，流动资产主要包括货币资金、交易性金融资产、应收及预付款项、存货等；非流动资产包括长期股权投资、固定资产、在建工程、无形资产及其他非流动资产等。

2. 负债

负债是指企业过去的交易或者事项形成的、预期会导致经济利益流出企业的现时义务。

会计上将负债按其流动性划分为流动负债和非流动负债两大类。其中，流动负债主要包括短期借款、应付及预收款项、应付职工薪酬、应交税费等；非流动负债包括长期借款、应付债券、长期应付款等。

3. 所有者权益

所有者权益是指企业资产扣除负债后由所有者享有的剩余权益，其金额为资产减去负债后的余额。所有者权益包括实收资本(或股本)、资本公积、其他综合收益、盈余公积和未分配利润等。其中，盈余公积和未分配利润又合称为留存收益。

资产、负债和所有者权益三者之间存在着内在的平衡关系，即资产＝负债＋所有者权益，这一会计等式是会计复式记账、会计核算和编制资产负债表的理论基础。其中，资产表明企业拥有的资源有多少，在企业资金运动中反映资金的占用形态；负债和所有者权益则表明企业所拥有的资源的权属，在企业资金运动中反映资金的来源。资产、负债和所有者权益实质上是同一价值运动的两个方面。从数量上讲，资产总额必然等于负债和所有者权益总额，无论企业发生任何经济业务，都不能破坏资产、负债和所有者权益之间的内在平衡关系。

(二) 反映经营成果的会计要素——利润表要素

1. 收入

收入是指企业在日常经营活动中形成的、会导致所有者权益增加的、与所有者投入资本无关的经济利益的总流入。收入按照企业经营业务的主次不同，分为主营业务收入和其他业务收入。

2. 费用

费用是指企业在日常活动中发生的、会导致所有者权益减少的、与向所有者分配利润无关的经济利益的总流出。按照费用与收入的关系，费用可以分为营业成本、税金及附加和期间费用。

3. 利润

利润是指企业在一定会计期间的经营成果。利润包括收入减去费用后的净额、直接计入当期利润的利得和损失等。其中，收入减去费用后的净额反映企业日常活动的业绩。直接计入当期利润的利得和损失是指应当计入当期损益，会导致所有者权益发生增减变动的，与所有者投入资本或者向投资者分配利润无关的利得或损失。

"收入－费用＝利润"这一会计等式是企业编制利润表的理论基础。需要注意的是，这里的收入和费用指的并不仅仅是会计要素中的收入和费用，还是广义上的收入和费用。

三、核算经济业务的基本要求

(一) 遵守会计职业道德

会计职业道德是会计人员从事会计工作应当遵循的道德标准。根据《会计基础工作规范》规定，会计人员在会计工作中应当遵守职业道德，树立良好的职业品质、严谨的工作作风，严守工作纪律，努力提高工作效率和工作质量。会计人员应遵守的职业道德的内容主要包括以下几个方面。

(1) 爱岗敬业。爱岗敬业要求会计人员热爱会计工作，安心本职岗位，忠于职守，尽心尽力，尽职尽责，切实对单位、对社会公众、对国家负责。

(2) 诚实守信。诚实守信要求会计人员做老实人，说老实话，办老实事，不弄虚作假；保守秘密，不为利益所诱惑。

(3) 廉洁自律。廉洁自律要求会计人员公私分明，不贪不占，遵纪守法，清正廉洁。

(4) 客观公正。客观公正要求会计人员端正态度，依法办事，实事求是，不偏不倚，保持应有的独立性。

(5) 坚持准则。坚持准则要求会计人员熟悉国家法律、法规和国家统一的会计制度，始终坚持按法律、法规和国家统一的会计制度的要求进行会计核算，实施会计监督。

(6) 提高技能。提高技能要求会计人员增强提高专业技能的自觉性和紧迫感，勤学苦练，刻苦钻研，不断进取，提高业务水平。

(7) 参与管理。参与管理要求会计人员在做好本职工作的同时，努力钻研相关业务，全面熟悉本单位经营活动和业务流程，主动提出合理化建议，协助领导决策，积极参与管理。

(8) 强化服务。强化服务要求会计人员树立服务意识，提高服务质量，努力维护和提升会计职业的良好形象。

根据《中华人民共和国会计法》《会计基础工作规范》，财政部研究制定了《会计人员职业道德规范》，并于 2023 年 1 月颁布，具体内容如下。

(1) 坚持诚信，守法奉公。牢固树立诚信理念，以诚立身、以信立业，严于律己、心存敬畏。学法知法守法，公私分明、克己奉公，树立良好职业形象，维护会计行业声誉。

(2) 坚持准则，守责敬业。严格执行准则制度，保证会计信息真实完整。勤勉尽责、爱岗敬业，忠于职守、敢于斗争，自觉抵制会计造假行为，维护国家财经纪律和经济秩序。

(3) 坚持学习，守正创新。始终秉持专业精神，勤于学习、锐意进取，持续提升会计专业能力。不断适应新形势新要求，与时俱进、开拓创新，努力推动会计事业高质量发展。

(二) 执行会计法律法规制度

会计法律法规制度是会计人员正确处理会计工作所要遵循的行为标准，是指导和约束会计行为合法化、合理化和有效化的依据。我国的会计法律法规制度主要包括会计法律、会计行政法规、会计部门规章和会计规范性文件。会计人员从事会计工作，应当严格执行会计法律法规制度的各项规定。

1. 会计法律

会计法律是指由全国人民代表大会及其常务委员会经过一定立法程序制定的有关会计工作的法律。我国目前有两部会计法律，分别是《中华人民共和国会计法》和《中华人民共和国注册会计师法》。其中，《中华人民共和国会计法》是我国会计工作的根本性法律，也是制定其他会计法规的依据。

2. 会计行政法规

会计行政法规是指由国务院制定发布或者由国务院有关部门拟定并经国务院批准发布的，用于调整经济生活中某些方面会计关系的法律规范。我国当前施行的《总会计师条例》和《企业财务会计报告条例》等都属于行政法规。

3. 会计部门规章

会计部门规章是根据《中华人民共和国会计法》规定的程序，由财政部制定的以财政部部长签署命令(部长令)形式予以公布的有关会计工作的制度办法。《企业会计准则——基本准则》属于部门规章。

4. 会计规范性文件

会计规范性文件是财政部制定并发布的有关会计工作的制度办法。制定会计规范性文件的目的主要是贯彻执行会计法律、会计行政法规和会计部门规章。会计规范性文件涉及会计工作的各个方面，主要有《企业会计准则第 1 号——存货》等具体准则及其应用指南、《小企业会计制度》等。

(三) 满足会计信息质量要求

会计信息质量要求是对企业财务报告所提供会计信息质量的基本要求，是使财务报告所提供的会计信息对投资者等信息使用者决策有用应具备的基本特征。高质量的会计信息必须有高标准予以保证。按照我国《企业会计准则——基本准则》的规定，会计信息质量标准包括八项，即可靠性、相关性、明晰性、可比性、实质重于形式、重要性、谨慎性和及时性。

1. 可靠性

可靠性又称真实性、客观性，它要求企业应当以实际发生的交易或者事项为依据进行会计确认、计量和报告，如实反映符合确认和计量要求的各项会计要素及其他相关信息，保证会计信息真实可靠、内容完整。换句话说，可靠性要求企业提供的会计信息能如实反映企业财务状况、经营成果和现金流量，不存在重大差错和主观偏见，做到内容真实、数字准确、项目完整、资料可靠。

2. 相关性

相关性又称有用性，它要求企业提供的会计信息应当与财务会计报告使用者的经济决策需要相关，有助于财务会计报告使用者对企业过去、现在或者未来的情况做出评价或者预测。如果会计核算的信息不符合会计信息使用者的要求，即使是客观真实地反映了企业经营情况的会计信息，亦毫无价值。因此，会计的有用性要求企业会计在收集、处理、传递会计信息的过程中，要考虑会计信息的使用者对会计信息需要的不同特点，确保满足企业内外有关方面对会计信息的相关需要。

3. 明晰性

明晰性又称可理解性，它要求企业提供的会计信息应当清晰明了，便于财务会计报告使用者理解和使用。企业提供会计信息的目的在于使用，要使用会计信息首先必须了解会计信息的内涵，弄懂会计信息的内容，这就要求企业提供的会计信息应尽可能简明易懂，以便会计信息使用者理解和利用这些会计信息。

4. 可比性

可比性要求企业提供的会计信息应当具有可比性。这里的可比性是一个广义的概念，它既包括纵向可比，也包括横向可比。

所谓纵向可比，是指同一企业不同时期发生的相同或者相似的交易或者事项，应当采用一致的会计政策，不得随意变更。值得注意的是，满足会计信息可比性要求，并非表明企业不得变更会计政策，如果按照规定或者在会计政策变更后可以提供更可靠、更相关的会计信息，可以变更会计政策。但有关会计政策变更的情况，应当在附注中予以说明。

所谓横向可比，是指不同企业同一会计期间发生的相同或者相似的交易或者事项，应当采用国家规定的会计政策，确保会计信息口径一致、相互可比。例如，采用权责发生制的企业，必须将购置的机器设备、厂房、车辆等固定资产的价值在一定经营期内进行分摊，分期计入费用；如果有的企业不实行权责发生制而采用收付实现制，那么不同主体提供的信息就无法比较。

5. 实质重于形式

实质重于形式要求企业应当按照交易或者事项的经济实质进行会计确认、计量和报告，不应仅以交易或者事项的法律形式为依据。在实际工作中，以融资租赁方式租入的固定资产，虽从法律形式上来讲，企业未拥有其所有权，但是由于租赁合同规定的租赁期接近该资产的有效寿命，租赁期结束时，承租企业有权优先购买该项财产，且在承租期内有权支配资产并从中受益。因此，从该项资产的经济实质来看，使企业能控制其创造未来的经济利益的，在会计核算上应视为企业的资产。

6. 重要性

重要性要求企业提供的会计信息应当反映与企业财务状况、经营成果和现金流量有关的所有重要交易或者事项。

在合理预期下，企业会计信息的省略或者错报会影响使用者据此做出经济决策的，该信息就具有重要性。重要性的应用需要依赖职业判断，企业应当根据其所处环境和实际情况，从项目的性质和金额大小两方面来判断其重要性。

7. 谨慎性

谨慎性又称稳健性，它要求企业对交易或者事项进行会计确认、计量和报告应当保持应有的谨慎，不应高估资产或者收益、低估负债或者费用。

通常，人们在处理一件不确定事项时，往往采取小心谨慎的态度。会计人员也是如此，他们在衡量不确定事项时，宁愿低估资产或者收益也不愿高估它们。在会计核算中，如果对未来某不确定的数量有两种估计结果，即使二者发生的可能性相同，会计人员也应充分考虑可能出现的风险，不要高估企业的资产和收益；而对可能发生的负债或费用要有充分的预见，使会计核算尽可能建立在较为稳妥的基础上，以提高企业应对风险的能力，如企业对未收回的账款必须估计可能发生的坏账等。

8. 及时性

及时性要求企业对于已经发生的交易或者事项，应当及时进行会计确认、计量和报告，不得提前或者延后。及时性原则可以保证会计信息的时效性，如果会计信息不及时传递出去，则无论多么可靠的会计信息都是无用的。

四、会计工作岗位的设置及其核算内容

根据《会计基础工作规范》规定，会计工作岗位一般可分为：会计机构负责人或者会计主管人员、出纳、财产物资核算、工资核算、成本费用核算、财务成果核算、资金核算、往来结算、总账报表、稽核、档案管理等。开展会计电算化和管理会计的单位，可以根据需要设置相

应工作岗位，也可以与其他工作岗位相结合。会计人员的工作岗位可以有计划地进行轮换。

企业应根据自身规模大小、业务量多少及岗位设置的具体要求，对上述工作岗位进行适当的合并或细分，可以一人一岗、一人多岗或者一岗多人。会计机构负责人(或者会计主管人员)是从总体上把握财务部门的相关工作的岗位，稽核、档案管理等属于管理监督的辅助岗位，这些岗位没有实质性的会计业务核算，在会计实务操作中没有体现。出纳、财产物资核算、工资核算、成本费用核算、财务成果核算、资金核算、往来结算等岗位都是进行明细分类核算的岗位，而出纳必须是一个独立的岗位，不得兼任监督稽核、会计档案保管，以及收入、费用、债权债务账目的登记工作。在会计实务中，会计业务核算岗位及其主要核算内容，如图0-2所示。

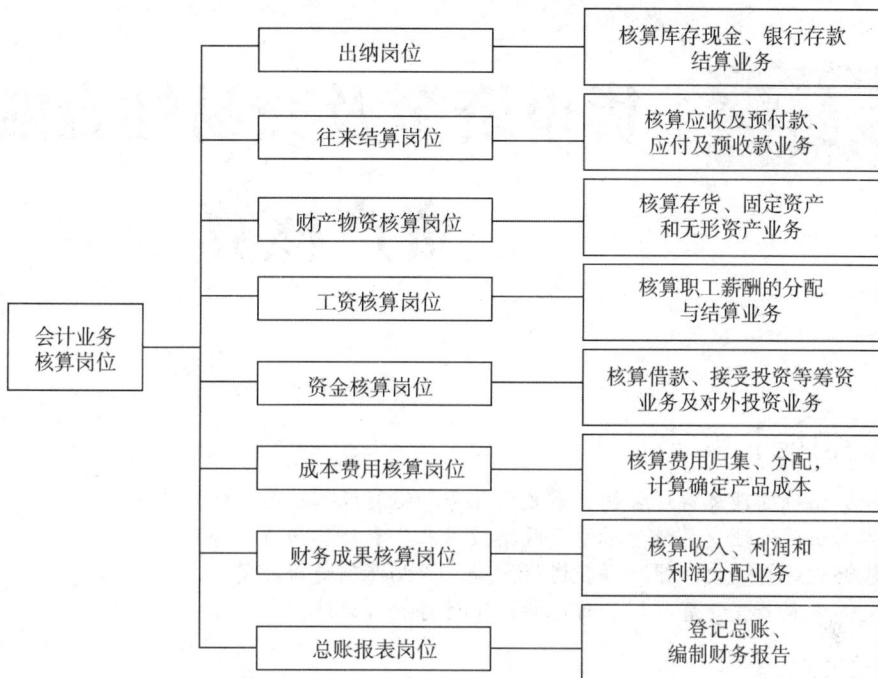

图0-2 会计业务核算岗位及其主要核算内容

项目一 货币资金及交易性金融资产核算

🔍 能力目标

1. 能够正确处理库存现金的日常收付业务和银行结算业务。
2. 能够正确处理交易性金融资产股票投资业务和债券投资业务。
3. 能够对库存现金和银行存款进行清查，查明账实是否相符。
4. 能够设置并登记库存现金日记账、银行存款日记账。

🔍 知识目标

1. 熟悉库存现金和银行存款管理的有关规定。
2. 掌握库存现金、银行存款、其他货币资金的核算内容及核算方法。
3. 掌握交易性金融资产的核算内容及核算方法。

🔍 素质目标

1. 严格执行库存现金管理和银行结算制度，具备良好的职业道德修养。
2. 在货币资金及交易性金融资产业务核算过程中能做到认真、细致、严谨。
3. 能够洞察企业对外投资管理上的漏洞并及时与领导沟通。
4. 保管现金、印章，以及票据、债券等有价证券时应具备安全意识和法律意识。
5. 在与工商、税务、银行等部门打交道时具备良好的沟通和协调能力。

＼ 项目导读

　　作为一名大学生，如果您成功应聘到企业的财会部门工作，一般都需从出纳岗位做起。出纳岗位会计核算涉及的内容主要与货币资金收付业务相关。货币资金是指在企业生产经营过程中以货币形态存在的资产,包括库存现金、银行存款和其他货币资金,它是企业所有资产中流动性最强的。在企业的经济活动中,货币资金起着非常重要的作用,企业应遵循职责分工、交易分开、内部稽核、定期轮岗等原则,建立适合本企业业务特点和管理要求的货币资金内部控制制度,做好货币资金的管理工作。企业拥有了一定数量的货币资金,为了获取收益或资本增值,会进行各项投资活动,如企业以赚取差价为目的从二级市场购入股票、债券、基金等。企业为了近期内出售而持有的金融资产称为交易性金融资产,交易性金融资产预期能在短期内变现以满足日常经营的需要,因此在资产负债表中作为流动资产列示,其流动性仅次于货币资金。货币资金及交易性金融资产核算项目的结构,如图 1-1 所示。

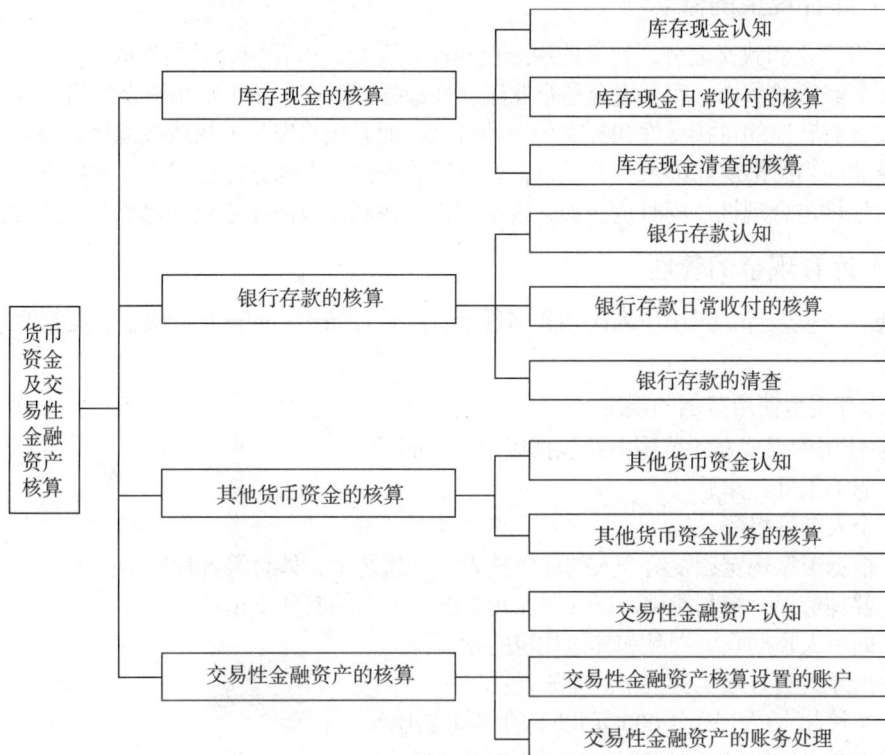

图 1-1 货币资金及交易性金融资产核算项目的结构

任务一 库存现金的核算

任务导入

兴华公司 2024 年 7 月初库存现金余额为 2 000 元。7 月 1 日,签发现金支票一张,从银行提取现金 3 000 元以备零星开支;7 月 4 日,行政办公室购买办公用品,以现金 400 元付讫;7 月 10 日,销售部李华出差,预借差旅费 1 500 元,以现金支付;7 月 12 日,李华出差回来报销差旅费 1 800 元,差额以现金补付;7 月 20 日,清查库存现金短缺 100 元,原因待查;7 月 21 日,现金短缺原

任务实施

因查明，为出纳员王虹工作失误造成，由其负责赔偿，王虹当即交来现金。

要求：请你以兴华公司财会人员的身份对上述业务进行账务处理，并登记库存现金日记账。

任务准备

一、库存现金认知

(一) 库存现金的概念

现金有广义和狭义之分，狭义的现金仅指库存现金。库存现金是指存放于企业财务部门、由出纳人员经管的货币。库存现金是企业流动性最强的资产，属于货币资金的组成内容。库存现金不仅具有普遍的可接受性和收支频繁的特点，而且极易发生差错或被挪用、侵吞、盗窃。因此，企业应当严格遵守国家有关现金管理制度的规定，正确进行现金收支的核算，监督现金使用的合法性与合理性，同时也应加强现金的内部控制，以防止差错和舞弊行为的发生。

(二) 库存现金的管理

根据国务院发布的《中华人民共和国现金管理暂行条例》的规定，现金管理制度主要包括以下内容。

1. 库存现金使用范围的规定

企业使用库存现金的范围主要包括以下几方面：

(1) 职工工资、津贴；

(2) 个人劳务报酬；

(3) 根据国家规定颁发给个人的科学技术、文化艺术、体育等各种奖金；

(4) 各种劳保、福利费用，以及国家规定的对个人的其他支出；

(5) 向个人收购农副产品和其他物资的款项；

(6) 出差人员必须随身携带的差旅费；

(7) 结算起点(人民币 1 000 元)以下的零星支出；

(8) 中国人民银行确定需要支付现金的其他支出。

企业与其他在银行开户单位的经济往来，除上述规定的范围外，应当通过开户银行进行转账结算。

2. 库存现金的限额管理

库存现金的限额是指为保证企业日常零星开支需要，允许企业留存现金的最高数额。库存现金的限额是由企业开户银行根据企业的实际需要核定的，一般不得超过本单位 5 天正常零星开支的需要量，边远地区和交通不便地区的企业可以按照多于 5 天但不超过 15 天的日常零星开支的需要确定。企业应当严格遵守核定的现金限额，超过限额部分应于当日营业终了前送存银行。需要增加或减少现金限额的单位，应当向其开户银行提出申请，由开户银行核定。

3. 库存现金日常收支管理

现金日常收支管理的内容主要有以下几方面。

(1) 企业现金收入应当于当日送存开户银行，当日送存有困难的,应由开户银行确定送存时间。

(2) 企业支付现金，可以从本单位库存现金限额中支付或从开户银行提取，不得从本单位的现金收入中直接支付，即不得"坐支"现金。坐支现金是指企业将自己的现金收入直接用于自己的现金支出。因特殊情况需要坐支现金的单位，应事先报经有关部门审核批准，并在核定的范围和限额内进行，同时收支的现金必须入账。

(3) 企业从开户银行提取现金时，应当如实填写提取现金的用途，由本单位财会部门负责人签字盖章，并经开户银行审查批准后予以支付。

(4) 因采购地点不确定、交通不便、抢险救灾，以及其他特殊情况必须使用现金的单位，应当向开户银行提出书面申请，由本单位财会部门负责人签字盖章，并经开户银行审查批准后予以支付。

(5) 不准用不符合财务制度规定的凭证顶替库存现金，即不得"白条顶库"；不准编造用途套取现金；不准用银行账户代其他单位或个人存入和支取现金；不准保留账外公款，即不得"公款私存"，不得设置"小金库"等。

二、库存现金日常收付的核算

(一) 设置相关账户

企业应设置"库存现金"账户核算库存现金的收入、支出和结存情况。该账户属于资产类账户，其借方登记现金的收入数，贷方登记现金的支出数，余额在借方，表示现金的结存数额。企业内部各部门周转使用的备用金，通过"其他应收款"或单设"备用金"账户核算，不通过本账户。

企业应当设置库存现金总账和库存现金日记账，分别进行企业库存现金的总分类核算和序时核算。库存现金日记账由出纳人员根据记载库存现金收支业务的记账凭证，按照业务发生顺序逐日逐笔登记。每日终了，应当在现金日记账上计算出当日的现金收入合计数、现金支出合计数和现金结余数，并将现金日记账的账面结余数与实际库存现金数核对，保证账实相符；月度终了，库存现金日记账的余额应当与库存现金总账的余额核对，做到账账相符。

(二) 典型业务账务处理

1. 存取现金业务

企业从银行提取现金，根据现金支票存根所记载的提取金额，借记"库存现金"账户，贷记"银行存款"账户。企业将现金存入银行时，根据银行受理后退回的现金存款单回单，借记"银行存款"账户，贷记"库存现金"账户。

【例1-1】 风华公司为增值税一般纳税人，增值税适用税率为13%(下同)。2024年9月2日开出现金支票一张，从银行提取现金5 000元以备零星开支。根据现金支票存根编制会计分录如下。

　　借：库存现金　　　　　　　　　　5 000
　　　　贷：银行存款　　　　　　　　　　5 000

【例1-2】 2024年9月15日，风华公司填写现金存款单，将当日收到的销售货款现金收入565元送存银行。根据现金存款单回单编制会计分录如下。

　　借：银行存款　　　　　　　　　　565
　　　　贷：库存现金　　　　　　　　　　565

2. 借款与报销业务

企业因预支内部职工差旅费等原因所需的现金，按支出凭证所记载的金额，借记"其他应收款"账户,贷记"库存现金"账户。报销并收回剩余款时,按实际收回的现金借记"库存现金"账户,按应报销的金额借记"管理费用""销售费用"等账户,按实际借出的现金贷记"其他应收款"账户。若报销金额多于预借款,给付现金时,应贷记"库存现金"账户。

【例1-3】2024年9月10日,采购员李华因公出差预借差旅费3 000元,以现金支付。根据借款单编制会计分录如下。

借: 其他应收款——李华　　　　　　　　3 000
　　贷: 库存现金　　　　　　　　　　　　　3 000

【例1-4】2024年9月14日,李华报销差旅费2 800元,余款200元交回现金。根据差旅费报销单、收据等原始凭证编制会计分录如下。

借: 管理费用——差旅费　　　　　　　　2 800
　　库存现金　　　　　　　　　　　　　200
　　贷: 其他应收款——李华　　　　　　　　3 000

3. 库存现金其他收支业务

企业因销售等活动收到现金时,借记"库存现金"账户,贷记"主营业务收入""其他业务收入""营业外收入""其他应收款"等账户。因购进等活动支出现金时,借记"原材料""管理费用"等账户,贷记"库存现金"账户。

【例1-5】2024年9月15日,销售剩余材料一批,价款500元,增值税税额65元,收到现金。根据增值税专用发票销货方记账联和收据等原始凭证,编制会计分录如下。

借: 库存现金　　　　　　　　　　　　　565
　　贷: 其他业务收入　　　　　　　　　　　500
　　　　应交税费——应交增值税(销项税额)　65

【例1-6】2024年9月20日,以现金支付办公室职工家属丧葬补助费1 200元。根据付款凭单编制会计分录如下。

借: 应付职工薪酬——职工福利　　　　　1 200
　　贷: 库存现金　　　　　　　　　　　　　1 200

三、库存现金清查的核算

库存现金清查包括每日终了前出纳人员进行的现金账实核对和清查小组进行的定期或不定期的库存现金盘点、核对。清查小组清查时,出纳人员必须在场。库存现金清查的基本方法是实地盘点法,通过实地盘点查明现金实存数,并将现金实存数与库存现金日记账余额进行核对。如发现账实不符,应立即查明原因,及时更正。对尚待查明原因的现金短款或长款,应先通过"待处理财产损溢"账户核算,该账户为资产类账户,用来核算财产的盘盈、盘亏或毁损及其转销处理。

对于库存现金短款,应按实际短款数,借记"待处理财产损溢——待处理流动资产损溢"账户,贷记"库存现金"账户。待查明原因后,属于应由责任人或保险公司赔偿的部分,记入"其他应收款"账户;属于无法查明的其他原因,经批准后记入"管理费用"账户。

对于库存现金长款,应按实际长款数,借记"库存现金"账户,贷记"待处理财产损溢——待处理流动资产损溢"账户。待查明原因后,属于应支付给有关人员或单位的,记入"其他应付款"账户;属于无法查明原因的库存现金长款,经批准后记入"营业外收入"账户。

【例1-7】2024年9月25日,风华公司进行不定期现金清查,发现现金短缺200元。9月

26 日，查明短缺现金系出纳员赵东工作失误造成的，经批准应由其负责赔偿。

审批前，根据"库存现金盘点报告单"编制会计分录如下。

借：待处理财产损溢——待处理流动资产损溢　　　200

　　　贷：库存现金　　　　　　　　　　　　　　　　　　200

审批后，根据批准处理意见编制会计分录如下。

借：其他应收款——赵东　　　　　　　　　　　　200

　　　贷：待处理财产损溢——待处理流动资产损溢　　　200

【例 1-8】 2024 年 9 月 30 日，风华公司进行不定期现金清查，发现现金溢余 100 元。9 月 30 日，溢余现金无法查明原因，经批准转做营业外收入处理。

审批前，根据"库存现金盘点报告单"编制会计分录如下。

借：库存现金　　　　　　　　　　　　　　　　　100

　　　贷：待处理财产损溢——待处理流动资产损溢　　　100

审批后，根据批准处理意见编制会计分录如下。

借：待处理财产损溢——待处理流动资产损溢　　　100

　　　贷：营业外收入　　　　　　　　　　　　　　　　100

案例分析

任人唯亲，因人而异

广东××公司是一家国有企业。王某是该公司的出纳，仗着自己是会计机构负责人的侄子，在报销业务招待费时，对于同样是领导批准、主管会计审核无误的业务招待费报销单，对和自己私人关系不错的人是随来随报，但对和自己私人关系较为疏远的人则以账面无款、库存无现金、整理账务等理由故意拖欠。

请思考：

(1) 该公司的会计工作岗位分工是否有违反法律规定之处？为什么？

(2) 出纳王某在报销业务招待费时，是否遵守了会计人员职业道德规范？如果你是出纳员，对此问题应该如何处理？

分析提示

任务小结

库存现金典型业务账务处理总结

业务内容		账务处理
存取现金	提现金	借：库存现金 　　贷：银行存款
	存现金	借：银行存款 　　贷：库存现金
借款与报销	预借款	借：其他应收款 　　贷：库存现金
	报销并结清余款	借：管理费用等 　　贷：其他应收款 (借记或贷记库存现金)
其他收支业务	收入现金	借：库存现金 　　贷：主营业务收入等

(续表)

业务内容		账务处理	
其他收支业务	支出现金	借：管理费用等 贷：库存现金	
库存现金清查	现金短缺	审批前 借：待处理财产损溢 贷：库存现金	审批后 借：其他应收款 管理费用 贷：待处理财产损溢
	现金溢余	审批前 借：库存现金 贷：待处理财产损溢	审批后 借：待处理财产损溢 贷：其他应付款 营业外收入

任务考核

一、单项选择题

1. 根据《现金管理暂行条例》的规定，下列经济业务中，不能用现金支付的是( )。
   A. 支付职工奖金 5 000 元　　　　　　B. 支付零星办公用品购置费 800 元
   C. 支付职工差旅费 2 000 元　　　　　　D. 支付物资采购货款 1 200 元

2. 企业现金清查中，经检查仍无法查明原因的现金短款，经批准后应计入( )。
   A. 管理费用　　　B. 财务费用　　　C. 冲减营业外收入　　　D. 营业外支出

3. 库存现金日记账应由( )根据审核无误的记账凭证逐日逐笔进行登记。
   A. 会计主管　　　B. 出纳员　　　C. 审计人员　　　D. 会计人员

4. 企业在现金清查中发现短缺现金，在未经批准处理之前，应借记( )账户，贷记"库存现金"账户。
   A. 营业外收入　　　　　　　　　　　B. 待处理财产损溢
   C. 其他应付款　　　　　　　　　　　D. 其他业务收入

5. 根据我国《现金管理暂行条例》的规定，库存现金限额一般根据开户单位( )天日常零星开支需要量核定。
   A. 3　　　　　　B. 3~5　　　　　　C. 7　　　　　　D. 15

二、多项选择题

1. 企业发生的下列支出中，可用现金支付的有( )。
   A. 发放本月职工工资 185 000 元　　　　B. 购买原材料价款 68 000 元
   C. 购买办公用品 580 元　　　　　　　　D. 报销退休职工张某医药费 6 300 元

2. 按照《现金管理暂行条例》，下列属于现金使用范围的有( )。
   A. 支付职工的工资、津贴　　　　　　B. 出差人员必须随身携带的差旅费
   C. 收购农副产品　　　　　　　　　　D. 支付城乡居民个人的劳务报酬

3. 现金盘盈经批准处理后可能记入( )账户。
   A. 其他应收款　　　B. 其他应付款　　　C. 管理费用　　　D. 营业外收入

4. 现金短缺业务可能涉及的账户有( )。
   A. 库存现金　　　B. 待处理财产损溢　　　C. 管理费用　　　D. 其他应收款

5. 下列应计入"待处理财产损溢"账户贷方的有( )。
   A. 发生财产盘亏　　　B. 发生财产盘盈　　　C. 转销财产盘亏　　　D. 转销财产盘盈

三、判断题

1. 我国会计中所说的现金仅指企业财务部门出纳经管的库存现金，包括库存的人民币、外币及备用现金。   （ ）

2. 企业现金收入当日一定要送存开户银行。为了简化现金支付手续，企业可以随时坐支现金。   （ ）

3. 库存现金的清查包括出纳人员每日清点核对和清查小组定期或不定期清查。   （ ）

4. 盘点库存现金出现溢余，可以在"其他应付款"账户的贷方反映，待日后短缺时用于抵扣。   （ ）

5. "待处理财产损溢"账户期末如为借方余额表示待处理的净损失，如为贷方余额表示待处理的净收益。   （ ）

四、业务实训题

资料：天龙公司2024年初库存现金日记账余额为6 000元，2024年1月发生有关库存现金的业务如下。

(1) 1月6日收到出售废料的收入800元，收到现金。

(2) 1月10日用现金支付厂部办公用具修理费4 000元。

(3) 1月13日，将现金500元送存银行。

(4) 1月17日，零售一批商品，开具增值税发票，发票上注明价款500元，增值税65元，收到现金。

(5) 1月20日，办公室王平出差预借差旅费，现金800元。

(6) 1月20日，从银行提现金并支付职工工资300 000元。

(7) 1月25日，王平出差回来报销差旅费并交回现金200元。

(8) 1月28日，收到罚款收入，现金600元。

(9) 1月30日，现金清查中发现短缺现金200元。

(10) 1月31日，经查短缺现金200元属出纳员工作失误造成的，出纳员当即交回现金。

要求：

(1) 根据期初资料开设库存现金日记账并登记期初余额。

(2) 根据2024年1月发生的经济业务，编制会计分录并登记库存现金日记账。

✎ **任务拓展**

《小企业会计准则》规定，无法查明原因的现金溢余，经批准后，记入"营业外收入"账户；无法查明原因的现金盘亏，批准后记入"营业外支出"账户。

任务二 银行存款的核算

✎ **任务导入**

兴华公司为增值税一般纳税人，增值税适用税率为13%，存货日常核算采用实际成本法。2024年7月初银行存款余额为460 000元。7月1日，签发现金支票一张，从银行提取现金3 000元以备零星开支；7月2日，公司前欠永业公司货款169 500元，已经银行电汇给永业公司；7月10日，向丰华公司销售产品一批，开具的增值税专用发票上注明货款240 000元、增值税税额31 200元。收到转账支票并已办妥进账手续；7月18日，销售给利华公司产品一批，开具的增值税专用发票上注明货款400 000元、增值税税额52 000元。填制委托收款结算凭证，连同有关单据一并送交银行并已办妥托收手续；7月21日，上述托收的利华公司货款划回，收到银行转来的委托收款收账通知；7月28日，向本市光明公司开出转账支票一张，购买材料一批，价款200 000元，增值税税额26 000元，材料已到达企业并验收入库；7月30日，签发转账支票发放职工工资350 000元。

要求：请以兴华公司财会人员身份对上述业务进行账务处理，登记银行存款日记账。

任务实施

任务准备

一、银行存款认知

(一) 银行存款的概念

银行存款是企业存入银行或其他金融机构的款项。企业根据业务需要，在其所在地银行开设账户，进行存款、取款及各种收支转账业务的结算。

(二) 银行存款账户的开立

根据《银行账户管理办法》的规定，每个企业都要在银行或其他金融机构开立账户，用来办理货币资金的存取和转账结算业务。在开户时，企业必须填制开户申请书，提供有关证明文件，送交盖有存款人印章的印鉴卡片，向银行申请开户。

银行结算账户分为基本存款账户、一般存款账户、临时存款账户和专用存款账户四种。

1. 基本存款账户

基本存款账户是存款人因办理日常转账结算和现金收付需要开立的银行结算账户。存款人日常经营活动的资金收付及其工资、奖金等现金的支取，应通过基本存款账户办理。企业只能选择一家银行的一个营业机构开立一个基本存款账户。

2. 一般存款账户

一般存款账户是存款人在基本存款账户以外的银行借款转存、与基本存款账户的存款人不在同一地点的附属非独立核算单位开立的账户。存款人可以通过本账户办理转账结算和现金缴存，但不得办理现金支取。企业不得在同一家银行的几个分支机构同时开立一般存款账户。

3. 临时存款账户

临时存款账户是存款人因临时经营活动需要(如设立临时机构、异地临时经营活动、注册验资等)并在规定期限内使用而开立的银行结算账户，本账户可办理转账结算，也可根据国家现金管理的规定办理现金收付。

4. 专用存款账户

专用存款账户是存款人按照法律、行政法规和规章，对其特定用途资金进行专项管理和使用而开立的银行结算账户，如基本建设资金、社会保障基金、证券交易结算资金等。该账户只能办理本企业生产经营活动所需要的款项存取和收付业务，不得出租或转让。

(三) 银行结算方式

企业各种用途的款项结算,除按照国家现金管理条例规定可以直接使用现金办理收付结算外,其余的都必须通过银行办理支付结算。企业应根据不同的款项收支渠道、业务特点、结算金额的大小、对方的信用等因素,采用恰当的结算方式办理各种结算业务。根据《中国人民银行结算办法》的规定,银行的结算方式分为支票、银行本票、银行汇票、商业汇票、汇兑、托收承付、委托收款、信用卡和信用证等。此外,网上银行也已经成为时下非常流行的转账方式。本书将结合具体业务介绍各种结算方式的应用,通过支票、汇兑、委托收款、托收承付方式结算的款项通过"银行存款"账户核算,所以在本任务中介绍;通过银行汇票、银行本票、信用卡、信用证方式结算的款项需要通过"其他货币资金"账户核算,将在本项目任务三中介绍;通过商业汇票方式结算的款项则需要通过"应收票据""应付票据"账户核算,将在项目二中介绍。

二、银行存款日常收付的核算

(一) 设置相关账户

企业应设置"银行存款"账户核算银行存款的增加、减少及结余情况。该账户属于资产类账户,借方登记企业银行存款的增加数,贷方登记银行存款的减少数,余额在借方,表示银行存款的结存数额。有外币存款的企业,应按人民币和外币分户进行核算。

企业应当设置银行存款总账和银行存款日记账,分别进行银行存款的总分类核算和序时核算。银行存款日记账由出纳人员根据记载银行存款收支业务的记账凭证,按照业务发生顺序逐日逐笔登记。每日终了,应当在银行存款日记账上计算出当日的银行存款收入合计数、银行存款支出合计数和银行存款结余数。月度终了,银行存款日记账的余额应当与银行存款总账的余额进行核对,做到账账相符。此外,银行存款日记账还要与银行对账单进行核对,至少每月核对一次,以保证账实相符。

(二) 典型业务账务处理

银行结算方式中以支票、汇兑、委托收款、托收承付方式进行款项结算的,通过"银行存款"账户核算,不涉及"其他货币资金""应收票据""应付票据"账户。

1. 支票结算业务

1) 支票结算的有关规定

支票是指出票人签发的,委托办理支票存款业务的银行在见票时无条件支付确定的金额给收款人或者持票人的票据。支票分为现金支票、转账支票和普通支票。支票上印有"现金"字样的为现金支票,现金支票只能用于支取现金;支票上印有"转账"字样的为转账支票,转账支票只能用于转账;支票上未印有"现金"或"转账"字样的为普通支票,普通支票可以用于支取现金,也可以用于转账。在普通支票左上角划两条平行线的为划线支票,划线支票只能用于转账,不得支取现金。按规定,单位和个人各种款项的结算均可以使用支票,支票的提示付款期限为自出票日起 10 日内。

转账支票结算程序(收款人持票办理结算),如图 1-2 所示。

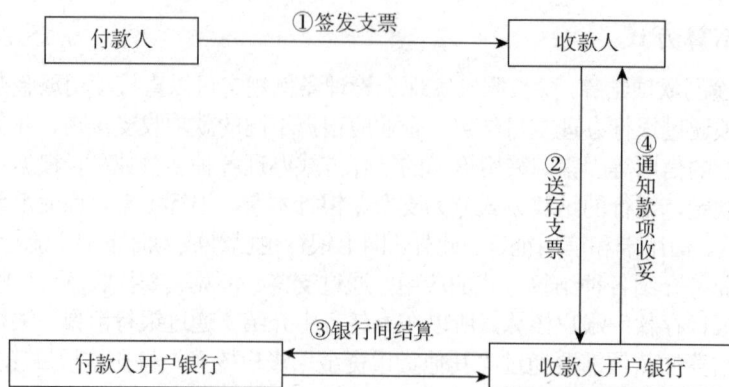

图1-2 转账支票结算程序

2) 支票结算业务的账务处理

采用支票结算时，付款方应根据支票存根，借记有关账户，贷记"银行存款"账户；收款方应根据银行盖章退回的进账单，借记"银行存款"账户，贷记有关账户。

【例1-9】2024年3月1日，风华公司购进原材料一批，取得的增值税专用发票上注明货款50 000元，增值税税额6 500元，签发转账支票支付全部货款，材料验收入库。风华公司根据转账支票存根、增值税专用发票购货方记账联相关原始凭证编制会计分录如下。

借：原材料   50 000
　　应交税费——应交增值税(进项税额)   6 500
　　贷：银行存款   56 500

【例1-10】2024年3月3日，风华公司销售产品一批，开具增值税专用发票上注明货款500 000元，增值税税额65 000元，收到转账支票一张已送存银行办理进账手续。风华公司根据银行盖章退回的进账单、增值税专用发票销货方发票联相关原始凭证编制会计分录如下。

借：银行存款   565 000
　　贷：主营业务收入   500 000
　　　　应交税费——应交增值税(销项税额)   65 000

2. 汇兑结算业务

1) 汇兑结算的有关规定

汇兑是汇款人委托银行将其款项支付给收款人的结算方式。汇兑结算没有金额起点限制，手续简单，单位和个人各种款项的结算均可使用汇兑结算方式。汇兑分为信汇、电汇两种，由汇款人选择使用。

信汇是汇款人向银行提出申请，同时交存一定金额及手续费，汇出行将信汇委托书以邮寄方式寄给汇入行，授权汇入行向收款人解付一定金额的一种汇兑结算方式。电汇是汇款人将一定款项交存汇款银行，汇款银行通过电报或电传给目的地的分行或代理行(汇入行)，指示汇入行向收款人支付一定金额的一种汇款方式。在两种汇兑结算方式中，信汇费用较低，但速度相对较慢；而电汇具有速度快的优点，但汇款人要负担较高的电报电传费用，因而通常只在紧急情况下或者金额较大时使用。

汇兑结算程序，如图1-3所示。

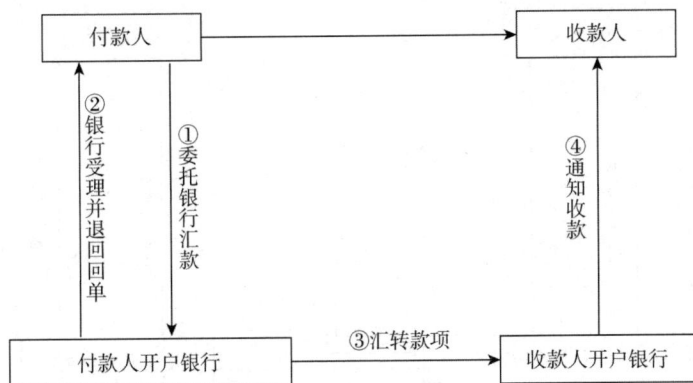

图 1-3　汇兑结算程序

2) 汇兑结算业务的账务处理

采用汇兑方式结算时，付款方根据信(电)汇凭证回单，借记有关账户，贷记"银行存款"账户；收款方根据银行收账通知，借记"银行存款"账户，贷记有关账户。

【例 1-11】2024 年 3 月 4 日，风华公司电汇给阳光材料商行 50 000 元以偿还前欠货款。风华公司根据电汇凭证回单相关原始凭证编制会计分录如下。

借：应付账款——阳光材料商行　　　　　　　　　　　　50 000
　　贷：银行存款　　　　　　　　　　　　50 000

【例 1-12】2024 年 3 月 5 日，风华公司收到银行转来的兴盛商场电汇凭证收账通知联，系偿还前欠货款 200 000 元。风华公司根据电汇凭证收账通知联相关原始凭证编制会计分录如下。

借：银行存款　　　　　　　　　　　　200 000
　　贷：应收账款——兴盛商场　　　　　　　　　　　　200 000

3. 委托收款结算业务

1) 委托收款结算的有关规定

委托收款是指收款人委托银行向付款人收取款项的结算方式。单位和个人凭已承兑商业汇票、存单等付款人债务凭证办理款项的结算，均可使用委托收款结算方式。委托收款在同城和异地均可使用。委托收款结算方式的划回方式，分为邮寄和电报两种，由收款人选用。

收款人办理委托收款应向银行提交委托收款凭证和有关债务证明。银行接到寄来的委托收款凭证及债务证明，审查无误后办理付款。其中，以银行为付款人的，银行应在当日将款项主动支付给收款人；以单位为付款人的，银行应及时通知付款人，按照有关办法规定，需要将有关债务证明交给付款人的应交给付款人，并签收。付款人应于接到通知的当日书面通知银行付款，付款人未在接到通知日的次日起 3 日内通知银行付款的，视同付款人同意付款。

委托收款结算程序，如图 1-4 所示。

2) 委托收款结算业务的账务处理

采用委托收款方式结算时，收款方办妥委托收款手续后，根据银行盖章退回的委托收款结算凭证的回单等，借记"应收账款"账户，贷记有关账户，收款方根据银行转来的委托收款通知，借记"银行存款"账户，贷记有关账户；付款方根据银行转来的委托收款付款通知，借记有关账户，贷记"银行存款"账户。

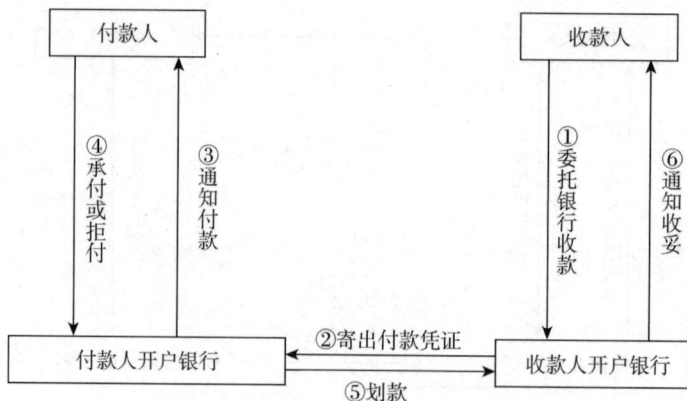

图 1-4 委托收款结算程序

【例 1-13】2024 年 3 月 6 日,风华公司采用委托收款结算方式向宏业商业大厦销售产品一批,增值税专用发票上注明货款 200 000 元,增值税税额 26 000 元,已向银行办妥委托收款手续,根据委托收款回单联、增值税专用发票相关原始凭证编制会计分录如下。

借: 应收账款——宏业商业大厦　　　　　　　　　　　226 000
　　贷: 主营业务收入　　　　　　　　　　　　　　　　　200 000
　　　　应交税费——应交增值税(销项税额)　　　　　　　26 000

3 月 8 日接到银行收账通知,上述款项已收到。根据委托收款收账通知编制会计分录如下。

借: 银行存款　　　　　　　　　　　　　　　　　　　226 000
　　贷: 应收账款——宏业商业大厦　　　　　　　　　　　226 000

4. 托收承付结算业务

1) 托收承付结算的有关规定

托收承付是指根据购销合同由收款人发货后委托银行向异地付款人收取款项,由付款人向银行承诺付款的结算方式。使用托收承付结算方式的收款单位和付款单位,必须是国有企业、供销合作社,以及经营管理较好并经开户银行审查同意的城乡集体所有制工业企业。办理托收承付结算的款项,必须是商品交易及因商品交易而产生的劳务供应的款项,代销、寄销、赊销商品的款项不得办理托收承付结算。收款人办理托收,必须具有商品确已发运的证件及其他有效证件。

托收承付结算每笔的金额起点为 10 000 元;新华书店系统每笔结算的金额起点为 1 000 元。托收承付结算款项的划回方法,分为邮寄和电报两种,由收款人选择使用。收款人按照签订的购销合同发货后,委托银行办理托收。收款人应将托收凭证连同发运证件或其他符合托收承付结算的有关证明和交易单证等附件送交银行。收款人开户银行接到托收凭证及其附件后,应按照托收的规范条件和托收凭证记载的要求认真审查,必要时还应查验收付款人签订的购销合同,审查时间最长不得超过次日。付款人开户银行收到托收凭证及其附件后,应及时通知付款人付款。承付货款的方式由收付款双方商量选用,并在购销合同中明确规定。

托收承付结算程序,如图 1-5 所示。

2) 托收承付结算业务的账务处理

采用托收承付方式结算时,收款方办妥托收手续后,根据银行盖章退回的托收承付结算凭证的回单等,借记“应收账款”账户,贷记有关账户;承付期满收到银行转来的托收承付收账通知,借记“银行存款”账户,贷记“应收账款”账户。付款方根据银行转来的托收承付付款通知,借记有关账户,贷记“银行存款”账户。

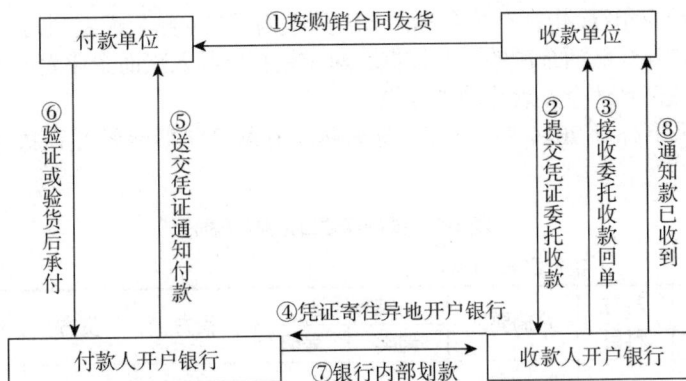

图1-5 托收承付结算程序

【例1-14】2024年3月9日，风华公司根据合同向兴盛商场销售产品，开具的增值税专用发票上注明货款300 000元，增值税税额39 000元。发货时以转账支票代垫运费2 000元(不考虑相关税费)。已向银行办妥委托收款手续，根据托收承付回单联、增值税专用发票、运费单据等相关原始凭证编制会计分录如下。

借：应收账款——兴盛商场   341 000
  贷：主营业务收入   300 000
    应交税费——应交增值税(销项税额)   39 000
    银行存款   2 000

3月12日，接到银行收账通知，收取货款341 000元。根据托收承付收账通知编制会计分录如下。

借：银行存款   341 000
  贷：应收账款——兴盛商场   341 000

三、银行存款的清查

银行存款的清查是指将企业银行存款日记账的账面余额与其开户银行转来的银行对账单进行核对，在实际工作中至少每月核对一次，同时应不定期指派除出纳以外的财务人员到银行领取银行对账单，并及时与收付款凭证核对，清查企业资金流向。清查后若发现企业银行存款日记账的账面余额与其开户银行转来的对账单余额不一致，原因主要有两类：一是企业或银行的账务处理错误，如果是银行的原因应及时通知银行更正，如果是企业的原因应及时调整相应的账务；二是存在未达账项，所谓未达账项是指在开户行和企业之间，对于同一经济业务由于结算凭证传递的时间和记账时间不同，发生一方已经入账而另一方未入账的会计事项。未达账项有如下四种情况：

(1) 企业已收款入账，而银行尚未收款入账；
(2) 企业已付款入账，而银行尚未付款入账；
(3) 银行已收款入账，而企业尚未收款入账；
(4) 银行已付款入账，而企业尚未付款入账。

其中，前两种属于银行的未达账项，后两种属于企业的未达账项。出现未达账项的第(1)种和第(4)种情况，会使企业银行存款日记账余额大于银行对账单余额；出现第(2)种和第(3)种情况，结果相反。

如果存在未达账项，企业应编制"银行存款余额调节表"检查核对，如果没有记账错误，调节后的双方余额应相符。银行存款余额调节表只是为了核对账目而编制的，它不是原始凭证，不能作为调整银行存款账面余额的记账依据。对于银行已经入账而企业尚未入账的未达账项，一定要等到结算凭证到达企业后才能进行账务处理。

【例1-15】风华公司2024年5月31日的银行存款日记账和银行存款对账单，如表1-1和表1-2所示。

表1-1　银行存款日记账(简表)

开户行名称：(略)　　　　　　　银行账号：(略)

2024年		凭证号数	对方科目	摘要	结算凭证		借方	贷方	借或贷	余额
月	日				种类	号码				
5	24			承上页					借	400 000
	25	(略)	(略)	购买材料	转支	00265		200 000	借	200 000
	26			收到货款	转支	00073	50 000		借	250 000
	27			销售产品	转支	00478	100 000		借	350 000
	28			提取现金	现支	00058		10 000	借	340 000
	30			销售产品	转支	00563	45 000		借	385 000
	30			购买设备	转支	00266		80 000	借	305 000
	31			提取现金	现支	00059		4 000	借	301 000

表1-2　银行存款对账单(简表)

账号：(略)　　　　　　　　　　客户名称：风华公司

2024年		交易类型	凭证种类	凭证号	对方户名	摘要	借方	贷方	余额
月	日								
5	24					承上页			400 000
	26	转账	转支	00265	(略)	支付	200 000		200 000
	26	转账	转支	00073		存入		50 000	250 000
	27	转账	转支	00478		存入		100 000	350 000
	28	现金	现支	00058		支取	10 000		340 000
	29	转账	托收	00097		存入		60 000	400 000
	30	转账	转支	00178		支付	40 000		360 000
	31	现金	现支	00059		支取	4 000		356 000

根据上述资料逐笔核对银行存款日记账与银行对账单，确定未达账项，并编制"银行存款余额调节表"。

逐笔核对银行存款日记账与银行对账单，确定未达账项共四项：银行已收企业未收款60 000元；银行已付企业未付款40 000元；企业已收银行未收款45 000元；企业已付银行未付款80 000元。编制的"银行存款余额调节表"，如表1-3所示。

表1-3　银行存款余额调节表

2024年5月31日

单位：元

项目	金额	项目	金额
企业银行存款日记账余额	301 000	银行对账单余额	356 000
加：银行已收，企业未收款	60 000	加：企业已收，银行未收款	45 000
减：银行已付，企业未付款	40 000	减：企业已付，银行未付款	80 000
调节后的存款余额	321 000	调节后的存款余额	321 000

调节后的存款余额相等，表明双方银行存款账户记录正确。如果调节后的银行存款余额仍不相等，则应进一步逐笔核对，发现错账、漏账等，应予以更正。调节后的存款余额即为企业可以动用的实际存款额。

案例分析

挪用公款，满足一己之私

赵某和王某是同一个单位的会计和出纳，多年来同处一室，在工作上互相配合，关系很好。王某的丈夫开办了一家经销计算机配件的公司，最近根据市场信息得知，有一种计算机软件销售前景看好，但因自己账面资金不足，无法进货。于是王某的丈夫让王某想办法借些款项。王某想到了单位账户的存款，于是自己填了票面金额为 24 000 元的现金支票一张，趁赵某不在办公室时，私自将赵某保管的印鉴加盖在现金支票上，从银行提取了现金。一个月后，王某又将 24 000 元现金填写"现金缴款单"存入单位银行账户。不久，赵某在月末对账时，发现了此事。

请思考：

(1) 王某的行为属于何种行为？

(2) 如果你是赵某，应该如何处理？

分析提示

任务小结

银行存款典型业务账务处理总结

业务内容	付款方账务处理	收款方账务处理
支票结算	开出支票 借：相关科目 　　贷：银行存款	收到支票办理进账 借：银行存款 　　贷：相关科目
汇兑结算	办妥汇兑手续 借：相关科目 　　贷：银行存款	接到收款通知 借：银行存款 　　贷：相关科目
委托收款结算	接到收款通知 借：相关科目 　　贷：银行存款	办妥委托收款手续　　接到收款通知 借：应收账款　　　　借：银行存款 　　贷：相关科目　　　　贷：应收账款
托收承付结算	接到收款通知 借：相关科目 　　贷：银行存款	办妥托收手续　　　　接到收款通知 借：应收账款　　　　借：银行存款 　　贷：相关科目　　　　贷：应收账款
银行存款清查	进行银行存款清查时，采用核对账目法核对银行存款日记账和银行对账单余额；如果余额不等，查找未达账项并编制银行存款余额调节表；如果余额仍不等，进一步查找错账并进行错账更正	

任务考核

一、单项选择题

1. 在企业开立的诸多账户中，能办理支取现金发放工资业务的账户是(　　)。

　　A. 基本存款账户　　　　　　　　　B. 一般存款账户

　　C. 临时存款账户　　　　　　　　　D. 专用存款账户

2. 银行存款日记账应定期与( )核对，至少每月核对一次。

A. 银行对账单　　　　　　　　　B. 库存现金日记账

C. 银行存款总账　　　　　　　　D. 银行存款明细账

3. 经过银行存款余额调节表调整后的银行存款余额为( )。

A. 企业账上的银行存款余额

B. 银行账上的企业存款余额

C. 企业可动用的银行存款数额

D. 企业应当在会计报表中反映的银行存款余额

4. 对于银行已入账而企业尚未入账的未达账项，企业应当( )。

A. 根据银行对账单入账　　　　　B. 根据银行存款余额调节表入账

C. 根据对账单和调节表自制凭证入账　　D. 待有关结算凭证到达后入账

5. 以下结算方式中，受结算金额起点限制的是( )。

A. 支票　　　　　　　　　　　　B. 汇兑

C. 委托收款　　　　　　　　　　D. 托收承付

二、多项选择题

1. 根据人民币银行结算账户管理办法，单位银行结算账户可分为( )。

A. 基本存款账户　　　　　　　　B. 一般存款账户

C. 临时存款账户　　　　　　　　D. 专用存款账户

2. 下列能导致企业银行存款日记账余额与银行对账单余额不等的有( )。

A. 企业误将存款 100 元记为 1 000 元　　B. 银行误将存款 900 元记为 90 元

C. 企业漏记一项存款减少业务　　D. 存在未达账项

3. 编制银行存款余额调节表时，下列未达账项中，会导致企业银行存款日记账的账面余额小于银行对账单余额的有( )。

A. 企业开出支票，银行尚未支付

B. 企业送存支票，银行尚未入账

C. 银行代收款项，企业尚未接到收款通知

D. 银行代付款项，企业尚未接到付款通知

4. 银行存款日记账由出纳人员根据审核后的( )逐日逐笔序时登记。

A. 库存现金收款凭证　　　　　　B. 库存现金付款凭证

C. 银行存款收款凭证　　　　　　D. 银行存款付款凭证

5. 银行存款日记账的核对，是指银行存款日记账( )。

A. 与银行存款余额调节表核对　　B. 与银行存款收款凭证核对

C. 与银行存款总账核对　　　　　D. 与银行对账单核对

三、判断题

1. 企业只能选择一家银行的一个营业机构开立一个基本存款账户，不得在多家银行机构开立基本存款账户。　　　　　　　　　　　　　　　　　　　　　　( )

2. 一般存款账户既可以办理转账结算业务，又可以办理现金收付业务。　　( )

3. 对于因未达账项而使企业银行存款日记账余额和银行对账单余额出现的差异，无须做账面调整，待有关结算凭证到达后再进行账务处理，登记入账。

4. 企业银行存款的账面余额与银行对账单余额因未达账项存在差额时，应按照银行存款余额调节表调整银行存款日记账。　　　　　　　　　　　　　　　　( )

5. 对于银行已经入账而企业尚未入账的未达账项,企业应当根据"银行对账单"编制自制凭证予以入账。 (　　)

四、业务实训题

资料:甲公司 2024 年 12 月发生与银行有关的业务如下。

(1) 12 月 28 日,甲公司收到 A 公司开出的 480 万元转账支票,交存银行。该笔款项系 A 公司违约支付的赔偿款,甲公司将其计入当期损益。

(2) 12 月 29 日,甲公司开出转账支票支付 B 公司咨询费 360 万元,并于当日交给 B 公司。

(3) 12 月 31 日,甲公司银行存款日记账余额为 432 万元,银行转来对账单余额为 664 万元。经逐笔核对,发现以下未达账项:

① 甲公司将 12 月 28 日收到的 A 公司赔款登记入账,但银行尚未记账;

② B 公司未将 12 月 29 日收到的支票送存银行;

③ 甲公司委托银行代收 C 公司购货款 384 万元,银行已于 12 月 30 日收妥并登记入账,但甲公司尚未收到收款通知;

④ 2024 年 12 月甲公司发生借款利息 32 万元,银行已减少其存款,但甲公司尚未收到银行的付款通知。

要求:

(1) 编制甲公司业务(1)与业务(2)的会计分录;

(2) 编制银行存款余额调节表(答案中金额用万元表示)。

✎ 任务拓展

电子支付是单位或个人通过电子终端,直接或间接向银行业金融机构发出支付指令,实现货币支付与资金转移的行为。电子支付的业务类型按电子支付指令发起方式可以分为网上支付、电话支付、移动支付、销售点终端交易、自动柜员机交易和其他电子支付类型。

目前企业银行服务是网上银行服务中最重要的部分之一。网上银行系统是银行业务服务的延伸,客户可以通过互联网方便地使用商业银行核心业务服务,完成各种非现金交易结算业务。

任务三　其他货币资金的核算

✎ 任务导入

兴华公司 2024 年 10 月 5 日填制银行汇票申请单,申请开具金额为 200 000 元的银行汇票。银行收妥款项并开出银行汇票。10 月 6 日,采购员持银行汇票到宏达公司采购材料一批,收到增值税专用发票,注明货款 120 000 元、增值税税额 15 600 元,材料尚未到达。10 月 8 日,收到银行转来的向宏达公司购货开出银行汇票的多余款收账通知,收到多余款 64 400 元。

要求:请以兴华公司财会人员的身份对上述业务进行账务处理。

任务实施

任务准备

一、其他货币资金认知

(一) 其他货币资金的概念

其他货币资金是指企业除库存现金、银行存款以外的其他各种货币资金。

(二) 其他货币资金的内容

其他货币资金就其性质而言,与库存现金和银行存款一样,同属于企业的货币资金,只是存放的地点不同,而且往往都有特定的用途,企业不能任意动用。因此,会计上要对其他货币资金单独进行核算。其他货币资金的种类主要有外埠存款、存出投资款、银行汇票存款、银行本票存款、信用卡存款、信用证保证金存款等。

1. 外埠存款

外埠存款是企业为了到外地进行临时或零星采购,而汇往采购地银行开立采购专户的款项。

2. 存出投资款

存出投资款是指企业已存入证券公司但尚未进行投资的资金。

3. 银行汇票存款

银行汇票存款是指企业为取得银行汇票,按照规定存入银行的款项。

4. 银行本票存款

银行本票存款是指企业为取得银行本票,按照规定存入银行的款项。

5. 信用卡存款

信用卡存款是指企业为取得信用卡而存入银行信用卡专户的款项。

6. 信用证保证金存款

信用证保证金存款是指采用信用证结算方式的企业为开具信用证而存入银行信用证保证金专户的款项。

二、其他货币资金业务的核算

(一) 设置相关账户

企业应设置"其他货币资金"账户,核算其他货币资金的收支和结存情况。该账户属于资产类账户,借方登记其他货币资金的增加数,贷方登记其他货币资金的减少数,期末余额在借方,反映企业实际持有的其他货币资金数额。在总账账户下,应按照其他货币资金的种类分设"外埠存款""银行汇票""银行本票""信用卡""信用证保证金""存出投资款"等二级账户,并按外埠存款的开户行,银行汇票、银行本票的收款单位,信用卡的开户行等设置明细账户,进行明细核算。

(二) 典型业务账务处理

1. 外埠存款业务

1) 外埠存款的有关规定

外埠存款是指企业为了到外地进行临时或零星采购,而汇往采购地银行开立采购专户的款项。企业汇出款项时，须填写汇款委托书，加盖"采购资金"字样。汇入银行对汇入的采购款项，以汇款单位名义开立采购账户。采购资金存款不计利息，除采购员差旅费可以支出少量现金外，一律转账。采购专户只付不收，付完结束账户。

2) 外埠存款业务的账务处理

企业将款项汇入异地采购专户时，应借记"其他货币资金——外埠存款"账户，贷记"银行存款"账户；采购人员转来发票账单时，借记"原材料"等账户，贷记"其他货币资金——外埠存款"账户；等采购任务结束，收回剩余款项，结清专户时，借记"银行存款"账户，贷记"其他货币资金——外埠存款"账户。

【例1-16】风华公司派采购员到上海采购原材料，2024年3月24日委托开户行汇往采购地银行50 000元开立采购专户，3月28日采购人员交回采购材料的发票账单等报销凭证，价款40 000元，增值税税额5 200元，材料尚未入库。3月30日多余款项已经转回所在地银行。其相关会计处理如下。

2024年3月24日开立采购专户，根据银行汇款凭证回单，编制会计分录如下。

借：其他货币资金——外埠存款　　　　　　　　　　　50 000
　　贷：银行存款　　　　　　　　　　　　　　　　　　　50 000

2024年3月28日收到采购人员交来采购材料的发票账单，编制会计分录如下。

借：在途物资　　　　　　　　　　　　　　　　　　　40 000
　　应交税费——应交增值税(进项税额)　　　　　　　　5 200
　　贷：其他货币资金——外埠存款　　　　　　　　　　　45 200

2024年3月30日转回多余款，根据收账通知，编制会计分录如下。

借：银行存款　　　　　　　　　　　　　　　　　　　4 800
　　贷：其他货币资金——外埠存款　　　　　　　　　　　4 800

2. 银行本票结算业务

1) 银行本票结算业务的有关规定

银行本票是指银行签发的，承诺自己在见票时无条件支付确定的金额给收款人或持票人的票据。单位和个人在同一票据交换区域需要支付的各种款项，均可使用银行本票。银行本票无金额起点限制，可以用于转账，注明"现金"字样的银行本票可以用于支取现金。签发现金银行本票，收款人和付款人必须都是个人。银行本票分为不定额本票和定额本票两种。定额本票面额为1 000元、5 000元、10 000元和50 000元。

申请人使用银行本票，应向银行填写"银行本票申请书"。申请人或收款人为单位的，不得申请签发现金银行本票。出票银行受理银行本票申请书，收妥款项后签发银行本票，在本票上签章后交给申请人，申请人应将银行本票交付给本票上记明的收款人，收款人可以将银行本票背书转让给被背书人。

银行本票的提示付款期限自出票日起最长不得超过2个月，在有效付款期内，银行见票付款。持票人超过付款期限提示付款的，银行不予受理。申请人因银行本票超过提示付款期限或其他原因要求退款时，应将银行本票提交到出票银行并出具单位证明。出票银行对于在本行开立存款账户的申请人，只能将款项转入原申请人账户；对于现金银行本票和未到本行开立存款账户的申请人，才能退付现金。

银行本票结算程序，如图1-6所示。

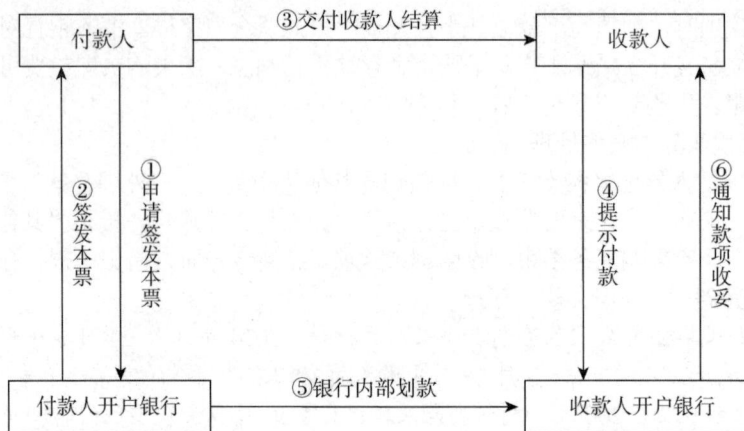

图 1-6　银行本票结算程序

2) 银行本票结算业务的账务处理

采用银行本票结算时，付款方应设置"其他货币资金——银行本票"明细账户核算。付款方向银行申请签发银行本票时，根据"银行本票申请书"存根联，借记"其他货币资金——银行本票"账户，贷记"银行存款"账户；持票结算货款时，根据发票账单等有关凭证，借记有关账户，贷记"其他货币资金——银行本票"账户。

收款方收到银行本票直接在"银行存款"账户核算。收款方持票向银行提示付款时填制进账单，根据进账单回单等凭证，借记"银行存款"账户，贷记有关账户。

【例 1-17】2024 年 3 月 14 日，风华公司从基本存款账户划出 16 950 元申请办理银行本票。3 月 15 日，风华公司采购员持银行本票到光明公司购买材料一批，取得增值税专用发票，注明货款 15 000 元、增值税税额 1 950 元，材料验收入库。风华公司账务处理如下。

2024 年 3 月 14 日，根据银行盖章退回的银行本票申请书存根联，编制会计分录如下。

借：其他货币资金——银行本票　　　　　　　16 950
　　贷：银行存款　　　　　　　　　　　　　　　　　16 950

2024 年 3 月 15 日，根据增值税专用发票联、材料入库单，编制会计分录如下。

借：原材料　　　　　　　　　　　　　　　　15 000
　　应交税费——应交增值税(进项税额)　　　1 950
　　贷：其他货币资金——银行本票　　　　　　　　　16 950

【例 1-18】2024 年 3 月 15 日，光明公司销售一批产品给风华公司，开具增值税专用发票，注明货款 15 000 元、增值税税额 1 950 元，货已发出，收到银行本票一张，金额为 16 950 元，已办理进账手续。

光明服装材料公司根据进账单回单和销货发票，编制会计分录如下。

借：银行存款　　　　　　　　　　　　　　　16 950
　　贷：主营业务收入　　　　　　　　　　　　　　　15 000
　　　　应交税费——应交增值税(销项税额)　　　　　1 950

3. 银行汇票结算业务

1) 银行汇票结算业务的有关规定

银行汇票是指由出票银行签发的，由其在见票时按照实际结算金额无条件支付给收款人或者持票人的票据。银行汇票具有使用灵活、票随人到、兑现性强等特点，适用于先收款后发货或钱货两清的商品交易。单位和个人各种款项结算，均可使用银行汇票。

银行汇票可以用于转账，填明"现金"字样的银行汇票也可用于支取现金。银行汇票的付款期限为自出票日起 1 个月内，超过付款期限提示付款未获付款的，持票人须在票据权利时效内向出票银行作出说明，并提供本人身份证件或单位证明，持银行汇票和解讫通知向出票银行请求付款。

银行汇票结算程序，如图 1-7 所示。

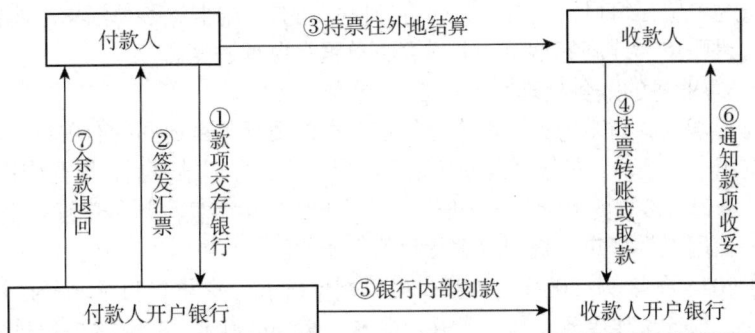

图 1-7　银行汇票结算程序

2) 银行汇票结算业务的账务处理

采用银行汇票结算时，付款方应通过"其他货币资金——银行汇票"账户进行明细核算。向开户银行申请签发银行汇票时，根据"银行汇票申请书"存根联，借记"其他资金——银行汇票"账户，贷记"银行存款"账户；持票结算货款时，根据发票账单等有关凭证，借记有关账户，贷记"其他货币资金——银行汇票"账户。收回余款时，根据银行转来的多余款收账通知，借记"银行存款"账户，贷记"其他货币资金——银行汇票"账户。

收款方收到银行汇票时，持票向银行提示付款，并填制进账单，根据进账单回单等凭证，借记"银行存款"账户，贷记有关账户。

【例 1-19】2024 年 3 月 16 日，风华公司从基本存款账户划出 100 000 元向开户银行申请办理银行汇票，取得银行汇票。3 月 18 日采购员用该银行汇票支付贷款 80 000 元，增值税税额 10 400 元，材料入库。3 月 19 日余款退回。风华公司的账务处理如下。

2024 年 3 月 16 日，根据银行盖章退回的银行汇票申请书存根联，编制会计分录如下。

借：其他货币资金——银行汇票　　　　　　　100 000
　　贷：银行存款　　　　　　　　　　　　　　　100 000

2024 年 3 月 18 日采购员交来发票、账单等报销凭证，编制会计分录如下。

借：原材料　　　　　　　　　　　　　　　　 80 000
　　应交税费——应交增值税(进项税额)　　　 10 400
　　　贷：其他货币资金——银行汇票　　　　　　 90 400

2024 年 3 月 19 日根据开户银行转来的银行汇票第四联(多余款收账通知)，编制会计分录如下。

借：银行存款　　　　　　　　　　　　　　　　9 600
　　贷：其他货币资金——银行汇票　　　　　　　　9 600

4. 信用卡结算业务

1) 信用卡结算业务的有关规定

信用卡是指商业银行向个人和单位发行的，凭以向特约单位购物、消费和向银行存取现金，且具有消费信用的特制载体卡片。

信用卡按使用对象分为单位卡和个人卡。按信誉等级分为金卡和普通卡。

凡在中国境内金融机构开立基本存款账户的单位可申领单位卡。单位卡可申领若干张，持卡人资格由申领单位法定代表人或其委托的代理人书面指定和注销。单位卡账户的资金一律从其基本存款账户转账存入，不得交存现金，不得将销货收入的款项存入其账户。持卡人可持信用卡在特约单位购物、消费，但单位卡不得用于 10 万元以上的商品交易、劳务款的结算，不得支取现金。特约单位在每日营业终了，应将当日受理的信用卡签购单汇总，计算手续费和净计金额，并填写进账单，连同签购单一并送存收单银行办理进账。

2) 信用卡结算业务的账务处理

采用信用卡结算时，付款方办妥领卡手续后，根据银行盖章退回的有关单证，借记"其他货币资金——信用卡"账户，贷记"银行存款"账户；持卡办理结算后，根据购货发票等凭证，借记有关账户，贷记"其他货币资金——信用卡"账户；信用卡使用过程中续存资金，借记"其他货币资金——信用卡"账户，贷记"银行存款"账户。

【例 1-20】2024 年 3 月 20 日，风华公司填制申请表，申请信用卡，并按银行要求交存50 000 元备用金。银行受理后开立信用卡存款账户，发给信用卡。3 月 22 日，风华公司用该信用卡支付业务招待费 2 000 元。

2024 年 3 月 20 日，收到银行盖章退回的进账单回单联时，编制会计分录如下。

借：其他货币资金——信用卡　　　　　　　　50 000
　　贷：银行存款　　　　　　　　　　　　　　　　50 000

2024 年 3 月 22 日，收到银行转来的信用卡付款凭证及所附发票账单时，编制会计分录如下。

借：管理费用　　　　　　　　　　　　　　　2 000
　　贷：其他货币资金——信用卡　　　　　　　　　　2 000

5. 信用证结算业务

1) 信用证结算业务的有关规定

信用证结算方式是国际结算的一种主要方式。经中国人民银行批准经营结算业务的商业银行总行及经商业银行总行批准开办信用证结算业务的分支机构，也可以办理国内企业之间商品交易的信用证结算业务。企业向银行申请开立信用证，应按规定向银行提交开证申请书、信用证申请人承诺书和购销合同。采用信用证结算方式的，收款单位收到信用证后，即备货装运，签发有关发票账单，连同运输单据和信用证送交银行，根据退还的信用证等有关凭证编制收款凭证；付款单位在接到开证行的通知时，根据付款的有关单据编制付款凭证。

2) 信用证结算业务的账务处理

采用信用证结算，企业填写信用证申请书将款项交存银行，根据银行退回的进账单第一联，借记"其他货币资金——信用证保证金"账户，贷记"银行存款"账户；根据开证银行交来的信用证来单通知书及有关单据列明的金额，借记"材料采购""原材料""库存商品"等，贷记"其他货币资金——信用证保证金"账户；将未用完的信用证保证金存款余额转回开户银行时，借记"银行存款"账户，贷记"其他货币资金——信用证保证金"账户。

6. 存出投资款业务

1) 存出投资款业务的有关规定

存出投资款是指企业已存入证券公司准备用于购买金融商品的存款。企业在向证券市场进行股票、债券投资时，应向证券公司申请账号并划出资金。

2) 存出投资款业务的账务处理

存出投资款的核算主要包括资金划出和使用两个方面。向证券公司划出资金时，借记"其他货币资金——存出投资款"账户，贷记"银行存款"账户；在证券市场上购买股票、债券等时，借记"交易性金融资产"等账户，贷记"其他货币资金——存出投资款"账户。

【例 1-21】2024 年 3 月 30 日，风华公司将银行存款 200 000 元存入某证券公司。3 月 31 日委托该证券公司从证券交易所购入股票 120 000 元，企业将其划分为交易性金融资产。

2024 年 3 月 30 日，划出款项存入证券投资账户时，编制会计分录如下。

借：其他货币资金——存出投资款　　　　　　200 000
　　贷：银行存款　　　　　　　　　　　　　　　　200 000

2024 年 3 月 31 日，购入股票时，编制会计分录如下。

借：交易性金融资产　　　　　　　　　　　　120 000
　　贷：其他货币资金——存出投资款　　　　　　　120 000

案例分析

为索回扣，舍近求远异地采购

某企业在"其他货币资金"账户下设置"外埠存款"明细账，用于核算外埠采购的银行结算业务，所采购的是 A 种材料。新任材料会计小王发现，该种材料在本市也有生产且质量可靠，为什么采购人员要舍近求远以超过本市产品的价格进行异地采购，为此又支付了大量运费呢？小王将此情况向主管领导做了汇报，引起了领导的高度重视。企业内部审计人员赴采购地进行了深入调查，查明是采购员为了索取可观的回扣，蒙骗有关领导，在财会部门未加严格审查的情况下设置了外埠存款专户，仅回扣一项已达数万元，由此增加了原材料成本，偷逃了企业所得税，同时由于经办人员涉嫌收取了现金，也存在少缴个人所得税的嫌疑。

分析提示

请思考：

(1) 你怎样理解该企业会计小王的做法？

(2) 从本案例中你得到了什么启示？

任务小结

其他货币资金业务账务处理总结

付款方账务处理		
存入	使用	收到多余款
由银行存款结算户转出，存入外地银行采购专户、银行汇票、银行本票、信用卡、信用证、证券公司专户 借：其他货币资金 　　贷：银行存款	以其他货币资金进行购物、消费、投资时 借：相关科目 　　贷：其他货币资金	将外埠存款、银行汇票等余款退回银行存款结算户 借：银行存款 　　贷：其他货币资金
收款方账务处理		
收款方收到银行本票、银行汇票，填写进账单和办理进账手续时 借：银行存款 　　贷：有关科目		

任务考核

一、单项选择题

1. 下列各项中，不属于"其他货币资金"账户核算内容的是(　　)。
   A. 信用证存款 　　　　　　　　　　B. 存出投资款
   C. 备用金 　　　　　　　　　　　　D. 银行汇票存款

2. 企业将款项委托开户银行汇往采购地银行，开立采购专户时，应借记的账户是(　　)。
   A. "银行存款"账户 　　　　　　　　B. "材料采购"账户
   C. "其他货币资金"账户 　　　　　　D. "其他应收款"账户

3. 企业将款项存入证券公司准备进行短期投资时应借记(　　)账户。
   A. 银行存款 　　　　　　　　　　　B. 其他货币资金
   C. 短期投资 　　　　　　　　　　　D. 交易性金融资产

4. 按现行规定，能用"其他货币资金"核算的票据是(　　)。
   A. 银行支票 　　　　　　　　　　　B. 银行承兑汇票
   C. 银行本票 　　　　　　　　　　　D. 商业承兑汇票

5. 下列各项中表述正确的是(　　)。
   A. 企业单位信用卡存款账户可以存取现金
   B. 企业信用证保证金存款余额不可以转存其开户行结算存款
   C. 企业银行汇票存款的收款人不得将其收到的银行汇票背书转让
   D. 企业外埠存款除采购人员可从中提取少量现金外，一律采用转账结算

二、多项选择题

1. 下列各项中，属于其他货币资金的有(　　)。
   A. 银行本票存款 　　　　　　　　　B. 信用卡存款
   C. 银行汇票存款 　　　　　　　　　D. 外埠存款

2. 下列各项中，不通过"其他货币资金"账户核算的有(　　)。
   A. 银行汇票存款 　　　　　　　　　B. 银行承兑汇票
   C. 备用金 　　　　　　　　　　　　D. 外埠存款

3. 企业在支付下列票据时应通过其他货币资金账户的有(　　)。
   A. 银行汇票 　　　　　　　　　　　B. 银行本票
   C. 支票 　　　　　　　　　　　　　D. 银行承兑汇票

4. 下列各项中，应确认为企业其他货币资金的是(　　)。
   A. 企业持有的 3 个月内到期的债券投资
   B. 企业为购买股票向证券公司划出的资金
   C. 企业汇往外地建立临时采购专户的资金
   D. 企业向银行申请银行本票时拨付的资金

5. 货币资金按其存放地点和用途可分为(　　)。
   A. 库存现金 　　　　　　　　　　　B. 银行存款
   C. 其他货币资金 　　　　　　　　　D. 备用金

三、判断题

1. 企业用银行汇票支付购货款时，应通过"应付票据"账户核算。　　　　　　(　　)
2. 企业用银行本票支付购货款时，应通过"其他货币资金"账户核算。　　　　(　　)

3. 信用卡存款销卡时，应将信用卡存款余额转入企业基本存款账户，并做借记"银行存款"，贷记"其他货币资金——信用卡"处理。 （ ）

4. 基本存款账户的存款属于其他货币资金。 （ ）

5. 外埠存款账户的特点是不计利息、只付不收、付完清户，除了采购人员可从中提取少量现金外，其他一律采用转账方式结算。 （ ）

四、业务实训题

资料：2024 年某企业发生如下经济业务。

(1) 通过银行汇款至汕头开立临时采购专户，汇款金额 20 000 元。

(2) 采购员交来在汕头的购货发票，以及通过采购专户办理结算的有关凭证，货款 11 000 元，增值税 1 430 元，材料已办理入库手续。

(3) 向开户银行申请签发一张面额为 20 000 元的银行汇票，银行同意通过转账办理。

(4) 采购员持上述银行汇票到异地采购，价款 15 000 元，增值税 1 950 元，材料已入库。

(5) 向本企业开户银行申请签发银行本票一张，金额 30 000 元。

(6) 接到银行通知，上述银行汇票余款已到账。

(7) 接到银行通知，上述采购专户的余款已到账。

要求：根据以上资料编制会计分录，其他货币资金核算应写出明细科目。

✎ 任务拓展

《支付结算办法》规定了结算原则和结算纪律，保证结算活动的正常运行。结算原则为：恪守信用，履约付款；谁的钱进谁的账，由谁支配；银行不垫款。结算纪律有：单位和个人办理支付结算，不准签发没有资金保证的票据或远期支票，套取银行信用；不准签发、取得和转让没有真实交易和债权债务的票据，套取银行和他人资金；不准无理拒绝付款，任意占用他人资金；不准违反规定开立和使用账户。

任务四 交易性金融资产的核算

✎ 任务导入

兴华公司为增值税一般纳税人，2024 年 1 月 1 日，以存出投资款购入龙飞公司发行的公司债券，支付价款 25 000 000 元(其中包含已到付息期但尚未领取的债券利息 480 000 元)，另支付交易费用 25 000 元，取得的增值税专用发票上注明的增值税额为 1 500 元。该笔债券面值为 24 000 000 元，票面利率为 4%。兴华公司将其划分为交易性金融资产进行核算。2024 年 1 月 5 日兴华公司收到该笔债券利息 480 000 元。2024 年 6 月 30 日，兴华公司持有的龙飞公司债券公允价值为 23 500 000 元；2024 年 12 月 31 日，兴华公司持有的龙飞公司债券公允价值为 25 800 000 元。2025 年 2 月 15 日，兴华公司出售了所持有的龙飞公司全部债券，价款为 35 400 000 元。不考虑相关税费和其他因素。

任务实施

要求：请以兴华公司财会人员身份对上述业务进行账务处理。

◥ 任务准备

一、交易性金融资产认知

(一) 交易性金融资产的概念

以公允价值计量且其变动计入当期损益的金融资产称为"交易性金融资产"。它是企业为了近期内出售而持有的金融资产，如企业以赚取差价为目的从二级市场购入的股票、债券、基金等；或者是在初始确认时属于集中管理的可辨认金融工具组合的一部分，且有客观证据表明近期实际存在短期获利模式的金融资产等，如企业管理的以公允价值进行业绩考核的某项投资组合。交易性金融资产属于企业的流动资产。

(二) 交易性金融资产的特点

1. 变现能力强

交易性金融资产是现金的暂时存放形式，其流动性仅次于现金，具有很强的变现能力。

2. 持有时间较短

交易性金融资产主要是企业利用暂时闲置的资金，谋求一定收益，计划在短期内出售变现的投资。交易性金融资产可以发挥暂时闲置资金的作用，获取相应的额外收益，但这也决定了企业对于任何一项交易性金融资产的持有时间都不会太长。

3. 不以控制被投资单位为目的

交易性金融资产应当符合以下两个条件：一是能够在公开市场上交易并且有明确市价；二是持有投资应作为剩余资金的存放形式，并保持其流动性和获利性。

二、交易性金融资产核算设置的账户

为了核算交易性金融资产的取得、收取现金股利或利息、处置等业务，企业应当设置以下账户。

(1) 设置"交易性金融资产"账户，用来核算企业分类为以公允价值计量且其变动计入当期损益的金融资产。该账户属于资产类账户，借方登记交易性金融资产的取得成本、资产负债表日其公允价值高于账面余额的差额，以及出售交易性金融资产时结转公允价值低于账面余额的差额；贷方登记资产负债表日其公允价值低于账面余额的差额、出售交易性金融资产时结转的成本，以及出售交易性金融资产时结转的公允价值高于账面余额的差额。期末借方余额反映企业持有的交易性金融资产的公允价值。本账户按交易性金融资产的类别和品种，分别设置"成本""应计利息""公允价值变动"进行明细核算。

(2) 设置"公允价值变动损益"账户，用来核算交易性金融资产等因公允价值变动而形成的应计入当期损益的利得或损失。该账户属于损益类账户，贷方登记资产负债表日企业持有的交易性金融资产等的公允价值高于账面价值的差额；借方登记资产负债表日企业持有的交易性金融资产等的公允价值低于账面余额的差额。期末应将本账户余额转入"本年利润"账户，结转后本账户无余额。该账户应当按照交易性金融资产等的类别和品种设置明细账户。

(3) 设置"投资收益"账户，用来核算企业对外投资取得的投资收益或发生的投资损失。该账户属于损益类账户，贷方登记对外投资取得的收益和月末转入"本年利润"账户的本期投资净损失；借方登记对外投资发生的损失和月末转入"本年利润"账户的本期投资净收益，结转后本账户无余额。本账户应按投资收益的种类设置明细账户，进行明细核算。

(4) 设置"应收股利"账户，用来核算因股权投资而产生的现金股利。该账户属于资产类账户，借方登记被投资单位宣告分派的现金股利或利润；贷方登记实际收到的现金股利或利润。期末借方余额反映企业尚未收到的应收股利。该账户按被投资企业和投资种类进行明细核算。

(5) 设置"应收利息"账户，用来核算因债权投资已过付息期但尚未收到的利息。该账户属于资产类账户，借方登记应收利息增加数；贷方登记收到的利息。期末借方余额反映企业尚未收到的利息。该账户按被投资企业和投资种类进行明细核算。

三、交易性金融资产的账务处理

(一) 取得交易性金融资产

交易性金融资产应当按照取得时的公允价值作为初始入账金额，企业取得交易性金融资产所支付的价款中包含已宣告但尚未发放的现金股利或已到付息期但尚未领取的债券利息，应单独确认为应收项目。企业取得交易性金融资产所发生的相关交易费用在发生时计入当期损益，冲减投资收益，发生交易费用取得增值税专用发票的，进项税额经认证后可从当月销项税额中扣除。交易费用是指可直接归属于购买、发行或处置金融工具的增量费用。增量费用是指企业没有发生购买、发行或处置相关金融工具的情形就不会发生的费用，包括支付给代理机构、咨询公司、券商、证券交易所、政府有关部门等的手续费、佣金、相关税费及其他必要支出，不包括债券溢价、折价、融资费用、内部管理成本和持有成本等与交易不直接相关的费用。

企业取得交易性金融资产，按其公允价值，借记"交易性金融资产——成本"账户；按已宣告但尚未发放的现金股利或已到付息期但尚未领取的债券利息，借记"应收股利"账户或"应收利息"账户；按发生的交易费用，借记"投资收益"账户；发生交易费用取得增值税专用发票的，按其注明的增值税税额，借记"应交税费——应交增值税(进项税额)"账户；按照实际支付的金额，贷记"其他货币资金"等账户。

(二) 持有交易性金融资产

1. 现金股利或债券利息的会计处理

企业在持有交易性金融资产期间所获得的现金股利或债券利息，应当确认为投资收益。

持有交易性金融资产期间，被投资单位宣告发放现金股利时，投资企业按应享有的份额，借记"应收股利"账户，贷记"投资收益"账户；资产负债表日，投资企业按债券投资的票面利率计提利息时，借记"交易性金融资产——应计利息"账户，贷记"投资收益"账户；收到上列现金股利或债券利息时，借记"其他货币资金"等账户，贷记"应收股利"或"交易性金融资产——应计利息"账户。企业也可以不单独确认上述利息，而是通过"交易性金融资产——公允价值变动"账户汇总反映包含利息的债券投资的公允价值变化。

2. 交易性金融资产的期末计量

交易性金融资产在最初取得时，是按公允价值入账的，反映了企业取得交易性金融资产的实际成本；但交易性金融资产的公允价值是不断变化的，会计期末的公允价值则代表了交易性金融资产的现时可变现价值。根据企业会计准则的规定，交易性金融资产的价值应按资产负债表日的公允价值反映，公允价值的变动计入当期损益。

资产负债表日，交易性金融资产的公允价值高于其账面余额时，应按二者之间的差额，调增交易性金融资产的账面余额，同时确认公允价值上升的收益，借记"交易性金融资产——公允价值变动"账户，贷记"公允价值变动损益"账户；交易性金融资产的公允价值低于其账面余额时，应按二者之间的差额，调减交易性金融资产的账面余额，同时确认公允价值下跌的损失，借记"公允价值变动损益"账户，贷记"交易性金融资产——公允价值变动"账户。

(三) 出售交易性金融资产

企业出售交易性金融资产时，应当将该金融资产出售时的公允价值与其账面余额之间的差额作为投资收益进行会计处理。

出售交易性金融资产时，应按实际收到的金额，借记"其他货币资金"等账户；按该交易性金融资产的账面余额的成本部分，贷记"交易性金融资产——成本"账户；按该交易性金融资产账面余额的公允价值变动部分，贷记或借记"交易性金融资产——公允价值变动"账户；按其差额，贷记或借记"投资收益"账户。

【例1-22】2024年4月5日，风华公司从工商银行基本存款账户向华新证券公司资金账户划入1 000 000元。当日按每股10.50元的价格购入东方公司每股面值1元的股票50 000股作为交易性金融资产，另支付相关交易费用2 500元，取得的增值税专用发票上注明的增值税税额为150元。股票购买价格中包含每股0.20元已宣告但尚未领取的现金股利，该现金股利于2024年5月20日发放。2024年6月30日，风华公司持有的东方公司股票公允价值为每股10元。2024年7月28日，东方公司宣告半年度利润分配方案，每股分派现金股利0.25元，并于2024年8月20日发放。风华公司每半年确认一次交易性金融资产公允价值变动损益。2024年11月10日，风华公司将东方公司股票出售，每股售价12.50元。风华公司编制相关会计分录如下。

2024年4月5日，划出款项存入证券公司账户时，编制会计分录如下。

借：其他货币资金——存出投资款　　　　　　　　　1 000 000
　　贷：银行存款　　　　　　　　　　　　　　　　　　　1 000 000

2024年4月5日，购入东方公司股票时，编制会计分录如下。

借：交易性金融资产——东方公司股票(成本)　　　　515 000
　　应收股利——东方公司　　　　　　　　　　　　　 10 000
　　投资收益　　　　　　　　　　　　　　　　　　　 2 500
　　应交税费——应交增值税(进项税额)　　　　　　　　 150
　　贷：其他货币资金——存出投资款　　　　　　　　　 527 650

2024年5月20日，收到东方公司派发的现金股利时，编制会计分录如下。

借：其他货币资金——存出投资款　　　　　　　　　 10 000
　　贷：应收股利——东方公司　　　　　　　　　　　　 10 000

2024年6月30日，确认公允价值变动损益时。

2024年6月30日，"交易性金融资产"账户调整前账面余额为515 000元，持有的交易性金融资产公允价值为500 000元(50 000股×10元/股)，公允价值下降了15 000元。

借：公允价值变动损益　　　　　　　　　　　　　　 15 000
　　贷：交易性金融资产——东方公司股票(公允价值变动)　 15 000

2024年7月28日，东方公司宣告分派现金股利时，编制会计分录如下。

应收股利=50 000×0.25=12 500(元)

借：应收股利——东方公司　　　　　　　　　　　　 12 500
　　贷：投资收益　　　　　　　　　　　　　　　　　　 12 500

2024 年 8 月 20 日，收到东方公司派发的现金股利时，编制会计分录如下。

借：其他货币资金——存出投资款   12 500

    贷：应收股利——东方公司   12 500

2024 年 11 月 10 日，出售股票时，编制会计分录如下。

借：其他货币资金——存出投资款   625 000

     交易性金融资产——东方公司股票(公允价值变动)   15 000

    贷：交易性金融资产——东方公司股票(成本)   515 000

        投资收益   125 000

金融商品转让按照卖出价扣除买入价(不需要扣除已宣告未发放现金股利和已到付息期未领取的利息)后的余额作为销售额计算增值税，即转让金融商品按盈亏相抵后的余额为销售额。若相抵后出现负差，可结转下一纳税期与下期转让金融商品销售额互抵，但年末时仍出现负差的，不得转入下一会计年度。

转让金融资产当月末，如产生转让收益，则按应纳税额，借记"投资收益"等账户，贷记"应交税费——转让金融商品应交增值税"账户；如产生转让损失，则按可结转下月抵扣税额，借记"应交税费——转让金融商品应交增值税"账户，贷记"投资收益"等账户。

年末，如果"应交税费——转让金融商品应交增值税"科目有借方余额，说明本年度的金融商品转让损失无法弥补，且本年度的金融资产转让损失不可转入下年度继续抵减转让金融资产的收益，因此，应借记"投资收益"等账户，贷记"应交税费——转让金融商品应交增值税"账户，将"应交税费——转让金融商品应交增值税"账户的借方余额转出。

【例 1-23】承例 1-22，计算该项业务转让金融商品应交增值税。

转让金融商品应交增值税 = (625 000 − 525 000) ÷ (1 + 6%) × 6% = 5 660.38(元)

风华公司应编制如下会计分录。

借：投资收益   5 660.38

    贷：应交税费——转让金融商品应交增值税   5 660.38

◤ 案例分析

虚增投资收益，粉饰业绩

审计人员在审查某公司 2024 年 12 月"投资收益"明细账时，发现有一笔金额为 300 000 元的业务处理存在违规问题，该笔业务摘要栏内容为"收到现金股利收入"。经询问有关人员和调阅原始凭证，发现收到的现金股利为企业取得交易性金融资产实际支付价款中包括的已宣告但尚未领取的现金股利，查阅相关记账凭证记录，购入时企业已将其记入"应收股利"账户借方，进一步查询原因，发现为该公司领导为完成利润目标，指示会计人员张某而为之，而张某迫于压力，明知这样不符合会计有关规定，却依然进行相关操作。

请思考：

(1) 你如何理解该公司会计人员的行为？

(2) 该项业务应如何处理？

分析提示

任务小结

交易性金融资产典型业务账务处理总结

业务内容		账务处理
取得交易性金融资产		借：交易性金融资产——成本 　　应收股利或应收利息 　　投资收益等 　　贷：其他货币资金等
持有期间	收到购买价款中包含的应收股利或应收利息	借：其他货币资金等 　　贷：应收股利或应收利息
	宣告现金股利 收到现金股利	宣告分派现金股利　　　　　　收到现金股利 借：应收股利　　　　　　借：其他货币资金等 　　贷：投资收益　　　　　　贷：应收股利等
	计提债券利息 收到债券利息	计提债券利息 借：交易性金融资产——应计利息 　　贷：投资收益 收到债券利息 借：其他货币资金等 　　贷：交易性金融资产——应计利息
持有期间	期末计价	期末公允价值高于账面余额 借：交易性金融资产——公允价值变动 　　贷：公允价值变动损益 期末公允价值低于账面余额，做相反分录
出售交易性金融资产		借：其他货币资金等 　　贷：交易性金融资产——成本 　　　　　　　　　　　　——公允价值变动(或借记) 　　　　投资收益(或借记)

任务考核

一、单项选择题

1. 甲公司购入乙公司股票并划分为交易性金融资产，共支付价款 3 600 000 元(其中包含已宣告但尚未发放的现金股利 100 000 元)，另支付相关交易费用 10 000 元，取得并经税务机关认证的增值税专用发票上注明的增值税税额为 600 元。不考虑其他因素，甲公司取得乙公司股票时应借记"交易性金融资产"科目的金额为(　　)元。

　　A. 3 610 000　　　　　　　　　　　B. 3 510 000
　　C. 3 600 000　　　　　　　　　　　D. 3 500 000

2. 2023 年 2 月 5 日，甲公司以 7 元 1 股的价格购入乙公司股票 100 万股，支付手续费 1.4 万元。甲公司将该股票投资分类为交易性金融资产。2023 年 12 月 31 日，乙公司股票价格为 9 元 1 股。2024 年 2 月 20 日，乙公司分配现金股利，甲公司获得现金股利 8 万元；2024 年 3 月

20 日,甲公司以 11.6 元 1 股的价格将其持有的乙公司股票全部出售。不考虑其他因素,甲公司因持有乙公司股票在 2024 年影响营业利润的金额是( )万元。

  A. 260   B. 468   C. 268   D. 466.6

  3. 甲公司 2024 年 7 月 1 日购入乙公司 2024 年 1 月 1 日发行的债券,支付价款为 2 100 万元(含已到付息期但尚未领取的债券利息 40 万元),另支付交易费用 15 万元,发票注明增值税 0.9 万元。该债券面值为 2 000 万元,票面年利率为 4%(票面利率等于实际利率),每半年付息一次,年末计算债券利息收入,甲公司将其划分为交易性金融资产。甲公司 2024 年度因该项交易性金融资产应确认的投资收益为( )万元。

  A. 25   B. 40   C. 65   D. 80

  4. 某企业 2024 年 5 月 1 日购买 A 公司股票 1 000 股,每股价格 10 元,另支付相关费用 200 元;5 月 10 日又购入 A 公司股票 1 000 股,每股价格 12 元,另支付相关费用 240 元,均划分为交易性金融资产。该企业 6 月 10 日将该股票全部转让,取得转让价款 25 000 元,则企业通过该交易性金融资产累计影响的"投资收益"账户金额为( )元。

  A. 6 000   B. 3 000   C. 2 560   D. 2 000

  5. 下列各项中,关于交易性金融资产的表述不正确的是( )。

  A. 取得交易性金融资产所发生的相关交易费用应当在发生时计入投资收益

  B. 资产负债表日交易性金融资产公允价值与账面余额的差额计入当期损益

  C. 收到交易性金融资产购买价款中已到付息期尚未领取的债券利息计入当期损益

  D. 出售交易性金融资产时应将其公允价值与账面余额之间的差额确认为投资收益

二、多项选择题

  1. "交易性金融资产"账户下应设置的明细账户有( )。

  A. 成本   B. 公允价值变动

  C. 利息调整   D. 损益调整

  2. 交易性金融资产从取得到处置,会涉及"投资收益"账户的情况有( )。

  A. 取得投资时支付的相关税费   B. 持有期间获得的现金股利

  C. 持有期间获得的股票股利   D. 持有期间获得的债券利息

  3. 下列各项中,不构成交易性金融资产入账价值的有( )。

  A. 买入价款   B. 已宣告但尚未发放的现金股利

  C. 支付的手续费   D. 支付的印花税

  4. 甲企业在 2024 年 11 月取得交易性金融资产时,其公允价值为 100 万元,但在 2024 年 12 月 31 日,其公允价值为 150 万元,这时的会计分录为( )。

  A. 借记"交易性金融资产——成本"50 万元

  B. 贷记"投资收益"50 万元

  C. 借记"交易性金融资产——公允价值变动"50 万元

  D. 贷记"公允价值变动损益"50 万元

  5. 下列各项中,关于交易性金融资产的会计处理,表述正确的有( )。

  A. 持有期间发生的公允价值变动计入公允价值变动损益

  B. 持有期间被投资单位宣告发放的现金股利计入投资收益

  C. 取得时支付的价款中包含的应收股利计入初始成本

  D. 取得时支付的相关交易费用计入投资收益

三、判断题

1. 企业为取得交易性金融资产发生的交易费用应计入交易性金融资产初始确认金额。

（　　）

2. 资产负债表日，交易性金融资产应按公允价值计量，且公允价值的变动计入公允价值变动损益。（　　）

3. 企业购入股票所支付的价款中，如果包含已宣告但尚未领取的现金股利，交易性金融资产应作为应收股利单独核算。（　　）

4. 交易性金融资产持有期间收到的现金股利一定会影响投资收益。（　　）

5. 企业出售交易性金融资产时，应将其出售时实际收到的款项与其账面价值之间的差额计入当期投资损益，同时将原计入该金融资产的公允价值变动计入当期投资损益。（　　）

四、业务实训题

资料：甲公司 2023—2024 年发生如下与股票投资有关的业务(购入的股票准备随时变现，企业作为交易性金融资产管理和核算)。

(1) 2023 年 4 月 1 日，用银行存款购入 A 上市公司(以下简称 A 公司)的股票 8 000 股，每股买入价为 18 元，其中 0.5 元为已宣告但尚未分派的现金股利。另支付相关税费 720 元。

(2) 2023 年 4 月 18 日，收到 A 公司分派的现金股利。

(3) 2023 年 12 月 31 日，该股票的每股市价下跌至 16 元。

(4) 2024 年 2 月 3 日，出售持有的 A 公司股票 6 000 股，实得价款 104 000 元。

(5) 2024 年 4 月 15 日，A 公司宣告分派现金股利，每股派发 0.1 元。

(6) 2024 年 4 月 30 日，收到派发的现金股利。

(7) 2024 年 12 月 31 日，A 公司的股票市价为 17 元。

要求：编制甲公司上述业务的会计分录。

✎ 任务拓展

在企业的全部资产中，库存现金、银行存款、应收账款、应收票据、贷款、其他应收款、应收利息、债券投资、股票投资、基金投资及衍生金融资产等统称为金融资产。根据企业管理金融资产的业务模式和金融资产的合同现金流量特征，《企业会计准则第22号——金融工具确认和计量》(2018)将金融资产划分为：①以摊余成本计量的金融资产；②以公允价值计量且其变动计入其他综合收益的金融资产；③以公允价值计量且其变动计入当期损益的金融资产。

项目二 应收及预付款项核算

能力目标

1. 能够正确处理应收票据取得、贴现、转让及到期收回业务。
2. 能够正确处理应收账款发生与收回业务。
3. 能够正确处理预付账款及其他应收款业务。
4. 能够正确处理应收款项减值业务。

知识目标

1. 了解商业汇票结算方式，理解应收票据的概念、入账价值的确定，掌握应收票据的核算方法。
2. 理解应收账款的概念、入账价值的确定，掌握应收账款的核算方法。
3. 理解预付账款及其他应收款的概念、核算范围，掌握预付账款及其他应收款的核算方法。
4. 理解应收款项减值损失的确认与估计方法，掌握应收款项减值的核算方法。

素质目标

1. 在记账、算账、报账过程中能做到遵纪守法、廉洁自律，讲求会计职业道德。
2. 在建账、登账过程中做到认真、严谨、细致。
3. 在与往来客户业务往来过程中具有良好的沟通协调能力。
4. 在会计轮岗过程中能顾全大局、服从分配，具有敬业精神和团队合作能力。
5. 明确应收款项在企业经营中的地位，体会商业信用政策对企业经营的影响。

项目导读

应收及预付款项是指企业在日常生产经营活动中发生的各项债权，包括应收款项(应收票据、应收账款、其他应收款等)和预付账款。其中，应收款项是企业在销售商品、产品或提供劳务及一些非购销活动中形成的债权；预付账款是企业在购货过程中因预付给供应单位款项而形成的债权。这些债权属于短期债权，会计上归为企业的流动资产。应收及预付款项业务是企业往来结算会计岗位核算的主要内容，企业应将不同的应收及预付款项分类进行核算，正确、及时地反映和监督各种短期债权的发生及收回情况，以保证这部分流动资产的安全完整，加速企业流动资金的周转。应收及预付款项核算项目知识结构，如图2-1所示。

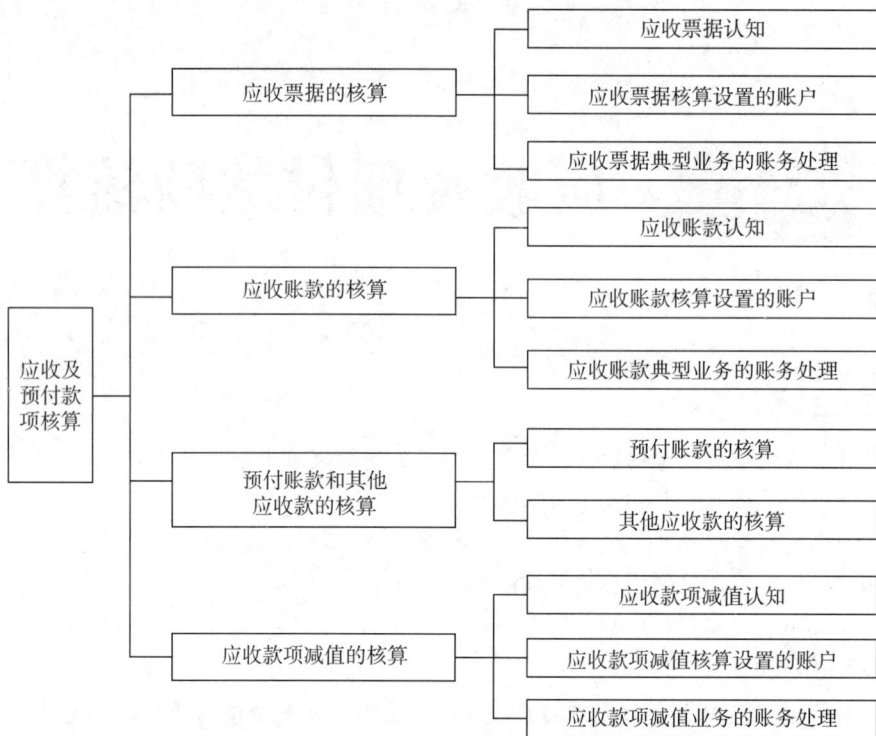

图 2-1　应收及预付款项核算项目知识结构

任务一　应收票据的核算

任务导入

兴华公司 2024 年 6 月 5 日向 A 公司销售产品一批，价款为 500 000 元，适用的增值税税率为 13%，收到 A 公司交来的一张面额为 565 000 元的 3 个月不带息银行承兑汇票一张。同年 7 月 10 日，兴华公司将上述票据背书转让给 B 公司，以取得生产经营所需的原材料一批，该批材料价款 450 000 元，增值税税率为 13%，差额收到 B 公司签发的转账支票一张，已办理进账手续。

任务实施

要求： 请以兴华公司财会人员身份对上述业务进行账务处理。

任务准备

一、应收票据认知

(一) 应收票据的概念

应收票据是指企业因销售商品、提供服务等而收到的商业汇票。

(二) 商业汇票结算的有关规定

商业汇票是由出票人签发的,委托付款人在指定日期无条件支付确定的金额给收款人或持票人的票据。在银行开立存款账户的法人及其他组织之间,具有真实的交易关系或债权债务关系,均可使用商业汇票。商业汇票的付款期限最长不超过 6 个月。符合条件的商业汇票持票人可以持未到期的商业汇票向银行申请贴现。

商业汇票按照承兑人不同,分为商业承兑汇票和银行承兑汇票。

商业承兑汇票是指由付款人签发并承兑,或由收款人签发并由付款人承兑的商业汇票。商业承兑汇票的付款人收到开户银行的付款通知,应在当日通知银行付款。付款人在接到通知后次日起 3 日内未通知银行付款的,视同付款人承诺付款,银行将于付款人接到通知日的次日起第 4 日上午开始营业时,将票款划给持票人。银行在办理划款时,付款人存款账户不足以支付的,银行应填制付款人未付票款通知书,连同商业承兑汇票邮寄持票人开户银行转交持票人。

商业承兑汇票结算程序,如图 2-2 所示。

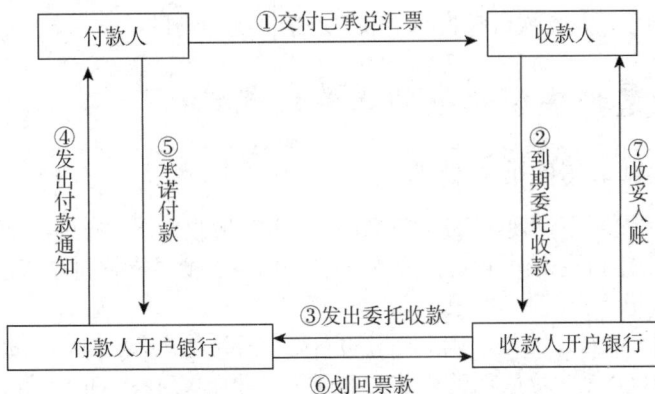

图 2-2 商业承兑汇票结算程序

银行承兑汇票是指由在承兑银行开户的存款人签发,由承兑银行承兑的商业汇票。企业申请使用银行承兑汇票时,应向其承兑银行按票面金额的万分之五缴纳手续费。银行承兑汇票的出票人应于汇票到期前将票款足额缴存其开户银行,承兑银行应在汇票到期日或到期日后的见票当日支付票款。银行承兑汇票的出票人于汇票到期前未能足额缴存票款的,承兑银行除凭票向持票人无条件付款外,对出票人尚未支付的汇票金额按照每天万分之五计收利息。

银行承兑汇票结算程序,如图 2-3 所示。

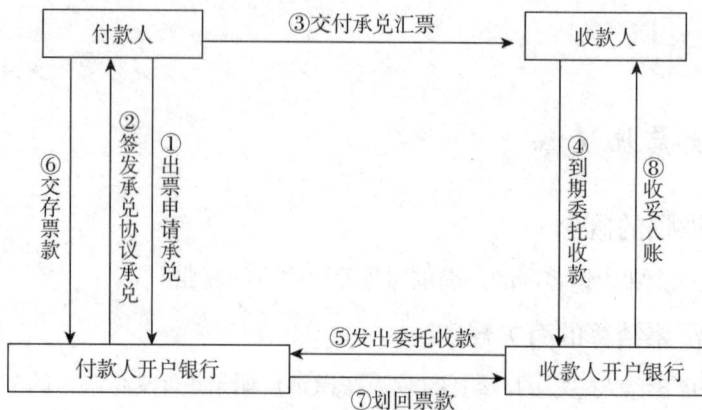

图 2-3　银行承兑汇票结算程序

二、应收票据核算设置的账户

企业应设置"应收票据"账户核算应收票据的取得、收回等情况。该账户属于资产类账户，借方登记取得的应收票据的面值，贷方登记到期收回、票据转让、贴现及到期收不回而转出等的票面金额，期末余额在借方，反映企业持有的商业汇票的票面金额。"应收票据"账户可按照开出、承兑商业汇票的单位进行明细核算。

企业还应当设置"应收票据备查簿"，逐笔登记商业汇票的种类、号数和出票日、票面金额、交易合同号和付款人、承兑人、背书人的姓名或单位名称、到期日、背书转让日、贴现日、贴现率和贴现净额，以及收款日和收回金额、退票情况等资料。

三、应收票据典型业务的账务处理

(一) 应收票据取得的账务处理

因销售商品、提供服务等收到商业汇票时，借记"应收票据"账户，贷记"主营业务收入""应交税费——应交增值税(销项税额)"等账户；因债务人抵偿货款而收到票据时，应借记"应收票据"账户，贷记"应收账款"账户。

【例 2-1】2024 年 6 月 1 日，风华公司向利达公司销售产品一批，开出的增值税专用发票上注明价款为 400 000 元，增值税税额为 52 000 元，当日收到对方开来的不带息的商业承兑汇票一张，票据期限为 2 个月。

2024 年 6 月 1 日，风华公司收到商业汇票时，编制会计分录如下。

借：应收票据——利达公司　　　　　　　　　452 000
　　贷：主营业务收入　　　　　　　　　　　　　　400 000
　　　　应交税费——应交增值税(销项税额)　　　　52 000

(二) 应收票据到期的账务处理

若商业汇票到期付款人支付款项时，借记"银行存款"账户，贷记"应收票据"账户；当到期付款人无力付款时，借记"应收账款"账户，贷记"应收票据"账户。

【例 2-2】承上例，2 个月后应收票据到期收回票款时，编制会计分录如下。

借：银行存款　　　　　　　　　　　　　　　452 000

　　　　贷：应收票据——利达公司　　　　　　　　452 000
　　当 2 个月后应收票据到期，购买方无力偿还票款时，编制会计分录如下。
　　借：应收账款——利达公司　　　　　　452 000
　　　　贷：应收票据——利达公司　　　　　　　　452 000

(三) 应收票据转让的账务处理

　　企业将持有的商业汇票背书转让取得所需物资时，按应计入取得物资成本的金额，借记"在在途物资""原材料""材料采购""库存商品"等账户；按照增值税专用发票上注明的可抵扣的进项税额，借记"应交税费——应交增值税(进项税额)"账户；按应收票据票面金额，贷记"应收票据"账户；如有差额，借记或贷记"银行存款"等账户。

　　【例 2-3】2024 年 6 月 7 日，风华公司向光明公司采购材料，材料价款 57 000 元，增值税税额 7 410 元，款项共 64 410 元，材料已验收入库。风华公司将一票面金额为 60 000 元的不带息应收票据背书转让以偿付货款，同时，差额 4 410 元当即以转账支票支付。风华公司编制会计分录如下。

　　借：原材料　　　　　　　　　　　　　　57 000
　　　　应交税费——应交增值税(进项税额)　　7 410
　　　　贷：应收票据　　　　　　　　　　　　　60 000
　　　　　　银行存款　　　　　　　　　　　　　4 410

案例分析

从应收票据核算异常发现的问题

　　某审计组审计一家销售建材的商品流通企业的账目。审计员小李观察后，觉得该企业经营规模及财务人员的忙碌情形与其账面业务收入少和会计核算量小的情况极不吻合。小李认为该企业可能存在账外经营的问题，多方查证无果后，小李又对企业的库存现金、银行存款、预收账款、应收账款等账户进行了仔细检查，均未见异常，审计陷入了僵局。

　　就在一筹莫展之际，小李发现账面上有两处应收票据明细账户的借方余额(共 136 万元)分别在被审计年度的 1 月和 2 月登账后至当年末一直未发生变化(系原销售商品收到的商业汇票，根据《中华人民共和国票据法》的规定，商业汇票的付款期限最长不得超过 6 个月)。小李询问财务处长，财务处长愣了一下说可能没有及时记账。小李追问为何没有及时记账，财务处长在小李的再三催问下，终于承认已背书出去进货，并解释说背书给了一家钢材供应商采购钢材，由于对方尚未开票结算，影响了对该账户余额的及时结转。听到此解释后，小李终于消除疑虑并决定不再追究。但是，审计组长觉得此事不那么简单，认为很有必要查明该企业与钢材供应商的结算情况。结果，不仅查明了钢材供应商对用这两张背书转让票据购买的钢材早已开票结算但该企业并未入账的情况，同时还对该企业从钢材供应商购买钢材的情况进行了全面调查。

　　经查，从被审计年度的年初开始，除前述两笔应收票据在"应收票据备查簿"登记了出票情况外，该企业将收到的十多张大额商业汇票直接背书转让给该钢材供应商采购钢材，但对收取票据和背书转让的情况均不在"应收票据备查簿"进行登记(而是另设一账簿登记，仅向财务处长汇报)，将用背书转让票据采购的钢材专门销售给用现金进货且不需要开具发票的客户，这样从采购到销售都无须在账面反映。审计组同时还查明，该企业在销售水泥时存在同样的情况。最终查明，该企业全年采取此方法销售的钢材和水泥累计达 960 万元，共隐瞒营业利润近

200 万元, 偷逃了增值税和企业所得税。

请思考:

(1) 如何理解该商品流通企业财务人员的行为?

(2) 从这起案例中你还得到了哪些启示?

分析提示

任务小结

应收票据典型业务账务处理总结

业务内容		账务处理
因销售商品、提供服务取得商业汇票		借: 应收票据 　　贷: 主营业务收入等 　　　　应交税费——应交增值税(销项税额)
因债务人抵偿前欠货款取得商业汇票		借: 应收票据 　　贷: 应收账款
应收票据到期收回		借: 银行存款 　　贷: 应收票据
商业承兑汇票到期收不回		借: 应收账款 　　贷: 应收票据
转让商业汇票取得所需物资		借: 原材料等 　　贷: 应收票据 　　　　银行存款(或借记)
票据贴现	符合终止确认条件	借: 银行存款 　　财务费用等 　　贷: 应收票据
	不符合终止确认条件	借: 银行存款 　　贷: 短期借款

任务考核

一、单项选择题

1. 下列各项中, 应计入 "应收票据" 科目借方的是( )。

　A. 提供服务收到的商业承兑汇票　　　　B. 提供服务收到的银行本票

　C. 提供服务收到的银行汇票　　　　　　D. 销售原材料收到的转账支票

2. 某企业 2024 年 11 月 1 日销售商品, 并于当日收到面值 100 000 元、期限 3 个月的不带息银行承兑汇票一张。12 月 10 日, 将该票据背书转让给 A 公司以购买材料, 所购材料的价格为 90 000 元, 增值税税率为 13%, 运杂费 700 元。则企业应补付的银行存款为( )元。

　A. 10 000　　　　　B. 9 000　　　　　C. 2 400　　　　　D. 1 700

3. 企业将持有的未到期商业汇票向银行贴现, 符合终止确认条件的, 应按实际收到的金额借记 "银行存款" 等账户, 按贴现利息部分借记( )等账户, 按应收票据的票面金额贷记 "应收票据" 账户。

　A. 财务费用　　　B. 营业外支出　　　　C. 投资收益　　　　D. 管理费用

4. 企业将持有的未到期商业汇票向银行贴现, 不符合终止确认条件的, 应按实际收到的金额, 借记 "银行存款" 等账户, 贷记( )等账户。

　A. 应收票据　　　B. 短期借款　　　　C. 财务费用　　　　D. 管理费用

5. 甲公司收到乙公司开出、承兑的商业汇票用以抵付其前欠货款应贷记(　　)科目。

    A. 应付账款　　　　B. 应收账款　　　　C. 应收票据　　　　D. 应付票据

二、多项选择题

1. 应收票据终止确认时，对应的会计账户可能有(　　)。

    A. 银行存款　　　　B. 原材料　　　　C. 应交税费　　　　D. 在途物资

2. 企业取得商业承兑汇票时，下列各项应当构成应收票据入账金额的有(　　)。

    A. 提供劳务应收取的款项　　　　　　B. 应收取的增值税税款

    C. 代替购买方垫付的运输费　　　　　D. 销售商品的检验费

3. 应通过"应收票据"或"应付票据"账户核算的票据有(　　)。

    A. 银行汇票　　　　B. 银行本票　　　　C. 商业承兑汇票　　　　D. 银行承兑汇票

4. 下列各项中，应通过"应收票据"账户核算的有(　　)。

    A. 销售商品收到的银行承兑汇票　　　　B. 销售原材料收到的银行本票

    C. 销售商品收到的银行汇票　　　　　　D. 提供咨询服务收到的商业承兑汇票

5. 企业持未到期的商业汇票办理贴现可能涉及的账户有(　　)。

    A. 银行存款　　　　B. 财务费用　　　　C. 应收票据　　　　D. 短期借款

三、判断题

1. 企业收到已承兑的商业汇票无论是否带息均按该票据的票面价值入账。　　　　(　　)

2. 企业取得的商业承兑汇票到期，承兑人无力支付款项时，企业应当将应收票据转入营业外支出。　　　　　　　　　　　　　　　　　　　　　　　　　　　　　　　　　(　　)

3. 企业应收票据的贴现，符合终止确认条件的，其贴现利息部分记入"管理费用"科目核算。　　　　　　　　　　　　　　　　　　　　　　　　　　　　　　　　　　　　(　　)

4. 企业持未到期的商业汇票办理贴现，不符合终止确认条件的，应贷记"应收票据"科目。

5. 应收票据中的"票据"仅仅指的是商业汇票，包括商业承兑汇票和银行承兑汇票。(　　)

四、业务实训题

资料：通达公司为了核算和监督应收票据的发生和核算情况，设置了"应收票据"账户，并按应收票据的单位设置明细账。2024 年 12 月 1 日，通达公司"应收票据"账面余额为借方 1 420 000 元。其中，飞跃公司为借方 600 000 元(其中，500 000 元为 2024 年 11 月 7 日签发的、期限为 120 天的不带息银行承兑汇票，100 000 元为 2024 年 11 月 28 日签发的、期限为 3 个月的不带息商业承兑汇票)，光明公司为借方 820 000 元(其中 320 000 元为 2024 年 9 月 1 日签发的、期限为 5 个月的不带息银行承兑汇票，500 000 元为 2024 年 9 月 25 日签发的 3 个月的不带息的商业承兑汇票)。

通达公司 2024 年 12 月发生了以下与应收票据相关的业务。

(1) 2024 年 12 月 1 日，销售给飞跃公司 1 000 件Ⅲ型金属构件，每件售价 500 元，增值税专用发票记账联上注明的价款为 500 000 元，增值税税额为 65 000 元。收到飞跃公司签发的不带息银行承兑汇票一张，面值为 565 000 元，付款期限为 3 个月。

(2) 2024 年 12 月 5 日，销售 500 件Ⅱ型金属构件给光明公司，每件 200 元，增值税专用发票记账联上注明的价款为 100 000 元，增值税税额为 13 000 元，货已发出。收到光明公司签发的不带息商业承兑汇票一张，面值为 113 000 元，期限为 90 天。

(3) 2024 年 12 月 6 日，收到利达公司签发的不带息银行承兑汇票一张，期限 6 个月，面值为 200 000 元,系抵付前欠货款。

(4) 2024 年 12 月 7 日,因资金短缺,将所收到的飞跃公司签发的,出票日为 2024 年 11 月 7 日,期限为 120 天,面值为 500 000 元的不带息的银行承兑汇票向银行贴现,贴现利息为 12 500 元。收到的贴现款 487 500 元已入公司银行存款账户。

(5) 2024 年 12 月 23 日,向兴业公司购买圆钢 100 吨,单价为 3 200 元,取得了增值税专用发票联和抵扣联,增值税专用发票上注明的价款为 320 000 元,增值税税额为 41 600 元。由于公司资金紧张,将持有的一张面值为 320 000 元的不带息银行承兑汇票背书转让给兴业公司(此汇票系光明公司 2024 年 9 月 1 日签发的、期限为 5 个月的汇票)。另开出转账支票 41 600 元,支付增值税税款。材料已验收,取得了收料单。

(6) 2024 年 12 月 25 日,收到银行转来的信汇凭证的收账通知,收款 500 000 元,系光明公司支付票据到期款。此票据为 2024 年 9 月 25 日光明公司签发的不带息商业承兑汇票,面值为 500 000 元,期限为 3 个月。

要求:

(1) 开设应收票据总账和应收票据明细账并登记期初余额。

(2) 根据 2024 年 12 月发生的经济业务编制会计分录并逐笔登记总账和明细账。

任务拓展

企业将持有的未到期商业汇票向银行贴现,符合终止确认条件的,应按实际收到的金额(即贴现所得额)借记“银行存款”等账户,按贴现利息部分借记“财务费用”等账户,按应收票据的票面金额贷记“应收票据”账户。不符合终止确认条件的,应按实际收到的金额(即贴现所得额),借记“银行存款”等账户,贷记“短期借款”等账户。

任务二 应收账款的核算

任务导入

兴华公司为增值税一般纳税人,增值税税率为 13%。2024 年 6 月 2 日,公司销售一批产品给丰华公司,售价为 200 000 元,规定商业折扣为 5%,商品已发出并办妥托收手续。2024 年 6 月 10 日,收到上述销货款并存入银行。

要求:请你以兴华公司财会人员身份对上述业务进行账务处理。

任务实施

任务准备

一、应收账款认知

(一) 应收账款的概念

应收账款是指企业因销售商品、提供服务等经营过程中应向购货单位或接受服务单位收取的款项,主要包括企业销售商品或提供服务等应向有关债务人收取的价款及代购货单位垫付的包装费、运输费、装卸费等。

应收账款因销售商品或提供服务而产生，因此应收账款的确认必定与销售收入的确认同步。只有商品销售收入或提供服务收入的条件成立而货款尚未收取时，才能确认为应收账款。有关收入确认的具体条件，参见本书项目七相关内容。

（二）应收账款的计量

应收账款应当按其实际发生额记账，其入账价值包括销售货物或提供服务的价款、增值税及代购货方垫付的运杂费等。在确认应收账款的入账价值时，还应当考虑商业折扣和现金折扣因素的影响。

1. 商业折扣

商业折扣是指企业为了促进销售而在商品标价上给予的扣除。商业折扣一般采用百分数表示。由于商业折扣一般在交易发生时已确定，它会影响实际的销售价格，因此应收账款应按扣除商业折扣后的金额入账。

2. 现金折扣

现金折扣是指企业为了鼓励债务人在规定的期限内及早付款，而向债务人提供的债务扣除。现金折扣通常用"折扣率/付款期限"来表示。如"2/10、1/20、n/30"，分别表示如果客户在 10 天内付款，企业给予客户 2%的折扣；如果客户超过 10 天，在 20 天内付款，企业给予客户 1%的折扣；如果客户超过 20 天，在信用期内付款(信用期为 30 天)，企业将不给予客户折扣。对于现金折扣，通常根据最可能发生的现金折扣率预测其有权获取的对价金额。关于现金折扣的处理将在本书项目七中加以介绍。

二、应收账款核算设置的账户

企业应设置"应收账款"账户核算应收账款的增减变动及其结存情况。该账户属于资产类账户，借方登记因销售商品或提供劳务发生的应收账款，贷方登记应收账款的收回、确认坏账损失、改用商业汇票结算冲减的款项。期末余额在借方，反映企业尚未收回的应收账款；如果期末余额在贷方，反映企业预收的账款(改变性质为负债)。该账户应按购货单位或接受劳务单位设置明细账，进行明细核算。

三、应收账款典型业务的账务处理

（一）无折扣条件时应收账款发生和收回的账务处理

企业销售商品或提供劳务时按应收的销售商品或提供劳务的价税款及代垫运杂费等借记"应收账款"账户，按不含税的货款或劳务款贷记"主营业务收入"等账户，按应交的增值税税额贷记"应交税费——应交增值税(销项税额)"账户。收回款项时，应借记"银行存款"账户，贷记"应收账款"账户。

【例2-4】2024 年 6 月 5 日，风华公司采用托收承付方式销售给利达公司产品一批，增值税专用发票上注明的价款为 150 000 元，增值税税额为 19 500 元，并开具支票代垫运杂费 3 000 元，全部应收款项已向银行办妥托收手续。2024 年 6 月 10 日，接到银行收账通知，收到上述款项。

2024年6月5日，办妥托收手续时，编制会计分录如下。

借：应收账款——利达公司   172 500
  贷：主营业务收入   150 000
    应交税费——应交增值税(销项税额) 19 500
    银行存款   3 000

2024年6月10日，实际收到款项时，编制会计分录如下。

借：银行存款   172 500
  贷：应收账款——利达公司   172 500

(二) 商业折扣条件下应收账款发生和收回的账务处理

销售时如果附有商业折扣条件，应收账款应按扣除商业折扣后的金额入账。

【例2-5】2024年6月11日，风华公司销售给兴盛商场产品一批，增值税专用发票上注明的价款为200 000元，增值税税率为13%。因为是老客户，所以风华公司给予对方10%的商业折扣。2024年6月15日，收到上述款项。

2024年6月11日，销售商品时，编制会计分录如下。

借：应收账款——兴盛商场   203 400
  贷：主营业务收入   180 000
    应交税费——应交增值税(销项税额) 23 400

2024年6月15日，实际收到款项时，编制会计分录如下。

借：银行存款   203 400
  贷：应收账款——兴盛商场   203 400

(三) 以商业汇票抵付应收账款的账务处理

收到承兑的商业汇票用于抵付货款时，借记"应收票据"账户，贷记"应收账款"账户。

【例2-6】2024年6月7日，风华公司收到兴盛商场交来的面值为50 000元的已承兑的商业汇票一张，用以偿还其前欠货款。公司收到商业汇票时，编制会计分录如下。

借：应收票据——兴盛商场   50 000
  贷：应收账款——兴盛商场   50 000

✎ 案例分析

挪用应收款项，违背职业道德

2024年8月，东方公司会计人员陈学在审核一笔托收付款凭证时，无意中发现其商品单价每台高出合同价20元，总差价12 000元。当时业务部门已经在付款凭证上核对，签字同意付款，并且由于该批商品进货及时、对路，已经全部售出，为公司赚了一笔可观的收益。进货业务员也因此受到公司领导的表扬。但陈学想到自己是会计，必须实事求是、真实反映情况，在发现托收凭证与合同不符后，陈学找到业务员，要求核实情况。业务员一听要核实进货价格，态度蛮横地拒绝了陈学的要求。陈学又要求他提供合法的凭据，否则拒付差额款。业务员说是对方电话通知涨价，合同价已经更改。陈学给供货方打电话，查询此事，对方回复货款未涨，但东方公司业务员已预"借"现金12 000元，要求一并托收。事实真相查清后，陈学向单位负责人做了专题汇报。

请思考：

如果你是会计人员陈学，你会如何处理这件事情？

分析提示

任务小结

应收账款典型业务账务处理总结

业务内容	账务处理

因销售商品、提供服务等活动发生应收账款	借：应收账款
	    贷：主营业务收入
	        应交税费——应交增值税(销项税额)等
	(若销售时发生商业折扣，直接从标价中扣除确认收入)

收回应收账款	借：银行存款 贷：应收账款
改用商业汇票结算	借：应收票据 贷：应收账款

任务考核

一、单项选择题

1. 下列各项中，不构成应收账款入账价值的有(　　)。

A. 确认商品销售收入时尚未收到的价款　　B. 代购货方垫付的包装费

C. 代购货方垫付的运杂费　　D. 销售货物发生的商业折扣

2. 甲公司为增值税一般纳税人，向乙公司销售商品一批，商品价款20万元，增值税税额2.6万元，以银行存款支付代垫运费1万元，增值税税额0.09万元，上述业务均已开具增值税专用发票，全部款项尚未收到，不考虑其他因素，甲公司应收账款的入账金额为(　　)万元。

A. 21　　B. 22.6　　C. 23.69　　D. 20

3. 下列各项中，应通过"应收账款"科目核算的是(　　)。

A. 代购货单位垫付的运杂费　　B. 应收的包装物押金

C. 应收的各种赔款　　D. 应向职工收取的各种垫付款项

4. 某企业采用托收承付结算方式销售商品，开出转账支票支付代垫运杂费应借记(　　)科目。

A. 销售费用　　B. 银行存款　　C. 应收账款　　D. 其他应收款

5. 甲公司为一般纳税企业，增值税税率为13%。2024年3月1日甲公司向乙公司赊销一批商品，按价目表上标明的价格计算，其不含增值税的售价总额为20 000元。因属批量销售，甲公司同意给予乙公司10%的商业折扣，则应收账款的入账金额为(　　)元。

A. 20 600　　B. 22 600　　C. 18 000　　D. 20 340

二、多项选择题

1. 企业因销售商品发生的应收账款，其入账价值应当包括(　　)。

A. 销售商品的价款　　B. 增值税销项税额

C. 代购货方垫付的包装费　　D. 代购货方垫付的运杂费

2. 下列各项不构成应收账款入账金额的项目有(　　)。

A. 销项税额　　B. 商业折扣　　C. 应收的赔款　　D. 应收包装物租金

3. 下列各项中，构成应收账款入账价值的有(　　)。

A. 确认商品销售收入时尚未收到的价款　　B. 确认销售收入时尚未收到的增值税

C. 代购货方垫付的包装费　　D. 销售货物发生的商业折扣

4. 下列各项中，应计入"应收账款"科目的有( )。

    A. 对外提供劳务应收取的款项   B. 销售材料应收取的款项

    C. 代购货方垫付的保险费   D. 代购货方垫付的运杂费

5. 甲公司为一般纳税企业，增值税税率为13%。2024年3月1日甲公司向乙公司销售一批商品，按价目表上标明的价格计算，其不含增值税的售价总额为20 000元。因属批量销售，甲公司同意给予乙公司10%的商业折扣。甲公司2024年3月8日收到该笔销售价款，则下列表述正确的有( )。

    A. 应收账款的入账价值为20 340元   B. 应收账款的入账价值为20 600元

    C. 实际收款的款项为20 340元   D. 实际收款的款项为20 600元

三、判断题

1. 应收账款附有商业折扣条件的，应按扣除商业折扣前的应收账款总额入账。   ( )

2. 不单独设置"预收账款"科目的企业，预收的账款应在"应收账款"科目核算。   ( )

3. 如果应收账款期末余额在贷方，则反映企业预收的账款。   ( )

4. 租入包装物支付的押金，应计入"应收账款"账户的借方。   ( )

5. 应收账款改用商业汇票结算会减少应收账款的账面余额。   ( )

四、业务实训题

资料：通达有限公司为增值税一般纳税人，增值税税率为13%。2024年12月1日"应收账款——春风公司"账面余额为借方200 000元，"应收账款——秋雨公司"账面余额为借方100 000元。

通达公司2024年12月发生了以下与应收账款有关的业务。

(1) 12月2日，采用委托收款方式销售给春风公司Ⅰ型金属构件1 000件，每件售价200元，已开出增值税专用发票，增值税专用发票上注明的价款为200 000元，增值税为26 000元。全部应收款项已向银行办妥托收手续，并收到银行盖章的托收核算凭证回单联。

(2) 12月8日，销售给春风公司Ⅰ型金属构件5 000件，每件标价200元，根据规定的折扣条件，春风公司可得到10%的商业折扣，取得了增值税专用发票记账联。全部应收款项已向银行办妥托收手续，并收到银行盖章的托收结算凭证回单联。

(3) 12月10日，根据合同销售给秋雨公司Ⅱ型金属构件500件，每件售价200元，增值税专用发票记账联上注明的产品价款为100 000元，增值税税额为13 000元。

(4) 12月16日，收到银行转来上月销售给春风公司商品的托收凭证收账通知联，收款226 000元。

(5) 12月20日，收到秋雨公司开出的转账支票一张，款项用于支付本月10日的购货款，已办理了进账手续，取得了进账单回单联。

要求：

(1) 开设应收账款总账和应收账款明细账并登记期初余额。

(2) 根据2024年12月发生的经济业务编制会计分录并逐笔登记总账和明细账。

◥ 任务拓展

当企业履行两项及以上的单项履约义务并且根据合同约定，全部履行完毕之后，才具有无条件收取合同对价的权利时，企业履行完某单项履约义务之后，应将有权收取的对价先确认为合同资产，待全部履行完毕之后再转入应收账款。

"合同资产"科目核算企业已向客户转让商品而有权收取对价的权利，且该权利取决于时间流逝之外的其他因素(如履行合同中的其他履约义务)，该科目借方登记因已转让商品而有权收取的对价金额，贷方登记取得无条件收款权的金额，期末借方余额，反映企业已向客户转让商品而有权收取的对价金额。该科目按合同进行明细核算。

任务三　预付账款和其他应收款的核算

任务导入

兴华公司为增值税一般纳税人，增值税税率为13%。2024年7月1日兴华公司对办公室实行定额备用金制度(不单独设置"备用金"账户)，根据核定的定额，拨付定额备用现金20 000元。2024年7月20日向宏达公司开出转账支票一张，预付购买材料款50 000元。于2024年7月28日收到宏达公司发来的材料，所附增值税专用发票注明货款40 000元，增值税税额为5 200元，材料已验收入库。2024年7月29日结清款项，兴华公司收到转账支票并已办理进账手续。2024年7月31日，办公室共报销日常业务开支18 000元，以现金补足备用金定额。

要求：请你以兴华公司财会人员身份对上述业务进行账务处理。

任务实施

任务准备

一、预付账款的核算

(一) 预付账款认知

预付账款是指企业按照合同规定预先支付给供货单位或劳务提供单位的款项。预付账款一般按履行合同的实际预付金额计量。

(二) 设置相关账户

企业应当设置"预付账款"账户，核算预付账款的增减变动及其结存情况。该账户属于资产类账户，借方登记按合同规定预付和补付的款项，贷方登记根据发票账款冲销的预付款项和退回的多预付款项。如果期末余额在借方，反映企业预付的款项；如果期末余额在贷方，反映企业尚未补付的款项(改变性质为负债)。本账户按供货单位设置明细账核算。

如果企业预付业务不多，可以不单独设置"预付账款"账户，可以将预付款项直接通过"应付账款"账户核算。但需要注意的是，期末编制资产负债表时，"应付账款"账户所属明细账户有借方余额，应列示于资产负债表的"预付款项"项目中。

(三) 预付账款典型业务账务处理

企业按合同的规定预付款项时，借记"预付账款"账户，贷记"银行存款"等账户；收到预订的货物或接受供应方提供的劳务时，借记"原材料""库存商品"等账户，按增值税专用发票上注明的税额借记"应交税费——应交增值税(进项税额)"账户，按结算的应付金额贷记"预付账款"账户；补付货款时，借记"预付账款"账户，贷记"银行存款"账户；收到退回的多余款项时，借记"银行存款"等账户，贷记"预付账款"账户。

【例 2-7】2024 年 6 月 25 日，风华公司按照购货合同的规定用银行存款 40 000 元预付给光明公司订购材料。该材料 2024 年 6 月 30 日入库，随货附来的发票注明其价款为 50 000 元，增值税税额为 6 500 元，不足款项 2024 年 7 月 2 日通过银行支付。材料按实际成本法核算。

2024 年 6 月 25 日预付款项时，编制会计分录如下。

借：预付账款——光明公司   40 000
    贷：银行存款   40 000

2024 年 6 月 30 日材料入库，编制会计分录如下。

借：原材料   50 000
    应交税费——应交增值税(进项税额)   6 500
    贷：预付账款——光明公司   56 500

2024 年 7 月 2 日补付货款时，编制会计分录如下。

借：预付账款——光明公司   16 500
    贷：银行存款   16 500

二、其他应收款的核算

(一) 其他应收款认知

1. 其他应收款的概念

其他应收款是指企业发生的非购销业务的应收债权，主要指除应收账款、应收票据、预付账款等以外的其他各种应收、暂付款项。

2. 其他应收款的核算内容

(1) 应收的各种赔款、罚款。

(2) 应收出租包装物租金。

(3) 应向职工收取的各种垫付款项。

(4) 存出保证金(如支付押金)。

(5) 不设置"备用金"账户的企业拨出的备用金。

(6) 其他各种应收、暂付款项。

(二) 设置相关账户

为了反映和监督其他应收款的增减变动及其结存情况，企业应设置"其他应收款"账户。该账户属于资产类账户，借方登记其他应收款的增加，贷方登记其他应收款的收回，期末余额一般在借方，反映企业尚未收回的其他应收款项。该账户应按不同债务人进行明细核算。

(三) 其他应收款典型业务账务处理

1. 定额备用金业务的账务处理

定额备用金是指企业拨付给内部用款部门或职工个人作为零星开支的定额备用款项。其特点是定额拨付，先拨后用，用后报销，补足定额。备用金核算可单独设置"备用金"账户核算，也可以通过"其他应收款"账户核算。

【例2-8】风华公司财会部门对办公室实行定额备用金制度。2024年6月20日，根据核定的定额，拨付给定额备用现金10 000元。2024年6月30日，办公室共报销日常业务开支8 000元，以现金补足备用金定额。该企业不单独设置"备用金"账户核算。

2024年6月20日拨付备用金时，编制会计分录如下。

借：其他应收款——备用金(办公室)　　　　　　　　10 000
　　贷：库存现金　　　　　　　　　　　　　　　　　　　　10 000

2024年6月30日报销时，编制会计分录如下。

借：管理费用　　　　　　　　　　　　　　　　　　　8 000
　　贷：库存现金　　　　　　　　　　　　　　　　　　　　8 000

2. 非定额备用金业务的账务处理

备用金除了可以按定额备用金制度进行管理外，还可以采用非定额备用金制度。其特点是随借随用，用后报销，报销后结清款项。在非定额备用金制度下，借支备用金时，借记"其他应收款"账户，贷记"库存现金"账户；报销费用时，借记"管理费用"等账户，贷记"其他应收款"账户，差额部分借记或贷记"库存现金"账户。

3. 备用金以外其他应收账款业务的账务处理

企业发生各种其他应收款项时，借记"其他应收款"账户，贷记"库存现金""银行存款"等账户。收回款项时，借记"库存现金""管理费用"等账户，贷记"其他应收款"账户。

【例2-9】2024年6月25日，风华公司借用包装物一批，开出转账支票支付押金2 000元，后归还包装物，通过银行如数收回包装物押金。

2024年6月25日支付押金时，编制会计分录如下。

借：其他应收款——存出保证金(押金)　　　　　　　2 000
　　贷：银行存款　　　　　　　　　　　　　　　　　　　2 000

收回押金时，编制会计分录如下。

借：银行存款　　　　　　　　　　　　　　　　　　　2 000
　　贷：其他应收款——存出保证金(押金)　　　　　　　　2 000

案例分析

利用备用金挪用公款

某公司内部审计部门人员在查账时发现，2024年10月"其他应收款"明细账中有一项记录的摘要为"拨付备用金"，根据备用金的拨付时间和公司的备用金管理制度，怀疑其中有挪用现金的行为。经查阅，2024年10月10日的第13号凭证中摘要注明"拨付备用金"字样，金额为50 000元，但是原始凭证上借款单位是空白，领款人为单位会计张某代领。经查实，会计人员张某承认暂借公司50 000元，时间不久便会偿还，该款项并未拨付任何部门，同意立即退款并接受处罚。后进一步查实，系张某利用工作之便伪造备用金，挪用公款50 000元用于炒股。

请思考：

(1) 你认为该公司会计人员违背了哪些会计职业道德规范要求？

(2) 从这起案例中你得到了哪些启示？

分析提示

✎ **任务小结**

预付账款及其他应收款典型业务账务处理总结

业务内容			账务处理
预付账款	预付款项		借：预付账款 　　贷：银行存款等
	收到货物		借：原材料等 　　应交税费——应交增值税（进项税额） 　　贷：预付账款
预付账款	结清余款	补付货款	借：预付账款 　　贷：银行存款
		收到多预付款	借：银行存款 　　贷：预付账款
其他应收款	定额备用金	拨付时	借：其他应收款 　　贷：库存现金
		报销	借：管理费用等 　　贷：库存现金
	非定额备用金	预借时	借：其他应收款 　　贷：库存现金
		报销	借：管理费用等 　　库存现金(或贷记) 　　贷：其他应收款
	支付押金		借：其他应收款 　　贷：库存现金等
	收回押金		借：库存现金等 　　贷：其他应收款

✎ **任务考核**

一、单项选择题

1. 下列各项中，属于"其他应收款"科目核算内容的是(　　)。
　　A. 为购货单位垫付的运费　　　　　　B. 应收的劳务款
　　C. 应收的销售商品款　　　　　　　　D. 为职工垫付的房租

2. 下列应收、暂付款项中，不通过"其他应收款"账户核算的是(　　)。
　　A. 应收保险公司赔款　　　　　　　　B. 应收出租包装物的租金
　　C. 应向职工收取的各种垫付款项　　　D. 应向购货方收取的代垫运杂费

3. 某企业对基本生产车间采用定额备用金制度，当基本生产车间报销日常管理支出而补足其备用金定额时，应借记的会计账户是(　　)。
　　A. 其他应收款　　　B. 其他应付款　　　C. 制造费用　　　D. 生产成本

4. 预付款项不多的企业，可以不设置"预付账款"账户，预付货款时，借记的会计账户是(　　)。
　　A. 应付账款　　　　B. 应收账款　　　C. 其他应收款　　　D. 其他应付款

5. 下列各项中，应计入资产负债表"其他应收款"项目的是(　　)。
　　A. 应付租入包装物的租金　　　　　　B. 销售商品应收取的包装物租金
　　C. 应付经营租赁固定资产的租金　　　D. 无力支付到期的商业承兑汇票

二、多项选择题

1. 下列关于预付账款的表述中正确的有(   )。

    A. 预付账款属于企业的资产

    B. 预付账款是因为购货等行为发生的

    C. 预付账款不多的企业可以将预付的款项记入"应收账款"的贷方

    D. 预付账款的减少是在企业收到购买的商品时

2. 关于"预付账款"账户,下列说法正确的有(   )。

    A. "预付账款"属于资产性质的账户

    B. 预付货款不多的企业可以不单独设置"预付账款"账户,将预付的货款记入"应付账款"账户的借方

    C. "预付账款"账户贷方余额反映的是应付供应单位款项

    D. "预付账款"账户核算企业因销售业务产生的往来款项

3. 下列各项中,通过"其他应收款"账户核算的有(   )。

    A. 应收保险公司的各种赔款   B. 应向职工收取的各种垫付款

    C. 应收出租包装物的租金   D. 向外单位借用包装物支付的押金

4. 下列各项中,通过"其他应收款"科目核算的有(   )。

    A. 应收的各种赔款、罚款   B. 应收的出租包装物租金

    C. 存出保证金   D. 存入保证金

5. 下列各项中,属于"其他应收款"科目核算内容的有(   )。

    A. 租入包装物支付的押金

    B. 出差人员预借的差旅费

    C. 被投资单位已宣告但尚未发放的现金股利

    D. 为职工垫付的水电费

三、判断题

1. 企业预付款项形成的债权,应在"预付账款"或"应付账款"账户核算。   (   )

2. "预付账款"账户期末若出现贷方余额,应填列在资产负债表"应付账款"项目中。

(   )

3. 企业日常核算中不设置"预付账款"账户,期末编制资产负债表时不需要填列"预付款项"项目。   (   )

4. 企业销售商品代购货方垫付的包装费应通过"其他应收款"账户核算。   (   )

5. 企业内部各部门、单位周转使用的备用金,应在"其他应收款"账户或单独设置"备用金"账户核算。   (   )

四、业务实训题

实训一:练习预付账款的核算

资料:2024年12月1日,通达有限公司"预付账款"账面余额为借方420 000元,为上月预付给永昌公司的25mm圆钢款。

该公司2024年12月发生了以下与预付账款相关的业务。

(1) 2024年12月5日,收到永昌公司发来的25mm圆钢100吨,收到增值税专用发票联载明单价3 500元,货款350 000元,增值税税额45 500元。材料已验收,取得了收料单。

(2) 2024年12月8日,收到永昌公司开出的转账支票一张,系归还本公司预付的多余钢材款24 500元,已办理了进账手续,取得了银行进账单的收账通知联。

(3) 2024 年 12 月 10 日，办理电汇凭证，从开户行汇出 250 000 元，预付廊坊市机械厂 A 型设备款，取得了银行盖章的信汇凭证回单联。

(4) 2024 年 12 月 20 日，收到廊坊市机械厂发来的 A 型设备一台及有关核算单据，增值税专用发票上载明的货款为 250 000 元，增值税税额为 32 500 元。铁路局运杂费收据上载明廊坊市机械厂代垫运杂费 2 000 元。设备已验收，取得了固定资产验收交接单。

(5) 2024 年 12 月 23 日，向廊坊市机械厂开出转账支票，补付设备及运杂费款 34 500 元。

要求：

(1) 开设预付账款总账和预付账款明细账并登记期初余额。

(2) 根据 2024 年 12 月发生的经济业务编制会计分录并逐笔登记总账和明细账。

实训二：练习其他应收款的核算

资料：2024 年 12 月 1 日，通达有限公司"其他应收款——备用金(供应部)"账面余额为借方 2 000 元，该账户的其他明细账户没有期初余额。

2024 年 12 月，通达有限公司发生的与"其他应收款"有关的业务资料如下。

(1) 2024 年 12 月 1 日，公司办公室职员王刚到北京出差，预借差旅费 2 500 元，以现金支付。

(2) 2024 年 12 月 2 日，供应部门持开支凭证到会计部门报销，该部门 2024 年 11 月发生的备用金支出共 1 300 元。会计部门审核后付给现金，补足定额。

(3) 2024 年 12 月 3 日，从顺发商贸有限公司租入包装物一批，开出转账支票支付押金 10 000 元。

(4) 2024 年 12 月 4 日，王刚出差回来，报销差旅费 2 000 元，并交回余款 500 元。

(5) 2024 年 12 月 31 日，会计部门因管理需要决定取消定额备用金制度。供应部门持尚未报销的开支凭证 500 元和余款 1 500 元，到会计部门办理报销和交回备用金的手续。

要求：

(1) 开设其他应收款总账和其他应收款明细账并登记期初余额。

(2) 根据 2024 年 12 月发生的经济业务编制会计分录并逐笔登记总账和明细账。

任务拓展

预付账款是企业因购货或接受劳务，按照合同规定预付给供应单位的款项。如果原预付的账款因合同取消、合同变更、供应商破产等原因，有确凿证据表明其已不符合预付账款性质时，经批准应将原计入预付账款的金额转入其他应收款，借记"其他应收款——预付账款转入"账户，贷记"预付账款"账户。

任务四 应收款项减值的核算

任务导入

2023 年 12 月 31 日，兴华公司应收阳光商场的账款余额为 300 000 元，此前"坏账准备"账户余额为 0，兴华公司预计信用减值损失对应收账款计提 30 000 元的坏账准备。2024 年 3 月，实际发生坏账损失 20 000 元。2024 年 12 月 31 日，应收阳光商场账款余额为 500 000 元，兴华公司对应收账款计提 50 000 元的坏账准备。2025 年 3 月 6 日，已确认为坏账的应收账款 20 000 元收回并存入银行。

要求：请以兴华公司财会人员身份对上述业务进行账务处理。

任务实施

▶ 任务准备

一、应收款项减值认知

(一) 应收款项减值损失的确认

应收款项指的是应收及预付款项，具体包括应收账款、应收票据、应收股利、应收利息、预付账款和其他应收款等。企业在实际经营中，由于各种原因应收款项可能无法收回，我们把企业无法收回的应收款项称为坏账。由于发生坏账而给企业造成的损失称为应收款项减值损失(也称坏账损失)。

应收及预付款项符合下列条件之一，减除可收回金额后的余额应确认为坏账损失：

(1) 债务人依法宣告破产、关闭、解散、被撤销，或依法注销、吊销营业执照，其清算的财产不足清偿债务的；

(2) 债务人逾期 3 年以上未清偿，且有确凿证据证明已无力清偿债务的；

(3) 与债务人达成债务重组协议或法院批准破产重组计划后，无法追偿的；

(4) 由自然灾害、战争等不可抗力导致无法收回的；

(5) 国务院财政、税务主管部门规定的其他条件。

(二) 应收款项减值损失的核算方法

应收款项减值损失的核算方法有：直接转销法和备抵法。直接转销法是在实际发生坏账时，确认坏账损失，直接计入当期损益，同时冲减应收及预付款项。备抵法是采用一定的方法按期估计应收款项减值损失(即坏账损失、预期信用损失)计入当期损益，同时确认坏账准备，当某一应收款项全部或部分被确认为坏账时，应将其金额冲减坏账准备并相应转销应收款项。

我国企业会计准则规定应收款项的减值核算只能采用备抵法，不得采用直接转销法。

(三) 应收款项减值损失的估计方法

应收款项减值损失的估计方法有余额百分比法、账龄分析法、销货百分比法和个别认定法等。

1. 余额百分比法

余额百分比法是指根据期末应收款项余额的一定百分比估计坏账损失，并计提坏账准备的方法。坏账准备提取比例由企业自行确定。其计算公式为

$$当期应计提的坏账准备 = 当期期末应收款项余额 × 坏账准备提取比例$$
$$- 计提前 "坏账准备" 账户贷方余额 (+借方余额)$$

2. 账龄分析法

账龄分析法是指根据应收款项账龄的长短估计坏账损失，并计提坏账准备的方法。其计算公式为

$$当期应计提的坏账准备 = \sum(期末各账龄应收款项余额 × 各账龄坏账准备提取比例)$$
$$- 计提前 "坏账准备" 账户贷方余额 (+借方余额)$$

3. 销货百分比法

销货百分比法是指根据企业销售总额的一定百分比估计坏账损失，并计提坏账准备的方法。

4. 个别认定法

个别认定法是指针对每项应收款项的实际情况分别估计坏账损失，并计提坏账准备的方法。

二、应收款项减值核算设置的账户

企业应设置"坏账准备"账户，核算企业坏账准备的计提、转销等情况。该账户属于资产类账户，是应收账款等债权类账户的备抵调整账户，贷方登记当期计提的坏账准备金额及已确认的坏账收回额，借方登记当期冲销的坏账准备金额及实际发生坏账损失的金额。期末余额一般在贷方，表示企业已经提取但尚未转销的坏账准备。本科目可按应收款项的类别进行明细核算。

三、应收款项减值业务的账务处理

企业计提坏账准备时，借记"信用减值损失"账户，贷记"坏账准备"账户；冲销多提的坏账准备时，借记"坏账准备"账户，贷记"信用减值损失"账户；实际发生坏账损失时，借记"坏账准备"账户，贷记"应收账款"等账户；若核销金额大于已计提的坏账准备，还应按其差额借记"信用减值损失"账户。已确认的坏账收回时，借记"应收账款"账户，贷记"坏账准备"账户；借记"坏账准备"账户，贷记"信用减值损失"账户。同时，借记"银行存款"账户，贷记"应收账款"等账户。

【例 2-10】宏达股份有限公司 2024 年末通过分析应收账款明细情况，编制"应收账款账龄分析表"，如表 2-1 所示。

表 2-1　应收账款账龄分析表

2024 年 12 月 31 日　　　　　　　　　　　　　金额单位：元

客户名称	账面余额	未到期	拖欠情况				
			1～60 天	61～120 天	121～180 天	181～360 天	破产或追诉中
龙腾公司	500 000	300 000		200 000			
华丰公司	820 000	500 000	320 000				
通达公司	220 000			220 000			
新天地超市	180 000				180 000		
华联超市	340 000		340 000				
合计	2 060 000	800 000	660 000	420 000	180 000		

根据历史资料和有关变化条件，为上述各账龄区间分别估计坏账损失比例，然后编制"坏账损失估算表"，如表 2-2 所示。

表 2-2　坏账损失估算表

2024 年 12 月 31 日　　　　　　　　　　　　　金额单位：元

应收账款账龄	应收账款金额	估计损失率	估计损失金额
未到期	800 000	1%	8 000
逾期 1～60 天	660 000	3%	19 800
逾期 61～120 天	420 000	5%	21 000
逾期 121～180 天	180 000	10%	18 000

（续表）

应收账款账龄	应收账款金额	估计损失率	估计损失金额
逾期 181～360 天	—	50%	
破产或追诉中	—	60%	
合计	2 060 000	—	66 800

在表 2-2 中，66 800 元即为账龄分析法下应收账款 2 060 000 元估计的坏账损失总额，假设该企业首次计提坏账准备，则 2024 年末应提取的坏账准备为 66 800 元，编制会计分录如下。

借：信用减值损失——计提的坏账准备　　　　　　66 800
　　贷：坏账准备　　　　　　　　　　　　　　　　　　66 800

【例 2-11】风华公司 2023 年末的应收账款期末余额为 400 000 元，计提坏账准备比例为 5%。2024 年 2 月，应收账款 8 000 元被确认为坏账损失。2024 年 10 月，已确认为坏账的应收账款又收回 6 000 元存入银行。2024 年末应收账款余额为 200 000 元。风华公司账务处理如下。

(1) 2023 年末计提坏账准备，编制会计分录如下。

2023 年末计提的坏账准备 = 400 000 × 5% = 20 000(元)

借：信用减值损失——计提的坏账准备　　　　　　20 000
　　贷：坏账准备　　　　　　　　　　　　　　　　　　20 000

(2) 2024 年 2 月确认坏账损失，编制会计分录如下。

借：坏账准备　　　　　　　　　　　　　　　　　　8 000
　　贷：应收账款　　　　　　　　　　　　　　　　　　8 000

(3) 2024 年 10 月收回已确认的坏账，编制会计分录如下。

借：应收账款　　　　　　　　　　　　　　　　　　6 000
　　贷：坏账准备　　　　　　　　　　　　　　　　　　6 000

借：坏账准备　　　　　　　　　　　　　　　　　　6 000
　　贷：信用减值损失——计提的坏账准备　　　　　　6 000

借：银行存款　　　　　　　　　　　　　　　　　　6 000
　　贷：应收账款　　　　　　　　　　　　　　　　　　6 000

(4) 2024 年末冲销坏账准备，编制会计分录如下。

2024 年末计提的坏账准备 = 200 000 × 5% - 12 000 = -2 000(元)

借：坏账准备　　　　　　　　　　　　　　　　　　2 000
　　贷：信用减值损失——计提的坏账准备　　　　　　2 000

案例分析

滥用职权，违规转销坏账

审计人员在审计某成品油企业 2024 年"主营业务收入"明细账时，发现 2024 年 1 月销售收入达 1 350.6 万元，而在审查银行存款日记账时，发现该企业 2024 年 1 月银行存款金额仅为 350 万元。询问该单位的财务人员，得知货款尚未收回，按主管财务工作的副总经理黄某批示已做坏账转销处理。据了解，该企业已有一年多未发工资，审计人员怀疑其货款已被贪污。

根据上述疑点，审计人员进行了追踪查证工作。审计人员采用函证法、询问法向对方单位发函询问，对方回信说货款已于 2024 年 1 月初由成品油企业副总经理黄某提走 800 万元，剩余 200.6 万元的货款于 2024 年 2 月底再由黄某提走，并寄来了黄某收款收据的复印件。经询问，黄某承认货款已收，但已存入银行，未及时报账。审计人员马上与检察院反贪局取得联系，查清了黄某挪用贷款 1 000.6 万元用于生意投机的事实。

请思考：

你如何理解黄某的行为？

分析提示

✎ **任务小结**

应收款减值典型业务账务处理总结

业务内容	账务处理
计提坏账准备	借：信用减值损失 　　贷：坏账准备
冲销坏账准备	借：坏账准备 　　贷：信用减值损失
确认坏账	借：坏账准备 　　贷：应收账款等 若核销金额大于已计提的坏账准备，还应按其差额借记"信用减值损失"账户
坏账收回	借：应收账款等 　　贷：坏账准备 借：坏账准备 　　贷：信用减值损失 借：银行存款 　　贷：应收账款等

✎ **任务考核**

一、单项选择题

1. 企业年末应收账款余额为 400 000 元，坏账准备为借方余额 1 500 元，年末根据预计信用减值损失提取坏账准备 20 000 元，则应提的坏账准备数额为( )元。

　　A. 20 000　　　　　B. 1 500　　　　　C. 21 500　　　　　D. 18 500

2. 某企业"坏账准备"账户的年初余额为 3 000 元，"应收账款"和"其他应收款"账户的年初余额分别为 20 000 元和 10 000 元。当年不能收回的应收账款 2 000 元确认为坏账损失。"应收账款"和"其他应收款"账户的年末余额分别为 40 000 元和 20 000 元。该企业经预计确定应计提的坏账准备金额为 6 000 元，则企业年末应提取的坏账准备为( )元。

　　A. 1 000　　　　　B. 7 000　　　　　C. 6 000　　　　　D. 5 000

3. 企业已计提坏账准备的应收账款确实无法收回，按管理权限经批准作为坏账转销时，应编制的会计分录为( )。

　　A. 借记"信用减值损失"科目、贷记"应收账款"科目

　　B. 借记"管理费用"科目、贷记"应收账款"科目

　　C. 借记"坏账准备"科目、贷记"应收账款"科目

　　D. 借记"坏账准备"科目、贷记"信用减值损失"科目

4. 甲公司 2024 年 12 月 1 日"坏账准备"科目贷方余额为 200 万元。12 月 10 日，甲公司应收乙公司的销货款，实际发生坏账损失 60 万元。12 月 31 日，综合考虑各种信用减值损失因素，甲公司确定期末"坏账准备"科目贷方余额应为 300 万元。不考虑其他因素，2024 年 12

月 31 日，甲公司应计提的坏账准备的金额为(　　)万元。

    A. 160　　　　　　B. 40　　　　　　C. 100　　　　　　D. 300

5. 某企业 2024 年初"坏账准备"科目贷方余额为 20 000 元。当年将无法收到的应收账款 10 000 元确认为坏账。2024 年末经评估，确定"坏账准备"科目贷方应保留的余额为 35 000 元。不考虑其他因素，该企业 2024 年末应计提的坏账准备为(　　)万元。

    A. 2　　　　　　B. 2.5　　　　　　C. 1.5　　　　　　D. 3.5

二、多项选择题

1. 下列各项中，会引起应收账款账面余额发生变化的有(　　)。

    A. 计提坏账准备　　　　　　　　　　B. 收回应收账款

    C. 转销坏账　　　　　　　　　　　　D. 收回已转销的坏账

2. 下列项目中应计提坏账准备的有(　　)。

    A. 应收账款　　　　B. 应收票据　　　　C. 其他应收款　　　　D. 预付账款

3. 下列各项中，应记入"坏账准备"账户贷方的内容有(　　)。

    A. 按规定提取的坏账准备　　　　　　B. 已发生的坏账

    C. 收回过去确认并转销的坏账　　　　D. 冲销多提的坏账准备

4. 下列各项中，会引起期末应收账款账面价值发生变化的有(　　)。

    A. 按实际发生坏账确认坏账损失　　　B. 收回已转销的坏账

    C. 计提应收账款坏账准备　　　　　　D. 将应收票据转入应收账款

5. 下列各项中，关于应收款项减值采用备抵法核算表述正确的有(　　)。

    A. 已确认坏账并转销的应收款项又收回，不会导致坏账准备金额发生变化

    B. 坏账准备一经计提不得转回

    C. 财务报表中能反映应收款项预期可收回金额

    D. 采用备抵法核算符合会计谨慎性要求

三、判断题

1. 采用直接转销法核算坏账损失，当坏账实际发生时，直接将坏账损失计入当期损益。

    (　　)

2. 企业按年末应收账款余额的一定比例计算的坏账准备金额，应等于年末结账后的"坏账准备"账户的余额。

3. 已确认为坏账的应收账款，意味着企业放弃了其追索权。(　　)

4. 在备抵法下，企业将不能收回的应收账款确认为坏账损失时，应计入管理费用，并冲销相应的应收账款。(　　)

5. 备抵法下，企业收回坏账时应借记"银行存款"科目，贷记"应收账款"科目。(　　)

四、业务实训题

资料：甲企业为增值税一般纳税人，增值税税率为 13%。2024 年 12 月 1 日，甲企业"应收账款"账户借方余额为 500 万元，"坏账准备——应收账款"账户贷方余额为 25 万元。

2024 年 12 月，甲企业发生如下业务。

(1) 12 月 5 日，向乙企业赊销商品一批，按商品价目表标明的价格计算的金额为 1 000 万元(不含增值税)，由于是成批销售，甲企业给予乙企业 10%的商业折扣。

(2) 12 月 9 日，一客户破产，根据清算程序，应收账款 20 万元不能收回，确认为坏账。

(3) 12 月 11 日，收到乙企业的销货款 500 万元，存入银行。

(4) 12 月 30 日，向丙企业销售商品一批，增值税专用发票上注明的售价为 100 万元，增值税税额为 13 万元。

(5) 12 月 31 日，经评估计算，甲企业"坏账准备——应收账款"科目应保持的贷方余额为 55.5 元。

要求：根据以上资料编制会计分录。

╲ 任务拓展

采用备抵法，需要对预期信用损失进行复杂的评估和判断，履行预期信用损失的确定程序。预期信用损失，是指以发生违约的风险为权重的金融工具信用损失的加权平均值。信用损失，是指企业按照实际利率折现的、根据合同应收的所有合同现金流量与预期收取的所有现金流量之间的差额。考虑到应收款项的流动性特征，实务中通常按照应收款项的账面余额和预计可收回金额的差额确定预计信用减值损失，即按照在应收款项初始确认时所确定的预计存续期内的违约概率与该应收款项在资产负债表日所确定的预计存续期内的违约概率，来判定应收款项信用风险是否显著增加。应收款项坏账准备可以分项分类计算确定，也可以以组合为基础计算确定。

项目三　存货核算

能力目标

1. 能正确计算存货采购成本，根据收料单等原始单据对取得存货进行账务处理。
2. 能正确计算发出存货成本，根据领料单等原始单据对发出存货进行账务处理。
3. 能按成本与可变现净值孰低法对存货进行期末计价处理。
4. 能进行存货清查并对清查结果进行相应账务处理。

知识目标

1. 理解存货的概念、熟悉存货包含的内容。
2. 掌握原材料和周转材料取得、发出的计价方法及核算方法。
3. 掌握委托加工物资和库存商品的核算方法。
4. 掌握存货期末计价的方法及核算方法。
5. 掌握存货清查的核算方法。

素质目标

1. 严格执行各项存货管理制度，保证财产物资安全完整。
2. 能与存货管理人员有效沟通，建立有效的账实核对机制与资产控制方法。
3. 在建账、登账过程中做到认真、严谨、细致。
4. 在与存货采购、保管、使用人员往来过程中能展现良好的沟通协调能力。

项目导读

　　企业从事生产经营活动，必须具备一定的物质基础，如厂房、机器设备、原材料等各种财产物资。财产物资主要包括存货、固定资产、无形资产等，对财产物资管理与核算是企业生产经营管理中的重要工作。在会计实务中，企业应根据规模大小和经营的需要设置不同的财产物资岗位，如单独设置存货会计核算岗位，也可将存货、固定资产、无形资产合并在一起设置财产物资会计核算岗位(小型企业)，本项目仅涉及存货岗位会计核算的内容。

存货是指企业在日常活动中持有以备出售的产成品或商品、处在生产过程中的在产品、在生产过程或提供劳务过程中耗用的材料和物料等。存货属于企业的流动资产，它经常处于购入、耗用和销售的过程中，是流动性较大、类别品种较多的一种资产项目。具体来讲，存货一般包括原材料、委托加工物资、包装物、低值易耗品、在产品、半成品及产成品等。本项目存货核算内容主要包括原材料核算、周转材料核算、委托加工物资核算、库存商品核算等。存货核算项目知识结构，如图 3-1 所示。

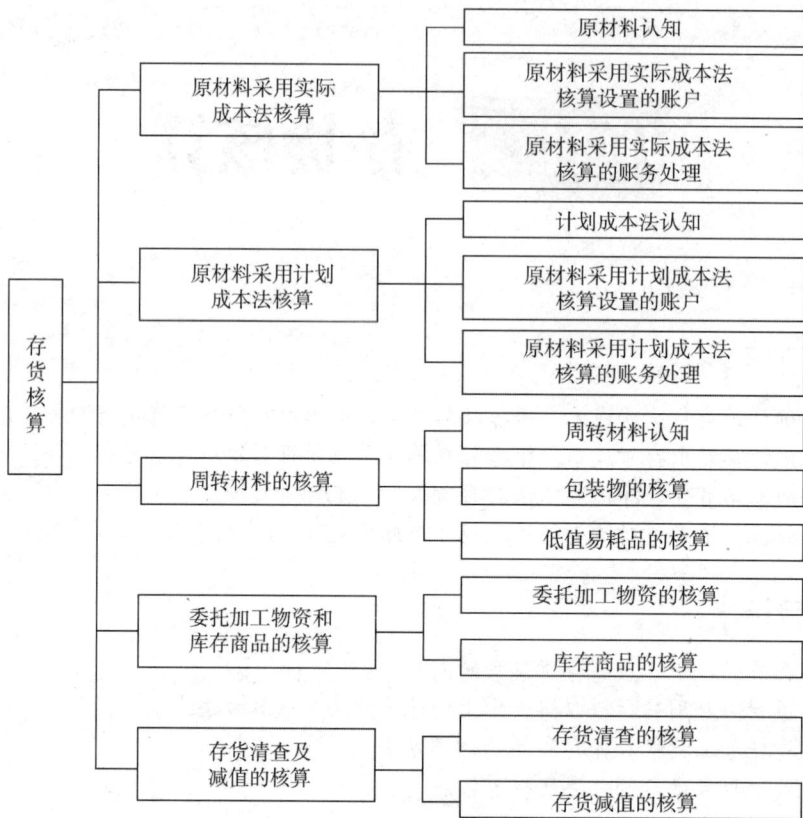

图 3-1　存货核算项目知识结构

任务一　原材料采用实际成本法核算

任务导入

兴华公司为增值税一般纳税人，增值税税率为 13%。原材料采用实际成本法核算，发出材料采用月末一次加权平均法计算。2024 年 9 月 1 日，企业库存甲材料 10 000 千克，价值 22 000元，当月购入甲材料 40 000 千克，每千克 2 元，收到增值税专用发票上注明的价款为 80 000元，增值税税额为 10 400 元。另发生运输费用 2 000 元，运费的增值税税额为 180 元，装卸费用 500 元。上述款项均以银行存款支付。原材料验收入库时发现运输途中发生合理损耗 5 千克。本月生产产品领用甲材料 30 000 千克。

要求:

(1) 计算购入材料的总成本和单位成本。

(2) 编制购入材料的会计分录。

(3) 计算材料的加权平均单位成本。

(4) 计算本月发出材料成本和月末结存材料成本。

(5) 编制领用材料的会计分录。

任务实施

任务准备

一、原材料认知

(一) 原材料的概念

原材料是指经过加工能构成产品主要实体的各种原料、材料,以及不构成产品主要实体但有助于产品形成的各种辅助材料等。原材料属于流动资产,在资产负债表中反映在流动资产"存货"项目下。

(二) 原材料的种类

企业的原材料品种规格繁多,一般包括原料及主要材料、辅助材料、外购半成品(外购件)、修理用备件、包装材料、燃料等。

1. 原料及主要材料

原料及主要材料是指经过加工后构成产品主要实体的原料和材料。原料是指直接取自自然界未经过加工的劳动对象,如冶炼用的矿石、纺纱用的原棉等。材料是指已经加工过的劳动对象,如加工工业用的钢材、织布用的棉纱等。

2. 辅助材料

辅助材料是指直接用于生产,有助于产品形成或便于生产进行,但不构成产品实体的各种材料(如为劳动资料所消耗的设备用油、防锈剂等),以及同主要材料结合、使主要材料发生变化或给予产品某种性能的材料(如漂白剂、染料等)。

3. 外购半成品

外购半成品是指企业从外部购进需要进一步加工或装配的已经加工过的零部件和半成品等材料(如轧钢厂用的钢锭、纺织厂用的外购棉纱等)。外购半成品继续加工后也构成产品的主要实体,因而也可列为原料及主要材料一类。

4. 修理用备件

修理用备件是指修理本企业机器设备和运输设备等专用的各种备品配件(如修理机器用的齿轮、轴承等)。单独保管和核算修理用备件,目的是保证机器设备的修理工作正常进行,如其用量较少时,可将其列入辅助材料。

5. 包装材料

包装材料是指用于包装本企业商品产品的各种非容器类材料(如纸、绳、铁丝、铁皮等)。

企业包装材料较少时，可将其并入辅助材料。

6. 燃料

燃料是指在生产过程中用来燃烧和发热的各种材料，包括固体燃料、液体燃料和气体燃料，如生产用的焦炭、动力用的汽油、电焊用的氧气等。燃料按其作用应属辅助材料，但因其消耗量大，收发保管又不同于一般辅助材料，所以单独列为一类。

作为生产过程中的劳动对象，原材料无论是用于生产产品，构成产品实体或有助于产品的形成，还是用于维修设备或为创造正常的生产经营条件而被消耗，一经使用，就改变了原有的实物形态，其价值也随之一次性转移到产品成本中去，或转作其他有关费用支出。因此，正确进行原材料的核算，是正确计算企业成本费用的基础。

企业原材料的日常核算，可以采用计划成本法，也可以采用实际成本法。具体采用哪一种方法，由企业根据具体情况自行决定。原材料品种繁多的企业，一般可以采用计划成本进行日常核算。对于某些品种不多，但占产品成本比重较大的原料或主要材料，也可以单独采用实际成本进行核算。规模小、原材料品种简单、采购业务不多的企业，可以全部采用实际成本法进行材料的日常核算。

二、原材料采用实际成本法核算设置的账户

原材料按实际成本进行核算是指企业对原材料的收入、发出和结存的核算均采用实际成本计价，其特点是从原材料的收发凭证到明细分类账和总分类账的登记，全部按实际成本反映。

在实际成本法下，原材料核算一般应设置"在途物资""原材料"账户进行核算。

设置"在途物资"账户，用来核算企业已付款或已开出、承兑商业汇票但尚未到达或尚未验收入库的在途物资的实际采购成本。该账户属于资产类账户，借方登记购入的在途物资的实际成本，贷方登记已验收入库物资的实际成本，期末借方余额反映企业在途物资的实际采购成本。该账户可按供应单位和物资品种设置明细账，进行明细核算。

设置"原材料"账户，用来核算企业库存材料的实际成本。该账户属于资产类账户，借方登记入库原材料的实际成本，贷方登记出库原材料的实际成本，期末借方余额反映企业库存材料的实际成本。该账户可按原材料的保管地点(仓库)、材料的类别、品种和规格等进行明细核算。

三、原材料采用实际成本法核算的账务处理

(一) 取得原材料

原材料按取得的来源渠道可分为外购原材料、自制原材料、委托加工原材料、投资者投入原材料、接受捐赠原材料等。由于原材料的取得途径不同，其会计核算方法也有差别，这里仅介绍外购原材料的核算方法。

1. 外购原材料采购成本的确定

对于购入的原材料，其采购成本如下。

(1) 采购价格，是指企业购入的原材料发票账单上列明的价款，但不包括按规定可以抵扣的增值税税额。

(2) 相关税费，是指企业购买原材料可能发生的进口关税、消费税、资源税和不能从销项

税额中抵扣的增值税进项税额等应计入存货采购成本的税费。

(3) 运杂费，是指企业购买原材料可能负担的运输费、装卸费、保险费、仓储费、包装费等，不包括按规定可以抵扣的增值税税额。

(4) 运输途中的合理损耗，是指商品在运输过程中，因商品性质、自然条件及技术设备等因素所发生的自然的或不可避免的损耗。例如，煤炭、化肥等在运输过程中的自然散落，以及易挥发产品在运输过程中的自然挥发。

(5) 入库前的挑选整理费用，包括整理挑选中发生的工、费支出和数量损耗，并扣除回收的下脚废料的价值。

上述原材料采购成本凡能分清负担对象的，应直接计入原材料的采购成本，不能分清负担对象的，应选择合理的分配方法，分配计入有关原材料的采购成本。分配方法通常包括按所购存货的重量或采购价格比例进行分配。

2. 外购原材料典型业务账务处理

企业外购原材料时，既可以从本地进货，又可以从外地进货，而且可以根据购货业务的不同特点采用不同的结算方式。由于采购地点和采用结算方式等因素的影响，外购存货入库的时间与付款的时间可能一致，也可能不一致，在会计处理上也有所不同。

1) 发票账单与原材料同时到达

对于发票账单与外购材料同时到达的采购业务，企业在原材料验收入库后，应根据发票账单等结算凭证确定的材料的实际成本，借记"原材料"账户，根据取得的增值税专用发票上注明的增值税税额，借记"应交税费——应交增值税(进项税额)"账户，按实际支付或应付的金额，贷记"银行存款""应付账款""应付票据""其他货币资金"等账户。

如果取得的原材料等存货用于非应纳增值税项目或免征增值税项目，或者未按规定取得增值税专用发票的一般纳税人和小规模纳税人取得的原材料等存货，应将支付的增值税税额计入取得原材料等存货的成本。

【例 3-1】风华公司 2024 年 9 月 10 日购进 A 材料 1 000 千克，单价 10 元，增值税专用发票上注明的价款为 10 000 元，增值税税额为 1 300 元，运输单据标明运费为 1 000 元，增值税税额为 90 元。风华公司签发并承兑一张票面价值为 12 390 元的商业承兑汇票支付全部款项，材料已验收入库。风华公司编制会计分录如下。

借：原材料——A 材料　　　　　　　　　　　　　11 000
　　应交税费——应交增值税(进项税额)　　　　　1 390
　　贷：应付票据　　　　　　　　　　　　　　　　　12 390

2) 发票账单已到，原材料未到

对于发票账单已到，但材料尚未到达或尚未验收入库的采购业务，应根据发票账单等结算凭证确定的实际成本，借记"在途物资"账户；根据取得的增值税专用发票上注明的增值税税额，借记"应交税费——应交增值税(进项税额)"账户；按实际支付或应付的金额，贷记"银行存款""应付票据"等账户。待存货验收入库后，根据收料凭证借记"原材料"账户，贷记"在途物资"账户。

【例 3-2】风华公司 2024 年 9 月 18 日采用汇兑方式从外地华新公司购进 A 材料 2 000 千克，有关发票账单已收到，增值税专用发票上注明的价款为 19 000 元，增值税税额为 2 470 元，材料尚未到达，全部价款以银行存款支付。9 月 20 日，材料运达企业并办理验收入库手续。

2024 年 9 月 18 日购进材料时，编制会计分录如下。

借：在途物资——华新公司(A 材料)　　　　　　　19 000

应交税费——应交增值税(进项税额)	2 470	
贷: 银行存款		21 470

2024 年 9 月 20 日材料运达公司, 编制会计分录如下。

借: 原材料——A 材料   19 000

    贷: 在途物资——华新公司(A 材料)   19 000

3) 原材料已到, 发票账单未到

对于材料已到达并已验收入库, 但发票账单等结算凭证未到, 货款尚未支付的采购业务, 因企业未收到有关结算凭证, 无法准确计算入库材料实际成本, 暂不做账务处理。若月末结算凭证仍未到, 按材料的暂估价值, 借记"原材料"账户, 贷记"应付账款——暂估应付账款"账户。下月月初用红字冲销原暂估入账金额。待结算凭证到达后, 按正常程序借记"原材料""应交税费——应交增值税(进项税额)"账户, 贷记"银行存款""其他货币资金"或"应付账款"等账户。

【例 3-3】风华公司 2024 年 9 月 28 日验收入库 B 材料 1 500 千克, 至月末仍未收到发票账单, 货款未付。合同作价为 20 000 元。风华公司 2024 年 10 月 5 日收到上述购入材料的发票账单及结算凭证, 增值税专用发票上注明的材料价款为 18 000 元, 增值税税额为 2 340 元, 全部款项已用转账支票付讫。风华公司编制会计分录如下。

2024 年 9 月 28 日材料验收入库时, 可暂不入账。

2024 年 9 月 30 日, 为反映库存的真实情况, 根据合同价估价入账。

借: 原材料——B 材料   20 000

    贷: 应付账款——暂估应付账款   20 000

2024 年 10 月 1 日, 用红字冲销原暂估入账金额。

借: 原材料——B 材料   20 000

    贷: 应付账款——暂估应付账款   20 000

2024 年 10 月 5 日结算凭证到达, 编制分录如下。

借: 原材料——B 材料   18 000

    应交税费——应交增值税(进项税额)   2 340

    贷: 银行存款   20 340

4) 预付款项购进原材料

预付款项购进原材料业务应通过"预付账款"账户进行核算。关于预付账款业务的处理在本书项目二任务三中已进行介绍, 这里不再重复。

【例 3-4】风华公司 2024 年 9 月 25 日按照购货合同的规定用银行存款 20 000 元预付购买 A 材料款。上述预付款的 A 材料于 2024 年 10 月 2 日入库, 随货附来的发票上注明其价款 33 000 元, 增值税税额为 4 290 元, 发票上 A 材料数量为 3 000 千克, 验收入库时短缺 2 千克属于运输途中的定额内合理损耗。不足款项已通过银行转账支付。

2024 年 9 月 25 日预付款项时, 编制会计分录如下。

借: 预付账款   20 000

    贷: 银行存款   20 000

2024 年 10 月 2 日材料入库, 编制会计分录如下。

借: 原材料——A 材料   33 000

    应交税费——应交增值税(进项税额)   4 290

    贷: 预付账款   20 000

     银行存款   17 290

(二) 发出原材料

1. 发出存货的计价

在日常工作中，企业发出的存货可以按实际成本核算，也可以按计划成本核算。根据《企业会计准则》的规定，存货按实际成本计价法核算时，发出存货的具体计价方法有先进先出法、加权平均法、移动加权平均法和个别计价法。

1) 先进先出法

先进先出法是指以先入库的存货先发出(销售或耗用)这样一种存货实物流转假设为前提，对发出存货进行计价的一种方法。具体方法是：取得存货时，逐笔登记入库存货的数量、单价和金额；发出存货时，按照先进先出的原则逐笔登记存货的发出成本和结存金额。

【例 3-5】风华公司 2024 年 9 月 1 日结存 A 材料 1 200 千克，单价 10 元，金额为 12 000 元。2024 年 9 月发生有关原材料业务如下。

2024 年 9 月 10 日，资料见例 3-1。

2024 年 9 月 12 日生产产品领用 A 材料 1 500 千克。

2024 年 9 月 18 日购进 A 材料，9 月 20 日入库，资料见例 3-2。

2024 年 9 月 25 日生产产品，领用 A 材料 1 000 千克。

要求：采用先进先出法计算发出 A 材料的实际成本，以及月末结存材料的实际成本。

根据上述资料确定每批入库 A 材料的单位成本：

2024 年 9 月 10 日入库 A 材料的单位成本=(10 000 + 1 000)÷1 000 =11(元)

2024 年 9 月 20 日入库 A 材料的单位成本=19 000÷2 000 = 9.5(元)

根据上述资料，该企业 A 材料收、发、结存资料如表 3-1 所示。

表 3-1　A 材料收、发、结存资料

单位：元

业务	收入		发出数量/千克	结存数量/千克
	数量/千克	单价(单位成本)		
2024 年 9 月 1 日结存				1 200 (单价 10 元)
2024 年 9 月 10 日购进	1 000	11		2 200
2024 年 9 月 12 日发出			1 500	700
2024 年 9 月 20 日购进	2 000	9.5		2 700
2024 年 9 月 25 日发出			1 000	1 700

企业采用先进先出法核算本月 A 材料的收入、发出和结存情况，原材料明细分类账如表 3-2 所示。

表 3-2　原材料明细分类账

编号：××　　　　名称：A材料　　　　规格：××　　　　单位：千克

2024 年		凭证号码	摘要	借方			贷方			结存		
月	日			数量	单价	金额	数量	单价	金额	数量	单价	金额
9	1	略	期初结存							1 200	10	12 000
	10		购进	1 000	11	11 000				1 200 1 000	10 11	12 000 11 000
	12		发出				1200 300	10 11	12 000 3 300	700	11	7 700

(续表)

2024年		凭证号码	摘要	借方			贷方			结存		
月	日			数量	单价	金额	数量	单价	金额	数量	单价	金额
	20		购进	2 000	9.5	19 000				700	11	7 700
										2 000	9.5	19 000
	25		发出				700	11	7 700	1 700	9.5	16 150
							300	9.5	2 850			
	30		本月合计	3 000		30 000	2 500		25 850	1 700	9.5	16 150

由表 3-2 可以得出发出 A 材料的成本如下：

2024 年 9 月 12 日发出 A 材料成本 = 1 200 × 10 + 300 × 11 = 15 300(元)

2024 年 9 月 25 日发出 A 材料成本 = 700 × 11 + 300 × 9.5 = 10 550(元)

本月发出 A 材料总成本 = 15 300 + 10 550 = 25 850(元)

月末库存 A 材料成本 = 1 700 × 9.5 = 16 150(元)

采用先进先出法，便于日常计算发出存货及结存存货的成本，但在存货收发业务频繁、单价经常变动的情况下，企业计算的工作量大。优点是企业不能随意挑选存货价格以调整当期利润，且期末存货成本比较接近现行的市场价值，但当物价上涨时，用早期较低的成本与现行收入相配比，会高估企业当期利润，反之则低估当期利润。这种方法在食品经营企业中使用广泛。

2) 加权平均法

加权平均法也称全月一次加权平均法，指以本月全部收入存货数量加月初存货数量作为权数，去除本月全部收入存货的成本加上月初存货成本，计算出存货的加权平均单位成本，从而确定存货的发出成本和期末结存存货成本的一种方法。其计算公式为

$$\frac{\text{加权平均}}{\text{单位成本}} = \frac{\text{月初库存存货实际成本} + \text{本月收入存货的成本}}{\text{月初库存存货的数量} + \text{本月收入存货的数量}}$$

本月发出存货成本 = 本月发出存货数量 × 加权平均单位成本

月末库存存货成本 = 月末库存存货数量 × 加权平均单位成本

在计算加权平均单位成本时，如果能除尽，本月发出存货成本和月末库存存货成本先计算哪个指标都可以。如果计算出的加权平均单位成本不能除尽，需四舍五入的，为优先保证存货结存成本的正确性，应采用倒挤成本法计算发出存货的成本，即

月末结存存货成本 = 月末库存存货数量 × 加权平均单位成本

本月发出存货成本 = 月初库存存货成本 + 本月收入存货成本 − 月末库存存货成本

【例 3-6】根据例 3-5 的资料，采用加权平均法计算 A 材料成本，原材料明细分类账如表 3-3 所示。

表 3-3　原材料明细分类账

编号：×× 　　　　名称：A 材料 　　　　规格：×× 　　　　单位：千克

2024年		凭证号码	摘要	借方			贷方			结存		
月	日			数量	单价	金额	数量	单价	金额	数量	单价	金额
9	1	略	期初结存							1 200	10	12 000
	10		购进	1 000	11	11 000				2 200		
	12		发出				1 500			700		
	20		购进	2 000	9.5	19 000				2 700		
	25		发出				1 000			1 700		
	30		本月合计	3 000		30 000	2 500	10	25 000	1 700	10	17 000

根据上述资料计算 A 材料本月加权平均单位成本及本月发出和期末结存成本:

加权平均单位成本=(12 000+30 000)÷(1 200+3 000)=10(元)

本月发出 A 材料的实际成本=2 500×10=25 000(元)

月末库存材料成本=1 700×10=17 000(元)

采用加权平均法,只在月末一次计算加权平均单价,大大简化了平时的核算工作。在市场价格波动时,计算的单位成本平均化,对存货成本的分摊较为折中。但是,这种方法平时无法从账面上提供发出和结存存货的单价及金额,不利于加强对存货的日常管理。这种方法适用于存货收发比较频繁的企业。

3) 移动加权平均法

移动加权平均法,是指以本批入库存货成本加上原有存货成本,除以本批入库存货的数量加上原有存货的数量,据以计算加权平均单位成本,作为在下次进货前各次发出存货成本依据的一种方法。计算公式为

$$移动加权平均单位成本=\frac{原有存货成本+本批入库存货成本}{原有存货的数量+本批入库存货的数量}$$

本批发出存货成本=本批发出存货数量×本批发货前存货的单位成本

如果计算出的加权平均单位成本不能除尽,也应采用倒挤成本法计算发出存货的成本。

【例 3-7】根据例 3-5 的资料,采用移动加权平均法计算 A 材料成本,原材料明细分类账如表 3-4 所示。

表 3-4　原材料明细分类账

编号:×× 　　　　名称:A 材料　　　　　　　规格:×× 　　　　　　　单位:千克

| 2024 年 | | 凭证号码 | 摘要 | 借方 | | | 贷方 | | | 结存 | | |
月	日			数量	单价	金额	数量	单价	金额	数量	单价	金额
9	1	略	上月结存							1 200	10	12 000
	10		购进	1 000	11	11 000				2 200	10.45	23 000
	12		发出				1 500		15 685	700	10.45	7 315
	20		购进	2 000	9.5	19 000				2 700	9.75	26 315
	25		发出				1 000		9 740	1 700	9.75	16 575
	30		本月合计	3 000		30 000	2 500		25 425	1 700	9.75	16 575

根据上述资料计算 A 材料本月移动加权平均单位成本及本月发出和期末结存成本:

2024 年 9 月 10 日购进后移动平均单位成本=(12 000+11 000)÷(1 200+1 000)≈10.45(元)

2024 年 9 月 10 日结存 A 材料的成本=700×10.45=7 315(元)

2024 年 9 月 12 日发出材料成本=23 000-7 315=15 685(元)

2024 年 9 月 20 日购进后移动平均单位成本=(7 315+19 000)÷(700+2 000)≈9.75(元)

2024 年 9 月 20 日结存材料的成本=1 700×9.75=16 575(元)

2024 年 9 月 25 日发出材料的成本=26 315-16 575=9 740(元)

本月发出 A 材料的总成本=15 685+9 740=25 425(元)

月末结存材料的成本=1 700×9.75=16 575(元)

采用移动加权平均法能及时并比较客观地反映发出及结存存货的成本,有利于加强对存货的日常管理。但采用这种方法,由于每次收货后都要计算一次平均单位成本,因而计算的工作量比较大,故这种方法不适合收发比较频繁的企业。

4) 个别计价法

个别计价法也称个别认定法或具体辨认法、分批实际法,是指每次发出存货的实际成本

完全按其购入时的实际成本分别计价的方法。也就是说，采用这种方法是假定存货的实际成本流转与实物流转相一致，按照各种存货，逐一辨认各批发出存货和期末存货所属的购进批别或生产批别，分别按其购入或生产时所确定的单位成本作为计算各批发出存货和期末存货成本的方法。

【例 3-8】仍以例 3-5 的资料为例，假设风华公司 2024 年 9 月 12 日生产领用 A 材料 1 500 千克，其中 1 000 千克领用的是期初结存的材料，另 500 千克领用的是 2024 年 9 月 10 日入库的材料；2024 年 9 月 25 日领用 A 材料 1 000 千克，其中 200 千克领用的是期初结存的材料，800 千克领用的是 2024 年 9 月 20 日购入的材料；采用个别计价法计算 A 材料成本，原材料明细分类账如表 3-5 所示。

表 3-5　原材料明细分类账

编号：×× 　　　　　名称：A 材料 　　　　　规格：×× 　　　　　单位：千克

2024年 月	2024年 日	凭证号码	摘要	借方 数量	借方 单价	借方 金额	贷方 数量	贷方 单价	贷方 金额	结存 数量	结存 单价	结存 金额
9	1	略	上初结存							1 200	10	12 000
	10		购进	1 000	11	11 000				1 200	10	12 000
										1 000	11	11 000
	12		发出				1 000	10	10 000	200	10	2 000
							500	11	5 500	500	11	5 500
	20		购进	2 000	9.5	19 000				200	10	2 000
										500	11	5 500
										2 000	9.5	19 000
	25		发出				200	10	2 000	500	11	5 500
							800	9.5	7 600	1 200	9.5	11 400
	30		本月合计	3 000		30 000	2 500		25 100	500	11	5 500
										1 200	9.5	11 400

由表 3-5 可以得出，发出 A 材料成本如下：

2024 年 9 月 12 日发出 A 材料成本 $= 1\,000 \times 10 + 500 \times 11 = 15\,500$(元)

2024 年 9 月 25 日发出 A 材料成本 $= 200 \times 10 + 800 \times 9.5 = 9\,600$(元)

本月发出 A 材料总成本 $= 15\,500 + 9\,600 = 25\,100$(元)

月末库存材料成本 $= 500 \times 11 + 1\,200 \times 9.5 = 16\,900$(元)

采用个别计价法，计算发出存货的成本和期末存货的成本比较合理、准确，但这种方法的前提是需要对发出存货和结存存货的批次进行具体辨认，所以实际操作的工作量较大；另外，容易出现企业随意选用较高或较低价格的存货以调整当期利润的现象。这种方法一般适用于容易辨别、存货品种数量不多、单位成本较高的存货计价，如大宗商品及需要单独记录其价值的贵重商品，如汽车、机床、珠宝首饰、艺术品等。

2. 发出原材料典型业务账务处理

企业发出原材料不管其用途如何，均应办理必要的手续和填制领料凭证，据以进行发出材料的核算。企业发出原材料的成本可根据实际情况按先进先出法、加权平均法、移动加权平均法或个别认定法确定。为了保证年度内材料成本计算的一致性，每个企业在一个年度内一般只能采用一种方法，不得随意变更。如需变更，应在会计报表附注中予以说明。

企业各生产单位、销售部门及有关部门领用的材料具有种类多、业务频繁等特点。为了简化核算，企业平时可不直接根据领料凭证编制记账凭证，而是在月末根据当月的领料凭证，按领用部门和用途进行归类汇总，编制"发料凭证汇总表"，据以进行材料发出的总分类核算。

【例 3-9】 风华公司 2024 年 9 月末根据领(发)料凭证，汇总编制发料凭证汇总表，如表 3-6 所示。

表 3-6　发料凭证汇总表

2024 年 9 月　　　　　　　　　　　　　　　　　　　单位：元

用途	原料及主要材料	辅助材料	外购半成品	修理用备件	包装材料	燃料	合计
生产产品领用	200 000	50 000	60 000		2 000	1 600	313 600
车间一般性消耗		1 200		1 200		500	2 900
厂部管理部门领用		3 000		600			3 600
专设销售部门领用		2 000		1 800			3 800
合计	200 000	56 200	60 000	3 600	2 000	2 100	323 900

根据发料凭证汇总表，编制会计分录如下。

借：生产成本　　　　　　　　　　　　 313 600
　　制造费用　　　　　　　　　　　　　 2 900
　　管理费用　　　　　　　　　　　　　 3 600
　　销售费用　　　　　　　　　　　　　 3 800
　　贷：原材料　　　　　　　　　　　　　　 323 900

原材料按实际成本计价核算，由于其收入、发出及结存均按实际成本计价，所以能直接提供材料资金的结存数额，为计算产品的生产成本提供较准确的材料耗用数，而且对于规模比较小、材料收发业务也比较少的企业来说，核算工作较为简单。但是，这种计价核算方式不能在账簿中反映采购的材料成本是节约还是超支，不便于对采购部门的工作业绩进行有效的考核。另外，在材料品种较多、收发业务较多的情况下，核算工作量较大。这种计价核算方法一般只适用于材料收发业务较少的中小型企业。

案例分析

改变存货计价方法，调整利润

北方钢铁厂采用实际成本法进行原材料核算，多年来该厂一直采用月末一次加权平均法计算确定发出矿石的实际成本。20××年铁矿石价格上涨幅度很大，该企业为了提高利润，擅自变更了发出原材料实际成本的计算方法，将月末一次加权平均法变更为先进先出法。经测算，截至 20××年末，与按月末一次加权平均法计算的结果相比，采用先进先出法计算得出的领用铁矿石的实际成本减少 14 万元，即少计了当年的成本 14 万元，多计了当年的利润 14 万元。该厂在年终财务报告中，对该变更事项及有关结果未予披露。

请思考：

请分析北方钢铁厂的做法是否正确？为什么？

分析提示

任务小结

实际成本法下原材料典型业务账务处理总结

业务内容		账务处理
外购原材料	单货同到	借：原材料等 　　贷：银行存款、应付票据等
	单到货未到	未入库时： 借：在途物资等 　　贷：银行存款、应付票据等 入库时： 借：原材料 　　贷：在途物资
	货到单未到	料到时暂不处理 月末单仍未到，按合同价暂估入账 借：原材料 　　贷：应付账款 下月初用红字冲销原暂估入账金额 单到付款时处理同单货同到
	预付购货	见项目二任务三【任务小结】
发出原材料	领用、出售等	借：生产成本等 　　贷：原材料

任务考核

一、单项选择题

1. 甲企业为增值税一般纳税企业，适用的增值税税率为 13%。本期购入材料 100 千克，不含税价款 57 000 元。验收入库时发现短缺 5%，经查属于运输途中的合理损耗。该批原材料入库前挑选整理费用为 380 元。该批原材料的实际成本为每千克(　　)元。

　A. 545.3　　　　　　B. 573.8　　　　　　C. 604　　　　　　D. 706

2. 外购材料发生的短缺与毁损，如属途中合理损耗，应做(　　)处理。

　A. 若未付款，应拒付货款

　B. 若已付款，应向供应单位索赔

　C. 列入营业外支出

　D. 相应提高入库材料的实际单位成本，不再另做处理

3. 某企业采用先进先出法计算发出原材料的成本。2024 年 9 月 1 日，甲材料结存 200 千克，每千克实际成本为 300 元；9 月 7 日购入甲材料 350 千克，每千克实际成本为 310 元；9 月 21 日购入甲材料 400 千克，每千克实际成本为 290 千克；9 月 28 日发出甲材料 500 千克。2024 年 9 月甲材料的发出成本为(　　)元。

　A. 145 000　　　　　B. 150 000　　　　　C. 153 000　　　　　D. 155 000

4. 某企业采用月末一次加权平均法计算发出原材料的成本。2024 年 2 月 1 日，甲材料结存 200 千克，每千克实际成本为 100 元；2 月 10 日购入甲材料 300 千克，每千克实际成本为

110 元；2 月 25 日发出甲材料 400 千克。2024 年 2 月末，甲材料的库存余额为(　　)元。

    A. 10 000　　　　　B. 10 500　　　　　C. 10 600　　　　　D. 11 000

5. 某企业 2024 年 3 月 1 日的存货结存数量为 200 件，单价 4 元，3 月 2 日发出存货 150 件；3 月 5 日购进存货 200 件，单价 4.4；3 月 7 日发出存货 100 件。采用移动加权平均法，2024 年 3 月 7 日结存存货的实际成本为(　　)元。

    A. 648　　　　　　B. 432　　　　　　C. 1 080　　　　　D. 1 032

二、多项选择题

1. 下列应计入所购材料采购成本的有(　　)。

    A. 买价　　　　　　　　　　　　B. 入库前的挑选整理费

    C. 运输途中的仓储费　　　　　　D. 运输途中的非合理损耗

2. 下列不应计入所购材料采购成本的有(　　)。

    A. 采购人员的差旅费　　　　　　B. 入库后的仓储费

    C. 运输途中的合理损耗　　　　　D. 进口关税

3. 存货按实际成本计价的企业，发出存货成本的计价方法有(　　)。

    A. 月末一次加权平均法　　　　　B. 个别计价法

    C. 移动加权平均法　　　　　　　D. 先进先出法

4. 下列存货发出的计价方法中，有利于存货成本日常管理与控制的方法是(　　)。

    A. 先进先出法　　　　　　　　　B. 移动加权平均法

    C. 加权平均法　　　　　　　　　D. 个别计价法

5. 在实际成本法下核算原材料应设置的账户有(　　)。

    A. 在途物资　　　　　　　　　　B. 材料采购

    C. 原材料　　　　　　　　　　　D. 材料成本差异

三、判断题

1. 存货计价方法的选择不仅影响资产负债表中资产总额的多少，而且也影响利润表中的净利润。(　　)

2. 采用个别计价法确定发出存货的成本，企业可以随意挑选存货的价格以调整当期利润。(　　)

3. 采用先进先出法，期末存货成本比较接近现行的市场价值。(　　)

4. 购入材料在运输途中发生的合理损耗应计入管理费用。(　　)

5. 企业购入存货时所取得的现金折扣应冲减所购存货的成本。(　　)

四、业务实训题

资料：甲公司为增值税一般纳税人，发出存货采用先进先出法计价。2024 年 2 月末，B 材料结余数量为 3 000 千克，单价为 10 元/千克。2024 年 3 月甲公司发生下列经济业务。

(1) 3 月 5 日，甲公司购入 B 材料 4000 千克，单价为 13 元/千克，增值税税额 6 760 元，另支付运杂费 2 160 元，增值税税额 140 元，材料验收入库，款项均通过银行支付。

(2) 3 月 10 日，甲公司购入 B 材料 2 000 千克，单价为 11 元/千克，增值税税额 2 860 元，材料验收入库，甲公司开出一张面值 24 860 元，期限为 3 个月的商业承兑汇票。

(3) 3 月 14 日，甲公司领用 B 材料 6 500 千克，用于生产 A 产品。

(4) 3 月 26 日，甲公司购入 B 材料 1 000 千克，单价为 13.5 元/千克，增值税税额 1 755 元，月末材料未到，款项通过银行支付。

(5) 3 月 29 日,甲公司购入 B 材料 1 500 千克,材料验收入库,月末结算凭证未到,按照估价 15 000 元入账。

要求:

(1) 编制甲公司 2024 年 3 月相关会计分录。

(2) 计算 2024 年 3 月发出 B 材料的成本。

(3) 计算 2024 年 3 月末"原材料"账户的余额。

任务拓展

企业在材料采购过程中,如果发生了材料短缺、毁损等情况,应及时查明原因,根据造成短缺或毁损的原因区别情况,进行会计处理。

属于定额内合理的途中损耗(如由于自然损耗等而发生的短缺),不进行账务处理,计入材料的采购成本,只按实际入库数量登记材料明细账,相应会提高入库材料的单位成本,而材料总成本不变;能够确定由供货单位、外部运输单位或其他过失人赔偿的,应向有关单位或责任人索赔,根据索赔金额记入"应付账款""其他应收款"科目,不计入材料的采购成本;属于自然灾害或意外事故等非常原因造成的材料毁损,应将扣除残料价值和保险公司赔偿后的净损失记入"营业外支出"科目。

凡尚待查明原因和需要报经批准才能转销处理的材料短缺损失,应先记入"待处理财产损溢"科目核算,待查明原因后,再分别进行处理。属于供货单位、外部运输单位或其他过失人赔偿的,将其损失从"待处理财产损溢"科目转入"应付账款""其他应收款"科目。属于自然灾害或意外事故等非正常原因造成的损失,应按扣除残料价值和保险公司赔偿后的净损失,从"待处理财产损溢"科目转入"营业外支出——非常损失"科目。属于无法收回的其他损失,报经批准后,将其从"待处理财产损溢"科目转入"管理费用"科目。

上列短缺材料涉及增值税的,还应进行相应处理。

任务二 原材料采用计划成本法核算

任务导入

东方公司为增值税一般纳税企业,增值税税率为 13%,材料按计划成本计价核算。甲材料计划单位成本为每千克 10 元。该公司 2024 年 4 月有关原材料的业务资料如下。

(1) "原材料"账户月初余额 40 000 元,"材料成本差异"账户月初贷方余额 500 元,"材料采购"账户月初借方余额 10 600 元(上述账户核算的均为甲材料)。

(2) 4 月 5 日,东方公司上月已付款的甲材料 1 000 千克如数收到,已验收入库。

(3) 4 月 15 日,从外地光明公司购入甲材料 6 000 千克,增值税专用发票注明的材料价款为 59 000 元,增值税税额 7 670 元,东方公司已用银行存款支付上述款项,材料尚未到达。

(4) 4 月 20 日,从光明公司购入的甲材料到达,验收入库时发现短缺 40

任务实施

千克，经查明为途中定额内自然损耗，按实收数量验收入库。

(5) 4月30日，汇总本月发料凭证，本月共发出甲材料7 000千克，全部用于产品生产。

要求：请以东方公司财会人员身份对上述业务进行账务处理。

任务准备

一、计划成本法认知

计划成本法是指企业存货的收入、发出和结余均按预先制定的计划成本计价，实际成本与计划成本之间的差额单独进行核算。存货按计划成本核算，要求存货的总分类核算和明细分类核算均按计划成本计价。计划单位成本一经确定，在一定时期内应相对固定不变，以收、发、存的数量乘以相应的计划单位成本就可计算出收发成本，核算既简单、迅速，又能加强对材料的管理。计划成本法一般适用于存货品种繁多、收发频繁的企业。

二、原材料采用计划成本法核算设置的账户

为了对材料按计划成本进行核算，会计上应设置"材料采购"账户、"原材料"账户和"材料成本差异"账户。

设置"材料采购"账户，用来核算企业采用计划成本进行日常核算而购入材料的采购成本。该账户属于资产类账户，借方登记外购材料的实际成本和结转实际成本小于计划成本的节约差异，贷方登记验收入库材料的计划成本和结转实际成本大于计划成本的超支差异。期末借方余额，反映已经收到发票账单付款或已开出、承兑的商业汇票，但材料尚未到达或尚未验收入库的在途材料的实际成本。该账户可按供应单位和材料品种设置明细账，进行明细核算。

设置"原材料"账户，在计划成本法下用来核算库存各种材料的收发与结存的计划成本。该账户属于资产类账户，借方登记入库材料的计划成本，贷方登记发出材料的计划成本，期末借方余额，反映企业库存材料的计划成本。该账户可按原材料的保管地点(仓库)、材料的类别、品种和规格等进行明细核算。

设置"材料成本差异"账户，用来核算企业采用计划成本进行日常核算的实际成本与计划成本的差异。该账户属于资产类账户，是资产类调整账户。借方登记入库材料发生的实际成本大于计划成本的差额(超支差异)和发出材料发生的实际成本小于计划成本的差额(节约差异)，贷方登记入库材料发生的实际成本小于计划成本的差额(节约差异)和发出材料发生的实际成本大于计划成本的差额(超支差异)。期末借方余额，反映企业库存材料的超支差异；如为贷方余额，反映库存材料的节约差异。该账户可按材料类别或品种进行明细核算。

三、原材料采用计划成本法核算的账务处理

(一) 取得原材料典型业务处理

原材料取得途径不同，计划成本法下会计核算方法也有差别，这里仅介绍外购原材料的核算方法。

企业购入原材料按计划成本法进行核算时，其核算内容一般包括三个方面：一是反映材料采购的实际成本；二是反映入库材料的计划成本；三是结转入库材料的成本差异。

1. 发票账单与原材料同时到达

企业外购材料，不论是否验收入库，均需要通过"材料采购"账户确定外购材料的实际成本。当外购材料时，按确定的材料实际采购成本，借记"材料采购"账户；按增值税专用发票上注明的增值税税额，借记"应交税费——应交增值税(进项税额)"账户；按已支付或应支付的金额贷记"银行存款""库存现金""其他货币资金""应付票据""预付账款"等账户。已购进的材料验收入库时，按计划成本，借记"原材料"账户，贷记"材料采购"账户。已购进并已验收入库的材料，按实际成本大于计划成本的超支差额，借记"材料成本差异"账户，贷记"材料采购"账户；按实际成本小于计划成本的节约差额，借记"材料采购"账户，贷记"材料成本差异"账户。

下面仍以风华公司的业务为例，假设风华公司对原材料收发采用计划成本法核算。

【例3-10】风华公司2024年9月10日购进A材料1 000千克，单价10元，增值税专用发票上注明的价款为10 000元，增值税1 300元，运输单据表明运费1 000元，增值税税额为90元，全部款项签发并承兑一张票面价值为12 390元的商业承兑汇票支付，材料已验收入库。A材料的计划成本单位成本为10.5元。编制会计分录如下。

(1) 签发商业承兑汇票支付。

借：材料采购——原材料(A材料)　　　　　　11 000
　　应交税费——应交增值税(进项税额)　　　1 390
　　　贷：应付票据　　　　　　　　　　　　　　　　12 390

(2) 材料验收入库。

借：原材料——A材料　　　　　　　　　　　10 500
　　　贷：材料采购——原材料(A材料)　　　　　　　10 500

(3) 结转入库材料成本差异(超支差)。

借：材料成本差异——原材料　　　　　　　　500
　　　贷：材料采购——原材料(A材料)　　　　　　　　500

也可以合并编制材料入库并结转成本差异的会计分录。

借：原材料——A材料　　　　　　　　　　　10 500
　　材料成本差异——原材料　　　　　　　　500
　　　贷：材料采购——原材料(A材料)　　　　　　11 000

在企业会计实务中，企业一般在月末根据收料单编制收料汇总表，然后根据收料汇总表做集中入库并结转成本差异的处理。

2. 发票账单已到，原材料未到

企业对货款已经支付或已开出、承兑商业汇票的材料采购业务，在材料尚未到达或尚未验收入库时应根据发票账单确定材料的实际采购成本，借记"材料采购"账户，待以后验收入库时再确定入库材料的计划成本并结转成本差异。

【例3-11】风华公司2024年9月18日采用汇兑方式从外地华新公司购进A材料2 000千克，有关发票账单已收到，增值税专用发票上注明的价款为19 000元，增值税税额为2 470元，材料尚未到达，全部价款以银行存款支付。2024年9月20日，材料运达企业并办理验收入库手续。A材料的计划成本单位成本为10.5元。编制会计分录如下。

(1) 2024年9月18日，以存款支付购料款。

借：材料采购——华新公司(A材料)　　　　19 000
　　应交税费——应交增值税(进项税额)　　　2 470

```
    贷：银行存款                        21 470
```
(2) 2024 年 9 月 20 日，材料验收入库。
```
借：原材料——A 材料                  21 000
    贷：材料采购——原材料(A 材料)              21 000
```
(3) 结转入库材料成本差异(节约差)。
```
借：材料采购——原材料(A 材料)          2 000
    贷：材料成本差异——原材料                  2 000
```

3. 原材料已到，发票账单未到

月份内发生此类业务，可暂不进行总分类核算，待付款或开出、承兑商业汇票后，再按正常程序进行账务处理。如果月末发票账单仍未到达，按计划成本暂估入账，借记"原材料"等科目，贷记"应付账款——暂估应付账款"科目，下月初用红字冲销原暂估入账金额；以后收到发票账单后，再按正常程序通过"材料采购""原材料""材料成本差异"账户进行核算。

【例 3-12】风华公司 2024 年 9 月 28 日验收入库 B 材料 1 500 千克，至月末仍未收到发票账单，货款未付。风华公司 2024 年 10 月 5 日收到上述购入材料的发票账单及结算凭证，增值税专用发票上注明的材料价款为 18 000 元，增值税税额为 2 340 元，全部款项已用转账支票付讫。B 材料计划成本为 10.5 元。编制会计分录如下。

2024 年 9 月 28 日验收入库时可暂不入账。

2024 年 9 月 30 日，为反映库存的真实情况，根据计划成本估价入账。
```
借：原材料——B 材料                   15 750
    贷：应付账款——暂估应付账款                15 750
```
2024 年 10 月 1 日，用红字冲销原暂估入账金额。
```
借：原材料——B 材料                   15 750
    贷：应付账款——暂估应付账款                15 750
```
2024 年 10 月 5 日，结算凭证到达。
```
借：材料采购——B 材料                 18 000
    应交税费——应交增值税(进项税额)    2 340
    贷：银行存款                              20 340
借：原材料——B 材料                   15 750
    贷：材料采购                              15 750
借：材料成本差异——原材料             2 250
    贷：材料采购——原材料(B 材料)              2 250
```

4. 预付款项购进原材料

企业采购材料预付款项时，应先在"预付账款"账户核算，待收料结算时，再通过"材料采购"账户核算。

【例 3-13】风华公司 2024 年 9 月 25 日按照购货合同的规定用银行存款 20 000 元预付 A 材料款。上述预付款的 A 材料 2024 年 10 月 2 日入库，随货附来的发票上注明其价款为 33 000 元，增值税税额 4 290 元，发票上 A 材料数量为 3 000 千克，验收入库时短缺 2 千克属于运输途中的定额内合理损耗。不足款项已通过银行转账支付。A 材料的计划成本单位成本为 10.5 元。

2024 年 9 月 25 日预付款项时，编制会计分录如下。
```
借：预付账款                          20 000
    贷：银行存款                              20 000
```

2024 年 10 月 2 日材料入库，编制会计分录如下。

借：材料采购   33 000

    应交税费——应交增值税(进项税额)   4 290

      贷：预付账款   20 000

          银行存款   17 290

借：原材料——A 材料   31 479

      贷：材料采购   31 479

借：材料成本差异——原材料   1 521

      贷：材料采购——原材料(A 材料)   1 521

(二) 发出原材料典型业务处理

1. 计划成本法下发出材料计价

计划成本法是指存货的日常收入、发出及结存均按照计划成本进行日常核算，同时将实际成本与计划成本的差额另行设置有关成本差异账户(如"材料成本差异"账户)反映，期末计算发出存货和结存存货应分摊的成本差异，将发出存货和结存存货由计划成本调整为实际成本的方法。计划成本除有特殊情况应当调整外，在年度内一般不做变动。

$$材料成本差异率 = \frac{期初结存材料成本差异 + 本期收入材料成本差异}{期初结存材料计划成本 + 本期收入材料计划成本} \times 100\%$$

$$发出材料应负担的成本差异 = 本期发出材料计划成本 \times 材料成本差异率$$

$$发出材料的实际成本 = 本期发出材料计划成本 \pm 发出材料应负担的成本差异$$

$$结存材料应负担的成本差异 = 期末结存材料计划成本 \times 材料成本差异率$$

$$结存材料的实际成本 = 结存材料计划成本 \pm 结存材料应负担的成本差异$$

也可以用下列公式计算结存此材料的成本差异：

$$结存材料应负担的成本差异 = 期初材料成本差异 + 本期收入材料成本差异$$
$$- 本期发出材料成本差异$$

【例 3-14】仍以例 3-5 的资料为例，假设 A 材料的计划单位成本(计划单价)为 10.5 元，期初材料成本差异为节约差(实际成本小于计划成本)600 元。采用计划成本法登记 A 材料明细分类账，如表 3-7 所示。

表 3-7 原材料明细分类账

编号：××   名称：A 材料   规格：××   单位：千克   计划单价：10.5 元

2024 年		凭证号码	摘要	借方			贷方			结存		
月	日			数量	单价	金额	数量	单价	金额	数量	单价	金额
9	1		上月结存							1 200	10.5	12 600
	10	×	购进	1 000						2 200		
	12	×	发出				1 500			700		
	20	×	购进	2 000						2 700		
	25	×	发出				1 000			1 700		
	30		本月合计	3 000			2 500			1 700	10.5	17 850

收入材料计划成本 = 3 000 × 10.5 = 31 500(元)

发出材料计划成本 = 2 500 × 10.5 = 26 250(元)

结存材料计划成本 = 1 700 × 10.5 = 17 850(元)

可见，本月购入材料的实际成本为 30 000(11 000 + 19 000)元，计划成本为 31 500 元，收入材

料成本差异为节约差(实际成本小于计划成本)1 500元，则

$$材料成本差异率=(-600-1\,500)\div(12\,600+31\,500)\times100\%\approx-4.76\%$$

$$发出材料应负担的成本差异=26\,250\times(-4.76\%)=-1\,249.5(元)$$

$$发出材料的实际成本=26\,250-1\,249.5=25\,000.5(元)$$

$$结存材料成本差异=-600+(-1\,500)-(-1\,249.5)=-850.5(元)$$

$$结存材料的实际成本=17\,850-850.5=16\,999.5(元)$$

采用计划成本法，可以简化核算工作，并有利于对采购部门进行考核，促进存货采购成本的降低。

2. 发出材料的账务处理

为简化日常核算工作，企业可于月末根据领料单等原始凭证编制"发料凭证汇总表"，结转发出材料的计划成本。按发出材料的不同用途，借记"生产成本""制造费用""管理费用""销售费用"等账户，贷记"原材料"账户，同时结转发出材料应负担的成本差异。如果是超支差，借记"生产成本""制造费用""管理费用""销售费用"等账户，贷记"材料成本差异"账户；如果是节约差，做相反会计分录。

【例3-15】风华公司2024年9月末根据发料凭证，汇总编制发料凭证汇总表，如表3-8所示。本月原材料的成本差异率为-1%(节约差)。

表3-8 发料凭证汇总表

2024年9月30日 单位：元

应贷账户		应借账户				
		生产成本	制造费用	管理费用	销售费用	合计
原材料	原料及主要材料	230 000				230 000
	辅助材料	50 000	1 400	2 000	2 500	55 900
	外购半成品	60 000				60 000
	修理用备件		1 300	1 500	1 200	4 000
	包装材料	2 500				2 500
	燃料	2 000	600			2 600
	计划成本小计	344 500	3 300	3 500	3 700	355 000
材料成本差异(差异率-1%)		-3 445	-33	-35	-37	-3 550
实际成本		341 055	3 267	3 465	3 663	351 450

根据发料凭证汇总表，编制会计分录如下。

借：生产成本		344 500
制造费用		3 300
管理费用		3 500
销售费用		3 700
贷：原材料		355 000

结转发出材料应负担的成本差异时，编制会计分录如下。

借：材料成本差异		3 550
贷：生产成本		3 445
制造费用		33
管理费用		35
销售费用		37

案例分析

改变发出材料计价方法是否合理

张华是毕业于某名牌大学会计专业的学生，受聘到丰华有限责任公司担任材料核算会计。该公司经营规模比较大，现有材料268种，原来采用实际成本计价，由于公司以往会计核算不规范，在发出材料时是按估计成本做发出处理，因此材料的实际成本与账面成本出现较大差异。为此，张华向主管领导提出建议，想将材料收发结存改为按计划成本计价。

请思考：

(1) 该公司原来的材料计价核算存在什么问题？

(2) 你认为张华的建议可行吗？

(3) 原材料采用计划成本计价有什么优点？

分析提示

任务小结

计划成本法下原材料典型业务账务处理总结

业务内容			账务处理
外购原材料	单货同到和单到货未到	确定外购实际成本	借：材料采购 　　应交税费——应交增值税(进项税额) 贷：银行存款等
		确定入库计划成本	借：原材料 贷：材料采购
		结转入库成本差异	结转入库超支差 借：材料成本差异 贷：材料采购 若为节约差，做相反会计分录
	货到单未到	料到时	暂不处理
		月末单仍未到	按暂估价(计划成本)入账 借：原材料 贷：应付账款——暂估应付账款
		下月初	下月初用红字冲销原暂估入账金额
		单到时	单到付款时处理同单货同到
	预付款购料	预付款时	借：预付账款 贷：银行存款
	预付款购料	购进时	确定实际采购成本 借：材料采购 　　应交税费——应交增值税(进项税额) 贷：预付账款 入库并结转成本差异 借：原材料 贷：材料采购 　　材料成本差异(也可能在借方)
		结清余款	补付余款 借：预付账款 贷：银行存款 退回多预付款做相反分录

（续表）

业务内容		账务处理
发出原材料	确定发出计划成本	借：生产成本、制造费用等 贷：原材料(发出计划成本)
	结转发出成本差异	结转发出超支差 借：生产成本、制造费用等 　　贷：材料成本差异 结转发出节约差 借：材料成本差异 　　贷：生产成本、制造费用等

任务考核

一、单项选择题

1. 某企业采用计划成本进行材料的日常核算。2024 年 12 月初结存材料计划成本为 300 万元，本月收入材料计划成本为 700 万元；月初结存材料成本差异为超支 2 万元，本月收入材料成本差异为节约 10 万元。本月发出材料计划成本为 800 万元。本月结存材料的实际成本为（　　）万元。

　　A. 197.6　　　　　B. 202.4　　　　　C. 201.6　　　　　D. 198.4

2. 在采用计划成本计价核算的情况下，凡是已支付货款的，不论材料到达与否，都应记入（　　）账户的借方。

　　A. 在途物资　　B. 材料采购　　C. 预付账款　　D. 应付账款

3. 某企业材料采用计划成本核算。月初结存材料计划成本为 200 万元，材料成本差异为节约 20 万元，当月购入材料一批，实际成本为 135 万元，计划成本为 150 万元，领用材料的计划成本为 180 万元。当月结存材料的实际成本为（　　）万元。

　　A. 153　　　　　　B. 162　　　　　　C. 170　　　　　　D. 187

4. 某企业材料采用计划成本核算。月初结存材料计划成本为 130 万元，材料成本差异为节约 20 万元。当月购入材料一批，实际成本 110 万元，计划成本 120 万元，领用材料的计划成本为 100 万元。该企业当月领用材料的实际成本为（　　）万元。

　　A. 88　　　　　　　B. 96　　　　　　　C. 100　　　　　　D. 112

5. 某工业企业为增值税小规模纳税人，原材料采用计划成本核算，A 材料计划成本每吨为 20 元。本期购进 A 材料 6 000 吨，收到的增值税专用发票上注明的价款总额为 102 000 元，增值税税额为 13 260 元。另发生运杂费用 2 400 元，途中保险费用 559 元。原材料运抵企业后验收入库原材料 5 995 吨，运输途中合理损耗 5 吨。购进 A 材料发生的成本差异(节约)为（　　）元。

　　A. 1 781　　　　　B. 1 681　　　　　C. 14 941　　　　　D. 15 041

二、多项选择题

1. 在采用计划成本法核算存货时，应设置的会计科目有（　　）。

　　A. 在途物资　　B. 原材料　　C. 材料采购　　　D. 材料成本差异

2. "材料成本差异"贷方登记的内容有( )。

    A. 入库材料超支差   B. 入库材料节约差

    C. 发出材料超支差   D. 发出材料节约差

3. "材料采购"借方登记的内容有( )。

    A. 入库材料超支差   B. 入库材料节约差

    C. 外购实际成本   D. 入库计划成本

4. 关于材料采用计划成本法核算，下列说法正确的有( )。

    A. 不论材料是否入库，需要先通过"材料采购"账户确定外购材料的实际采购成本

    B. 原材料已验收入库但发票账单仍未到达，按计划成本暂估入账

    C. "材料成本差异"账户期末借方余额反映库存材料的超支差

    D. "材料成本差异"账户期末贷方余额反映库存材料的节约差

5. 下列各项中，关于原材料采用计划成本核算的会计处理表述中，正确的有( )。

    A. 入库原材料的节约差异记入"材料成本差异"科目的借方

    B. 发出原材料应分担的超支差异记入"材料成本差异"科目的贷方

    C. 材料的收入、发出及结存均按照计划成本计价

    D. 发出材料应分担的差异，将计划成本调整为实际成本

三、判断题

1. 企业采用计划成本核算原材料，平时收到原材料时应按实际成本借记"原材料"科目，领用或发出原材料时应按计划成本贷记"原材料"科目，期末再将发出材料和期末材料调整为实际成本。   ( )

2. 材料采购账户期末借方余额反映的是尚未验收入库的在途物资的计划成本。   ( )

3. 在计划成本法下，无论材料是否验收入库，均在材料采购账户借方登记外购物资的实际成本。   ( )

4. 企业可以采用不同的计价方法对发出材料进行计价，在选定一种计价方法后，可以随时更改其所选用的计价方法。   ( )

5. 企业原材料日常核算采用计划成本法，发出材料应负担的成本差异应当在季末或年末一次计算。   ( )

四、业务实训题

资料：A 公司存货采用计划成本法核算，甲材料计划单位成本为 30 元/千克。2024 年 3 月 1 日结存甲材料的数量为 3 000 千克，成本差异为节约差 3 908 元。

2024 年 3 月发生下列经济业务。

(1) 3 月 1 日购入甲材料 2 000 千克，单价 32 元/千克，增值税 8 320 元，材料已验收入库，款项尚未支付。

(2) 3 月 5 日购入甲材料 1 700 千克，单价 29 元/千克，增值税 6 409 元，材料已验收入库，企业开出期限 3 个月的商业承兑汇票。

(3) 3 月 25 日购入甲材料 1 000 千克，单价 31 元/千克，增值税 4 030 元，款项以银行存款支付，材料尚未到达。

(4) 3 月 31 日购入甲材料 1 300 千克，材料到达验收入库，结算凭证未到。按计划成本 39 000 元暂估入账。

(5) 3 月 31 日，汇总本月领用甲材料 4 500 千克，用于产品生产。

要求:

(1) 根据上述经济业务编制会计分录。

(2) 计算材料成本差异率。

(3) 登记"材料采购"账户、"原材料"账户、"材料成本差异"账户,说明账户期末余额的含义(可用"T"型账户表示)。

✎ 任务拓展

发出材料应负担的成本差异,必须按月分摊,不得在季末或年末一次计算。发出材料应负担的成本差异,除委托外部加工发出材料可按上月的差异率计算外,都应使用当月的实际差异率。如果上月的成本差异率与本月成本差异率相差不大,也可按上月的成本差异率计算。计算方法一经确定,不得随意变动。

任务三 周转材料的核算

✎ 任务导入

东方公司的低值易耗品按计划成本计价法核算,低值易耗品于领用时一次摊销。2024年5月有关低值易耗品明细科目的月初余额如表3-9所示。

表3-9 低值易耗品明细表

单位: 元

类别	品名	单位	数量	计划单位成本	计划成本
专用工具	夹具	把	120	12.5	1 500
	刀具	把	100	5	500
管理用具	文件柜	个	15	400	6 000
劳保用品	工作服	套	50	160	8 000
合计					16 000

"材料成本差异——低值易耗品"明细科目2024年5月初贷方余额25元。

东方公司2024年5月发生以下经济业务。

(1) 5月8日,购入30张办公桌和30把办公椅,单价分别为300元和80元,买价共11 400元,增值税税额1 482元。款项以转账支票支付,办公桌和办公椅已验收入库。办公桌椅计划单位成本分别为320元和80元。

(2) 5月14日,基本生产车间领用工作服40套、夹具120把、刀具80把。

(3) 5月21日,购入300把夹具和150把刀具,单价分别为13元和6元,买价共4 800元,增值税税额624元。夹具和刀具已验收入库,货款以银行存款支付。

(4) 5月24日,财务科领用文件柜3个、办公桌10张、办公椅10把;销售科领用办公桌5张、办公椅5把。

(5) 5月26日，收到低值易耗品报废报告单，经领导批准报废财务科领用文件柜1个，残料作价50元出售收到现金。

(6) 5月31日，结转本月领用低值易耗品应分担的成本差异；摊销已领用办公用品成本。

要求：请以东方公司财会人员身份对上述业务进行账务处理(逐笔确定入库低值易耗品成本差异，平时确定发出低值易耗品计划成本，月末结转发出低值易耗品的成本差异)。

任务实施

任务准备

一、周转材料认知

(一) 周转材料的概念

周转材料是指企业能够多次使用，不符合固定资产定义，逐渐转移其价值但仍然保持原有形态，不确认为固定资产的材料。

(二) 周转材料的内容

企业的周转材料主要包括包装物和低值易耗品，以及建筑施工企业的钢模板、木模板、脚手架和其他周转材料。

1. 包装物

包装物是指为包装本企业产品而储备的各种包装容器，如桶、箱、瓶、坛、袋等。包装物具体包括：

(1) 生产过程中领用的用于包装产品构成产品组成部分的包装物；

(2) 随同商品出售但不单独计价的包装物；

(3) 随同商品出售且单独计价的包装物；

(4) 出租、出借给购买单位的包装物。

这里应注意企业的各种包装材料，如纸、绳、铁丝、铁皮等，应作为"原材料"进行管理和核算；用于储存和保管商品、材料而不对外出售的包装物，应按其价值大小和使用年限长短，分别作为"固定资产"或"周转材料——低值易耗品"进行管理和核算。

2. 低值易耗品

低值易耗品是指使用年限较短、单位价值较低、不能作为固定资产管理的各种用具物品。低值易耗品按其用途可以分为以下几类：

(1) 一般工具，是指生产中常用的各种工具，如刀具、量具、夹具等；

(2) 专用工具，是指专门用于制造某一特定产品，或在某一特定工序上使用的工具，如专用的刀具、夹具等；

(3) 替换设备，是指容易磨损或为制造不同产品需要更换使用的各种设备，如轧钢用的钢棍等；

(4) 管理用具，是指在经营管理中使用的各种办公用具、家具等；

(5) 劳动保护用品，是指为了安全生产、劳动保护而发给职工的工作服、工作鞋和各种劳动保护用品。

二、包装物的核算

(一) 账户设置

企业应设置"周转材料——包装物"账户，核算企业包装物的收发结存情况。该账户属于资产类账户，借方登记包装物的增加数，贷方登记包装物的减少数，期末余额在借方，反映企业结存包装物的金额。包装物可以采用实际成本法核算，也可以采用计划成本法核算，其核算方法与原材料相似。

企业在包装物较多的情况下，也可以单独设置"包装物"账户。采用计划成本法核算的还应设置"材料成本差异"账户，将计划成本调整为实际成本。

(二) 包装物典型业务的账务处理

1. 取得包装物

企业购入、自制、委托外单位加工完成验收入库的包装物核算与原材料的取得核算方法基本相同，这里不再重述。

2. 发出包装物

1) 生产领用包装物

企业生产部门领用的用于包装产品的包装物，构成了产品的组成部分，因此应将包装物的成本计入产品生产成本。生产领用包装物时，应按照领用包装物的实际成本，借记"生产成本"账户，贷记"周转材料——包装物"账户。若按计划成本法核算，应按照领用包装物的实际成本，借记"生产成本"账户，按照领用包装物的计划成本，贷记"周转材料——包装物"账户，按其差额，借记或贷记"材料成本差异"账户。

【例3-16】风华公司本月生产产品领用包装物一批，实际成本10 000元。编制会计分录如下。

借：生产成本　　　　　　　　　　　　　　　10 000
　　贷：周转材料——包装物　　　　　　　　　　　10 000

【例3-17】宏达公司生产车间为包装产品，领用包装物一批，计划成本为3 500元，材料成本差异率为1%。编制会计分录如下。

借：生产成本　　　　　　　　　　　　　　　3 535
　　贷：周转材料　　　　　　　　　　　　　　　3 500
　　　　材料成本差异　　　　　　　　　　　　　　35

2) 随同商品出售且单独计价的包装物

随同商品出售且单独计价的包装物，应视同材料销售处理，应对该包装物单独计价。因此，应于商品出售时按出售包装物取得的金额，借记"银行存款"等账户，按出售包装物取得的收入，贷记"其他业务收入"账户，按照增值税专用发票上注明的增值税税额贷记"应交税费——应交增值税(销项税额)"账户。按出售的包装物的成本，借记"其他业务成本"账户，贷记"周转材料——包装物"账户。若按计划成本法核算，还要通过"材料成本差异"账户将"周转材料——包装物"的计划成本调整为实际成本。

【例3-18】风华公司在商品销售过程中领用包装物一批，实际成本为5 000元，该批包装物随同商品出售，单独计算售价8 000元，增值税税额为1 040元，款项已收存银行。编制会计分录如下。

(1) 取得出售包装物的收入。

借：银行存款   9 040

    贷：其他业务收入   8 000

        应交税费——应交增值税(销项税额)   1 040

(2) 结转出售包装物的成本。

借：其他业务成本   5 000

    贷：周转材料——包装物   5 000

3) 随同商品出售但不单独计价的包装物

随同产品出售但不单独计价的包装物，其发出主要是为了确保销售商品的质量或提供较为良好的销售服务，因此应将这部分包装物的成本作为企业发生的销售费用处理。发出包装物时，按其实际成本计入销售费用，借记"销售费用"账户，贷记"周转材料——包装物"账户。若按计划成本法核算，还要通过"材料成本差异"账户将"周转材料——包装物"的计划成本调整为实际成本。

【例 3-19】风华公司因销售商品一批，领用不单独计价的纸箱 100 个，实际成本共 300 元。编制会计分录如下。

借：销售费用   300

    贷：周转材料——包装物(纸箱)   300

【例 3-20】宏达公司在商品销售过程中领用包装物一批，计划成本为 2 300 元，材料成本差异率为-1%，该批包装物随同商品出售而不单独计价。编制会计分录如下。

借：销售费用   2 277

    材料成本差异   23

    贷：周转材料——包装物   2 300

4) 出租、出借包装物

有时企业因销售产品或商品，将包装物以出租或出借的形式，租给或借给客户暂时使用，并与客户约定一定时间内收回包装物。

(1) 出租或出借包装物的发出。企业出租、出借包装物时，应根据包装物出库等凭证列明的金额，借记"周转材料——包装物——出租包装物(或出借包装物)"账户，贷记"周转材料——包装物——库存包装物"账户。包装物如按计划成本计价，还应同时结转材料成本差异。

(2) 出租或出借包装物的押金和租金。为了保证及时返还和承担妥善保管包装物的经管责任，企业出租或出借包装物时，一般要向客户收取一定数额的押金，即存入保证金，归还包装物时将押金退还给客户。收取包装物押金时，借记"库存现金""银行存款"等账户，贷记"其他应付款——存入保证金"账户；退还押金时，编制相反的会计分录。

出租包装物是企业(专门经营包装物租赁除外)的一项其他业务活动。出租期间，企业按约定收取的包装物租金，应计入其他业务收入，借记"库存现金""银行存款""其他应收款"等账户，贷记"其他业务收入"账户。

(3) 出租或出借包装物发生的相关费用。出租或出借包装物发生的相关费用包括两个方面：一是包装物的摊销费用；二是包装物的维修费用。

企业按照规定的摊销方法，对包装物进行摊销时，借记"其他业务成本"(出租包装物)、"销售费用"(出借包装物)账户，贷记"周转材料——包装物——包装物摊销"账户。

企业在确认应由其负担的包装物修理费用等支出时，借记"其他业务成本"(出租包装物)、"销售费用"(出借包装物)账户，贷记"库存现金""银行存款""原材料""应付职工薪酬"等账户。

多次使用的包装物应当根据使用次数分次进行摊销，有关分次摊销法举例参见低值易耗品的核算。

三、低值易耗品的核算

(一) 账户设置

企业应设置"周转材料——低值易耗品"账户核算企业的低值易耗品的收发结存情况。该账户属于资产类账户，借方登记低值易耗品的增加数，贷方登记低值易耗品的减少数，期末余额在借方，反映企业结存低值易耗品的金额。低值易耗品可以采用实际成本法核算，也可以采用计划成本法核算，其核算方法与原材料相似。

企业在低值易耗品较多的情况下，也可以单独设置"低值易耗品"账户。采用计划成本法核算的还应设置"材料成本差异"账户，将计划成本调整为实际成本。

(二) 低值易耗品典型业务的账务处理

1. 取得低值易耗品

企业购入、自制、委托外单位加工完成验收入库的低值易耗品核算与原材料取得的核算方法基本相同，这里不再重述。

2. 摊销低值易耗品

低值易耗品等企业的周转材料符合存货定义和条件的，按照使用次数分次计入成本费用。金额较小的，可在领用时一次计入成本费用，但为加强实物管理，应当在备查簿中进行登记。

采用分次摊销法摊销低值易耗品，低值易耗品在领用时摊销其账面价值的单次平均摊销额。分次摊销法适用于可供多次反复使用的低值易耗品。在采用分次摊销法的情况下，需要单独设置"周转材料——低值易耗品——在用""周转材料——低值易耗品——在库""周转材料——低值易耗品——摊销"明细账账户。

【例3-21】风华公司对低值易耗品采用实际成本法核算。某月生产车间领用专用工具一批，实际成本为80 000元，不符合固定资产定义，采用分次摊销法进行摊销。该专用工具的估计使用次数为2次。风华公司的账务处理如下。

(1) 领用专用工具时，编制会计分录如下。

借: 周转材料——低值易耗品——在用 80 000
 贷: 周转材料——低值易耗品——在库   80 000

(2) 第一次领用时摊销其价值的一半，编制会计分录如下。

借: 制造费用 40 000
 贷: 周转材料——低值易耗品——摊销   40 000

(3) 第二次领用时摊销其价值的一半，编制会计分录如下。

借: 制造费用 40 000
 贷: 周转材料——低值易耗品——摊销   40 000

同时，

借: 周转材料——低值易耗品——摊销 80 000
 贷: 周转材料——低值易耗品——在用   80 000

【例3-22】假设风华公司对低值易耗品采用计划成本核算。某月生产车间领用专用工具一批，计划成本为100 000元，不符合固定资产定义，采用分次摊销法进行摊销。该专用工具的材料成本差异率为 1%，估计使用次数为 2 次。风华公司的账务处理如下。

(1) 领用专用工具时，编制会计分录如下。

借：周转材料——低值易耗品——在用 100 000
　　贷：周转材料——低值易耗品——在库 100 000

(2) 第一次领用时摊销其价值的一半，编制会计分录如下。

借：制造费用 50 000
　　贷：周转材料——低值易耗品——摊销 50 000

借：制造费用 500
　　贷：材料成本差异——低值易耗品 500

(3) 第二次领用时摊销其价值的一半，编制会计分录如下。

借：制造费用 50 000
　　贷：周转材料——低值易耗品——摊销 50 000

借：制造费用 500
　　贷：材料成本差异——低值易耗品 500

同时，

借：周转材料——低值易耗品——摊销 100 000
　　贷：周转材料——低值易耗品——在用 100 000

案例分析

低值易耗品列入固定资产

审计部门在查阅甲公司"固定资产"账项记录时，发现 2024 年 9 月有新增固定资产 36 000 元，与相关的固定资产卡片核对，其品名为计算机配件，查账人员怀疑该项业务可能是低值易耗品列入固定资产。进一步查阅记账凭证所附的原始单据，为一张转账支票存根和一张购货发票，购货发票注明 2024 年 9 月 25 日购买计算机配件 30 套，每套单价 1 200 元，合计 36 000 元，按照规定计算机配件应作为低值易耗品核算。经过调查了解，该公司因经营情况不佳，为完成当年利润计划，将低值易耗品列为固定资产，其目的是有意降低各月费用，虚增利润。

请思考：

(1) 你如何理解甲公司的行为？

(2) 举例说明哪些物品属于低值易耗品？

分析提示

任务小结

周转材料典型业务账务处理总结

业务内容			账务处理
包装物	取得包装物		包装物取得的核算，无论是按实际成本计价，还是按计划成本计价，均与原材料取得的核算原理相同，只需要将"原材料"账户换成"周转材料——包装物"账户
	发出包装物	生产领用包装物	借：生产成本 　　贷：周转材料——包装物
		随同商品出售不单独计价的包装物	借：销售费用 　　贷：周转材料——包装物

(续表)

业务内容			账务处理
包装物	发出包装物	随同商品出售单独计价的包装物	借: 银行存款等 　　贷: 其他业务收入 　　　　应交税费——应交增值税(销项税额) 借: 其他业务成本 　　贷: 周转材料——包装物
		出租包装物	借: 其他业务成本 　　贷: 周转材料——包装物
		出借包装物	借: 销售费用 　　贷: 周转材料——包装物
低值易耗品	取得低值易耗品		低值易耗品取得的核算, 无论是按实际成本计价, 还是按计划成本计价, 均与原材料取得的核算原理相同, 只需要将"原材料"账户换成"周转材料——低值易耗品"账户
	发出低值易耗品(摊销)	一次摊销法	借: 管理费用等 　　贷: 周转材料——低值易耗品
		分次摊销法	领用时 借: 周转材料——低值易耗品(在用) 　　贷: 周转材料——低值易耗品(在库) 第一次领用时摊销 借: 制造费用等 　　贷: 周转材料——低值易耗品(摊销) 第二次领用时摊销 借: 制造费用等 　　贷: 周转材料——低值易耗品(摊销) 同时 借: 周转材料——低值易耗品(摊销) 　　贷: 周转材料——低值易耗品(在用)

注: 上述发出包装物、低值易耗品若采用计划成本法核算, 还应设置"材料成本差异"账户将发出的计划成本调整为实际成本。包装物发出的核算也可以采用分次摊销法核算, 与低值易耗品的核算方法基本相同。

任务考核

一、单项选择题

1. 在出租包装物采用一次摊销的情况下, 出租包装物报废时收回的残料价值应冲减的是( )。

　　A. 原材料　　　　　　　　　　B. 其他业务成本

　　C. 包装物成本　　　　　　　　D. 销售费用

2. 在出借包装物采用一次摊销的情况下, 出借包装物报废时收回的残料价值应冲减的是( )。

　　A. 原材料　　　　　　　　　　B. 其他业务成本

　　C. 包装物成本　　　　　　　　D. 销售费用

3. 下列应记入"销售费用"账户的是( )。

　　A. 随产品出售单独计价的包装物在其领用时

　　B. 随产品出售不单独计价的包装物在其领用时

  C. 出租包装物摊销其成本时

  D. 生产领用包装物时

4. 企业随同商品出售不单独计价的包装物一批，该批包装物的计划成本为 30 000 元，材料成本差异率为-2%，则下列处理中正确的是( )。

  A. 计入其他业务成本 29 400 元   B. 计入销售费用 29 400 元

  C. 计入其他业务成本 30 600 元   D. 计入销售费用 30 600 元

5. 某企业生产车间领用专用工具一批，计划成本 1 500 元，当月材料成本差异率为 2%，则下列处理正确的是( )。

  A. 计入生产成本 1 470 元   B. 计入制造费用 1 530 元

  C. 计入生产成本 1 530 元   D. 计入制造费用 1 470 元

二、多项选择题

1. 下列各项中，应计入其他业务成本的有( )。

  A. 随同产品出售不单独计价的包装物成本

  B. 对外销售的原材料成本

  C. 随同产品出售单独计价的包装物成本

  D. 领用的用于出借的新包装物成本

2. 下列各项中，应计入销售费用的有( )。

  A. 随同产品出售单独计价的包装物成本

  B. 分期摊销的出租包装物成本

  C. 随同产品出售不单独计价的包装物成本

  D. 分期摊销的出借包装物成本

3. 下列各项中，有关包装物的会计处理表述正确的有( )。

  A. 随商品出售不单独计价的包装物成本，计入销售费用

  B. 生产领用的包装物成本，计入生产成本

  C. 随商品出售单独计价的包装物成本，计入其他业务成本

  D. 多次反复使用的包装物成本，根据使用次数分次摊销计入相应成本费用

4. 下列各项中，关于周转材料的会计处理表述正确的有( )。

  A. 多次使用的包装物应根据使用次数分次进行摊销

  B. 低值易耗品金额较小的可在领用时一次计入成本费用

  C. 随同商品销售出借的包装物的摊销额应计入管理费用

  D. 随同商品出售单独计价的包装物取得的收入应计入其他业务收入

5. 对于企业采用分次摊销法对低值易耗品进行摊销时可能记入的科目有( )。

  A. 管理费用   B. 销售费用

  C. 财务费用   D. 制造费用

三、判断题

1. 企业没收的出借包装物押金，应作为其他业务收入处理。   ( )

2. 企业租入包装物支付的押金应计入其他业务成本。   ( )

3. 分次摊销法下"周转材料"账户下应设置"在库""在用""摊销"明细账户。 ( )

4. 包装材料属于包装物，通过"周转材料"科目核算。   ( )

5. 在计划成本法下，期末对于已验收入库但发票账单未到的包装物、低值易耗品应按计

划成本借记"材料采购"账户，贷记"应付账款"账户。 （ ）

四、业务实训题

资料：光明公司为增值税一般纳税人，生产和销售的产品均为非应税消费品。包装物按实际成本计价核算。该企业 2024 年 10 月发生经济业务如下。

(1) 向甲企业购入包装物一批，买价为 40 000 元，增值税为 5 200 元，款项 45 200 元已用银行存款支付，包装物已验收入库。

(2) 向乙企业购入包装物一批，买价为 50 000 元，增值税为 6 500 元，款项 56 500 元已用银行存款支付，包装物尚未到达企业。

(3) 基本生产车间在生产过程中领用包装物一批，实际成本 8 500 元。

(4) 销售部门为销售产品领用包装物一批，实际成本 2 300 元，该批包装物随同产品出售而不单独计价。

(5) 销售部门为销售产品领用包装物一批，实际成本 4 000 元，该批包装物随同产品出售，单独计算售价为 5 000 元，增值税销项税额为 650 元，款项 5 650 元已收存银行。

(6) 租给丁企业某包装物(新的)100 个，每个实际成本 30 元，出租期限为 1 个月。租金为每个 10 元。押金 3 500 元已收存银行。该包装物采用一次摊销法摊销。

要求：根据上述资料编制会计分录。

任务拓展

在商品流通企业，尤其是商业批发企业，常用毛利率法计算本期销售成本和期末存货成本。毛利率法是根据本期销售净额乘以上期实际(或本期计划)毛利率匡算本期销售毛利，并据以计算发出存货和期末结存存货成本的一种方法。其计算公式为

$$毛利率 = 销售毛利 \div 销售净额 \times 100\%$$
$$销售净额 = 商品销售收入 - 销售折让和销货退回$$
$$销售毛利 = 销售净额 \times 毛利率$$
$$销售成本 = 销售净额 - 销售毛利$$
$$期末库存存货成本 = 期初存货成本 + 本期收入存货成本 - 本期销售成本$$

任务四 委托加工物资和库存商品的核算

任务导入

东方公司为增值税一般纳税人，对材料采用计划成本法核算。2024 年 7 月委托某量具厂加工一批量具，发出材料的计划成本为 70 000 元，材料成本差异率为 4%。以银行存款支付相关运费 1 000 元，增值税专用发票上注明的增值税税额为 90 元。以银行存款支付加工费 20 000 元，增值税专用发票上注明的增值税税额为 2 600 元。东方公司收回委托加工的量具，以银行存款支付运费 3 000 元，增值税专用发票上注明的增值税税额为 270 元。该批量具验收入库，其计划成本为 98 000 元。

要求：请以东方公司财会人员身份对上述业务进行账务处理。

任务实施

任务准备

一、委托加工物资的核算

(一) 委托加工物资认知

委托加工物资是指企业因现有的材料物资不能直接用于生产,由于技术条件或生产能力的限制,或出于加工成本的考虑,而委托外部单位代为加工的各种材料、商品及半成品等物资。委托加工物资虽然存放在外单位,但其所有权属委托企业,加工完成后要收回。加工完成收回的物资不仅实物形态、性能会发生变化,而且其价值也会发生增加的变化。

委托外单位加工物资的成本包括以下内容:

(1) 加工中实际耗用物资的成本;

(2) 支付的加工费用及负担的往返运杂费;

(3) 按规定应计入成本的税金。

(二) 委托加工物资核算设置的账户

企业应设置"委托加工物资"账户来核算企业委托外单位加工的各种材料、商品等物资的实际成本。该账户属于资产类账户,借方登记委托加工物资耗用的原材料或者半成品实际成本、加工费、运输费、装卸费等费用,以及按规定应计入成本的税金,贷方登记加工完成验收入库的物资的实际成本和剩余物资的实际成本,期末余额在借方,反映企业尚未完工的委托加工物资的实际成本。

需要说明的是,如果委托加工物资属于应纳消费税的应税消费品,应由受托方在向委托方交货时代收代缴消费税。委托方交纳消费税时,应区分不同情况处理:委托加工物资收回后直接用于销售的,其所负担的消费税应计入委托加工物资成本;委托加工物资收回后用于连续生产应税消费品的,其所负担的消费税按规定可以抵扣继续加工完成的消费品销售后所负担的消费税。

(三) 委托加工典型业务的账务处理

1. 发出委托加工物资

发给外单位加工的物资,按实际成本核算的,借记"委托加工物资",贷记"原材料""库存商品"等;按计划成本核算的,还应当同时结转成本差异。

2. 支付加工费、应负担的运杂费及相关税金

企业支付加工费、应负担的运杂费及相关税金,按计入委托加工物资成本的金额借记"委托加工物资"账户,按可抵扣的增值税税额借记"应交税费——应交增值税(进项税额)"账户,贷记"银行存款"等账户。

需要缴纳消费税的委托加工物资,由受托方代收代缴的消费税,分别按以下情况处理。

(1) 收回后直接用于销售的,应将受托方代收代缴的消费税计入委托加工物资的成本,借记"委托加工物资"账户,贷记"应付账款""银行存款"等账户。

(2) 收回后用于继续加工应税消费品,按规定准许抵扣的,按受托方代收代缴的消费税,借记"应交税费——应交消费税"账户,贷记"应付账款""银行存款"等账户。

3. 加工完成收回委托加工物资

加工完成验收入库的物资和剩余的物资，按加工收回物资的实际成本和剩余物资的实际成本，借记"原材料""库存商品"等账户，贷记"委托加工物资"账户，按计划成本核算的企业，还应当同时结转有关的成本差异。

【例 3-23】 风华公司委托外单位加工应税消费品，发出原材料成本 180 000 元(假设全部被耗用)，加工费用 60 000 元(不含增值税)，由受托方代收代缴的消费税 6 000 元，增值税税率为 13%，加工费、增值税和消费税均以银行存款支付。

如果委托加工应税消费品收回后继续生产加工应税消费品，风华公司的会计处理如下。

(1) 发出材料时，编制会计分录如下。

借：委托加工物资　　　　　　　　　　　　　　180 000
　　贷：原材料　　　　　　　　　　　　　　　　　180 000

(2) 支付加工费、增值税和消费税时，编制会计分录如下。

借：委托加工物资　　　　　　　　　　　　　　60 000
　　应交税费——应交增值税(进项税额)　　　　7 800
　　　　　　　——应交消费税　　　　　　　　6 000
　　贷：银行存款　　　　　　　　　　　　　　　73 800

(3) 收回委托加工材料入库时，编制会计分录如下。

借：原材料　　　　　　　　　　　　　　　　240 000
　　贷：委托加工物资　　　　　　　　　　　　　240 000

若公司委托加工收回后作为商品出售，则风华公司的会计处理如下。

(1) 发出材料时，编制会计分录如下。

借：委托加工物资　　　　　　　　　　　　　　180 000
　　贷：原材料　　　　　　　　　　　　　　　　180 000

(2) 支付加工费、增值税和消费税时，编制会计分录如下。

借：委托加工物资　　　　　　　　　　　　　　66 000
　　应交税费——应交增值税(进项税额)　　　　7 800
　　贷：银行存款　　　　　　　　　　　　　　　73 800

(3) 收回委托加工材料入库时，编制会计分录如下。

借：库存商品　　　　　　　　　　　　　　　246 000
　　贷：委托加工物资　　　　　　　　　　　　　246 000

二、库存商品的核算

(一) 库存商品认知

库存商品是指企业已经完成全部生产过程并已验收入库合乎标准规格和技术条件，可以按照合同规定的条件送交订货单位，或者可以作为商品对外销售的产品，以及外购或委托加工完成验收入库用于销售的各种商品。企业的库存商品具体包括库存的产成品、外购商品、存放在门市部准备出售的商品、寄存在外的商品、接受外来原材料加工制造的代制品和为外单位加工修理的代修品等，已完成销售手续但购买单位在月末未提取的产品，不应作为企业的库存商品，而作为代管商品处理，单独设置"代管商品"备查簿进行登记。

(二) 库存商品核算设置的账户

企业应设置"库存商品"账户,核算企业库存的各种商品的实际成本或计划成本。该账户属于资产类账户,借方登记验收入库商品的成本,贷方登记发出商品的成本,期末借方余额反映库存商品的成本。

工业企业的产成品一般应按实际成本进行核算。在这种情况下,产成品的收入、发出和销售,平时只记数量不记金额;月度终了,计算入库产品的实际成本;对发出和销售的产成品,可以采用先进先出法、加权平均法、移动加权平均法或个别计价法等确定其成本。

(三) 库存商品典型业务的账务处理

1. 产成品入库的核算

产成品制造完工检验合格后,应由生产车间按照交库数量,填写产成品入库单,交仓库点收数量并登记明细账。月末,根据产成品入库单和成本计算资料编制产成品入库汇总表,据以进行产成品入库的总分类核算。

【例3-24】风华公司2024年6月的产成品入库汇总情况如表3-10所示。

表3-10 产成品入库汇总表

2024年6月30日
单位:元

产品名称	计量单位	数量	单位成本	总成本	备注
A产品	件	600	450	270 000	
B产品	件	450	500	225 000	
合计				495 000	

根据表3-10,编制会计分录如下。

借:库存商品——A产品　　　　　　　　270 000
　　　　　　——B产品　　　　　　　　225 000
　　贷:生产成本——A产品　　　　　　　270 000
　　　　　　　——B产品　　　　　　　225 000

2. 产成品发出的核算

产成品发出主要是企业的销售业务。企业销售部门销售成品时,应填制产品发货单,交仓库办理产品出库手续并据以登记明细账。月末,结转销售的产品成本。对已经实现销售的产成品成本,应结转到"主营业务成本"账户。

【例3-25】风华公司2024年6月产成品发出汇总情况如表3-11所示。

表3-11 产成品发出汇总表

2024年6月30日
单位:元

产品名称	计量单位	销售发出			备注
		数量	单位成本	总成本	
A产品	件	400	450	180 000	
B产品	件	300	500	150 000	
合计				330 000	

根据表3-11,编制会计分录如下。

借:主营业务成本　　　　　　　　　　330 000

  贷：库存商品——A 产品　　　　　　　　　180 000
      ——B 产品　　　　　　　　　150 000

  在产成品种类比较多的企业，也可以按计划成本进行日常核算。采用计划成本核算，"库存商品"账户的借方、贷方、余额均反映商品的计划成本，另外还要设置"产品成本差异"账户核算产成品实际成本与计划成本的差额。平时，对产成品的收入、发出和销售可以按计划成本进行核算；月度终了，应将入库产成品的成本差异转入"产品成本差异"账户；同时，还要将产品成本差异在发出、销售及结存产成品之间进行分摊。

案例分析

法尔莫公司的存货造假

  美国俄亥俄州法尔莫公司曾经拥有 300 家连锁店，主营药品。米奇·莫纳斯是该公司的董事长，他首先设法获得了位于俄亥俄州阳土敦市的一家药店，在随后的十年中他又收购了另外 299 家药店，从而组建了全国连锁的法尔莫公司。然而一切辉煌都是建立在存货造假高估和虚假利润的基础上，历时 10 年，至少引起 5 亿美元损失的财务舞弊，最终导致了公司的破产。为其审计的会计师事务所在民事诉讼中损失了 3 亿美元，公司财务总监被判 33 个月的监禁，莫纳斯本人则被判入狱 5 年。

  自获得第一家药店开始，莫纳斯就梦想着把他的小店发展成一个庞大的药品帝国。在莫纳斯的强大压力下，其公司财务总监卷入了这起舞弊案件。公司持有两套账簿，一套用以应付注册会计师的审计，一套反映糟糕的现实。他们先将所有的损失归入一个所谓的"水桶账户"，然后再将该账户的金额通过虚增存货的方式重新分配到公司的数百家成员药店中。他们仿造购货发票、制造增加存货并减少销售成本的虚假记账凭证、确认购货却不同时确认负债、多计或加倍计算存货的数量。财务部门之所以可以隐瞒存货短缺、虚增存货，是因为注册会计师只对 300 家药店中的 4 家进行存货监盘，而且他们会提前数月通知法尔莫公司将检查哪些药店。公司随之将那 4 家药店堆满实物存货，而把那些虚增的部分分配到其余的 296 家药店。

分析提示

  请思考：
  从法尔莫公司的存货造假案件中你得到了什么启示？

任务小结

委托加工物资和库存商品业务账务处理总结

业务内容		账务处理
委托加工物资	发出物资	借：委托加工物资 贷：原材料等 按计划成本核算的，还应当同时结转发出存货成本差异

	支付加工费、增值税及运杂费等	借：委托加工物资
		  应交税费——应交增值税(进项税额)
		  贷：银行存款等

	支付受托方代收代缴的消费税	借：委托加工物资(收回后直接出售)
		  应交税费——应交消费税(收回后连续生产应税消费品)
		  贷：银行存款等

(续表)

业务内容		账务处理
委托加工物资	加工完成收回委托加工物资和剩余物资	借：原材料等 　　贷：委托加工物资 按计划成本核算的，还应当同时结转入库存货成本差异
库存商品	产品完工入库	借：库存商品 　　贷：生产成本
	发出产品	借：主营业务成本等 　　贷：库存商品

任务考核

一、单项选择题

1. 甲公司和乙公司均为增值税一般纳税人，甲公司委托乙公司加工一批应税消费品(非金银首饰)，发出材料成本 280 000 元，支付往返运杂费 2 000 元，乙公司收取的加工费为 20 000 元(不含税)，并向甲公司开具了增值税专用发票，乙公司代收代缴消费税 75 000 元。甲公司收回该批商品后用于连续加工生产应税消费品，则甲公司收回该批委托加工物资的成本为(　　)元。

　　A. 377 000　　　　　B. 300 000　　　　　C. 302 000　　　　　D. 375 000

2. 甲公司委托乙公司加工一批应交消费税的产品，收回后直接对外出售。甲公司发出原材料实际成本为 320 万元，支付加工费 12 万元、增值税 1.56 万元、消费税 36 万元。假定甲、乙双方均为增值税一般纳税人，不考虑其他相关税费，甲公司收回该批产品的入账价值为(　　)万元。

　　A. 370.04　　　　　B. 332　　　　　C. 334.04　　　　　D. 368

3. 应当缴纳消费税的委托加工物资收回后用于连续生产应税消费品，按规定受托方代收代缴的消费税应记入(　　)科目中。

　　A. 生产成本　　　　　　　　　　　B. 委托加工物资
　　C. 主营业务成本　　　　　　　　　D. 应交税费

4. 某企业月初在产品生产成本为 2 000 元、本月生产产品耗用材料为 40 000 元、生产工人职工薪酬为 8 000 元，车间管理人员职工薪酬为 4 000 元，车间水电费用为 4 000 元，月末在产品生产成本为 4 400 元，行政管理部门支付半年报刊费 2 400 元。则本月完工产品生产成本总额为(　　)元。

　　A. 56 200　　　　B. 58 200　　　　C. 53 600　　　　　D. 53 800

5. 结转完工入库产品的成本时，应借记(　　)。

　　A. 生产成本　　　　　　　　　　　B. 库存商品
　　C. 主营业务成本　　　　　　　　　D. 制造费用

二、多项选择题

1. 甲企业为增值税一般纳税企业，委托外单位加工一批材料(属于应税消费品)。该批原材料加工收回后用于连续生产应税消费品。甲企业发生的下列各项支出中，会增加收回委托加工材料实际成本的有(　　)。

　　A. 支付的运杂费　　　　　　　　　B. 支付的增值税
　　C. 支付的加工费　　　　　　　　　D. 支付的消费税

2. 下列各项税金中，构成相关资产成本的有(　　)。

　　A. 用于直接出售的委托加工应税消费品由委托方代收代交的消费税

　　B. 用于连续生产的委托加工应税消费品由委托方代收代交的消费税

　　C. 一般纳税人购买原材料所支付的增值税进项税额

　　D. 小规模企业购买的原材料所支付的增值税进项税额

3. 某企业为增值税一般纳税人，委托其他单位加工应税消费品，该产品收回后继续加工，下列各项中，应计入委托加工物资成本的有(　　)。

　　A. 发出材料的实际资本　　　　　　B. 支付给受托方的加工费

　　C. 支付给受托方的增值税　　　　　D. 受托方代收代缴的消费税

4. 在制造成本法下，产品成本项目有(　　)。

　　A. 直接材料　　　　　　　　　　　B. 制造费用

　　C. 直接人工　　　　　　　　　　　D. 管理费用

5. 实际成本法下确定销售产品的成本可以采用(　　)。

　　A. 先进先出法　　　　　　　　　　B. 后进先出法

　　C. 加权平均法　　　　　　　　　　D. 个别计价法

三、判断题

1. 委托加工物资收回后，用于连续生产的，委托方应将代收代交的消费税计入委托加工物资的成本。　　　　　　　　　　　　　　　　　　　　　　　　　　　(　　)

2. 委托加工物资成本包括材料成本、加工费、运杂费、消费税。　　　　　(　　)

3. 产品完工入库应借记"库存商品"账户，贷记"主营业务成本"账户。　　(　　)

4. 委托加工物资属于受托方的存货。　　　　　　　　　　　　　　　　　(　　)

5. 采用实际成本法进行产成品的日常核算，应按照先进先出法、加权平均法、移动加权平均法或个别计价法计算本期发出产品的成本。　　　　　　　　　　　　(　　)

四、业务实训题

实训一：委托加工物资的核算

资料：东方公司委托诚信公司加工一批低值易耗品，发出甲材料的实际成本为82 500 元，计划成本为80 000 元，支付加工费30 000 元，支付运杂费500 元，支付增值税3 900 元。收回低值易耗品的计划成本为115 000 元。

要求：根据以上资料编制相关会计分录。

实训二：库存商品的核算

资料：某企业生产甲、乙两种产品，生产甲产品领用材料42 000 元，生产乙产品领用材料34 800 元，甲产品生产工人工资7 200 元，乙产品生产工人工资4 800 元，车间管理人员工资2 000 元，车间固定资产计提折旧费2 500 元，以存款支付车间发生的其他费用1 500 元。假设甲、乙两种产品没有期初在产品成本；本月生产甲、乙两种产品全部完工验收入库，其中甲产品500 件、乙产品400 件；本月销售甲产品300 件、乙产品200 件。

要求：编制有关会计分录(制造费用按生产工人工资比例分配，生产成本按产品品种设置明细科目)。

◤ 任务拓展

在我国的会计实务中，商品零售企业广泛采用售价金额核算法。

在售价金额核算法下，平时对商品的购进、储存、销售均按售价记账，售价与进价的差额通过"商品进销差价"科目核算，期末计算进销差价率和本期已销商品应分摊的进销差价，并据以调整本期销售成本。其计算公式为

进销差价率＝(月初库存商品进价＋本期购入商品进销差价)÷(月初库存商品售价
＋本期购入商品售价)×100%

本期已销商品应分摊的进销差价＝本期商品销售收入×进销差价率

本期销售商品的实际成本＝本期商品销售收入－本期已销商品应分摊的进销差价

期末结存商品的实际成本＝期初库存商品的进价成本＋本期购进商品的进价成本
－本期销售商品的实际成本

任务五　存货清查及减值的核算

＞ 任务导入

1. 兴华公司在 2024 年 3 月末对存货进行清查，发现毁损材料 100 千克，实际单位成本为每千克 60 元，其应负担的增值税税额为 780 元。经查明属保管员杨明过失造成，按规定应由其个人赔偿 5 000 元，残料已办理入库手续，价值 200 元。

2. 兴华公司对存货的期末计价采用成本与可变现净值孰低法，有关资料如下：

(1) 2024 年 6 月 30 日，账面余额为 2 500 000 元，可变现净值为 2 400 000 元；

(2) 2024 年 12 月 31 日，账面余额为 2 100 000 元，可变现净值为 2 300 000 元。

要求： 如果你是一名会计人员，请根据以上业务对兴华公司做出相应的账务处理。

任务实施

＞ 任务准备

为了加强对存货的管理和核算，确保存货信息真实可靠，至少每年年末要定期对存货进行清查，并对存货盘盈或盘亏做出相应处理。企业的存货还会受到市场等多方面因素的影响而发生价值减损，使其可变现净值低于账面价值。按规定在资产负债表日存货应当按照成本与可变现净值孰低法计量。

一、存货清查的核算

(一) 存货清查认知

存货清查是指通过对存货的实地盘点，确定存货的实际数量，并与账面结存数核对，从而确定存货实存数与账面结存数是否相符的一种专门方法。

由于企业存货的种类很多，收发频繁，在日常的收发过程中可能发生计量和计算上的差错，还可能发生自然损耗、毁损、变质、贪污、被盗等情况，从而造成存货的账实不符，形成存货的盘盈盘亏。对于存货的盘盈盘亏，应填写存货盘点报告(如实存账存对比表)，及时查明原因，

按照规定程序报批处理。

(二) 存货清查核算设置的账户

企业应设置"待处理财产损溢"账户,核算在财产清查过程中查明的各种财产的盘盈、盘亏或毁损的价值及其转销价值。该账户属于资产类账户,其借方登记发生的各种财产物资的盘亏、毁损金额和经批准转销的盘盈金额,贷方登记发生的除固定资产以外的各种财产物资的盘盈金额和经批准转销的盘亏、毁损金额。期末处理后该账户应无余额。该账户设置"待处理流动资产损溢"和"待处理固定资产损溢"两个明细账户。

(三) 存货清查典型业务处理

存货清查中发现盘盈盘亏,应及时根据存货盘点报告表调整存货的账面结存数。在报经批准前,应记入"待处理财产损溢"账户的贷方或借方,批准后按照审批意见转销。存货清查结果的账务处理程序,分为如下两个步骤。

第一步,审批前将账实调整一致。在报经有关部门批准前,根据存货盘点报告表将盘盈、盘亏和毁损的存货的实际损失记入"待处理财产损溢——待处理流动资产损溢"账户,同时调整存货账面记录,做到账实相符。

第二步,批准后做转销处理。根据存货盘盈、盘亏和毁损的不同原因和批准处理的意见进行账务处理,转销"待处理财产损溢"账户。

1. 存货盘盈的处理

存货盘盈是指存货的实存数大于账存数。存货盘盈的原因有很多,如收发计量或核算上的错误。企业发生存货盘盈,应及时办理存货入账手续,调整账面记录,即借记"原材料""周转材料""库存商品"等账户,贷记"待处理财产损溢——待处理流动资产损溢"账户;待有关部门批准后,再冲减管理费用,即借记"待处理财产损溢——待处理流动资产损溢"账户,贷记"管理费用"等账户。

【例3-26】风华公司在财产清查中盘盈辅助材料500千克,每千克的市场价为6元,经查属于材料收发计量方面的错误。

(1) 批准处理前,编制会计分录如下。

借:原材料——辅助材料　　　　　　　　　　　3 000
　　贷:待处理财产损溢——待处理流动资产损溢　3 000

(2) 批准处理后,编制会计分录如下。

借:待处理财产损溢——待处理流动资产损溢　3 000
　　贷:管理费用　　　　　　　　　　　　　　3 000

2. 存货盘亏的处理

存货盘亏是指存货的实存数小于账存数;存货毁损是指由于自然灾害、人为过失所造成的毁损。企业发生存货盘亏或毁损时,批准前应先按盘亏或毁损存货的账面价值结转到"待处理财产损溢"账户,调整账面记录。即借记"待处理财产损溢——待处理流动资产损溢"账户,按盘亏原材料的账面余额,贷记"原材料""周转材料""库存商品"等账户,涉及增值税的,还应进行相应处理。待有关部门批准后,再根据造成盘亏或毁损的原因,区别情况做出账务处理。

(1) 属于自然损耗产生的定额内损耗,经批准后转作管理费用。借记"管理费用"账户,贷记"待处理财产损溢——待处理流动资产损溢"账户。

（2）属于计量收发差错和管理不善等原因造成的存货短缺或毁损，应先扣除残料价值、可以收回的保险赔偿和过失人的赔偿，然后将净损失计入管理费用。按残料价值，借记"原材料"等账户；按可收回的保险赔偿，借记"其他应收款"账户；按"待处理财产损溢"账户余额，贷记"待处理财产损溢——待处理流动资产损溢"账户；按上述借贷差额，借记"管理费用"账户。

（3）属于自然灾害等不可抗拒的原因而造成的存货毁损，应先扣除残料价值和可以收回的保险赔偿，然后将净损失转作营业外支出。按残料价值，借记"原材料"等账户；按可收回的保险赔偿，借记"其他应收款"账户；按"待处理财产损溢"账户余额，贷记"待处理财产损溢——待处理流动资产损溢"账户；按上述借贷差额，借记"营业外支出——非常损失"账户。

【例3-27】风华公司在财产清查中发现毁损A材料400千克，单位成本为100元，其购进时的增值税为5 200元。经查A材料毁损属于保管员张红过失造成，按规定由保管员负责赔偿30 000元，残料已办理入库手续，价值1 000元。

批准处理前，编制会计分录如下。

借：待处理财产损溢 45 200
　　贷：原材料 40 000
　　　　应交税费——应交增值税(进项税额转出) 5 200

批准处理后，编制会计分录如下。

借：其他应收款——张红 30 000
　　原材料 1 000
　　管理费用 14 200
　　贷：待处理财产损溢——待处理流动资产损溢 45 200

若企业存货采用计划成本核算的，盘亏、毁损的存货还应当同时结转成本差异。

二、存货减值的核算

(一) 存货减值认知

在存货日常核算中，企业对存货可以采用实际成本法核算，也可以采用计划成本法核算，无论采用何种方法对存货进行日常核算，在期末均能确定结存存货的实际成本(即历史成本)，由于存货市场价格持续下跌，存货过时、毁损、霉烂变质等风险因素的存在，存货会发生减值，为了在资产负债表中更加真实、准确地反映期末存货的价值，体现谨慎性原则，会计期末企业应当选择适当的计价方法对存货价值进行再计量。我国《企业会计准则第1号——存货》规定，"资产负债表日，存货应当按照成本与可变现净值孰低计量"。

(二) 成本与可变现净值孰低法的含义

成本与可变现净值孰低法是指在期末对存货的价值按照成本与可变现净值两者之中较低者进行计价的方法。当存货成本低于可变现净值时，期末存货按成本计价；当存货成本高于可变现净值时，期末存货按可变现净值计价。成本与可变现净值孰低法意味着期末资产负债表上"存货"项目列示的是两者中的较低数。

这里讲的"成本"是指存货的历史成本，即按前面所介绍的以历史成本为基础的发出存货计价方法(如先进先出法、加权平均法等)计算的期末存货的实际成本(即存货期末余额)。如果企业在存货成本的日常核算中采用简化核算方法(如计划成本法)，则成本为经调整后的实际成本。"可变现净值"是指在日常活动中，存货的估计售价减去至完工时估计将要发生的成本、估计的销售费用，以及相关税费后的金额。对于直接出售的存货(如库存商品)可变现净值，是指存货估计的售价减去估计的销售费用及相关税费后的金额。

存货在销售过程中，不仅会取得销售收入，还会发生销售费用和相关税费和加工成本，均构成销售存货产生的现金流入的抵减项目，只有扣除了这些现金流出后，才能确定存货的可变现净值。因此，可变现净值不是指存货的预计售价或合同价，而是指存货的预计未来净现金流入量。

(三) 存货减值核算设置的账户

企业应设置"存货跌价准备"账户核算企业发生存货跌价准备的计提、转回等情况。该账户属于资产类账户。贷方登记存货跌价准备的提取金额(存货可变现净值低于成本的差额)，借方登记存货跌价准备的转回和转出金额，期末贷方余额反映企业已提取尚未转销的存货跌价准备。"存货跌价准备"账户是有关存货科目的抵减调整账户，有关存货账户的期末借方余额减去"存货跌价准备"账户期末贷方余额，即为期末存货的账面价值。

(四) 存货减值典型业务账务处理

1. 计提或转回存货跌价准备

本期应计提的存货跌价准备金额按下列公式计算：

本期应计提的存货跌价准备=当期可变现净值低于成本的差额-"存货跌价准备"账户原有余额

资产负债表日，首先比较成本与可变现净值，计算出应计提的存货跌价准备，然后与"存货跌价准备"账户的原有余额进行比较，如果应提数大于已提数，应予以补提，反之应冲销部分已提数；但如果已计提跌价准备的存货，其价值以后得以全部恢复，其转回已计提的存货跌价准备应以原计提的金额为限。

当提取和补提存货跌价准备时，借记"资产减值损失"账户，贷记"存货跌价准备"账户；而冲回存货跌价准备时，借记"存货跌价准备"账户，贷记"资产减值损失"账户。

【例3-28】风华公司采用成本与可变现净值孰低法对存货进行期末计价，该公司存货的有关资料如下。

(1) 2022年12月31日账面余额为200 000元，可变现净值为190 000元；

(2) 2023年6月30日账面余额为210 000元，可变现净值为198 000元；

(3) 2023年12月31日账面余额为220 000元，可变现净值为215 000元；

(4) 2024年6月30日账面余额为195 000元，可变现净值为200 000元；

(5) 2024年12月31日账面余额为200 000元，可变现净值为210 000元。

根据以上资料，编制会计分录如下。

(1) 2022年12月31日。

期末计提存货跌价准备=200 000-190 000=10 000(元)

借：资产减值损失——计提的存货跌价准备　　10 000
　　贷：存货跌价准备　　　　　　　　　　　　　10 000

本年计提存货跌价准备之后，"存货跌价准备"科目贷方余额为10 000元。在2022年12月31日的资产负债表中，存货应按可变现净值190 000元列示其价值。

(2) 2023年6月30日。

应计提的存货跌价准备=(210 000-198 000)-10 000=2 000(元)

借：资产减值损失——计提的存货跌价准备　　2 000
　　贷：存货跌价准备　　　　　　　　　　　　　2 000

本年补提存货跌价准备后，"存货跌价准备"科目贷方余额为 12 000 元。在 2023 年 6 月 30 日的资产负债表中，存货应按可变现净值 198 000 元列示其价值。

(3) 2023 年 12 月 31 日。

应计提的存货跌价准备=(220 000 - 215 000) - 12 000 = -7 000(元)

借：存货跌价准备   7 000

  贷：资产减值损失——计提的存货跌价准备 7 000

本年冲销存货跌价准备之后，"存货跌价准备"科目贷方余额为 5 000 元。在 2023 年 12 月 31 日的资产负债表中，存货应按可变现净值 215 000 元列示其价值。

(4) 2024 年 6 月 30 日。

应冲减的存货跌价准备 5 000 元

借：存货跌价准备   5 000

  贷：资产减值损失——计提的存货跌价准备 5 000

由于存货账面余额(成本)低于可变现净值，应将存货的账面价值恢复至账面成本，即将已计提的存货跌价准备全部转回。本期末冲减存货跌价准备之后，"存货跌价准备"科目无余额。在 2023 年 6 月 30 日的资产负债表中，存货应按账面余额 195 000 元列示其价值。

(5) 2024 年 12 月 31 日。

因为当期成本低于可变现净值，存货应按成本计价，无须做账务处理。在 2024 年 12 月 31 日的资产负债表中，存货应按 200 000 元列示其价值。

2. 结转存货跌价准备

企业计提了存货跌价准备，如果其中有部分存货已经销售，则企业在结转销售成本时，应同时结转对其已计提的存货跌价准备。借记"主营业务成本"等账户，借记"存货跌价准备"账户，贷记"库存商品"等账户。

【例 3-29】2025 年 1 月 20 日，东方公司销售产品一批，账面成本为 300 000 元，应负担的存货跌价准备为 10 000 元。编制会计分录如下。

借：主营业务成本   290 000

  存货跌价准备   10 000

  贷：库存商品   300 000

企业存货存在下列情形之一的，表明存货的可变现净值为零：①已霉烂变质的存货；②已过期且无转让价值的存货；③生产中已不再需要并且已无使用价值和转让价值的存货；④其他足以证明已无使用价值和转让价值的存货。

企业当期发生上述情况时，应按存货的账面价值，借记"资产减值损失"科目，按已计提的存货跌价准备，借记"存货跌价准备"科目，按存货的账面余额，贷记"库存商品"等科目。

【例 3-30】东方公司的 A 原材料已霉烂变质，不可再使用或销售。A 材料的账面余额为 10 000 元，已计提存货跌价准备 6 000 元。

借：资产减值损失   4 000

  存货跌价准备   6 000

  贷：原材料   10 000

案例分析

原材料账实不符的背后

普华会计师事务所受托对北方钢铁厂的存货进行审计,发现存在下列问题:年终经财产清查发现,原材料账实不符。该钢铁厂已经建立了完善的内部控制制度,在存货的管理中实行了采购人员、运输人员、保管人员等不同岗位分工负责的内部牵制制度。然而在实际操作中,由于三者合伙作弊,使内控制度失去了监督作用。该钢铁厂20××年根据生产需要每月购进各种型号的铁矿石1 500吨,货物自提自用。20××年7月,采购人员张某办理购货手续后,将发票提货联交由本企业汽车司机胡某负责运输,胡某在运输途中,一方面将800吨铁矿石卖给某企业,另一方面将剩余的700吨铁矿石运到本企业仓库,交保管员王某按1 500吨验收入库,三人随即分得赃款。财会部门从发票、运单、入库单等各种原始凭证的手续上看是没有问题,完全符合公司规定,照例如数付款。可是在进行年终财产清查时,公司才发现账实不符的严重情况,只得将不足的原材料数量金额先做流动资产的盈亏处理,期末处理时,部分做管理费用处理,部分做营业外支出处理。

分析提示

请思考:

(1) 采购人员张某、汽车司机胡某、保管员王某的做法属于什么行为?

(2) 该企业的会计处理是否妥当?应该如何处理?

任务小结

存货清查和存货减值业务账务处理总结

业务内容		账务处理
存货清查	存货盘盈	审批前将账实调整一致 借:原材料等 　　贷:待处理财产损溢
		审批后处理 借:待处理财产损溢 　　贷:管理费用
	存货盘亏或毁损	审批前将账实调整一致 借:待处理财产损溢 　　贷:原材料等 　　　　应交税费——应交增值税(进项税额转出)
存货清查	存货盘亏或毁损	审批后处理 借:原材料(残料入库) 　　其他应收款(保险赔偿或过失人赔偿) 　　管理费用(自然损耗、管理不善净损失) 　　营业外支出(非常净损失) 　　贷:待处理财产损溢

(续表)

业务内容		账务处理
存货减值	计提存货减值准备	借：资产减值损失 　贷：存货跌价准备
	冲销存货跌价准备	借：存货跌价准备 　贷：资产减值损失 存货跌价准备冲减至零为限
	转出存货跌价准备	借：主营业务成本等 　　存货跌价准备 　贷：库存商品等

任务考核

一、单项选择题

1. 某企业某种存货的期初实际成本为 200 万元，期初"存货跌价准备"账户贷方余额为 2.5 万元，本期购入该种存货的实际成本为 45 万元，领用 150 万元，期末估计库存该种存货的可变现净值为 91 万元，则本月应计提的存货跌价准备为(　　)万元。

　A. 1.5　　　　　　B. 2.5　　　　　　C. 4　　　　　　D. 9

2. 甲公司 2024 年 3 月 1 日 A 商品的账面余额为 1 000 万元，存货跌价准备的贷方余额为 20 万元，当月购入 A 商品 200 万元，销售 A 商品结转成本 500 万元，期末结存 A 商品的可变现净值为 650 万元，则月末应计提的存货跌价准备为(　　)万元。

　A. 30　　　　　　B. 40　　　　　　C. 50　　　　　　D. 0

3. 某企业原材料采用实际成本核算。2024 年 6 月 29 日该企业对存货进行全面清查，发现短缺原材料一批，账面成本 12 000 元，已计提存货跌价准备 2 000 元，经确认，应由保险公司赔款 4 000 元，由过失人员赔款 3 000 元。假定不考虑其他因素，该项存货清查业务应确认的净损失为(　　)元。

　A. 3 000　　　　　B. 5 000　　　　　C. 6 000　　　　　D. 8 000

4. 某增值税一般纳税企业因暴雨毁损库存原材料一批，其成本为 200 万元，经确认应转出的增值税税额为 26 万元；收回残料价值 8 万元，收到保险公司赔偿款 112 万元。假定不考虑其他因素，经批准企业确认该材料毁损净损失的会计分录为(　　)。(单位为万元)

　A. 借：营业外支出　　　　　106　　　　B. 借：管理费用　　　　　　106
　　　贷：待处理财产损溢　106　　　　　　　贷：待处理财产损溢　106

　C. 借：营业外支出　　　　　80　　　　　D. 借：管理费用　　　　　　80
　　　贷：待处理财产损溢　　80　　　　　　　贷：待处理财产损溢　　80

5. 某企业 2024 年 3 月 31 日，乙存货的实际成本为 100 万元，加工该存货至完工产成品估计还将发生成本 25 万元，估计销售费用和相关税费为 3 万元，估计该存货生产的产成品售价为 120 万元。假定乙存货月初"存货跌价准备"科目余额为 12 万元，2024 年 3 月 31 日应计提的存货跌价准备为(　　)万元。

　A. −8　　　　　　B. 4　　　　　　C. 8　　　　　　D. −4

二、多项选择题

1. 下列存货的盘亏或毁损损失，经批准后，应作为管理费用列支的是(　　)。
　　A. 自然灾害造成的存货净损失　　　　　B. 管理不善造成的盘亏损失
　　C. 保管中发生的定额内自然损耗　　　　D. 收发计量差错造成的盘亏损失
2. 计算存货可变现净值时，可以从估计售价中扣除的项目有(　　)。
　　A. 存货的账面价值　　　　　　　　　　B. 存货估计完工成本
　　C. 存货的储存费用　　　　　　　　　　D. 销售所必需的估计费用
3. 下列各种物资中，应作为企业存货核算的有(　　)。
　　A. 原材料　　　　　B. 周转材料　　　　　C. 工程物资　　　　　D. 库存商品
4. 下列项目中，在编制资产负债表时应列入"存货"项目的有(　　)。
　　A. 在途物资　　　　B. 特种储备物资　　　C. 委托加工物资　　　D. 工程物资
5. 下列与存货相关会计处理的表述中，正确的有(　　)。
　　A. 应收保险公司存货损失赔偿款计入其他应收款
　　B. 资产负债表日存货应按成本与可变现净值孰低计量
　　C. 按管理权限报经批准的盘盈存货价值冲减管理费用
　　D. 结转商品销售成本的同时转销其已计提的存货跌价准备

三、判断题

1. 以前会计期间已计提的存货跌价准备的某项存货，当其可变现净值恢复到等于或大于成本时，应该将该项存货的跌价准备的账面已提数全部冲回。(　　)
2. 自然灾害或意外事故以外的原因造成的存货毁损所发生的净损失，均应计入管理费用。(　　)
3. 我国企业会计准则要求，存货的期末计价应采用成本与可变现净值孰低法。其中，"成本"是指存货的重置成本。(　　)
4. 如果高估期末存货的价值，则会引起本期收益的高估；如果低估期末存货的价值，则会引起本期收益的低估。(　　)
5. 企业在存货清查中发现盘盈，报经批准后，应当转入营业外收入。(　　)

四、业务实训题

实训一：存货清查的核算

资料：某企业进行存货盘点，发现 A 材料账存 2 300 千克，实存 2 250 千克，A 材料单位成本 40 元；B 材料账存 4 750 千克，实存 2 100 千克，B 材料单位成本 15 元。后查明原因，A 材料盘亏是由于管理不善造成的，其残料作价 100 元入库；B 材料盘亏是由于自然灾害造成的，应由保险公司赔偿 29 000 元。该企业为增值税一般纳税人，适用的增值税税率为 13%。

要求：根据以上资料编制相关会计分录。

实训二：存货期末计价的核算

资料：某股份有限公司对存货的期末计价采用成本与可变现净值孰低法。某项存货有关资料如下。

(1) 2023 年 12 月 31 日成本为 200 000 元，可变现净值为 190 000 元。

(2) 2024 年 6 月 30 日成本为 210 000 元，可变现净值为 198 000 元。

(3) 2024 年 12 月 31 日成本为 180 000 元，可变现净值为 179 000 元。

(4) 2025 年 6 月 30 日成本为 195 000 元，可变现净值为 204 000 元。

要求：根据以上资料编制相关会计分录。

任务拓展

企业确定存货的可变现净值，应当以取得的确凿证据为基础，并且考虑持有存货的目的、资产负债表日后事项的影响等因素。

(1) 在对可变现净值加以确定时，应当以取得的确凿证据为基础。存货可变现净值的确凿证据，是指对确定存货的可变现净值有直接影响的客观证明，如产成品或商品的市场销售价格、与产成品或商品相同或类似商品的市场销售价格、销货方提供的有关资料和生产成本资料等。

(2) 应考虑持有存货的目的。由于企业持有存货的目的不同，确定存货的可变现净值的计算方法也不同，比如用于直接出售的存货和用于继续加工的存货，在计算可变现净值时明显存在差异。

(3) 资产负债表日后事项的影响。如果企业在资产负债表日发生诉讼、重大灾害等，都可能对存货的可变现净值产生影响。

项目四　非流动资产核算

能力目标

1. 能够采用成本法或权益法处理长期股权投资业务
2. 能正确选择固定资产折旧方法并计算折旧额。
3. 能根据有关原始凭证对固定资产取得、折旧计提、后续支出、处置、清查及减值等业务进行账务处理。
4. 能根据无形资产取得、摊销、减值及处置业务的相关原始凭证进行账务处理。

知识目标

1. 熟悉长期股权投资的确认与计量，掌握成本法和权益法的适用范围。
2. 理解固定资产、无形资产的概念和特征，熟悉固定资产的分类、无形资产的内容。
3. 掌握成本法和权益法下长期股权投资取得、持有期间及处置的核算方法。
4. 掌握固定资产取得、折旧计提、后续支出、处置、清查及减值等业务的核算方法。
5. 掌握无形资产取得、摊销、减值与处置业务的核算方法。

素质目标

1. 严格执行各项财产管理制度，保证财产安全完整。
2. 能够洞察企业对外投资管理上的漏洞并及时与领导沟通。
3. 能与资产管理人员有效沟通，建立有效的账实核对机制与资产控制方法。
4. 在建账、登账过程中做到认真、细致，具备严谨的工作态度。
5. 在业务往来过程中具有良好的沟通协调能力。

项目导读

非流动性资产是指不能在1年或者超过1年的一个营业周期内变现或者耗用的资产。非流动资产包括流动资产以外的债权投资、其他债权投资、长期应收款、长期股权投资、其他权益工具投资、其他非流动金融资产、投资性房地产、固定资产、在建工程、生产性生物资产、油气资产、使用权资产、无形资产、开发支出、商誉、长期待摊费用、递延所得税资产、其他非流动资产等。

　　企业从事生产经营活动需要拥有厂房、建筑物、机器设备、运输车辆和器具等固定资产，它们是企业的劳动手段，也是企业赖以生产经营的主要资产。同时，商标权、专利权、特许经营权等无形资产在为企业创造利润的过程中也担当越来越重要的角色。因此，企业必须重视固定资产和无形资产的核算与管理。此外，企业为了能对被投资单位实施控制，或与其他合营方一同对被投资单位实施共同控制，或对被投资单位施加重大影响，通过投资以持有被投资单位股份方式进行长期股权投资，限于篇幅所限，本项目主要介绍长期股权投资、固定资产和无形资产的核算与管理内容。非流动资产核算项目结构，如图4-1所示。

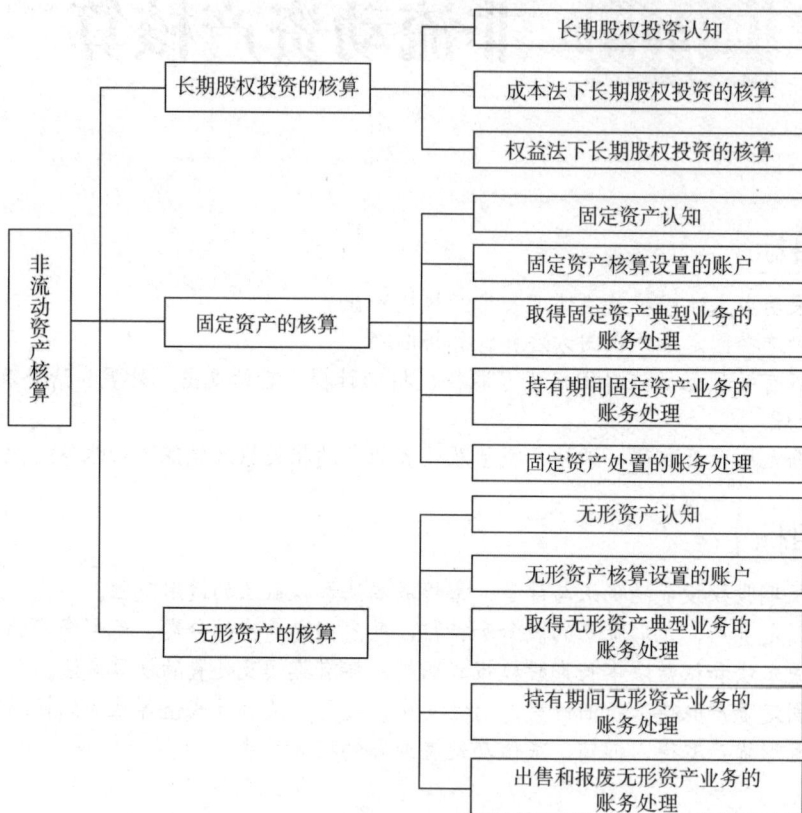

图4-1　非流动资产核算项目结构

任务一　长期股权投资的核算

任务导入

　　兴华公司 2023 年 1 月 1 日以银行存款购入北通公司 30%的股份，并对北通公司施加重大影响，采用权益法核算。初始投资成本为 4 000 000 元，另外，购买该股票时发生有关税费

30 000元。取得投资时被投资单位可辨认净资产公允价值为10 000 000元(假定该时点被投资单位各项可辨认资产、负债的公允价值与其账面价值相同)。北通公司2023年实现净利润2 000 000元，2024年4月20日宣告分派现金股利1 200 000元，2024年5月16日兴华公司收到现金股利。北通公司2024年6月其他债权投资的公允价值增加了100 000元。2024年9月20日，兴华公司出售所持有的北通公司全部股票，取得价款4 500 000元，并存入银行。

要求：根据资料采用权益法完成兴华公司投资业务的账务处理。

任务实施

任务准备

一、长期股权投资认知

长期股权投资是指投资方能够对被投资单位实施控制或共同控制或重大影响的权益性投资。长期股权投资通常具有投资金额大，投资期限长，风险大，以及能为企业带来较大利益等特点。

企业持有的能够对被投资单位实施控制的权益性投资，即为对其子公司的投资；企业持有的能够与其他合营方一同对被投资单位实施共同控制的权益性投资，即为对合营企业的投资；企业持有的能够对被投资单位施加重大影响的权益性投资，即为对联营企业的投资。

长期股权投资核算有成本法和权益法两种方法。企业会计准则规定，投资方能够对被投资单位实施控制的长期股权投资即对其子公司的投资采用成本法核算。投资方对合营企业和联营企业的长期股权投资应当采用权益法核算。

二、成本法下长期股权投资的核算

成本法是指长期股权投资日常核算按投资成本计价的一种方法，除追加投资或收回投资外，长期股权投资的账面价值一般保持不变。

(一) 设置有关账户

成本法下企业长期股权投资的核算应设置"长期股权投资"账户。该账户属于资产类账户，用来核算长期股权投资业务的增减变动情况。借方登记长期股权投资取得时的成本，贷方登记收回的长期股权投资的价值，期末借方余额反映企业持有的长期股权投资的价值。该账户按被投资单位设置明细账户，进行明细分类核算。

(二) 成本法下长期股权投资典型业务的账务处理

1. 取得长期股权投资

在非企业合并方式下以支付现金形式取得的长期股权投资，应当按照实际支付的购买价款(不包括已宣告但尚未发放的现金股利或利润，包括企业所发生的与取得长期股权投资直接相关的费用、税金及其他必要支出)作为初始投资成本，借记"长期股权投资"账户，按实际支付的购买价款中包含的已宣告但尚未发放的现金股利或利润，借记"应收股利"账户，按实际支付的价款贷记"银行存款"等账户。

2. 持有长期股权投资

持有长期股权投资，被投资单位宣告发放现金股利或利润时，企业按应享有的部分确认投资收益，借记"应收股利"账户，贷记"投资收益"账户。实际收到现金股利或利润时，借记"银行存款"等账户，贷记"应收股利"账户。

3. 处置长期股权投资

处置长期股权投资时，按实际取得的价款与长期股权投资账面价值的差额确认为投资损益。具体业务处理是：按实际收到的金额，借记"银行存款"等账户；已计提减值准备的，借记"长期股权投资减值准备"账户；按其账面余额，贷记"长期股权投资"账户；按尚未领取的现金股利或利润，贷记"应收股利"账户；差额作为处置损益，贷记或借记"投资收益"账户。

【例 4-1】风华公司于 2022 年 5 月 15 日以银行存款购买 A 公司 60% 的股权，投资成本为 10 000 000 元，相关手续于当日完成，并能够对 A 公司实施控制。2023 年 5 月 10 日，A 公司宣告分配现金股利，风华公司按持股比例可分得 120 000 元。2023 年 6 月 10 日，风华公司收到现金股利。2025 年 1 月 23 日，风华公司将其持有的 A 公司股权全部出售，取得价款 10 200 000 元。

(1) 2022 年 5 月 15 日，购入时，编制会计分录如下。

借：长期股权投资——A 公司   10 000 000
    贷：银行存款   10 000 000

(2) 2023 年 5 月 10 日，A 公司宣告分配现金股利时，编制会计分录如下。

借：应收股利——A 公司   120 000
    贷：投资收益   120 000

(3) 2023 年 6 月 10 日，收到现金股利时，编制会计分录如下。

借：银行存款   120 000
    贷：应收股利——A 公司   120 000

(4) 2025 年 1 月 23 日，出售时，编制会计分录如下。

借：银行存款   10 200 000
  贷：长期股权投资——A 公司   10 000 000
      投资收益   200 000

三、权益法下长期股权投资的核算

权益法是指对长期股权投资最初以初始投资成本计价，以后根据投资企业享有被投资单位所有者权益份额的变动对投资的账面价值进行调整的方法。

(一) 设置有关账户

设置"长期股权投资"账户。该账户属于资产类账户，用来核算企业持有的长期股权投资增减变动情况。借方登记长期股权投资取得时的投资成本及采用权益法核算时享有的被投资单位权益的增加额，贷方登记处置长期股权投资的成本及采用权益法核算时享有的被投资单位权益的减少额，期末借方余额反映企业持有的长期股权投资的价值。

本账户应当按照被投资单位进行明细核算。长期股权投资核算采用权益法的，还应当分别设置"投资成本""损益调整""其他综合收益""其他权益变动"等明细账户进行明细核算。

(二) 权益法下长期股权投资典型业务的账务处理

1. 取得长期股权投资

取得长期股权投资时，若长期股权投资的初始投资成本大于投资时应享有被投资单位可辨认净资产公允价值份额的，不调整已确认的初始投资成本，借记"长期股权投资——投资成本"账户，贷记"银行存款"等账户。若长期股权投资的初始投资成本小于投资时应享有被投资单位可辨认净资产公允价值份额的，借记"长期股权投资——投资成本"账户，贷记"银行存款"等账户，并且按其差额，贷记"营业外收入"账户。

2. 持有长期股权投资

持有长期股权投资时，被投资单位实现净利润或发生净亏损等均影响所有者权益的变动，因此投资单位的长期股权投资的账面价值需要进行相应的调整。具体业务处理如下。

1) 被投资单位实现净利润

企业持有长期股权投资期间，当被投资单位实现净利润时，其所有者权益增加，投资企业按应享有的份额调增"长期股权投资"账户，借记"长期股权投资——损益调整"账户，贷记"投资收益"账户。

2) 被投资单位发生净亏损

企业持有长期股权投资期间，当被投资单位发生净亏损时，其所有者权益减少，投资企业按应享有的份额调减"长期股权投资"账户，借记"投资收益"账户，贷记"长期股权投资——损益调整"账户，但以"长期股权投资"账户的账面价值减记至零为限。

3) 被投资单位宣告发放现金股利或利润

企业持有长期股权投资期间，当被投资单位宣告发放现金股利或利润时，其所有者权益减少，投资企业计算应享有的份额，借记"应收股利"账户，贷记"长期股权投资——损益调整"账户。实际收到时，借记"银行存款"等账户，贷记"应收股利"账户。投资企业收到被投资单位宣告发放的股票股利时，不进行账务处理，只在备查账簿中登记。

4) 被投资单位的其他综合收益变动

企业持有长期股权投资期间，当被投资单位"其他综合收益"账户发生增减变动时，按照应享有或应分担被投资单位实现其他综合收益的份额，借记"长期股权投资——其他综合收益"账户，贷记"其他综合收益"账户，或做相反的会计分录。

5) 被投资单位所有者权益的其他变动

投资企业对于被投资单位除净损益、其他综合收益和利润分配外所有者权益的其他变动，按照持股比例计算应享有的份额，借记或贷记"长期股权投资——其他权益变动"账户，贷记或借记"资本公积——其他资本公积"账户。

3. 处置长期股权投资

处置长期股权投资时，按实际取得的价款与长期股权投资账面价值的差额确认为投资损益。具体业务处理是：按实际收到的金额，借记"银行存款"等账户；已计提减值准备的，借记"长期股权投资减值准备"账户；按该长期股权投资的账面余额，贷记"长期股权投资"账户(贷记"长期股权投资——投资成本"账户、贷记或借记"长期股权投资——损益调整、其他综合收益、其他权益变动"账户)；按尚未领取的现金股利或利润，贷记"应收股利"账户；差额作为处置损益，贷记或借记"投资收益"账户。

同时，按结转的长期股权投资的投资成本比例结转原记入"其他综合收益"账户的金额，借记或贷记"其他综合收益"账户，贷记或借记"投资收益"账户。按结转的长期股权投资的投资成本比例结转原记入"资本公积——其他资本公积"账户的金额，借记或贷记"资本公积——其他资本公积"账户，贷记或借记"投资收益"账户。

【例4-2】瑞达公司 2023 年 1 月 10 日以银行存款购买 B 公司发行的股票 500 000 股准备长期持有，占 B 公司股份的 30%，具有重大影响。每股买入价为 6 元，另外，购买该股票时发生有关税费 5 000 元。投资时被投资单位所有者权益公允价值为 10 000 000 元。2023 年 B 公司实现净利润 2 000 000 元。2023 年 B 公司其他权益工具投资的公允价值增加了 400 000 元，2024 年 5 月 20 日，B 公司宣告分派现金股利，每股派 0.2 元。2024 年 6 月 10 日，瑞达公司收到 B 公司分派的现金股利。2024 年 B 公司亏损 800 000 元。2025 年 7 月 25 日，瑞达公司出售所持 B 公司的股票 500 000 股，每股出售价为 10 元，款项已收到。瑞达公司会计处理如下。

(1) 2023 年 1 月 10 日，购入股票。

初始投资成本=500 000×6+5 000=3 005 000(元)

投资时应享有的被投资单位所有者权益公允价值份额=10 000 000×30%=3 000 000(元)

| 借：长期股权投资——B 公司(投资成本) | 3 005 000 | |
| 贷：银行存款 | | 3 005 000 |

(2) 2023 年 B 公司实现净利润确认投资收益。

瑞达公司应确认的投资收益=2 000 000×30%=600 000(元)

| 借：长期股权投资——B 公司(损益调整) | 600 000 | |
| 贷：投资收益 | | 600 000 |

(3) 2023 年 B 公司其他权益工具公允价值增加确认其他综合收益。

瑞达公司应确认的其他综合收益=400 000×30%=120 000(元)

| 借：长期股权投资——B 公司(其他综合收益) | 120 000 | |
| 贷：其他综合收益 | | 120 000 |

(4) 2024 年 5 月 20 日 B 公司宣告分派现金股利。

应收股利=500 000×0.2=100 000(元)

| 借：应收股利——B 公司 | 100 000 | |
| 贷：长期股权投资——B 公司(损益调整) | | 100 000 |

(5) 2024 年 6 月 10 日收到股利。

| 借：银行存款 | 100 000 | |
| 贷：应收股利——B 公司 | | 100 000 |

(6) 2024 年 B 公司亏损确认投资损失。

瑞达公司应确认的投资损失=800 000×30%=240 000(元)

| 借：投资收益 | 240 000 | |
| 贷：长期股权投资——B 公司(损益调整) | | 240 000 |

(7) 2025 年 7 月 25 日出售股票。

借：银行存款	5 000 000	
贷：长期股权投资——B 公司(投资成本)		3 005 000
——B 公司(损益调整)		260 000
——B 公司(其他综合收益)		120 000
投资收益		1 615 000

同时，

| 借：其他综合收益 | 120 000 | |
| 贷：投资收益 | | 120 000 |

案例分析

未计提减值准备　虚增利润

2016年1月26日，中国证监会发布了一则关于海南亚太实业发展股份有限公司(以下简称"亚太实业")违规的处罚决定书，揭露了该公司在会计处理上的严重舞弊行为，处罚决定书指出，亚太实业在会计处理上主要违规事实涉及长期股权投资减值准备的计提。具体而言，2013年12月31日亚太实业未按规定对其所持济南固锝长期股权投资计提减值准备，导致当年净利润虚增2 377 904.37元，占当期利润比例高达90.54%。

分析提示

请思考：

请从财务角度分析亚太实业长期股权投资未计提减值准备所带来的影响，其做法违背了会计信息质量要求的哪些原则？

任务小结

长期股权投资典型业务账务处理总结

核算方法	业务内容	账务处理
成本法	取得长期股权投资	借：长期股权投资——成本(公允价值+交易费用) 　　应收股利(已宣告但尚未领取的现金股利) 　贷：银行存款等(实际支付价款)
	被投资单位宣告分派现金股利	借：应收股利 　贷：投资收益
	收到现金股利	借：银行存款等 　贷：投资收益
	长期股权投资减值	借：资产减值损失 　贷：长期股权投资减值准备
	处置长期股权投资	借：银行存款等(实际收到款项) 　　长期股权投资减值准备 　贷：长期股权投资——成本 　　　应收利息(尚未收回的现金股利) 　　　投资收益(也可能在借方)
权益法	取得长期股权投资	初始投资成本＞享有被投资单位可辨认净资产公允价值份额 借：长期股权投资——成本(公允价值+交易费用) 　　应收股利(已宣告但尚未领取的现金股利) 　贷：银行存款等(实际支付价款) 初始投资成本＜享有被投资单位可辨认净资产公允价值份额 借：长期股权投资——成本(享有的份额) 　　应收股利(已宣告但尚未领取的现金股利) 　贷：银行存款等(实际支付价款) 　　　营业外收入
	被投资单位实现净损益	被投资单位盈利 借：长期股权投资——损益调整 　贷：投资收益 若被投资单位亏损，做上述相反分录
	被投资单位宣告分派现金股利或利润	借：应收股利 　贷：长期股权投资——损益调整

(续表)

核算方法	业务内容	账务处理
权益法	被投资单位的其他综合收益变动	借：长期股权投资——其他综合收益 　　贷：其他综合收益 或作相反分录
	持有期间被投资单位所有者权益的其他变动	借：长期股权投资——其他权益变动 　　贷：资本公积——其他资本公积 或做相反分录
	长期股权投资减值	借：资产减值损失 　　贷：长期股权投资减值准备
	处置长期股权投资	借：银行存款等(实际收到款项) 　　长期股权投资减值准备 　　贷：长期股权投资——成本 　　　　长期股权投资——利息调整(可能在借方) 　　　　长期股权投资——其他综合收益(可能在借方) 　　　　长期股权投资——其他权益变动(可能在借方) 　　　　应收利息(尚未收回的现金股利) 　　　　投资收益(差额，可能在贷方) 同时结转其他综合收益和资本公积 借：其他综合收益(可能在贷方) 　　资本公积(可能在贷方) 　　贷：投资收益(可能在借方)

任务考核

一、单项选择题

1. 某企业采用成本法核算长期股权投资，被投资单位宣告发放现金股利时，投资企业应按所得股份份额进行的会计处理正确的是(　　)。

　　A. 冲减投资收益　　　　　　　　　　B. 增加资本公积

　　C. 增加投资收益　　　　　　　　　　D. 冲减长期股权投资

2. 某企业年末长期股权投资明细科目如下："投资成本"明细科目的借方余额为 3 000 万元，"损益调整"明细科目的借方余额为 1 500 万元，"其他综合收益"明细科目的借方余额为 500 万元。不考虑其他因素，年末该企业长期股权投资账面价值为(　　)万元。

　　A. 2 000　　　　　B. 4 500　　　　　C. 5 000　　　　　D. 3 000

3. 2024 年 10 月 10 日，甲公司购买乙公司发行的股票 30 万股确认为长期股权投资，占乙公司有表决权股份的 30%，对其具有重大影响，采用权益法核算。每股买入价为 5.2 元，其中包含 0.5 元已宣告但尚未分派的现金股利，另支付相关税费 0.6 万元。取得投资时，乙公司可辨认净资产的公允价值为 450 万元。甲公司长期股权投资的初资成本为(　　)万元。

　　A. 141　　　　　B. 156　　　　　C. 135　　　　　D. 141.6

4. M 公司以银行存款 2 000 万元取得 N 公司 30%的股权，另支付相关税费 10 万元。取得投资时 N 公司可辨认净资产的公允价值为 7 000 万元。M 公司可辨认净资产的公允价值为 7 000 万元。M 公司能够对 N 公司施加重大影响，则 M 公司长期股权投资的入账金额为(　　)万元。

　　A. 2 110　　　　　B. 2 000　　　　　C. 2 100　　　　　D. 2 010

5. 权益法下核算的长期股权投资，会导致投资企业投资收益发生增减变动的是(　　)。

　　A. 被投资单位实现净利润　　　　　　B. 被投资单位提取盈余公积

　　C. 收到被投资单位分配现金股利　　　D. 收到被投资单位分配股票股利

二、多项选择题

1. 按长期股权投资准则规定，下列事项中，投资企业应采用权益法核算的有( )。
   A. 对子公司投资
   B. 对合营企业投资
   C. 对联营企业投资
   D. 对被投资单位的影响程度在重大影响以下的权益性投资

2. 下列关于长期股权投资会计处理的表述中，正确的有( )。
   A. 对子公司长期股权投资应采用成本法核算
   B. 处置长期股权投资时应结转其已计提的减值准备
   C. 成本法下，按被投资方实现净利润应享有的份额确认投资收益
   D. 成本法下，按被投资方宣告发放现金股利应享有的份额确认投资收益

3. 采用成本法核算长期股权投资，下列选项中不会导致长期股权投资账面价值发生增减变动的有( )。
   A. 长期股权投资发生减值损失
   B. 持有长期股权投资期间被投资企业实现净利润
   C. 被投资企业除净损益、其他综合收益和利润分配以外的所有者权益其他变动
   D. 被投资企业宣告分派属于投资企业投后实现的现金股利

4. 下列各项中，权益法下会导致长期股权投资账面价值发生增减变动的有( )。
   A. 确认长期股权投资减值损失
   B. 投资持有期间被投资单位实现净利润
   C. 投资持有期间被投资单位提取盈余公积
   D. 投资持有期间被投资单位宣告发放现金股利

5. 在长期股权投资权益法下，下列各项中，投资企业不进行账务处理的有( )。
   A. 被投资企业提取法定盈余公积   B. 被投资企业宣告分派现金股利
   C. 被投资企业用资本公积转增资本   D. 被投资企业用盈余公积转增资本

三、判断题

1. 长期股权投资权益法下，被投资单位宣告分配现金股利时，投资企业按应分得的部分，借记"应收股利"科目，贷记"长期股权投资——损益调整"科目。   ( )

2. 企业采用成本法核算长期股权投资，投资后被投资单位宣告分派的现金股利，投资单位应当冲减其投资成本。   ( )

3. 企业核算长期股权投资时，无论是采用成本法核算还是权益法核算，被投资单位宣告分派股票股利均无须进行账务处理。   ( )

4. 长期股权投资采用权益法核算，被投资单位以资本公积转增资本，投资单位无须进行账务处理。   ( )

5. 长期股权投资采用成本法核算时，计提减值准备后，如果减值迹象已经消失，应当在原计提减值范围内进行转回。   ( )

四、业务实训题

1. 资料：有关长期股权投资的业务如下。

甲公司于2023年4月1日购入乙公司普通股1 000 000股，每股面值1元，实际支付价款共2 520 000元，另支付佣金手续费等30 000元，占乙公司有表决权资本的51%，甲公司采用成本法核算对乙公司的股票投资。2023年4月10日乙公司宣告派发现金股利1 000 000元，2023

年5月10日乙公司支付现金股利；2023年乙公司净利润为2 000 000元(假定利润均衡发生)，未宣告现金股利；2024年发生亏损500 000元，2025年1月20日甲公司将上述股票转让500 000股，实得款项1 800 000元。款项收付均通过银行办理。

要求：采用成本法核算编制甲公司上述业务的会计分录。

2. 资料：2023—2024年甲公司发生的有关业务资料如下。

(1) 2023年1月5日，甲公司以银行存款购买乙公司的股票2 000万股准备长期持有，占乙公司股份的25%，能够对乙公司施加重大影响。每股买入价为9.8元，另发生相关交易费用为30万元。当日乙公司可辨认净资产的账面价值为80 000万元(与公允价值一致)。

(2) 2023年乙公司实现净利润4 000万元。

(3) 2024年3月20日，乙公司宣告发放现金股利，每10股派0.3元，甲公司应分得现金股利60万元。2024年4月20日，甲公司如数收到乙公司分派的现金股利存入银行。

(4) 2024年3月31日，乙公司其他债权投资的公允价值下降了200万元(未出现减值迹象)。

(5) 2024年4月30日，甲公司将持有的乙公司股份全部售出，每股售价为12元，款项存入银行。

要求：根据上述资料，采用权益法编制甲公司与长期股权投资有关业务的会计分录。

任务拓展

长期股权投资减值，是指长期股权投资未来可收回的金额低于账面价值所发生的损失。可收回的金额是指企业所持有的长期股权投资在预计未来可以得到的现金。预计可收回的现金可以按市价确定，也可以根据被投资单位的财务状况、现金流量等情况，对未来可能收回的投资金额进行估计确定。

按照会计准则的要求，企业在资产负债表日，应对长期股权投资项目逐项进行检查，如果因市价持续下跌或被投资单位经营状况恶化等，导致收回金额低于账面价值，并且这种降低的价值在可预计的未来期间内不可能恢复，应将可收回金额低于长期投资账面价值的差额作为长期股权投资减值准备调整长期股权的账面价值。

投资企业计提长期股权投资减值准备，应当通过设置"长期股权投资减值准备"账户进行核算。投资企业按照应减记的金额，借记"资产减值损失——计提的长期股权投资减值准备"账户，贷记"长期股权投资减值准备"账户。

长期股权投资减值损失一经确认，在以后会计期间不得转回。

任务二　固定资产的核算

任务导入

兴华公司为增值税一般纳税人，增值税税率为13%，有关固定资产业务如下。

(1) 2022年10月10日，购进一台需要安装的设备，买价5 800 000元，增值税为754 000元，另发生包装费和保险费20 000元(不考虑相关税费)，款项以银行存款支付。安装设备时领用原材料一批，价值100 000元，购进该批材料时支付的增值税进项税额为13 000元，支付安装人员的工资为180 000元。该设备于2022年12月10日达到预定可使用状态并投入车间使用，预计使用年限 10 年，预计净残值 100 000 元，采用年限平均法计提折旧。

(2) 2023 年 12 月 31 日，对该设备进行检查时发现其已经发生减值，预计可收回金额为 4 600 000 元，计提减值准备后，该设备原预计使用年限、预计净残值、折旧方法保持不变。

(3) 2024 年 9 月 30 日将设备出售，出售价款 4 000 000 元，增值税税率为 13%，增值税税额 520 000 元，款项已存入银行。

要求： 如果你是该公司的财务人员，请为以上经济业务做出相应账务处理。

(1) 编制 2022 年 10 月 10 日取得该设备的会计分录。

(2) 编制设备安装及设备达到预定可使用状态的会计分录。

(3) 计算 2023 年度该设备计提的折旧额，编制相关会计分录。

(4) 计算 2023 年 12 月 31 日该设备计提的固定资产减值准备，并编制相关会计分录。

任务实施

(5) 计算 2024 年度该设备计提的折旧额，并编制相关会计分录。

(6) 编制 2024 年 9 月 30 日出售该设备的相关会计分录。

任务准备

一、固定资产认知

(一) 固定资产的概念及特征

固定资产是指同时具有以下两个特征的有形资产：①为生产商品、提供劳务、出租或经营管理而持有的；②使用寿命超过一个会计年度。固定资产是企业的劳动手段，也是企业赖以生产经营的主要资产，包括房屋、建筑物、机器、机械、运输工具，以及其他与生产经营活动有关的设备、器具、工具等。

固定资产一般具有以下特征。

(1) 固定资产是有形资产。固定资产是一个有形的实体，看得见、摸得着，这与企业的无形资产、应收账款、其他应收款等资产不同。

(2) 不以投资和销售为目的。企业取得各种固定资产的目的是服务于企业自身的生产经营活动，如生产商品、提供劳务、出租或经营管理，而不像商品一样是为了对外出售。这一特征是固定资产区别于商品等流动资产的重要标志。

(3) 企业使用固定资产的期限较长。固定资产的使用寿命一般超过一个会计年度，可以连续参加多次生产经营过程并且在使用过程中不改变原有的实物形态。这一特征表明企业固定资产的收益期超过一年，能在一年以上的时间里为企业创造经济利益。

(二) 固定资产的分类

固定资产种类繁多，为了管理需要必须进行科学的分类。固定资产主要有如下几种分类方法。

1. 按经济用途分类

按经济用途分类，固定资产可分为生产经营用固定资产和非生产经营用固定资产。

生产经营用固定资产，是指直接服务于企业生产、经营过程的各种固定资产，如生产经营用的房屋、建筑物、机器、设备、器具、工具等。

非生产经营用固定资产，是指不直接服务于生产、经营过程的各种固定资产，如用于职工住宅、公共福利设施、文化娱乐、卫生保健等方面的房屋、建筑物、设备和其他固定资产等。

按照固定资产的经济用途分类，可以归类反映和监督企业生产经营用固定资产和非生产经营用固定资产之间，以及生产经营用各类固定资产之间的组成和变化情况，借以考核和分析企业固定资产的利用情况，促使企业合理地配置固定资产，充分发挥其效用。

2. 按经济用途和使用情况等综合分类

按经济用途和使用情况等综合分类，固定资产可分为如下几种类型。

(1) 生产经营用固定资产。

(2) 非生产经营用固定资产。

(3) 未使用固定资产，是指已完工但尚未交付使用的新增固定资产，以及因改建、扩建等原因暂停使用的固定资产，如企业购建的尚待安装的固定资产。

(4) 不需用固定资产，是指企业多余不用或不再适用而准备调配处理的固定资产。

(5) 租出固定资产，指在经营租赁方式下出租给外单位使用的固定资产。以经营租赁方式租出的建筑物属于投资性房地产。

(6) 租入固定资产，是指企业除短期租赁和低价值资产租赁以外租入的固定资产。在租赁期内，该资产应视同自有固定资产进行管理。

(7) 土地，是指过去已经估价单独入账的土地。

因征地而支付的补偿费，应计入与土地有关的房屋、建筑物的价值内，不单独作为土地价值入账。企业取得的土地使用权，不作为固定资产管理，应作为无形资产管理。

二、固定资产核算设置的账户

企业一般需要设置"固定资产""累计折旧""在建工程""工程物资""固定资产清理"和"固定资产减值准备"等账户，核算固定资产的取得、计提折旧、处置等情况。

(1) 设置"固定资产"账户，用来核算企业持有的固定资产原始价值的增减变动和结存情况。该账户属于资产类账户，借方登记企业增加的固定资产原始价值，贷方登记企业减少的固定资产原始价值。期末余额在借方，反映企业期末固定资产的账面原价。为了反映固定资产的明细资料，企业应当设置"固定资产登记簿"和"固定资产卡片"，按固定资产类别、使用部门和每项固定资产进行明细核算。临时租入的固定资产，应当另设备查簿登记，不在该账户核算。

(2) 设置"累计折旧"账户，用来核算企业固定资产折旧的增减变化情况。该账户属于资产类账户，贷方登记企业计提的固定资产折旧，借方登记处置固定资产转出的累计折旧。期末余额在贷方，反映企业固定资产折旧的累计数额。该账户只进行总分类核算，不进行明细分类核算。"累计折旧"账户是"固定资产"账户的备抵账户，固定资产账户的借方余额减去累计折旧账户的贷方余额的差额，即为固定资产的净值。

(3) 设置"在建工程"账户，用来核算企业进行基建工程、安装工程、更新改造、大修理等在建工程发生的实际支出。该账户属于资产类账户，借方登记企业各项在建工程发生的实际成本，贷方登记完工工程转出的成本。期末借方余额反映企业尚未达到预定可使用状态的在建工程的实际成本。

(4) 设置"工程物资"账户，用来核算企业为在建工程而准备的各种物资的实际成本。该账户属于资产类账户，借方登记企业购入工程物资的实际成本，贷方登记领用工程物资的实际成本。期末余额在借方，反映企业为在建工程准备的各种物资的实际成本。

(5) 设置"固定资产清理"账户，用来核算企业因出售、报废、毁损等原因转出的固定资产价值及在清理过程中发生的费用、税金等。该账户属于资产类账户，借方登记转出的固定资产的价值、清理过程中应支付的相关税费及其他费用，贷方登记收回出售固定资产的价款、残料价值和变价收入及应由保险公司或过失人承担的损失等。期末若为借方余额，反映企业尚未清理完毕的固定资产清理净损失；若为贷方余额，反映企业尚未清理完毕的固定资产清理净收益。该账户应按被清理的固定资产项目设置明细账，进行明细核算。

(6) 设置"固定资产减值准备"账户，用来核算企业固定资产的减值准备。该账户属于资产类账户，是"固定资产"的备抵调整账户，贷方登记按减值的金额计提的减值准备，借方登记处置固定资产时转销的减值准备。期末贷方余额反映企业已计提但尚未转销的减值准备。

此外，企业的在建工程、工程物资发生减值的，还应当设置"在建工程减值准备""工程物资减值准备"等账户进行核算。

三、取得固定资产典型业务的账务处理

企业对取得的固定资产应当按照成本进行初始计量。固定资产的成本，是指企业购建固定资产达到预定可使用状态前所发生的一切合理、必要的支出。企业可以通过外购、自行建造、接受投资、接受捐赠等方式取得固定资产，这里仅介绍外购和自行建造方式取得固定资产的核算，其他方式取得固定资产的核算，这里不做介绍。

(一) 外购固定资产

企业外购的固定资产，其成本包括实际支付的买价、进口关税和其他相关税费，以及使固定资产达到预定可使用状态前所发生的可归属于该项资产的其他支出，如场地整理费、运输费、装卸费、安装费和专业人员服务费等。其中，相关税费不包括按照现行增值税制度规定，可以从销项税额中抵扣的增值税进项税额。企业外购的固定资产，在投入使用前有的需要安装，有的不需要安装，其会计处理是不同的。

企业作为一般纳税人，购入不需要安装的固定资产时，应按实际支付的购买价款、相关税费，以及使固定资产达到预定可使用状态前所发生的可归属于该项资产的其他支出(运输费、装卸费、安装费和专业人员服务费等)作为固定资产的成本，借记"固定资产"账户。如取得了合法的增值税抵扣凭证，允许其抵扣进项税额，还应借记"应交税费——应交增值税(进项税额)"账户，按应付或实际支付的全部金额贷记"银行存款""应付账款"等账户。

企业作为一般纳税人，购入需要安装的固定资产时，应在购入的固定资产取得成本的基础上加上安装调试成本作为入账成本。按照购入需安装的固定资产的取得成本，借记"在建工程"账户，按购入固定资产时可抵扣的增值税进项税额，借记"应交税费——应交增值税(进项税额)"账户，贷记"银行存款""应付账款"等账户；按照发生的安装调试成本，借记"在建工程"账户，按取得的外部单位提供的增值税专用发票上注明的增值税进项税额，借记"应交税费——应交增值税(进项税额)"账户，贷记"银行存款"等账户；耗用了本单位的材料或人工的，按应承担的成本金额，借记"在建工程"账户，贷记"原材料""应付职工薪酬"等账户。安装完成达到预定可使用状态时，由"在建工程"账户转入"固定资产"账户，借记"固定资产"账户，贷记"在建工程"账户。

企业作为小规模纳税人，购入固定资产发生的增值税进项税额应计入固定资产成本，借记"固定资产"或"在建工程"账户，不通过"应交税费——应交增值税"账户核算。

【例 4-3】2024 年 1 月 15 日，风华公司向北方公司购入一台不需要安装的生产设备，取得的增值税专用发票上注明设备的价款为 500 000 元，增值税税额为 65 000 元，另支付运输费 15 000元，增值税税额为 1 350 元。款项以银行存款支付。风华公司编制的会计分录如下。

借：固定资产　　　　　　　　　　　　　　　　515 000
　　应交税费——应交增值税(进项税额)　　　　66 350
　　　贷：银行存款　　　　　　　　　　　　　　　　581 350

【例 4-4】2024 年 5 月 15 日，风华公司购入一台需要安装的设备，增值税专用发票上注明的设备价款为 200 000 元，增值税税额为 26 000 元，支付安装费 30 000 元，税率 9%，增值税税额 2 700 元，款项均以银行存款支付。风华公司编制的会计分录如下。

(1) 购入设备。

借：在建工程　　　　　　　　　　　　　　　　200 000
　　应交税费——应交增值税(进项税额)　　　　26 000
　　　贷：银行存款　　　　　　　　　　　　　　　　226 000

(2) 支付安装费。

借：在建工程　　　　　　　　　　　　　　　　30 000
　　应交税费——应交增值税(进项税额)　　　　2 700
　　　贷：银行存款　　　　　　　　　　　　　　　　32 700

(3) 设备安装完毕交付使用。

借：固定资产　　　　　　　　　　　　　　　　230 000
　　　贷：在建工程　　　　　　　　　　　　　　　　230 000

企业如果以一笔款项购入多项没有单独标价的固定资产，应当按照各项固定资产公允价值的比例对总成本进行分配，分别确定各项固定资产的成本。

【例 4-5】2024 年 9 月 20 日，风华公司为降低采购成本，向大华公司一次购进了三套不同型号且具有不同生产能力的不需要安装的设备 A、B、C。风华公司为该批设备共支付货款8 000 000 元，增值税进项税额 1 040 000 元，包装费 42 000 元，增值税税率 6%，增值税税额2 520 元，全部款项以银行存款支付。假定设备 A、B、C 分别满足固定资产的定义及其确认条件，其公允价值分别为 2 926 000 元、3 594 800 元、1 839 200 元。风华公司实际支付的货款等于计税价格，不考虑其他相关税费。风华公司编制会计分录如下。

(1) 确定应计入固定资产成本的金额。

固定资产成本 = 8 000 000 + 42 000 = 8 042 000(元)

(2) 确定设备 A、B、C 的价值分配比例。

A 设备应分配的固定资产价值比例 = 2 926 000 ÷ (2 926 000 + 3 594 800 + 1 839 200) × 100% = 35%
B 设备应分配的固定资产价值比例 = 3 594 800 ÷ (2 926 000 + 3 594 800 + 1 839 200) × 100% = 43%
C 设备应分配的固定资产价值比例 = 1 839 200 ÷ (2 926 000 + 3 594 800 + 1 839 200) × 100% = 22%

(3) 确定 A、B、C 设备各自的成本。

A 设备的成本 = 8 042 000 × 35% = 2 814 700(元)
B 设备的成本 = 8 042 000 × 43% = 3 458 060(元)
C 设备的成本 = 8 042 000 × 22% = 1 769 240(元)

(4) 风华公司应做如下会计处理。

借：固定资产——A 设备　　　　　　　　　　　2 814 700
　　　　　　　——B 设备　　　　　　　　　　　3 458 060
　　　　　　　——C 设备　　　　　　　　　　　1 769 240

	应交税费——应交增值税(进项税额)	1 042 520
	贷：银行存款	9 084 520

(二) 自行建造固定资产

企业自行建造固定资产，应按建造该项资产达到预定可使用状态前所发生的一切必要的、合理的支出，作为固定资产的成本入账。这里所讲的"建造该项资产达到预定可使用状态前所发生的一切必要的、合理的支出"，包括工程所用物资的成本、人工成本、缴纳的相关税费、应予以资本化的借款费用，以及应分摊的间接费用等。

企业自行建造的固定资产，从发生的第一笔购置支出到固定资产完工交付使用，通常需要经历一段较长的建造期间，为了便于归集和计算固定资产的实际建造成本，应先通过"在建工程"账户核算，工程达到预定可使用状态时，再从"在建工程"账户转入"固定资产"账户。

企业自行建造的固定资产按营造方式的不同，分为自营工程和出包工程。由于采用的建设方式不同，其会计处理方法也不同。

1. 自营工程

自营工程是指企业自行组织工程物资采购，自行组织施工人员施工的建筑工程和安装工程。

企业为工程购入工程物资时，按已认证的增值税专用发票上注明的价款，借记"工程物资"账户，按购入工程物资可以抵扣的增值税进项税额，借记"应交税费——应交增值税(进项税额)"账户，按实际支付或应付金额贷记"银行存款""应付账款"等账户。领用工程物资时，借记"在建工程"账户，贷记"工程物资"账户。在建工程领用本企业原材料时，借记"在建工程"账户，贷记"原材料"账户。在建工程领用本企业生产的商品时，借记"在建工程"账户，贷记"库存商品"账户。自营工程发生其他费用(如分配工程人员薪酬等)时，借记"在建工程"账户，贷记"银行存款""应付职工薪酬"等账户。自营工程达到预定可使用状态时，以其实际成本作为固定资产的入账价值，借记"固定资产"账户，贷记"在建工程"账户。

【例4-6】风华公司采用自营方式建造生产用设备一台，购入为工程准备的各种材料物资支付 4 000 000 元，增值税 520 000 元，全部用于工程建设。领用本企业生产的产品一批，实际成本为 900 000 元。工程人员应计工资 120 000 元，以银行存款支付其他费用 40 000 元。工程完工并达到预定可使用状态。风华公司编制会计分录如下。

(1) 购入工程物资时。

借：工程物资——专用材料	4 000 000
应交税费——应交增值税(进项税额)	520 000
贷：银行存款	4 520 000

(2) 领用工程物资时。

借：在建工程——建筑工程(设备工程)	4 000 000
贷：工程物资——专用材料	4 000 000

(3) 工程领用本企业生产的产品时。

借：在建工程——建筑工程(设备工程)	900 000
贷：库存商品	900 000

(4) 分配工程人员工资时。

借：在建工程——建筑工程(设备工程)	120 000
贷：应付职工薪酬	120 000

(5) 工程发生其他费用时。

借: 在建工程——建筑工程(设备工程)   40 000

  贷: 银行存款   40 000

(6) 工程完工转入固定资产时。

借: 固定资产——生产用固定资产   5 060 000

  贷: 在建工程——建筑工程(设备工程)   5 060 000

2. 出包工程

出包工程是指企业通过招标等方式将工程项目发包给建造承包商,由建造承包商组织施工的建筑工程和安装工程。企业采用出包方式实施的固定资产工程,其工程的具体支出由建造承包商核算,在这种方式下,"在建工程"账户主要是企业与建造承包商办理工程价款的结算账户。企业支付给建造承包商的工程价款作为工程成本,通过"在建工程"账户核算。企业按合理估计的发包工程进度和合同规定向建造承包商结算的进度款,借记"在建工程"账户,涉及增值税的还要借记"应交税费——应交增值税(进项税额)"等账户,贷记"银行存款"等账户;工程达到预定可使用状态时,按其成本借记"固定资产"账户,贷记"在建工程"账户。

【例 4-7】风华公司将一幢仓库的建造工程出包给北方建筑公司承建,按合理估计的发包工程进度和合同规定,工程开工时向北方建筑公司预付工程款,取得的增值税专用发票上注明工程款 420 000 元,税率 9%,增值税税额 37 800 元。工程完工后,收到北方建筑公司有关工程结算单据,补付工程款并取得北方建筑公司开具的增值税专用发票,注明工程款 380 000 元,税率 9%,增值税税额 34 200 元,工程完工并达到预定可使用状态。风华公司编制会计分录如下。

(1) 按合理估计发包工程进度和合同规定结算工程款时,编制会计分录如下。

借: 在建工程——建筑工程(仓库工程)   420 000

  应交税费——应交增值税(进项税额)   37 800

  贷: 银行存款   457 800

(2) 补付工程款时,编制会计分录如下。

借: 在建工程——建筑工程(仓库工程)   380 000

  应交税费——应交增值税(进项税额)   34 200

  贷: 银行存款   414 200

(3) 工程完工并达到预定可使用状态时,编制会计分录如下。

借: 固定资产——生产用固定资产   800 000

  贷: 在建工程——建筑工程(仓库工程)   800 000

四、持有期间固定资产业务的账务处理

(一) 对固定资产计提折旧

1. 固定资产折旧的概念

固定资产的一个主要特征是能够长期参加生产经营过程而仍保持原有实物形态,但其价值随着固定资产的使用而逐渐转移到成本或费用中。固定资产在使用过程中由于损耗而减少的价值称为固定资产折旧。固定资产的损耗包括有形损耗和无形损耗两种,有形损耗是指固定资产在使用过程中由于使用和自然力影响而发生的价值损耗;无形损耗是指由于科学技术进步等而引起的价值损耗。企业应在固定资产的使用寿命内,按照确定的方法对应计折旧额进行系统分摊,即固定资产的折旧按期转入成本和费用,并随着产品销售的实现,收回货款,弥补成本费

用，从而使这部分价值损耗得到补偿。由此可见，正确计算和提取固定资产折旧，不仅影响成本、费用和企业盈亏的正确计算，也是保证固定资产再生产资金来源的重要手段。

2. 影响固定资产折旧的因素

影响折旧的因素主要有以下几个方面。

(1) 固定资产原价。固定资产原价是指固定资产的实际取得成本，就折旧计算而言，也称为折旧基数。以原始价值作为计算折旧的基数，可以使折旧的计算建立在客观的基础上，不容易受会计人员主观因素的影响。在固定资产使用寿命一定的情况下，固定资产的原始价值越高，则单位时间内或单位工作量的折旧额就越多；固定资产的原始价值越低，则单位时间内或单位工作量的折旧额就越少。因此，从投入产出的角度来讲，在保证生产效率和产品质量的前提下，企业应减少固定资产原始价值的支出，以提高企业的效益。

(2) 预计净残值。预计净残值是指预计固定资产报废时可以收回的残余价值扣除预计清理费用后的数额。固定资产的净残值是企业在固定资产使用期满后对固定资产的一个回收额。其中，预计残值收入是指固定资产报废清理时预计可收回的器材、零件、材料等残料价值收入；预计清理费用是指固定资产报废清理时预计发生的拆卸、整理、搬运等费用。固定资产原始价值减去预计净残值后的数额为固定资产应计提折旧总额。

(3) 固定资产的使用年限。固定资产使用年限的长短直接影响各期应提的折旧额。在确定固定资产使用年限时，不仅要考虑固定资产的有形损耗，还要考虑固定资产的无形损耗。

(4) 固定资产减值准备。固定资产减值准备是指已计提的固定资产减值准备累计金额。已计提减值准备的固定资产计算应计折旧额时，还应当扣除已计提的固定资产减值准备累计金额。

3. 固定资产的折旧范围

我国现行会计准则规定，除以下情况外，企业应对所有固定资产计提折旧：①已提足折旧仍继续使用的固定资产；②按规定单独估价作为固定资产入账的土地。

在确定计提折旧的范围时，还应注意以下几点：①固定资产应当按月计提折旧，当月增加的固定资产，当月不计提折旧，从下月起计提折旧；当月减少的固定资产，当月仍计提折旧，从下月起不计提折旧。②固定资产提足折旧后，不论能否继续使用，均不再计提折旧；提前报废的固定资产，也不再补提折旧。所谓提足折旧，是指已经提足该项固定资产的应计折旧额。③已达到预定可使用状态但尚未办理竣工决算的固定资产，应当按照估计价值确定其成本，并计提折旧；待办理竣工决算后，再按实际成本调整原来的暂估价值，但不需要调整原已计提的折旧额。

企业至少于每年年度终了，对固定资产的使用寿命、预计净残值和折旧方法进行复核。在固定资产使用过程中，由于经济环境、技术环境及其他环境等客观情况的改变，使原有的固定资产预计使用寿命、预计净残值和折旧方法已经不能恰当地反映其实际情况，使用寿命预计数与原先估计数有差异的，应当调整固定资产使用寿命；预计净残值预计数与原先估计数有差异的，应当调整预计净残值；与固定资产有关的经济利益预期实现方式有重大改变的，应当改变固定资产折旧方法。通过对固定资产的使用寿命、预计净残值和折旧方法恰当地调整，使固定资产信息更加真实，也更加有助于会计信息使用者做出正确的经济决策。

4. 固定资产折旧的方法

固定资产折旧方法是将应计折旧额在固定资产各使用期间进行分配时所采用的具体计算方法。固定资产折旧方法包括年限平均法、工作量法、双倍余额递减法和年数总和法等。企业应当根据与固定资产有关的经济利益的预期实现方式，合理选择固定资产的折旧方法。

为了保持固定资产折旧方法的相对稳定,固定资产折旧方法一经确定,不得随意变更。

1) 年限平均法

年限平均法,是根据固定资产的应计折旧总额和预计使用寿命来平均计算折旧的方法。由于按照这种方法计算的折旧额在固定资产的各个使用年份或月份都是相等的,因此这种方法也称为直线法。

年限平均法计算折旧的公式为

$$年折旧额 = (固定资产原价 - 预计净残值) \div 预计使用寿命(年)$$

$$月折旧额 = 年折旧额 \div 12$$

在实务中,固定资产折旧额是根据折旧率计算的。折旧率是指折旧额占原始价值的比率。

$$年折旧率 = (1 - 预计净残值率) \div 预计使用寿命(年)$$

$$月折旧率 = 年折旧率 \div 12$$

$$月折旧额 = 固定资产原价 \times 月折旧率$$

【例4-8】风华公司有一幢厂房,原价为2 000 000元,预计可使用20年,预计净残值率为4%。该厂房的折旧率和折旧额的计算如下。

$$年折旧率 = (1 - 4\%) \div 20 \times 100\% = 4.8\%$$

$$月折旧率 = 4.8\% \div 12 = 0.4\%$$

$$月折旧额 = 2 000 000 \times 0.4\% = 8 000(元)$$

2) 工作量法

工作量法,是指根据实际工作量计算折旧的一种方法。采用这种折旧方法,每期折旧额的大小随工作量的变动而变动。

工作量法计算折旧的公式为

$$单位工作量折旧额 = 固定资产原价 \times (1 - 预计净残值率) \div 预计总工作量$$

$$某项固定资产月折旧额 = 该项固定资产当月工作量 \times 单位工作量折旧额$$

【例4-9】风华公司的一辆运货卡车的原价为1 000 000元,预计总行驶里程为600 000千米,预计净残值率5%。该货车本月行驶5 000千米。该辆汽车的月折旧额计算如下。

$$每公里折旧额 = 1 000 000 \times (1 - 5\%) \div 600 000 = 1.58(元)$$

$$本月折旧额 = 5 000 \times 1.58 = 7 900(元)$$

3) 双倍余额递减法

双倍余额递减法,是指在不考虑固定资产预计净残值的情况下,根据每期期初固定资产净值和双倍的直线法折旧率计算固定资产折旧的方法。采用双倍余额递减法计提折旧时,一般应在固定资产使用寿命到期前两年内,将固定资产账面净值扣除预计净残值后的净值平均摊销。

双倍余额递减法的计算公式为

$$年折旧率 = 2 \div 预计使用寿命(年) \times 100\%$$

$$年折旧额 = 年初固定资产账面净值 \times 年折旧率$$

$$月折旧额 = 年折旧额 \div 12$$

$$最后两年每年折旧额 = (固定资产年初账面净值 - 预计净残值) \div 2$$

需要注意的是,这里的折旧年度是指"以固定资产开始计提折旧的月份为始计算的1个年度期间",如某公司1月取得某项固定资产,其折旧年度为"从2月至第二年1月期间"。

【例4-10】风华公司的一项固定资产的原价为80 000元,预计使用年限为5年,预计净残值率为4%。按双倍余额递减法计提折旧,每年的折旧额计算如下。

$$年折旧率 = 2 \div 5 \times 100\% = 40\%$$

预计净残值=80 000 × 4%＝3 200(元)

第 1 年应计提的折旧额＝80 000 × 40%＝32 000(元)

第 2 年应计提的折旧额＝(80 000 - 32 000)×40%＝19 200(元)

第 3 年应计提的折旧额＝(80 000 - 32 000 - 19 200)× 40%＝11 520(元)

第 4 年、第 5 年每年应计提的折旧额＝[(80 000-32 000-19 200-11 520)-3 200]÷2＝7 040(元)

每年各月折旧额根据年折旧额再除以 12 计算。

4) 年数总和法

年数总和法，是指将固定资产的原价减去预计净残值后的余额，乘以一个逐年递减的分数来计算每年折旧额的一种方法。这个分数的分子代表固定资产尚可使用寿命，分母代表预计使用寿命逐年数字总和。和双倍余额递减法相比，年数总和法的特点是折旧率是逐年递减的，而各年计提折旧的基数是固定不变的。

年数总和法的计算公式为

$$年折旧率＝尚可使用年限÷预计使用寿命的年数总和×100\%$$
$$年折旧额＝每个折旧年度年初(固定资产原价-预计净残值)×年折旧率$$
$$月折旧额＝年折旧额÷12$$

【例 4-11】以例 4-10 数据为例，按年数总和法计算折旧额如下。

预计使用寿命的年数总和＝1 + 2 + 3 + 4 + 5 = 15

第一、二、三、四、五年折旧率分别为: 5/15，4/15，3/15，2/15，1/15。

预计净残值＝80 000 × 4%＝3 200(元)

第一年折旧额＝(80 000 - 3 200) × 5/15 = 25 600(元)

第二年折旧额＝(80 000 - 3 200) × 4/15 = 20 480(元)

第三年折旧额＝(80 000 - 3 200) × 3/15 = 15 360(元)

第四年折旧额＝(80 000 - 3 200) × 2/15 = 10 240(元)

第五年折旧额＝(80 000 - 3 200) × 1/15 = 5 120(元)

每年各月折旧额根据年折旧额除以 12 计算。

双倍余额递减法和年数总和法属于加速折旧法，其特点是固定资产使用前期提取的折旧多，使用后期提取的折旧逐年减少。

5. 固定资产折旧的账务处理

企业固定资产应按照固定资产的用途和使用部门，将每月计提的折旧额分别计入不同的成本费用账户。企业自行建造固定资产过程中使用的固定资产，其计提的折旧应记入"在建工程"账户；基本生产车间所使用的固定资产，其计提的折旧应记入"制造费用"账户；管理部门所使用的固定资产，其计提的折旧应记入"管理费用"账户；销售部门所使用的固定资产，其计提的折旧应记入"销售费用"账户；经营租出的固定资产，其应提的折旧额应记入"其他业务成本"账户；闲置不用的固定资产，其应提的折旧额应记入"管理费用"账户。企业计提固定资产折旧时，借记"在建工程""制造费用""管理费用""销售费用""其他业务成本"等账户，贷记"累计折旧"账户。

【例 4-12】风华公司采用年限平均法对固定资产计提折旧。2024 年 1 月根据固定资产折旧计算表确定的各车间及厂部管理部门应分配的折旧额如下: 生产车间 1 200 000 元，厂部管理部门 400 000 元，专设销售部门 200 000 元，在建工程 100 000 元。该公司编制会计分录如下。

借: 制造费用　　　　　　　　　　　　　　　1 200 000

　　管理费用　　　　　　　　　　　　　　　400 000

销售费用	200 000
在建工程	100 000
贷：累计折旧	1 900 000

(二) 固定资产发生的后续支出

固定资产的后续支出是指固定资产在使用过程中发生的更新改造支出、修理费用等。

固定资产的更新改造等后续支出，满足固定资产确认条件的，应当计入固定资产成本，即固定资产后续支出应予以资本化，如果有被替换的部分，应同时将被替换部分的账面价值从该固定资产原账面价值中扣除；不满足固定资产确认条件的后续支出，应当在发生时计入当期损益，即固定资产的后续支出应予以费用化，计入当期损益。

1. 资本化后续支出

在固定资产发生可资本化的后续支出后，企业应将该固定资产的原价、已计提的累计折旧和减值准备转销，将固定资产的账面价值转入在建工程，并停止计提折旧。固定资产发生的可资本化的后续支出，通过"在建工程"账户核算。企业发生的一些固定资产的后续支出可能涉及替换原固定资产的某组成部分，为避免重复计算成本，应将被替换部分的账面价值从新确认的固定资产成本中扣除。在固定资产发生的后续支出完工并达到预定可使用状态时，从"在建工程"账户转入"固定资产"账户，并按重新确定的使用寿命、预计净残值和折旧方法计提折旧。

【例4-13】某航空公司为增值税一般纳税人，2016年12月购入一架飞机，总计花费80 000 000元(含发动机)，发动机当时的购价为5 000 000元。甲公司未将发动机单独作为一项固定资产进行核算。2024年初，甲航空公司开辟新航线，航程增加。为延长飞机的空中飞行时间，公司决定更换一部性能更为先进的发动机。公司以银行存款购入新发动机一台，增值税专用发票上注明买价为7 000 000元，增值税税额为910 000元，另支付安装费用并取得增值税专用发票，注明安装费100 000元，税率9%，增值税税额9 000元。假定飞机的年折旧率为3%，不考虑预计净残值的影响，替换下的老发动机报废且无残值收入。该公司编制相关会计分录如下。

(1) 将固定资产账面价值转入在建工程时，编制会计分录如下。

2024年初飞机的累计折旧金额=80 000 000×3%×8=19 200 000(元)

借：在建工程	60 800 000
累计折旧	19 200 000
贷：固定资产	80 000 000

(2) 购入并安装新发动机时，编制会计分录如下。

借：工程物资	7 000 000
应交税费——应交增值税(进项税额)	910 000
贷：银行存款	7 910 000
借：在建工程	7 000 000
贷：工程物资	7 000 000

(3) 支付安装费时，编制会计分录如下。

借：在建工程	100 000
应交税费——应交增值税(进项税额)	9 000
贷：银行存款	109 000

(4) 2024年初替换老发动机时，编制会计分录如下。

2024年初老发动机账面价值=5 000 000－5 000 000×3%×8=3 800 000(元)

借: 营业外支出   3 800 000

  贷: 在建工程   3 800 000

(5) 发动机安装完毕，投入使用时，编制会计分录如下。

借: 固定资产   64 100 000

  贷: 在建工程   64 100 000

2. 费用化后续支出

一般情况下，固定资产投入使用后，由于磨损、各组成部分的耐用程度不同，可能会导致固定资产的局部损坏，为了维护固定资产的正常运转和使用，充分发挥其使用效能，企业应对固定资产进行必要的维护。固定资产的日常维护支出只是确保固定资产的正常工作状况，通常不满足资本化支出的确认条件，应在发生时进行费用化处理，计入当期损益，不得采用待摊或预提的方式处理。

行政管理部门发生的不可资本化的日常修理费等支出，借记"管理费用"账户，贷记"银行存款"等账户；企业专设销售机构发生的不可资本化的日常修理费等支出，借记"销售费用"账户，贷记"银行存款"等账户。如果发生可抵扣的增值税进项税额，还应借记"应交税费——应交增值税(进项税额)"账户。

【例4-14】2024年6月1日，风华公司对管理部门现有的一台设备进行日常修理，发生维修费并取得增值税专用发票，注明修理费8 000元，税率13%，以银行存款支付。该公司编制会计分录如下。

借: 管理费用   8 000

  应交税费——应交增值税(进项税额) 1 040

  贷: 银行存款   9 040

(三) 期末固定资产减值

1. 固定资产减值概述

固定资产的期末计量是指企业在资产负债表日确定的期末价值。固定资产在使用过程中，由于存在有形和无形的损耗及其他原因，可能会发生减值的情况。企业若不对已经发生的资产减值予以确认，必将导致虚夸资产价值，这不符合真实性和谨慎性的要求。因此，企业应当在期末或者至少在每年年度终了时，对固定资产进行检查，以确定是否发生减值。

固定资产的减值是指固定资产的可收回金额低于账面价值。企业在资产负债表日应当判断固定资产是否存在可能发生减值的迹象(如固定资产的市价出现大幅度下降、固定资产已经或者将被闲置、终止使用或者计划提前处置等)。如果固定资产存在减值的迹象，则应当进行减值测试，估计固定资产的可收回金额。可收回金额低于账面价值的，应当按照可收回金额低于账面价值的金额计提减值准备。

2. 固定资产减值的账务处理

固定资产在资产负债表日存在可能发生减值的迹象时，其可收回金额低于账面价值的，企业应当将该固定资产的账面价值减记至可收回金额，减记的金额确认为减值损失，计入当期损益，同时计提相应的资产减值准备，借记"资产减值损失——计提的固定资产减值准备"账户，贷记"固定资产减值准备"账户。固定资产减值损失一经确认，在以后会计期间不得转回。

【例4-15】2024年12月31日，风华公司的某生产线存在可能发生减值的迹象。经计算，该生产线的可收回金额合计为1 200 000元，账面价值为1 500 000元，以前年度未对该生产线计提过减值准备。

由于该生产线的可收回金额为 1 200 000 元，账面价值为 1 500 000 元，可收回金额低于账面价值，应按两者之间的差额 300 000(1 500 000 - 1 200 000) 元计提固定资产减值准备。该公司编制会计分录如下。

借：资产减值损失——计提的固定资产减值准备　300 000
　　贷：固定资产减值准备　　　　　　　　　　　　　　　300 000

(四) 固定资产清查

企业应定期或者至少于每年年末对固定资产进行清查盘点，以保证固定资产核算的真实性，充分挖掘企业现有固定资产的潜力。在固定资产清查过程中，如果发现盘盈、盘亏的固定资产，应填制固定资产盘盈盘亏报告表。清查固定资产的损溢，应及时查明原因，并按照规定程序报批处理。

1. 固定资产盘盈

企业在财产清查中盘盈的固定资产，应按以下顺序确定其入账价值：如果同类或类似固定资产存在活跃市场，按同类或类似固定资产的市场价格，减去按该项资产的新旧程度估计的价值损耗后的余额，作为入账价值；如果同类或类似固定资产不存在活跃市场，按该项固定资产的预计未来现金流量的现值，作为入账价值。

企业在财产清查中盘盈的固定资产，作为前期差错处理。企业在财产清查中盘盈的固定资产，在按管理权限报经批准处理前应先通过"以前年度损益调整"账户核算。企业发生固定资产盘盈时，应按上述规定确定的入账价值，借记"固定资产"账户，贷记"以前年度损益调整"账户；由于以前年度损益调整而增加的所得税费用，借记"以前年度损益调整"账户，贷记"应交税费——应交所得税"账户；将以前年度损益调整账户余额转入留存收益，借记"以前年度损益调整"账户，贷记"盈余公积""利润分配——未分配利润"等账户。

【例 4-16】风华公司在财产清查中，发现一台账外设备，同类设备的市场价格为 500 000 元，估计 8 成新(假定与其计税基础不存在差异)。企业适用的所得税税率为 25%，企业按净利润的 10%计提法定盈余公积。该公司编制有关会计分录如下。

(1) 盘盈固定资产时，编制会计分录如下。

借：固定资产　　　　　　　　　　　　　　400 000
　　贷：以前年度损益调整　　　　　　　　　　　　400 000

(2) 确定应交纳的所得税时，编制会计分录如下。

借：以前年度损益调整　　　　　　　　　　100 000
　　贷：应交税费——应交所得税　　　　　　　　　100 000

(3) 结转为留存收益时，编制会计分录如下。

借：以前年度损益调整　　　　　　　　　　300 000
　　贷：盈余公积　　　　　　　　　　　　　　　　30 000
　　　　利润分配——未分配利润　　　　　　　　　270 000

2. 固定资产盘亏

企业在财产清查中盘亏的固定资产，按盘亏固定资产的账面价值，借记"待处理财产损溢"账户；按已计提的累计折旧，借记"累计折旧"账户；按已计提的减值准备，借记"固定资产减值准备"账户；按固定资产的原价，贷记"固定资产"账户。按管理权限报经批准后处理时，按可收回的保险赔偿或过失人赔偿，借记"其他应收款"账户；按自然灾害或管理不善造成的净损失，借记"营业外支出"账户，贷记"待处理财产损溢"账户。

【例4-17】风华公司进行财产清查时发现短缺一台笔记本电脑，原价为10 000元，已计提折旧7 000元，购入时增值税税额1 300元。风华公司做如下会计处理。

(1) 盘亏固定资产时，编制会计分录如下。

借：待处理财产损溢——待处理固定资产损溢 3 000

  累计折旧   7 000

  贷：固定资产   10 000

(2) 转出不可抵扣的增值税进项税额时，编制会计分录如下。

借：待处理财产损溢——待处理固定资产损溢 390

  贷：应交税费——应交增值税(进项税额转出) 390

(3) 报经批准转销时，编制会计分录如下。

借：营业外支出——盘亏损失   3 390

  贷：待处理财产损溢——待处理固定资产损溢 3 390

五、固定资产处置的账务处理

固定资产处置是指企业因出售、转让、报废或毁损、对外投资、非货币性资产交换、债务重组等对固定资产进行的清理工作。

企业在生产经营中，可能将不适用或不需用的固定资产对外出售转让，或因磨损、技术进步、自然灾害等原因使固定资产发生报废或毁损，或由于企业经营需要对外进行资产置换或抵债等。上述事项发生时，应按规定程序办理有关手续，办理固定资产清理，同时结转固定资产的账面价值，计算有关的清理收入、清理费用及残料价值等，清理完毕，结转固定资产清理损益。

企业处置固定资产应通过"固定资产清理"账户核算，具体包括以下几个环节。

(一) 固定资产转入清理

企业因出售、报废或毁损而转出的固定资产，按固定资产的账面价值，借记"固定资产清理"账户；按已计提的累计折旧，借记"累计折旧"账户；按已计提的减值准备，借记"固定资产减值准备"账户；按其账面原价，贷记"固定资产"账户。

(二) 发生的清理费用

固定资产清理过程中应支付的清理费用及其可抵扣的增值税进项税额，借记"固定资产清理""应交税费——应交增值税(进项税额)账户，贷记"银行存款"等账户。

(三) 收回出售固定资产的价款、残料价值和变价收入等

收回出售固定资产的价款和税款，借记"银行存款"账户，按增值税专用发票上注明的价款，贷记"固定资产清理"账户，按增值税专用发票上注明的增值税销项税额，贷记"应交税费——应交增值税(销项税额)"账户。残料入库，按残料价值，借记"原材料"等账户，贷记"固定资产清理"账户。

(四) 确认应收责任单位(或个人)赔偿损失

应由保险公司或过失人赔偿的损失，借记"其他应收款"等科目，贷记"固定资产清理"账户。

(五) 清理净损益的处理

固定资产清理完成后,对清理净损益,应区分不同情况进行账务处理。

(1) 因固定资产已丧失使用功能或因自然灾害发生毁损等原因而报废清理产生的利得或损失应计入营业外收支。属于生产经营期间正常报废清理产生的处理净损失,借记"营业外支出——处置非流动资产损失"账户,贷记"固定资产清理"账户;属于生产经营期间由于自然灾害等非正常原因造成的,借记"营业外支出——非常损失"账户,贷记"固定资产清理"账户;如为净收益,借记"固定资产清理"账户,贷记"营业外收入——非流动资产处置利得"账户。

(2) 因出售、转让等原因产生的固定资产处置利得或损失应计入资产处置收益。确认处置净损失,借记"资产处置损益"账户,贷记"固定资产清理"账户;如为净收益,借记"固定资产清理"账户,贷记"资产处置损益"账户。

【例4-18】风华公司出售一座建筑物,原价为2 000 000元,已提折旧900 000元,未计提减值准备,实际出售价格为1 200 000元,增值税税率为9%,增值税税额为108 000元,已通过银行收回价款。风华公司编制会计分录如下。

该公司应做如下会计处理。

(1) 将固定资产转入清理时,编制会计分录如下。

借: 固定资产清理　　　　　　　　　　　　1 100 000
　　累计折旧　　　　　　　　　　　　　　　900 000
　　　贷: 固定资产　　　　　　　　　　　　　　2 000 000

(2) 收回出售的价款时,编制会计分录如下。

借: 银行存款　　　　　　　　　　　　　　1 308 000
　　　贷: 固定资产清理　　　　　　　　　　　　1 200 000
　　　　　应交税费——应交增值税(销项税额)　　108 000

(3) 结转出售固定资产清理净损益时,编制会计分录如下。

借: 固定资产清理　　　　　　　　　　　　　100 000
　　　贷: 资产处置损益　　　　　　　　　　　　　100 000

【例4-19】风华公司的一台生产设备提前报废,原价为1 000 000元,已提折旧800 000元,已提减值准备100 000元,报废时的残值变价收入为30 000元,增值税税额3 900元。报废清理过程中发生清理费用4 000元。有关收入、支出均通过银行办理结算。风华公司编制有关会计分录如下。

(1) 将固定资产转入清理时,编制会计分录如下。

借: 固定资产清理　　　　　　　　　　　　　100 000
　　累计折旧　　　　　　　　　　　　　　　800 000
　　固定资产减值准备　　　　　　　　　　　100 000
　　　贷: 固定资产　　　　　　　　　　　　　　1 000 000

(2) 收回残料变价收入时,编制会计分录如下。

借: 银行存款　　　　　　　　　　　　　　　33 900
　　　贷: 固定资产清理　　　　　　　　　　　　　30 000
　　　　　应交税额——应交增值税(销项税额)　　3 900

(3) 支付清理费时,编制会计分录如下。

借: 固定资产清理　　　　　　　　　　　　　4 000
　　　贷: 银行存款　　　　　　　　　　　　　　　4 000

(4) 结转固定资产清理净损益时，编制会计分录如下。

借：营业外支出——非流动资产处置损失　　74 000

　　贷：固定资产清理　　　　　　　　　　　　　　74 000

【例4-20】风华公司一厂房因水灾而发生毁损，原价为4 000 000元，已提折旧1 000 000元，未计提减值准备，以存款支付装卸费2 000元，增值税税额180元，其残料价值50 000元，已办理入库手续。经保险公司核定应赔款1 500 000元。风华公司编制会计分录如下。

(1) 将固定资产转入清理时，编制会计分录如下。

借：固定资产清理　　　　　　　　　　3 000 000

　　累计折旧　　　　　　　　　　　　1 000 000

　　贷：固定资产　　　　　　　　　　　　　　4 000 000

(2) 支付清理费时，编制会计分录如下。

借：固定资产清理　　　　　　　　　　　2 000

　　应交税额——应交增值税(进项税额)　　180

　　贷：银行存款　　　　　　　　　　　　　　2 180

(3) 收回残料入库时，编制会计分录如下。

借：原材料　　　　　　　　　　　　　50 000

　　贷：固定资产清理　　　　　　　　　　　　50 000

(4) 确定应收保险公司赔款时，编制会计分录如下。

借：其他应收款　　　　　　　　　　1 500 000

　　贷：固定资产清理　　　　　　　　　　　1 500 000

(5) 结转固定资产清理净损益时，编制会计分录如下。

借：营业外支出——非常损失　　　　1 452 000

　　贷：固定资产清理　　　　　　　　　　　1 452 000

案例分析

违规运营　弄虚作假

某施工单位为顺利签下一笔工程合同，拟向工程发包方有关人员支付好处费10万元，市场部经理按总经理的指示，到财务部申领该款项，财务部经理蔡某认为该项支出不符合有关规定，支出后也不好做账，但考虑是总经理的意思，该项目拿下后，会给企业带来100万元以上的利润，于是同意拨付该笔款项，并叮嘱市场经理想办法弄10万元费用发票，以便以后做账。

请思考：

蔡某的行为违背了哪些会计职业道德？

分析提示

任务小结

固定资产典型业务账务处理总结

业务内容		账务处理
取得固定资产	外购不需要安装固定资产	借：固定资产 　　应交税费——应交增值税(进项税额) 　　贷：银行存款等

	业务内容	账务处理
取得固定资产	外购需要安装固定资产	支付待安装设备购置费 借：在建工程 　　应交税费——应交增值税(进项税额) 　　贷：银行存款等 支付安装费 借：在建工程等 　　贷：银行存款等 安装完毕达到使用状态 借：固定资产 　　贷：在建工程
	自营工程	购入工程物资 借：工程物资 　　应交税费——应交增值税(进项税额) 　　贷：银行存款等 领用工程物资 借：在建工程 　　贷：工程物资 自产产品、原材料用于在建工程 借：在建工程 　　贷：库存商品 　　　　原材料 发生工程人员薪酬、借款费用资本化等 借：在建工程 　　贷：应付职工薪酬 　　　　长期借款 工程达到使用状态 借：固定资产 　　贷：在建工程
	出包工程	支付工程款 借：在建工程等 　　贷：银行存款 工程达到使用状态 借：固定资产 　　贷：在建工程
计提固定资产折旧	折旧计算方法： 年限平均法 工作量法 双倍余额递减法 年数总和法	借：制造费用 　　管理费用 　　销售费用 　　在建工程等 　　贷：累计折旧
固定资产后续支出	资本化后续支出	转入改、扩建工程 借：在建工程 　　累计折旧 　　固定资产减值准备 　　贷：固定资产 支付改扩建工程价款 借：在建工程等 　　贷：银行存款等

(续表)

业务内容		账务处理
固定资产后续支出	费用化后续支出	改扩建完工达到使用状态 借：固定资产 　　贷：在建工程 借：管理费用 　　销售费用等 　　贷：银行存款、应付职工薪酬等
清查固定资产	固定资产盘盈	发生盘盈固定资产时 借：固定资产 　　贷：以前年度损益调整 确定应缴纳的所得税时 借：以前年度损益调整 　　贷：应交税费——应交所得税 结转为留存收益时 借：以前年度损益调整 　　贷：盈余公积 　　　　利润分配——未分配利润
	固定资产盘亏	发生盘亏固定资产时 借：待处理财产损溢 　　累计折旧 　　固定资产减值准备 　　贷：固定资产 报经批准转销时 借：其他应收款 　　营业外支出等 　　贷：待处理财产损溢
处置固定资产	将固定资产转入清理	借：固定资产清理 　　累计折旧 　　固定资产减值准备 　　贷：固定资产
	支付清理费用	借：固定资产清理 　　应交税费——应交增值税(进项税额) 　　贷：银行存款等
	取得变价收入、残料、保险赔偿	借：银行存款 　　原材料 　　其他应收款等 　　贷：固定资产清理 　　　　应交税费——应交增值税(销项税额)
	结转净损益	结转净损失 借：资产处置损益或营业外支出 　　贷：固定资产清理 结转净收益 借：固定资产清理 　　贷：资产处置损益或营业外收入

任务考核

一、单项选择题

1. 某企业为增值税一般纳税人，购入生产用设备一台，增值税专用发票上注明价款 10 万元，增值税 1.3 万元，发生运费取得增值税专用发票注明运费 0.5 万元，增值税 0.045 万元，发生保险费取得增值税专用发票注明保险费 0.3 万元，增值税 0.018 万元，该设备取得时的成本为(   )万元。

    A. 10   B. 10.873   C. 10.8   D. 12.573

2. 甲公司系增值税一般纳税人，销售设备适用的增值税税率为 13%，2024 年 8 月 31 日以不含增值税的价格 100 万元售出 2018 年购入的一台生产用机床，增值税进项税额为 13 万元，该机床原价为 200 万元(不含增值税)，已计提折旧 120 万元，已计提减值 30 万元，不考虑其他因素，甲公司处置该机床的利得为(   )万元。

    A. 66   B. 20   C. 33   D. 50

3. 某运输企业(增值税一般纳税人)的一辆运货卡车，购入时取得增值税专用发票注明的价款为 40 万元，增值税税额为 5.2 万元。预计总行驶里程为 50 万千米，预计报废时的净残值为 4 万元。该企业对运货卡车采用工作量法计提折旧。当月卡车行驶 3 000 千米，则该辆卡车本月应当计提的折旧为(   )万元。

    A. 0.21   B. 0.22   C. 0.23   D. 0.24

4. 2024 年 4 月，由于生产技术更新，甲公司将一条生产线进行更新改造，并替换了生产线上的一项设备。该生产线为 2020 年 4 月购入，原值 200 万元，预计使用年限 10 年，预计净残值为 0，采用年限平均法计提折旧，至 2024 年 4 月已使用 4 年。该生产线更新改造期间，发生相关支出 30 万元，替换新设备价值为 50 万元，被替换旧设备账面价值为 40 万元。2024 年 12 月 1 日，该生产线更新改造完毕，假定不考虑其他因素，则更新改造后该固定资产的账面价值为(   )万元。

    A. 150   B. 160   C. 200   D. 280

5. 某增值税一般纳税人(适用的增值税税率为 13%)采用自营方式购建一条生产线，购入工程物资总额为 100 万元(不含增值税)。购建生产线过程中，领用企业外购的原材料一批，成本为 50 万元，市场售价为 65 万元；领用企业自产的产品一批，成本为 80 万元，市场售价为 100 万元。假定不考虑其他因素，则该生产线的入账价值为(   )万元。

    A. 200   B. 230   C. 250   D. 65

二、多项选择题

1. 影响固定资产折旧的主要因素有(   )。

    A. 固定资产的账面原值   B. 预计净残值

    C. 固定资产使用寿命   D. 固定资产减值准备

2. 下列各项中，关于固定资产计提折旧的表述错误的有(   )。

    A. 单独计价入账的土地应计提折旧

    B. 提前报废的固定资产应补提折旧

    C. 已提足折旧继续使用的房屋应计提折旧

    D. 暂时闲置的库房应计提折旧

3. "固定资产清理"账户的贷方登记(   )。

    A. 转入清理的固定资产净值   B. 清理费用

　　C. 清理固定资产的变价收入　　　　　　D. 保险公司的赔偿款及过失人的赔偿款
　　4. 下列关于固定资产清查的会计处理表述正确的有(　　)。
　　　A. 财产清查中盘盈的固定资产应按重置成本入账
　　　B. 盘盈固定资产不会对当期损益造成影响
　　　C. 盘亏的固定资产经批准后计入营业外支出
　　　D. 盘盈固定资产属于企业的会计差错
　　5. 下列各项中，影响固定资产清理净损益的有(　　)。
　　A. 清理固定资产发生的清理费用　　　　B. 清理固定资产的变价收入
　　C. 清理固定资产的账面价值　　　　　　D. 清理固定资产耗用的材料成本

三、判断题

　　1. 已经达到预定使用状态的固定资产，无论是否交付使用，尚未办理竣工决算的，应当按照估计价值确认为固定资产，并计提折旧；待办理了竣工决算手续后，再按实际成本调整原来的暂估价值，并需要调整已计提的折旧额。　　　　　　　　　　　　　　　　(　　)
　　2. 企业计提的固定资产减值准备会减少固定资产的账面价值。　　　　　　(　　)
　　3. 企业生产车间发生的固定资产日常修理费用应确认为制造费用。　　　　(　　)
　　4. 固定资产在资产负债表日存在可能发生减值的迹象时，其可收回金额低于账面价值的，企业应当将该固定资产的账面价值减记至可收回金额，减记的金额确认为减值损失，计入当期损益。　　　　　　　　　　　　　　　　　　　　　　　　　　　　(　　)
　　5. 固定资产的后续支出，满足固定资产确认条件的，应当计入固定资产成本；不满足固定资产确认条件的后续支出，应当在发生时计入当期损益。　　　　　　(　　)

四、业务实训题

　　资料：某企业为增值税一般纳税人，2023年12月初，固定资产账面余额3 500万元，累计折旧1 200万元，未发生减值准备。2023—2024年该企业发生的有关固定资产业务如下。
　　(1) 2023年12月22日，购入一台不需要安装的生产用M设备，增值税专用发票上注明的价款为120万元，增值税税额为15.6万元。发生保险费用2万元，增值税税额为0.12，款项均以银行存款支付，预计该设备可使用10年，预计净残值为2万元，按照年限平均法计提折旧。
　　(2) 2024年3月1日，该企业准备自建一栋库房。2024年3月5日，购入工程物资取得增值税专用发票上注明的价款为200万元，增值税税额为26万元，款项以银行存款支付，该批物资于当日全部用于工程建设。2024年3月15日，领用本企业生产的钢材一批，市场售价为60万元，实际成本为30万元。2024年6月30日，确认3月至6月累计支付的工程人员薪酬40万元。2024年6月30日，自建库房工程完工达到预定可使用状态，预计该库房可以使用50年，预计净残值为0元。
　　(3) 2024年12月25日，M设备因雷电后意外毁损，以银行存款支付不含税清理费用1万元，应收保险公司赔款50万元。
　　要求：
　　(1) 根据资料(1)编制2023年12月22日购入M设备的会计分录。
　　(2) 根据资料(1)编制2024年M设备计提折旧的会计分录(假定按年计提)。
　　(3) 根据资料(2)编制自建库房的会计分录。
　　(4) 根据资料(1)和(3)编制M设备毁损的会计分录。
　　(5) 根据资料(1)～(3)计算2024年12月31日该企业"固定资产"账户的余额。

✎ 任务拓展

接受固定资产投资的企业，在办理了固定资产移交手续之后，应按投资合同或协议约定的价值加上应支付的相关税费作为固定资产的入账价值，但合同或协议约定价值不公允的除外。取得投资者投入的资产时，借记"固定资产""应交税费——应交增值税(进项税额)"账户，贷记"实收资本"账户等。

任务三　无形资产的核算

✎ 任务导入

兴华公司 2023 年 1 月 20 日从华兴公司购入一项专利的所有权，以银行存款支付买价和有关费用共 1 200 000 元，该专利自可供使用时至不再作为无形资产确认时止的年限为 10 年。2024年 12 月 31 日，该专利权预计可收回金额为 900 000 元。2025 年 1 月 10 日，兴华公司将上项专利权出售给海华公司，取得收入 1 000 000 元，增值税税率为 6%，款项存入银行(假定不考虑其他税费)。

要求：

(1) 编制兴华公司 2023 年 1 月 20 日购入专利权的会计分录。

(2) 计算该专利权的月摊销额并编制有关会计分录。

(3) 编制 2024 年 12 月 31 日计提减值准备的会计分录。

(4) 编制 2025 年 1 月 10 日出售该专利权有关的会计分录。

任务实施

✎ 任务准备

一、无形资产认知

(一) 无形资产的概念和特征

无形资产是指企业拥有或者控制的、没有实物形态的可辨认的非货币性资产。这是我国《企业会计准则第 6 号——无形资产》对无形资产所下的定义。从无形资产的定义中可以看出，无形资产具有以下几个主要特征。

(1) 不具备实物形态。无形资产所代表的是企业所拥有的某些特殊权利或优势，无形资产没有实物形态是无形资产区别于企业的固定资产、存货等其他有形资产的显著标志。

(2) 具有可辨认性。判断无形资产是否具有可辨认性，有两个标准：一是无形资产能够从企业中分离或者划分出来，并能单独或者与相关合同、资产或负债一起，用于出售、转移、授予许可、租赁或者交换；二是无形资产源自合同性权利或其他法定权利，无论这些权利是否可以从企业或其他权利和义务中转移或者分离。无法与企业自身分离，不具有可辨认性，不能作为无形资产，例如商誉。

(3) 属于非货币性长期资产。无形资产属于非货币性资产，且能够在多个会计期间为企业带来经济利益。无形资产的使用年限在一年以上，其价值将在各个收益期间逐渐摊销。

(二) 无形资产的内容

无形资产一般包括专利权、非专利技术、商标权、著作权、土地使用权、特许权等。

1. 专利权

专利权是指发明人在法定期限内对某一发明创造价值所拥有的特殊权利。专利人所拥有的专利权受到国家法律的保护，在其合法持有期间允许独家使用和控制。但不是所有的专利权都可以作为企业的无形资产入账，有些专利权不一定能为企业带来较大的经济效益，或者根本不能带来经济效益，这样的专利权就不能作为企业的无形资产入账。

2. 非专利技术

非专利技术即专有技术，或技术秘密、技术诀窍，是指先进的、未公开的、未申请专利、可以带来经济效益的技术及诀窍。其主要内容包括：一是工业专有技术，即在生产上已经采用，仅限于少数人知道，不享有专利权或发明权的生产、装配、修理、工艺或加工方法的技术知识；二是商业(贸易)专有技术，即具有保密性质的市场情报、原材料价格情报，以及用户、竞争对象的情况和有关知识；三是管理专有技术，即生产组织的经营方式、管理方式、培训职工方法等保密知识。非专利技术并不是专利法的保护对象，专有技术所有人依靠自我保密的方式来维持其独占权，也可以用于转让和投资。企业的非专利技术有些是自己开发研究的，有些是根据合同规定从外部购入的。如果是企业自己开发研究的，应将符合无形资产准则规定的开发支出资本化条件的，确认为无形资产。对于从外部购入的非专利技术，应将实际发生的支出予以资本化，作为无形资产入账。

非专利技术和专利技术的不同点在于非专利技术不受法律的保护。

3. 商标权

商标权是指企业专门在某种指定的商品上使用特定的名称、图案和标记的权利，是用来辨认特定的商品或劳务的标记。企业的商标权在法律上受到保护，其他企业不得使用同样的商标。商标是一个企业的标志，是联系企业和消费者的纽带。一个好的商标的价值是非常大的，甚至它的经济价值远远超过了该企业的有形资产，可以为企业带来巨大的超额利益。一个商标的实际价值是企业在长期的生产经营中创造的，因此它的价值是显而易见的。

按照《中华人民共和国商标法》的规定，商标可以转让，但受让人应保证使用注册商标的产品质量。如果企业购买他人的商标，一次性支付费用较多的，可以将其资本化，作为无形资产管理。

4. 著作权

著作权又称版权，是制作者对其创作的文学、科学和艺术作品依法享有的某种特殊权利。著作权包括两方面的权利，即精神权利(人身权利)和经济权利(财产权利)。前者指作品署名、发表作品、确认作者身份、保护作品的完整性、修改已经发表的作品等各项权利，包括发表权、署名权、修改权和保护作品完整权。后者指以出版、表演、广播、展览、录制唱片、摄制影片等方式使用作品，以及因授权他人使用作品而获得经济利益的权利。一般情况下，只有从外部购入的著作权才能作为无形资产处理。

5. 土地使用权

土地使用权是指经过国家准许，某一企业或单位在一定期间内对国有土地享有开发、利用、经营的权利。土地属于国家和集体所有，任何社会组织或个人都不能以任何理由侵占、买卖土地。企业取得土地的使用权通常是有偿的，企业为获得土地使用权向政府支付的土地出让金应作为无形资产。

6. 特许权

特许权也称经营特许权、专营权，指企业在某一地区经营或销售某种特定商品的权利，或是一家企业接受另一家企业使用其商标、商号、技术秘密等的权利。特许权的形成往往有两种方式：第一种方式是由政府授权，准许企业在某一地点享有某种特权；另一种方式是企业间依据签订的合同，有限期或无限期使用另一企业的某些权利，如烟草专卖权、连锁店分店、商标使用权等。

二、无形资产核算设置的账户

为了核算各项无形资产，企业应设置"无形资产""研发支出""累计摊销""无形资产减值准备"等账户。

(1) 设置"无形资产"账户，用来核算企业持有的无形资产成本。该账户属于资产类账户，借方登记以各种方式、途径取得的无形资产的实际成本，贷方登记转让、核销无形资产的成本，期末余额在借方，反映企业期末无形资产的成本。该账户按各无形资产项目设置明细账，进行明细核算。

(2) 设置"研发支出"账户，用来核算企业进行研究与开发无形资产过程中发生的各项支出。该账户属于成本类账户，借方登记企业自行开发无形资产发生的研发支出，贷方结转达到预定用途形成无形资产的研发支出。期末借方余额反映企业正在进行无形资产研究开发项目满足资本化条件的支出。该账户可按研究开发项目，分别以"费用化支出""资本化支出"进行明细核算。

(3) 设置"累计摊销"账户，用来核算企业对使用寿命有限的无形资产计提的累计摊销额。该账户属于资产类账户，是"无形资产"的备抵调整账户，贷方登记按期计提的无形资产摊销额，借方登记处置无形资产时转出的累计摊销额，期末贷方余额反映企业无形资产的累计摊销额。

(4) 设置"无形资产减值准备"账户，用来核算企业无形资产的减值准备。该账户属于资产类账户，是"无形资产"的备抵调整账户，贷方登记按减值的金额计提的减值准备，借方登记处置无形资产时转销的减值准备。期末贷方余额反映企业已计提但尚未转销的减值准备。

三、取得无形资产典型业务的账务处理

企业取得无形资产应当按照成本进行初始计量。企业取得无形资产的主要方式有外购、自行开发、投资者投入等。由于无形资产的取得途径不同，其成本构成也不完全相同，因而其会计处理有很大的差别。这里只介绍外购和自行开发无形资产的业务处理。

(一) 外购的无形资产

外购方式是企业取得无形资产的重要渠道。外购的无形资产，其成本包括购买价款、相关税费，以及直接归属于使该项无形资产达到预定用途所发生的其他支出。企业外购无形资产时，应根据购入过程中所发生的全部支出借记"无形资产"账户，取得增值税专用发票的，按发票上注明的增值税税额，借记"应交税费——应交增值税(进项税额)"账户，贷记"银行存款"等账户。取得增值税普通发票的，按照注明的价税合计金额作为无形资产的成本，其进项税额不可抵扣。

【例4-21】风华公司购入一项非专利技术，取得增值税专用发票上注明的价款400 000元，

税率 6%，增值税税额 24 000 元，款项已通过银行存款支付。根据相关凭证，该公司编制会计分录如下。

借: 无形资产——非专利技术　　　　　　　　　400 000
　　应交税费——应交增值税(进项税额)　　　　24 000
　　贷: 银行存款　　　　　　　　　　　　　　　　424 000

(二) 自行研究开发的无形资产

我国会计准则将企业内部自行研究开发项目分为两个阶段，即研究阶段和开发阶段。研究阶段是指为获取新的技术和知识等进行的有计划的调查。研究阶段是探索性的，为进一步的开发活动进行资料及相关方面的准备，已进行的研究活动将来是否会转入开发、开发后是否会形成无形资产等均具有较大的不确定性。开发阶段是指进行商业性生产和使用前，将研究成果或其他知识应用于某项计划或设计，以生产出新的或具有实质性改进的材料、装置、产品等。相对于研究阶段而言，开发阶段应当是已完成研究阶段的工作，在很大程度上具备了形成一项新产品或新技术的基本条件。

对于研究和开发阶段所发生的支出，会计处理的规定是不同的。企业会计准则规定，企业内部研究开发项目研究阶段的支出全部费用化，应当于发生时计入当期损益；企业内部研究开发项目开发阶段的支出，符合资本化条件的才能资本化，不符合资本化条件的计入当期损益；无法可靠区分研究阶段和开发阶段的支出，应当在发生时全部费用化，计入当期损益。

开发阶段的支出同时满足下列条件的才能资本化：①完成该无形资产以使其能够使用或出售在技术上具有可行性；②具有完成该无形资产并使用或出售的意图；③无形资产产生未来经济利益的方式，包括能够证明运用该无形资产生产的产品存在市场或无形资产自身存在市场，无形资产将在内部使用的应当证明其有用性；④有足够的技术、财务资源和其他资源支持，以完成该无形资产的开发，并有能力使用或出售该无形资产；⑤归属于该无形资产开发阶段的支出能够可靠地计量。

企业自行开发无形资产发生的研发支出不满足资本化条件的，借记"研发支出——费用化支出"账户；满足资本化条件的，借记"研发支出——资本化支出"账户，贷记"原材料""银行存款""应付职工薪酬"等账户。自行研究开发无形资产发生的支出取得增值税专用发票可抵扣的进项税额，借记"应交税费——应交增值税(进项税额)"账户。研究开发项目达到预定用途形成无形资产的，应按"研发支出——资本化支出"账户的余额，借记"无形资产"账户，贷记"研发支出——资本化支出"账户。期(月)末，应将"研发支出——费用化支出"账户归集的金额，转入"管理费用"账户，借记"管理费用"账户，贷记"研发支出——费用化支出"账户。

【例 4-22】风华公司自行研究、开发一项技术，截至 2023 年 12 月 31 日，发生研发支出合计 3 000 000 元，经测试该项研发活动已通过研究阶段，从 2024 年 1 月 1 日开始进入开发阶段。2024 年发生研发支出 4 000 000 元，取得的增值税专用发票上注明的增值税税额为 520 000 元，假定符合《企业会计准则第 6 号——无形资产》规定的开发支出资本化的条件。2024 年 8 月 31 日，该项研发活动结束，技术已经达到预定用途。假设所有支出均以银行存款支付。根据相关凭证，风华公司编制相关会计分录如下。

(1) 2023 年发生研发支出。

借: 研发支出——费用化支出　　　　　　　　　3 000 000
　　贷: 银行存款　　　　　　　　　　　　　　　　3 000 000

(2) 2023 年 12 月 31 日，发生的研发支出全部属于研究阶段的支出。

借：管理费用　　　　　　　　　　　　　3 000 000

　　贷：研发支出——费用化支出　　　　　　　　　3 000 000

(3) 2024 年，发生研发支出并满足资本化确认条件。

借：研发支出——资本化支出　　　　　　4 000 000

　　应交税费——应交增值税(进项税额)　　520 000

　　　　贷：银行存款　　　　　　　　　　　　　　4 520 000

(4) 2024 年 8 月 31 日，该技术研发完成并形成无形资产。

借：无形资产　　　　　　　　　　　　　4 000 000

　　贷：研发支出——资本化支出　　　　　　　　　4 000 000

四、持有期间无形资产业务的账务处理

(一) 摊销无形资产

企业应当于取得无形资产时分析判断其使用寿命。使用寿命有限的无形资产应进行摊销。使用寿命不确定的无形资产不应摊销。企业应当按月对无形资产进行摊销。对于使用寿命有限的无形资产应当自可供使用(即其达到预定用途)当月起开始摊销，处置当月不再摊销。

可供企业选择的无形资产的摊销方法很多，主要包括直线法、生产总量法等。企业应当在合理确定无形资产使用寿命期限的基础上，根据无形资产经济利益的预期实现方式，选择无形资产的摊销方法。无法可靠确定预期实现方式的，应采用直线法摊销。

无形资产的应摊销金额为其成本扣除预计残值后的金额，已计提减值准备的无形资产还应扣除已计提的无形资产减值准备累计金额。使用寿命有限的无形资产其残值应当视为零，但下列情况除外：

(1) 有第三方承诺在无形资产使用寿命结束时购买该无形资产；

(2) 可以根据活跃市场得到预计残值信息，并且该市场在无形资产使用寿命结束时很可能存在。

无形资产的摊销额一般应当计入当期损益，并记入"累计摊销"账户。企业自用的无形资产，其摊销金额计入管理费用，借记"管理费用"账户，贷记"累计摊销"账户；出租的无形资产，其摊销金额计入其他业务成本，借记"其他业务成本"账户，贷记"累计摊销"账户。某项无形资产包含的经济利益通过所生产的产品或其他资产实现的，其摊销金额应当计入相关资产成本，借记"制造费用"等账户，贷记"累计摊销"账户。

【例 4-23】风华公司于 2024 年 2 月购入一项专利权，取得的增值税专用发票上注明的价款为 1 200 000 元，增值税税额 72 000 元，价款已通过银行存款支付。估计该项专利可使用 15 年，合同规定其使用年限是 10 年。假定该项专利权用于产品生产，净残值为 0 元，采用直线法摊销。风华公司编制相关会计分录如下。

(1) 取得无形资产时，编制的会计分录如下。

借：无形资产——专利权　　　　　　　　1 200 000

　　应交税费——应交增值税(进项税额)　　72 000

　　　　贷：银行存款　　　　　　　　　　　　　　1 272 000

(2) 按月摊销时，编制的会计分录如下。

月摊销额=1 200 000÷10÷12=10 000(元)

借：制造费用 10 000

　　贷：累计摊销 10 000

(二) 出租无形资产

企业让渡无形资产使用权形成的租金收入和发生的相关费用，分别确认为其他业务收入和其他业务成本。

【例 4-24】风华公司将一项专利权的使用权转让给龙飞公司，合同中规定每月收取租金 50 000元。增值税税率 6%，增值税税额 3 000 元。转让的专利权每月摊销费用 5 000 元。风华公司的会计处理如下。

借：银行存款 53 000

　　贷：其他业务收入 50 000

　　　　应交税费——应交增值税(销项税额) 3 000

借：其他业务成本 5 000

　　贷：累计摊销 5 000

(三) 无形资产减值

1. 无形资产减值金额的确定

无形资产在资产负债表日存在可能发生减值的迹象时，其可收回金额低于账面价值的，企业应当将该无形资产的账面价值减记至可收回金额，减记的金额确认为减值损失，计入当期损益，同时计提相应的资产减值准备。

2. 无形资产减值的会计处理

企业计提无形资产减值准备，应当设置"无形资产减值准备"账户核算。企业按应减记的金额，借记"资产减值损失——计提的无形资产减值准备"账户，贷记"无形资产减值准备"账户。无形资产减值损失一经确认，在以后会计期间不得转回。

【例 4-25】2024 年 12 月 31 日，风华公司在对外购专利权的账面价值进行检查时，发现市场上已存在类似专利技术所生产的产品，从而对公司产品的销售造成重大不利影响。当时该专利权的摊余价值为 12 000 元，剩余摊余年限为 5 年。经减值测试，该专利技术的可收回金额为9 000 元。风华公司编制会计分录如下。

借：资产减值损失——计提无形资产减值损失 3 000

　　贷：无形资产减值准备 3 000

五、出售和报废无形资产业务的账务处理

(一) 出售无形资产

企业出售无形资产，应当将取得的价款扣除该无形资产账面价值及出售相关税费后的差额，作为资产处置损益进行会计处理。

企业出售无形资产，按实际收到或应收的金额等，借记"银行存款""其他应收款"等账户；按照其已计提累计摊销的金额，借记"累计摊销"账户；按照其已计提的减值准备的金额，借记"无形资产减值准备"账户；按照实际支付的相关费用可抵扣的增值税进项税额，借记"应

交税费——应交增值税(进项税额)"账户;按照实际支付的相关费用,贷记"银行存款"等账户;按照无形资产的账面余额,贷记"无形资产"账户;按照开具的增值税专用发票上注明的增值税销项税额,贷记"应交税费——应交增值税(销项税额)"账户;最后按照其差额,贷记或借记"资产处置损益"账户。

【例4-26】风华公司出售一项专利权的所有权,取得转让收入900 000元,转让无形资产的增值税税率为6%,增值税税额为54 000元,全部款项954 000元已存入银行。该专利权的账面余额为1 000 000元,累计摊销为200 000元,已计提减值准备为100 000元。假设不考虑其他相关税费,风华公司编制会计分录如下。

借: 银行存款　　　　　　　　　　　　　954 000
　　累计摊销　　　　　　　　　　　　　200 000
　　无形资产减值准备　　　　　　　　　100 000
　　贷: 无形资产　　　　　　　　　　　　　1 000 000
　　　　应交税费——应交增值税(销项税额)　　54 000
　　　　资产处置损益　　　　　　　　　　　200 000

(二) 报废无形资产

前面已介绍,无形资产未来发挥作用的期限,以及未来能否给企业带来经济利益由于受到很多不可预知因素的影响,而变得具有很大的不确定性。如果在无形资产使用的某一个期间,由于各种因素的影响,使得无形资产预期不能为企业带来未来经济利益,则该无形资产应转入报废处理。按无形资产的账面余额,贷记"无形资产"账户;按已计提的累计摊销,借记"累计摊销"账户;按已计提的减值准备,借记"无形资产减值准备"账户;按其差额,借记"营业外支出——处置非流动资产损失"账户。

【例4-27】风华公司某项非专利技术的账面余额为600 000元,累计摊销为300 000元,已计提减值准备为200 000元,预期该非专利技术已不能为企业带来经济利益。风华公司编制会计分录如下。

借: 累计摊销　　　　　　　　　　　　　300 000
　　无形资产减值准备　　　　　　　　　200 000
　　营业外支出——非流动资产处置损失　100 000
　　贷: 无形资产　　　　　　　　　　　　　600 000

案例分析

孰是孰非 法律自有公断

2024年6月,某省级财政部门在对某企业的检查中发现下列情况。

(1) 由于该企业经营不善,2023年亏损严重,为达到预期业绩目标,单位负责人张某授意会计人员李某伪造会计凭证,虚增利润100万元。

(2) 单位负责人张某指使会计人员王某变更无形资产摊销政策以虚增利润,王某坚持原则,予以抵制,后张某将其解聘。

请思考:

单位负责人张某,会计人员李某、王某的做法是否正确?为什么?

分析提示

任务小结

无形资产典型业务账务处理总结

业务内容		账务处理
取得无形资产	外购无形资产	借：无形资产等 　　贷：银行存款等
	自行研究开发无形资产	研究阶段、开发阶段不符合资本化条件时 借：研发支出——费用化支出等 　　贷：银行存款等 期末转入当期损益 借：管理费用 　　贷：研发支出——费用化支出 开发阶段满足资本化条件支出发生时 借：研发支出——资本化支出等 　　贷：银行存款等 达到预定用途确认无形资产 借：无形资产 　　贷：研发支出——资本化支出
摊销无形资产	摊销方法： 直线法 生产总量法	借：制造费用 　　管理费用 　　其他业务成本等 　　贷：累计折旧
出租无形资产	确认租金收入和成本	借：银行存款 　　贷：其他业务收入等 借：其他业务成本 　　贷：累计折旧等
无形资产减值	预计可收回金额低于账面价值	借：资产减值损失——计提的无形资产减值损失 　　贷：无形资产减值准备
处置无形资产	出售无形资产	借：银行存款 　　累计折旧 　　无形资产减值准备 　　贷：无形资产 　　　　应交税费——应交增值税(销项税额) 　　　　资产处置损益(或借记)等
	报废无形资产	借：营业外支出 　　累计折旧 　　无形资产减值准备 　　贷：无形资产

任务考核

一、单项选择题

1. 2024 年 3 月 1 日，某企业开始自行研发一项非专利技术，2025 年 1 月 1 日研发成功并达到预定用途。该非专利技术研究阶段累计支出为 300 万元(均不符合资本化条件)，开发阶段的累计支出为 800 万元(其中不符合资本化条件的支出为 200 万元)，不考虑其他因素，企业该非专利技术的入账价值为(　　)万元。

A. 800　　　　　　　B. 500　　　　　　　C. 1 100　　　　　　D. 600

2. 下列各项中，关于无形资产摊销的表述不正确的是(　　)。

A. 使用寿命不确定的无形资产不应摊销

B. 出租无形资产的摊销额应计入管理费用

C. 使用寿命有限的无形资产处置当月不再摊销

D. 无形资产的摊销方法主要有直线法和生产总量法

3. 甲公司为增值税一般纳税人，2024年1月5日以2 700万元购入一项专利权，另支付注册登记费120万元。为推广由该专利权生产的产品，甲公司发生广告宣传费60万元。该专利权预计使用5年，预计净残值为0元，采用直线法摊销。假设不考虑其他因素，2024年12月31日该专利权的账面价值为(　　)万元。

A. 2 160　　　　　　B. 2 256　　　　　　C. 2 304　　　　　　D. 2 700

4. 2024年7月，某制造业企业转让一项专利权。开具增值税专用发票上注明的价款为100万元，增值税税额为6万元，全部款项已存入银行。该专利权成本为200万元，已摊销150万元，不考虑其他因素，该企业转让专利权对利润总额的影响金额为(　　)万元。

A. −94　　　　　　B. 56　　　　　　C. −100　　　　　　D. 50

5. 下列各项中，关于制造业企业让渡无形资产使用权的相关会计处理表述正确的是(　　)。

A. 转让无形资产使用权的收入计入营业外收入

B. 已转让使用权的无形资产应停止计提摊销

C. 已转让使用权的无形资产计提的摊销额计入管理费用

D. 转让无形资产使用权的收入计入其他业务收入

二、多项选择题

1. 某公司为增值税一般纳税人，2024年1月4日购入一项无形资产，取得的增值税专用发票注明价款为880万元，增值税税额为52.8万元，该无形资产使用年限为5年，采用年限平均法进行摊销，预计残值为0元。下列关于该项无形资产的会计处理中，正确的有(　　)。

A. 2024年1月4日取得该项无形资产的成本为880万元

B. 2024年12月31日该项无形资产的累计摊销额为176万元

C. 该项无形资产自2024年2月起开始摊销

D. 该无形资产的应计摊销总额为932.8万元

2. 企业计提的无形资产摊销金额，可以记入(　　)账户。

A. 管理费用　　　　B. 其他业务成本　　　　C. 营业外支出　　　　D. 制造费用

3. 下列各项中，会引起无形资产账面价值发生增减变动的有(　　)。

A. 对无形资产计提减值准备　　　　　　B. 摊销无形资产成本

C. 出租无形资产　　　　　　　　　　　D. 出售无形资产

4. 下列各项中，关于企业无形资产的说法正确的是(　　)。

A. 企业内部研究开发项目研究阶段的支出，应当于发生时计入当期损益

B. 使用寿命有限的无形资产应当进行摊销

C. 使用寿命不确定的无形资产不进行摊销

D. 无形资产的摊销一律采用直线法

5. 下列各项中，关于无形资产会计处理表述正确的有(　　)。

A. 已确认的无形资产减值损失在以后会计期间可以转回

B. 使用寿命不确定的无形资产按月进行摊销

C. 出售的无形资产的净损益影响营业利润

D. 出租无形资产的摊销额计入其他业务成本

三、判断题

1. 已计入各期损益的研究与开发费用，在相关技术依法申请取得专利权时应予以转回，并计入专利权的入账价值。　　　　　　　　　　　　　　　　　　　（　）

2. 企业自行研发的无形资产如果不能合理预计使用寿命，则应当按 5 年来摊销。（　）

3. 使用寿命有限的无形资产，应当自无形资产取得的当月起分期进行摊销，处置当月不再摊销。　　　　　　　　　　　　　　　　　　　　　　　　　　　　（　）

4. 以前期间导致无形资产发生减值的迹象在全部或部分消失时，应将已计提的无形资产减值准备全部转回。　　　　　　　　　　　　　　　　　　　　　　　　（　）

5. 无形资产预期不能为企业带来未来经济利益的，企业应将该无形资产的账面价值予以转销，其账面价值转作当期损益。　　　　　　　　　　　　　　　　　　　（　）

四、业务实训题

资料：甲公司为增值税一般纳税人，按月编制财务报表，假定相关业务取得的增值税专用发票均通过认证。甲公司 2024 年发生的无形资产相关业务如下。

(1) 甲公司继续研发一项生产用新兴技术。该技术的"研发支出——资本化支出"明细科目年初额为 70 万元。本年度 1 至 6 月份该技术研发支出共计 330 万元，其中不符合资本化条件的支出为 130 万元。7 月 15 日，该技术研发完成，申请取得专利权(以下称为 E 专利权)，发生符合资本化条件支出 30 万元，发生不符合资本化条件支出 20 万元，并于当月投入产品生产。本年发生各种研发支出取得的增值税专用发票上注明的增值税税额为 41.6 万元。依相关法律规定，E 专利权的有效使用年限为 10 年，采用年限平均法摊销，预计净残值为 0 元。

(2) 12 月 31 日，由于市场发生不利变化，E 专利权存在可能发生减值的迹象，预计其可收回金额为 185 万元。

(3) 12 月 31 日，根据协议约定，甲公司收到乙公司支付的 F 非专利技术使用权当年使用费收入，开具的增值税专用发票上注明的价款为 10 万元，增值税税额为 0.6 万元，款项存入银行。本年 F 非专利技术应计提的摊销额为 6 万元。

要求：

(1) 计算 E 专利权的入账价值。

(2) 编制 2024 年取得 E 专利权和当年摊销的会计分录(假定按年摊销)。

(3) 编制 2024 年 12 月 31 日 E 专利权减值的会计分录。

(4) 编制 2024 年 12 月 31 日 F 非专利技术的会计分录。

(5) 根据资料(1)～(3)计算甲公司无形资产相关业务对其 2024 年利润表中利润总额的影响金额。

✎ 任务拓展

企业单独估价入账的土地应当作为固定资产核算。一般情况下，企业通过出让方式或购买方式取得土地使用权，作为无形资产核算，如果在该土地使用权上建造房屋，则该土地使用权应当单独作为无形资产核算。如果企业购入的土地使用权改变用途，改为出租或用于资本增值，则应当作为投资性房地产核算。但是房地产开发企业取得的土地使用权用于建造对外出售的房屋建筑物，相关的土地使用权应当计入所建造的房屋建筑物成本(开发成本)；如果是自用，并不是用于开发写字楼或商品房，则也单独作为无形资产核算。

项目五 负债核算

能力目标

1. 能正确处理短期借款的日常业务。
2. 能正确处理应付及预收款项的相关业务。
3. 能正确处理应付职工薪酬分配与结算业务。
4. 能正确处理应交增值税、应交消费税及其他应交税费的业务。
5. 能正确处理长期借款和应付债券的日常业务。

知识目标

1. 理解负债的内涵，熟悉流动负债和非流动负债的内容。
2. 掌握短期借款的核算内容及核算方法。
3. 掌握应付及预收款项的核算内容及核算方法。
4. 掌握应付职工薪酬的核算内容及核算方法。
5. 掌握应交税费的核算内容及核算方法。
6. 掌握长期借款和应付债券的核算内容及核算方法。

素质目标

1. 在账务处理过程中能做到遵纪守法、诚实守信、廉洁自律，讲求会计职业道德。
2. 在建账、登账过程中能做到认真、细致、严谨。
3. 在与往来客户、税务、银行等打交道时，具备良好的沟通协调能力。
4. 在会计轮岗过程中能顾全大局、服从分配，具有敬业精神和团队合作能力。

项目导读

资产和权益是同一事物的两种不同表现形式，资产表明企业的资金占用，权益表明企业的资金来源。权益包括负债和所有者权益，负债是指企业过去的交易或者事项形成的、预期会导致经济利益流出企业的现时义务。负债是企业一项重要的资金来源，一个企业的自有资金往往是有限的，适度的负债经营是现代企业一种有效的融资方式。负债按照其流动性划分，可分为流动负债和非流动负债两大类。流动负债是指将在一年或超过一年的一个营业周期内偿还的债务，包括短期借款、应付及预收款项、应付职工薪酬、应交税费等；非流动负债是指流动负债以外的负债，包括长期借款、应付债券等。在会计实务中，短期借款、长期借款、应付债券业务是企业资金核算岗位的核算内容；应付及预收款项、应交税费业务是往来结算岗位的核算内容；应付职工薪酬业务是工资核算岗位的核算内容。本项目主要介绍流动负债中短期借款、应付票据、应付账款、预收账款、其他应收款、应付职工薪酬、应交税费和非流动负债中长期借款及应付债券的核算内容。负债核算项目知识结构如图 5-1 所示。

图 5-1　负债核算项目知识结构

任务一　短期借款的核算

任务导入

　　兴华公司为增值税一般纳税人，为维持日常生产经营周转，于 2024 年 4 月 1 日向银行申请借入资金 200 000 元。该笔借款利率为 6%，期限为 3 个月，该笔借款于当年 6 月 30 日到期一次还本付息，利息按月计提。

　　要求：请你以兴华公司财会人员身份对上述业务进行账务处理。

任务实施

一、短期借款认知

短期借款是指企业向银行或其他金融机构借入的期限在一年以下(含一年)的各种借款。短期借款属于企业流动负债。

企业借入短期借款的主要目的在于解决企业流动资金的不足,以保证企业生产经营的正常进行。当企业因季节性生产、债务到期偿还或者企业经营资金出现暂时周转困难等导致资金不足时,可向银行申请短期借款。短期借款具有借款金额小、借款时间短、利息低等特点。

二、短期借款核算设置的账户

设置"短期借款"账户,用来核算企业向银行或其他金融机构借入的期限在 1 年以下(含 1年)的各种借款本金的借入、归还情况。该账户属于负债类账户,贷方登记借入的各种短期借款本金,借方登记归还的短期借款本金,期末余额在贷方,表示企业期末尚未归还的短期借款本金。该账户应按债权人设置明细账,并按借款种类进行明细分类核算。

设置"应付利息"账户,用来核算已到付息期但尚未支付的借款利息的增减变动情况。该账户属于负债类账户,账户贷方登记企业向银行等金融机构应该支付而尚未支付的利息数额(计提的利息),借方登记企业到期偿还的利息数额,期末贷方余额反映企业期末尚未偿还的利息的实有数额。该账户可按债权人、应付利息的种类等设置明细账户。

三、短期借款典型业务的账务处理

(一) 借入短期借款

当企业借入短期借款时,根据银行放款通知,按实际收到的本金借记"银行存款"账户,贷记"短期借款"账户。

(二) 发生短期借款利息

短期借款利息属于筹资费用,根据权责发生制原则,企业应当在资产负债表日根据借款本金、借款利率及借款期限预提短期借款利息金额,借记"财务费用"账户,贷记"应付利息"账户。企业在实际支付利息时,根据已预提的利息借记"应付利息"账户,根据当期应确认的利息借记"财务费用"账户,根据应付短期借款利息总额贷记"银行存款"账户。

当短期借款利息数额不大时,根据重要性原则,可于实际支付时直接借记"财务费用"账户,贷记"银行存款"账户。

(三) 归还短期借款本金

到期偿还本金时,按应偿还的本金借记"短期借款"账户,贷记"银行存款"账户。

【例 5-1】2024 年 7 月 1 日,风华公司因生产经营周转需要向工商银行借入 500 000 元,期限 6 个月,年利率 6%。该款项已划入风华公司存款账户,利息按月预提,季末支付。2024 年 12 月末支付本金及第四季度利息。风华公司应编制会计分录如下。

(1) 2024 年 7 月 1 日取得借款时,编制的会计分录如下。

借：银行存款   500 000

  贷：短期借款   500 000

(2) 2024 年 7 月末计提本月利息时，编制的会计分录如下。

月利息=500 000 × 6% ÷ 12 × 1 = 2 500(元)

借：财务费用   2 500

  贷：应付利息   2 500

(3) 2024 年 8 月末计提利息分录同上。

(4) 2024 年 9 月末支付第三季度利息时，编制的会计分录如下。

借：应付利息   5 000

  财务费用   2 500

  贷：银行存款   7 500

(5) 2024 年 10 月末、11 月末每月末计提利息分录同 2020 年 7 月末。

(6) 2024 年 12 月末还本付息时，编制的会计分录如下。

借：短期借款   500 000

  应付利息   5 000

  财务费用   2 500

  贷：银行存款   507 500

案例分析

谋私利，转借资金被套牢

长城电脑公司的会计王芳与亨达外贸公司的业务员柳岩是好朋友，柳岩的叔叔是证券公司的负责人，因此柳岩一直想借此关系买卖股票获利。一日在与王芳的交谈中谈及此事，王芳记在心上。因为王芳所在的电脑公司刚从银行借入一笔 20 万元的短期借款。王芳想趁此机会把这笔款项借给柳岩炒股，赚到的钱由柳岩与王芳及其他会计等有关人员私分。二人一拍即合，于是王芳把单位的 20 万元短期周转借款借给柳岩炒股，并记入"其他应收款"账户，结果全部套牢。这时，刚好赶上审计人员前来查账，长城电脑公司因此受到了处罚。

请思考：

你能指出长城电脑公司在使用短期借款中存在的主要问题吗？

分析提示

任务小结

短期借款典型业务账务处理总结

业务内容		账务处理
短期借款	借入短期借款	借：银行存款 贷：短期借款
	计提利息	借：财务费用等 贷：应付利息 若借款利息不计提，则贷记"银行存款"科目

	偿还本息	借：短期借款
		  应付利息
		  财务费用
		  贷：银行存款

任务考核

一、单项选择题

1. 某公司 2024 年 7 月 1 日向银行借入资金 60 万元，期限 6 个月，年利率为 6%，到期还本，按月计提利息，按季付息。该企业 2024 年 7 月 31 日应计提的利息为(　　)万元。

　　A. 0.3　　　　　　B. 0.6　　　　　　C. 0.9　　　　　　D. 3.6

2. 2024 年 7 月 1 日，某企业向银行借入一笔生产经营周转借款 1 200 000 元，期限 6 个月，年利率 6%，到期一次归还本金，借款利息按季支付，分月预提。下列各项中，关于 2024 年 9 月 20 日支付借款利息会计处理正确的是(　　)。

　　A. 借记"财务费用"科目 4 000 元　　　　B. 借记"财务费用"科目 6 000 元
　　C. 贷记"应付利息"科目 18 000 元　　　　D. 借记"银行存款"科目 18 000 元

3. 2024 年 9 月 1 日，某企业向银行借入一笔期限 2 个月，到期一次还本付息的生产经营周转借款 200 000 元，年利率 6%，借款利息不采用预提方式，于实际支付时确认。2024 年 11 月 1 日，企业以银行存款偿还借款本息的会计处理正确的是(　　)。

　　A. 借：短期借款　　　　200 000　　　　B. 借：短期借款　　　　200 000
　　　　　应付利息　　　　　2 000　　　　　　　应付利息　　　　　1 000
　　　　　贷：银行存款　　　　202 000　　　　　　财务费用　　　　　1 000
　　　　　　　　　　　　　　　　　　　　　　　贷：银行存款　　　　202 000

　　C. 借：短期借款　　　　200 000　　　　D. 借：短期借款　　　　202 000
　　　　　财务费用　　　　　2 000　　　　　　　贷：银行存款　　　　202 000
　　　　　贷：银行存款　　　　202 000

4. 2024 年 1 月 1 日，某企业向银行借入资金 600 000 元，期限为 6 个月，年利率为 5%，借款利息分月计提，季末交付，本金到期一次归还，下列各项中，2024 年 6 月 30 日该企业交付借款利息的会计处理正确的是(　　)。

　　A. 借：应付利息　　　　5 000　　　　　B. 借：财务费用　　　　7 500
　　　　　贷：银行存款　　　　5 000　　　　　　贷：银行存款　　　　7 500

　　C. 借：财务费用　　　　5 000　　　　　D. 借：财务费用　　　　2 500
　　　　　应付利息　　　　　2 500　　　　　　　应付利息　　　　　5 000
　　　　　贷：银行存款　　　　7 500　　　　　　贷：银行存款　　　　7 500

5. 预提短期借款利息应贷记(　　)科目。

　　A. 财务费用　　　B. 短期借款　　　　C. 应计利息　　　　D. 应付利息

二、多项选择题

1. 下列关于短期借款的表述中正确的有(　　)。

　　A. 短期借款利息如果按季支付并且数额不大，可以不采用预提方式
　　B. 企业取得短期借款所支付的利息费用计入财务费用
　　C. 短期借款可以按借款种类及贷款人进行明细核算
　　D. 短期借款是向银行等金融机构借入期限在 1 年以下(含 1 年)的各种款项

2. 下列各项中，关于制造业企业预提短期借款利息的会计科目处理正确的有(　　)。

　　A. 借记"财务费用"科目　　　　　　B. 借记"制造费用"科目
　　C. 贷记"应付账款"科目　　　　　　D. 贷记"应付利息"科目

3. 短期借款利息的核算，可能涉及(　　)科目。

 A. 财务费用 B. 应付利息   C. 银行存款   D. 管理费用

4. 2024 年 4 月 1 日，某企业向银行借入资金 350 万元用于生产经营，借款期限为 3 个月，年利率为 6%，到期一次还本付息，利息按月计提。下列各项中，关于该借款相关科目的会计处理结果正确的是(　　)。

 A. 借入款项时，贷记"短期借款"科目 350 万元

 B. 每月预提借款利息时，借记"财务费用"科目 1.75 万元

 C. 每月预提借款利息时，贷记"应付利息"科目 1.75 万元

 D. 借款到期归还本息时，贷记"银行存款"科目 355.25 万元

5. 下列关于短期借款的表述中正确的有(　　)。

 A. 短期借款利息如果按季支付并且数额不大，可以不采用预提方式

 B. 短期借款利息在借款到期时连同本金一起归还并且数额不大，可以不采用预提方式

 C. 短期借款利息在借款到期时连同本金一起归还并且数额较大，月末应采用预提方式进行利息核算

 D. 短期借款利息如果按季支付并且数额较大，月末应采用预提方式进行利息核算

三、判断题

1. 企业短期借款利息一定通过预提方式进行会计核算。　　　　　　　　　　　　　(　　)

2. 如果企业短期借款利息是在借款到期时连同本金一起归还，数额不大的情况下可以不采用预提方式，在实际支付时直接计入当期损益。　　　　　　　　　　　　　　　(　　)

3. 以银行存款支付前已预提的短期借款利息，应借记"财务费用"科目，贷记"银行存款"科目。　　　　　　　　　　　　　　　　　　　　　　　　　　　　　　　　(　　)

4. 短期借款是指企业向银行借入的期限在 1 年以下(含 1 年)的各种款项，短期借款的债权人不包括其他非银行金融机构或其他单位和个人。　　　　　　　　　　　　　　　(　　)

5. "短期借款"账户仅核算本金的借入与归还。　　　　　　　　　　　　　　　　(　　)

四、业务实训题

资料：甲公司于 2024 年 1 月 1 日向银行借入一笔生产经营用周转借款，共计 120 000 元，期限为 9 个月，年利率为 8%。根据与银行签署的贷款协议，该项借款的本金到期后一次归还；利息分月预提，按季支付。

要求：根据上述资料编制相关会计分录。

✎ 任务拓展

企业的短期借款主要包括：①临时借款，指企业由于临时性、季节性等原因申请取得的借款；②生产经营周转借款，指企业为了满足当年生产经营活动中对资金的需要，向银行申请借入的款项；③票据贴现借款，指持有银行承兑汇票和商业承兑汇票的企业，在流动资金发生困难时，向银行申请取得票据贴现的借款；④结算借款，指企业在采用托收承付结算方式进行销售情况下，在发出商品后委托银行收款时至收款银行通知购买单位承付货款之前，为解决结算资产占用的资金的需要，以托收承付结算凭证为保证向银行取得的借款。

任务二　应付及预收款的核算

任务导入

兴华公司为增值税一般纳税人，适用的增值税税率为 13%，原材料按实际成本计价核算，2024 年 6 月往来岗位发生的有关应付及预收款项业务如下。

(1) 6 月 1 日，与丰华公司签订短期租赁(非主营业务)吊车合同，向丰华公司出租吊车一台，租期为 4 个月，租金共计 45 200 元，按合同约定，合同签订日丰华公司预付租金 22 600 元(含税)，租金于当日收存银行。合同到期结清租金全部余款。

(2) 6 月 3 日，向光明公司购入原材料一批，货款 150 000 元，增值税税额为 19 500 元，材料已入库，款项尚未支付。

(3) 6 月 11 日，兴华公司开出不带息商业承兑汇票一张，面值 50 000 元，用于抵付前欠阳光公司的货款，期限 3 个月。

(4) 6 月 15 日，光明公司开出转账支票支付 6 月 3 日货款。

(5) 6 月 20 日，生产车间租入一辆货车，租期一个月，月租金 12 000 元，款项尚未支付。

(6) 6 月 30 日确认本月出租吊车的租金收入。

要求：请你以兴华公司财会人员身份对上述业务进行账务处理。

任务实施

任务准备

应付及预收款项是指企业在日常生产经营活动中发生的各项债务，包括应付账款、应付票据、预收账款和其他应付款等。应付及预收款项属于企业的流动负债。

一、应付票据的核算

(一) 应付票据认知

1. 应付票据的概念

应付票据是指企业因购买材料、商品和接受劳务供应等而开出、承兑商业汇票形成的债务。应付票据应在开出并承兑商业汇票时入账。

2. 应付票据的计量

应付票据发生时不论票据是否带息均按票面价值入账。

(二) 应付票据核算设置的账户

企业应设置"应付票据"账户核算企业开出的商业汇票的发生、偿付等情况。该账户属于负债类账户，贷方登记签发并承兑的商业汇票的面值和带息票据计提的利息，借方登记票据到期支付或结转票款的数额，期末余额在贷方，反映企业尚未到期的商业汇票的票面金额及利息。该账户可按债权人进行明细核算。

为了详细反映应付票据的有关情况，企业应设置"应付票据备查簿"，详细登记每一应付票据的种类、号数、签发日期、到期日、票面金额、交易合同号、收款单位名称，以及付款日期和金额等详细资料。应付票据到期付清时，应在备查簿内逐笔注销。

(三) 应付票据典型业务账务处理

企业购入材料、商品或接受劳务开具商业汇票时，借记"原材料""库存商品"等账户；按增值税专用发票上的税款金额，借记"应交税费——应交增值税(进项税额)"账户；按签发的商业汇票金额，贷记"应付票据"账户。企业为抵偿前欠应付未付的款项签发商业汇票时，借记"应付账款"账户，贷记"应付票据"账户。票据到期支付时，借记"应付票据"账户，贷记"银行存款"账户。申请办理银行承兑汇票支付的手续费，借记"财务费用""应交税费——应交增值税(进项税额)"账户，贷记"银行存款"账户。若到期企业对签发的商业承兑汇票无力支付，借记"应付票据"账户，贷记"应付账款"账户；若到期企业对签发的银行承兑汇票无力支付，银行无条件付款后，借记"应付票据"账户，贷记"短期借款"账户。

【例 5-2】2024 年 7 月 9 日，风华公司从荣达商行购入材料一批，增值税专用发票上注明价款 40 000 元，增值税税额为 5 200 元。当日风华公司签发面值 45 200 元、期限 3 个月的不带息商业汇票一张，承兑后交付对方。材料已验收入库，风华公司于 2024 年 10 月 9 日如数支付票据款项。风华公司编制会计分录如下。

(1) 2024 年 7 月 9 日开出商业汇票时，编制的会计分录如下。

```
借：原材料                                    40 000
    应交税费——应交增值税(进项税额)              5 200
      贷：应付票据                                    45 200
```

(2) 2024 年 10 月 9 日到期如数支付时，编制的会计分录如下。

```
借：应付票据                                  45 200
      贷：银行存款                                    45 200
```

(3) 若 2024 年 10 月 9 日票据到期无力支付票款时，编制的会计分录如下。

```
借：应付票据                                  45 200
      贷：应付账款                                    45 200
```

二、应付账款的核算

(一) 应付账款认知

1. 应付账款的概念

应付账款是指企业在购买材料、商品或接受劳务等经营过程中应向销货单位或提供劳务单位支付的款项。应付账款入账时间，应以所购买物资所有权的转移或接受劳务已发生为标志。

2. 应付账款的计量

一般情况下，应付账款应按照发票账单记载的应付金额登记入账。

(二) 应付账款核算设置的账户

企业应设置"应付账款"账户核算企业应付账款的增减变化及余额情况。该账户属于负债类账户，贷方登记企业因购入材料、商品、接受劳务供应而形成的应付未付款项及到期的商业汇票因无款支付而转入的应付票据款，借方登记企业偿还的应付账款、以商业汇票抵付的应付账款及无法支付的应付账款转销数，余额一般在贷方，反映企业尚未支付的应付款项。若出现借方余额，则改变性质反映的是预付款项(转为资产)。该账户应按债权人设置明细分类账户。

(三) 应付账款典型业务账务处理

1. 发生应付账款的账务处理

企业购入材料、商品、接受劳务等款项尚未支付时，根据发票账单上记载的实际金额，借记"原材料""在途物资""管理费用""应交税费——应交增值税(进项税额)"等账户，按应付未付的价税款，贷记"应付账款"账户。

【例5-3】2024年7月1日，风华公司从光明公司购入材料一批，价款30 000元，增值税3 900元，材料已验收入库，款项尚未支付。该企业原材料收发按实际成本计价法进行核算。风华公司编制会计分录如下。

借: 原材料　　　　　　　　　　　　　　　　　30 000
　　应交税费——应交增值税(进项税额)　　　3 900
　　贷: 应付账款——光明公司　　　　　　　　　　33 900

2. 偿还应付账款的账务处理

实际偿还应付账款时，按应付债务金额借记"应付账款"账户，贷记"银行存款"账户。

【例5-4】2024年7月3日，风华公司开出转账支票33 900元偿还前欠货款。风华公司编制会计分录如下。

借: 应付账款——光明公司　　　　　　　　　　33 900
　　贷: 银行存款　　　　　　　　　　　　　　　　33 900

3. 转销无法偿还应付账款的账务处理

因债权人死亡等原因无法支付时，应按应付债务的账面余额，借记"应付账款"账户，贷记"营业外收入"账户。

【例5-5】2024年7月12日，风华公司经批准转销一笔无法偿还的应付账款10 000元。风华公司编制会计分录如下。

借: 应付账款　　　　　　　　　　　　　　　　10 000
　　贷: 营业外收入　　　　　　　　　　　　　　　10 000

三、预收账款的核算

(一) 预收账款认知

预收账款是指企业按照合同规定预收的款项，如企业按照租赁合同、保险合同等预收的款项。

(二) 预收账款核算设置的账户

企业应该设置"预收账款"账户核算预收款项的取得、偿付等情况。该账户属于负债类账户，贷方登记预收账款金额，借方登记企业冲销的预收账款金额。期末余额若在贷方，反映企业预收的款项；若为借方余额，反映企业尚未转销的款项。该账户按照客户设置明细账，进行明细核算。

企业预收账款业务不多时，可以不单独设置"预收账款"账户，其所发生的预收货款可通过"应收账款"账户核算。

(三) 预收账款典型业务账务处理

企业预收账项时，按实际收到的全部预收款，借记"银行存款"等账户，涉及增值税的，按照预收账款计算的应交增值税，贷记"应交税费——应交增值税(销项税额)"账户，全部预收款扣除应交增值税的差额，贷记"预收账款"账户。企业分期确认有关收入时，按照实现的收入，借记"预收账款"账户，贷记"主营业务收入"等账户。企业收到客户补付的款项时，借记"银行存款"等账户，贷记"预收账款""应交税费——应交增值税(销项税额)"账户；退回客户多预付的款项时，借记"预收账款"账户，贷记"银行存款"等账户。涉及增值税的，还应进行相应的会计处理。

【例5-6】风华公司 2024 年 9 月 1 日与丰源公司签订短期租赁(非主营业务)卡车合同，向丰源公司出租卡车两台，租期 2 个月，2 台卡车租金(含税，增值税税率 13%)共计 56 500 元。合同约定，合同签订日预付租金(含税)11 300 元，合同到期结清全部租金余款。合同签订日，风华公司收到租金并存入银行，开具的增值税专用发票注明租金 10 000 元、增值税 1 300 元。租赁期满日，风华公司收到租金余款及相应的增值税。风华公司编制会计分录如下。

(1) 收到丰源公司预付租金，编制的会计分录如下。

借：银行存款　　　　　　　　　　　　　　　11 300
　　贷：预收账款——丰源公司　　　　　　　　　10 000
　　　　应交税费——应交增值税(销项税额)　　　 1 300

(2) 每月末确认租金收入，编制的会计分录如下。

借：预收账款——丰源公司　　　　　　　　　　25 000
　　贷：其他业务收入　　　　　　　　　　　　　25 000

(3) 租赁期满，收到租金余款及增值税，编制的会计分录如下。

借：银行存款　　　　　　　　　　　　　　　45 200
　　贷：预收账款——丰源公司　　　　　　　　　40 000
　　　　应交税费——应交增值税(销项税额)　　　 5 200

四、其他应付款的核算

(一) 其他应付款认知

1. 其他应付款的概念

其他应付款是指与企业购销业务没有直接关系的一切应付、暂收款项。其他应收款是指企业发生的非购销业务的应付债务，主要指除应付账款、应付票据、预收账款等以外的其他各种应付、暂收款项。

2. 其他应付款的核算内容

其他应付款的核算内容如下。

(1) 应付租入包装物等租金。

(2) 应付短期租赁固定资产租金。

(3) 存入保证金。

(4) 应付、暂收所属单位和个人的款项。

(5) 其他应付、暂收款项。

(二) 其他应付款核算设置的账户

为了核算和监督其他各项应付、暂收款项的增减变动及其结果，企业应设置"其他应付款"账户。该账户属负债类账户，贷方登记发生的各种应付、暂收款项，借方登记支付或转销的各种应付、暂收款项；期末余额在贷方，反映企业尚未支付的其他应付款项。该账户按应付、暂收款项的类别和单位或个人设置明细账，进行明细分类核算。

(三) 其他应付款典型业务账务处理

企业发生的各种其他应付、暂收款项，借记"银行存款"等账户，贷记"其他应付款"账户；支付的各种其他应付、暂收款项，借记"其他应付款"账户，贷记"银行存款"等账户。

【例 5-7】 2024 年 7 月 28 日风华公司出租包装物，以现金收取出租包装物押金 800 元。2024 年 7 月 31 日，以现金退还押金。风华公司编制会计分录如下。

(1) 2024 年 7 月 28 日收到押金时，编制会计分录如下。

借：库存现金　　　　　　　　　　　　　　　　　　800
　　贷：其他应付款——存入保证金(押金)　　　　　　　800

(2) 2024 年 7 月 31 日退还包装物押金时，编制会计分录如下。

借：其他应付款　　　　　　　　　　　　　　　　　800
　　贷：库存现金　　　　　　　　　　　　　　　　　800

✎ 案例分析

虚构业务做假账，诚信何在

A 企业为了少缴企业所得税，在 2024 年 12 月以车间修理专用工具为名，虚拟一提供劳务的单位，将自己编制的虚假劳务费用 8 万元作为应付账款进行账务处理，即"借：制造费用——修理费，贷：应付账款——××"，从而使 2024 年 12 月的产品成本虚增。该月产品全部销售，虚增销售成本 8 万元，结果使 2024 年 12 月利润虚减 8 万元，相应地偷漏企业所得税 8×25%=2 万元。违法行为被税务局发现后，A 企业不但被追缴税款，还被罚款。

请思考：

(1) A 企业的行为违背了哪些会计职业道德？

(2) 从这起案例中你得到了什么启示？

分析提示

✎ 任务小结

应付及预收款典型业务账务处理总结

业务内容		账务处理
应付账款	购料等活动发生时	借：原材料等科目 　　贷：应付账款
	支付货款	借：应付账款 　　贷：银行存款
	无法支付转销	借：应付账款 　　贷：营业外收入
	开出商业汇票抵付应付账款	借：应付账款 　　贷：应付票据

(续表)

业务内容			账务处理
应付票据	开出商业汇票		借：原材料等 　　贷：应付票据
	支付银行承兑汇票手续费		借：财务费用 　　贷：银行存款
	商业汇票到期支付		借：应付票据 　　贷：银行存款
	商业汇票到期无力支付		借：应付票据 　　贷：短期借款(银行承兑汇票) 　　　　应付账款(商业承兑汇票)
预收账款	预收款项		借：银行存款等 　　贷：预收账款 　　　　应交税费——应交增值税(销项税额)
	确认收入		借：预收账款 　　贷：主营业务收入等
	结清余款	补收款项	借：银行存款等 　　贷：预收账款 　　　　应交税费——应交增值税(销项税额)
		退回多预收款	借：预收账款 　　贷：银行存款等 涉及增值税的，还应进行相应的会计处理
其他应付款	发生		借：管理费用等 　　贷：其他应付款
	支付或转销		借：其他应付款 　　贷：银行存款等

任务考核

一、单项选择题

1. 如果企业到期不能偿付商业承兑汇票，应将"应付票据"转作(　　)。
　　A. 长期应付款　　　　　　　　　B. 其他应付款
　　C. 短期借款　　　　　　　　　　D. 应付账款

2. 甲公司为增值税一般纳税人，2024 年 5 月 23 日购入一批生产用原材料，取得货物增值税专用发票注明的价款为 200 万元，增值税税额为 26 万元，由销货方代垫保险费 3 万元，以支票支付运费并取得增值税专用发票注明运费 2 万元，增值税税额为 0.22 万元。材料已验收入库，但货款及垫付款项尚未支付。甲公司于 2024 年 6 月 1 日付款，则甲公司应付账款的入账金额为(　　)万元。
　　A. 226　　　　　　B. 229　　　　　　C. 229.22　　　　　　D. 231.22

3. 企业收取包装物押金及其他各种暂收款项时，应贷记(　　)账户。
　　A. 营业外收入　　B. 其他业务收入　　C. 其他应付款　　D. 其他应收款

4. 如果企业不设置"预收账款"账户，应将预收的货款记入(　　)。
　　A. 应收账款的借方　　　　　　　B. 应收账款的贷方
　　C. 应付账款的借方　　　　　　　D. 应付账款的贷方

5. 企业如果发生无法支付的应付账款时，应记入(　　)。
　　A. 营业外收入　　B. 管理费用　　　C. 营业外支出　　　D. 资本公积

二、多项选择题

1. 下列关于预收账款的表述正确的有( )。

   A. 预收账款所形成的负债不是以货币清偿,而是以货物清偿

   B. 预收账款核算的是销货业务

   C. 预收账款业务不多的企业可以不设置预收账款,将预收的款项记入"其他应付款"科目核算

   D. 预收账款出现借方余额代表企业应收债权

2. 下列各项中,在"其他应付款"账户核算的是( )。

   A. 预收购货单位的货款　　　　　　　　B. 收到出租包装物的押金

   C. 应付租入包装物的租金　　　　　　　D. 职工未按期领取的工资

3. 下列各项中,引起"应付票据"科目金额发生增减变动的有( )。

   A. 开出商业承兑汇票购买原材料

   B. 转销已到期无力支付票款的商业承兑汇票

   C. 转销已到期无力支付票款的银行承兑汇票

   D. 支付银行承兑汇票手续费

4. 下列各项中,应通过"其他应付款"账户核算的有( )。

   A. 应付供应商代垫的运杂费　　　　　　B. 应付的社会保险费

   C. 应付的客户存入保证金　　　　　　　D. 应付的经营租入固定资产租金

5. 下列关于应付账款的表述正确的有( )。

   A. 应付账款的入账价值包含商品价款和应付销货方代垫的运杂费、包装费,不包括应支付的增值税税额

   B. 销货方代购货方垫付的运杂费等应计入购货方的应付账款入账金额

   C. 企业确实无法支付的应付账款应计入资本公积

   D. 企业采购存货如果月末发票及账单尚未到达应暂估应付账款入账

三、判断题

1. 企业向供货单位采购原材料支付货款开出的银行承兑汇票,应通过"应付账款"科目核算。　　　　　　　　　　　　　　　　　　　　　　　　　　　　　　　　( )

2. 其他应付款的核算范围包括应付短期租赁固定资产的租金、租入包装物的租金,但是不包括存入保证金。　　　　　　　　　　　　　　　　　　　　　　　　　　　　( )

3. 冲销无法支付的应付账款时,应贷记"营业外收入"账户。　　　　　　　　( )

4. 应付账款的入账价值包含商品价款、应支付的增值税税额和应付销货方代垫的运杂费、包装费。　　　　　　　　　　　　　　　　　　　　　　　　　　　　　　( )

5. 应付商业承兑汇票到期,企业无力支付票款的,应将应付票据按账面余额转入应付账款。

四、业务实训题

资料:大森林公司为增值税一般纳税人,销售货物适用的增值税税率为13%。2024年6月公司发生的经济业务如下。

(1) 6月2日,预收甲公司购货定金100万元,并于当日送存银行。

(2) 6月16日,从乙公司购入生产用原材料一批,取得货物增值税专用发票注明的价款为200万元,增值税税额为26万元。大森林公司以银行存款支付运费并取得增值税专用发票注明的运费1万元,增值税税额0.09万元。

(3) 6月19日,将甲公司的预订货物发出,开具增值税专用发票注明的价款为200万元,

增值税税额为 26 万元，余款尚未收回。

(4) 6 月 25 日，大森林公司向乙公司支付货款。

(5) 7 月 1 日，因欠丙公司货款 255 万元向丙公司开具面值为 255 万元、期限为 6 个月的无息银行承兑汇票一张。因向银行申请承兑汇票以银行存款支付的汇票手续费为 2 万元。12 月 31 日，向丙公司开具的银行承兑汇票到期，大森林公司无力支付。

要求：根据上述资料，编制有关会计分录(不考虑其他因素)。

✎ 任务拓展

实务中，企业外购电力、燃气等动力一般通过"应付账款"科目核算，即在每月付款时先作暂付款处理，按照增值税专用发票上注明的价款，借记"应付账款"科目，按照增值税专用发票上注明的可抵扣的增值税进项税额，借记"应交税费——应交增值税(进项税额)"科目，贷记"银行存款"等科目；月末按照外购动力的用途分配动力费时，借记"生产成本""制造费用"等科目，贷记"应付账款"科目。

任务三 应付职工薪酬的核算

✎ 任务导入

大成公司是一家以生产啤酒为主的企业，为增值税一般纳税人。公司共有职工 150 名，其中 100 名为生产工人，10 名为车间管理人员，25 名为行政管理人员，15 名为专职销售人员。该公司适用的增值税税率为 13%，2024 年 9 月发生有关经济业务如下。

(1) 9 月 1 日，开出转账支票，将工会经费 10 000 元拨付给工会部门。

(2) 9 月 5 日，以银行存款支付企业负担的社会保险费 154 000 元。

(3) 9 月 10 日，根据工资结算汇总表结算上月应付职工工资总额为 550 000 元，其中，扣回代垫职工医药费 10 000 元，代扣职工个人负担的社会保险费 55 000 元，代扣职工个人所得税 20 000 元，实发工资为 465 000 元。工资已通过银行结算，转入职工个人的工资账户中。

(4) 9 月 15 日，以银行存款支付职工岗位培训费 8 000 元。

(5) 9 月 18 日，以现金支付车间生产工人困难补助 3 000 元。

(6) 9 月 30 日，计提为 5 名高管配备的车辆折旧费合计 10 000 元，以银行存款支付为销售人员租赁住房的租金合计 20 000 元。

(7) 9 月 30 日，公司以生产的每箱成本为 60 元的某种啤酒作为国庆福利物资发放给每名职工一箱。该啤酒的市场售价为每箱 120 元。

(8) 9 月 30 日，分配本月应付工资总额 550 000 元。其中，生产工人 250 000 元，车间管理人员 62 000 元，行政管理人员 135 000 元，专设销售人员 103 000 元。

(9) 9 月 30 日，按照本月工资总额的 2%和 8%分别计提工会经费和职工教育经费。计算企业负担的社会保险费 154 000 元，其中，生产工人 70 000 元，车间管理人员 17 360 元，行政管理人员 37 800 元，专设销售人员 28 840 元。

要求：如果你是该公司的会计人员，请为该公司以上经济业务做出有关账务处理。

任务实施

任务准备

一、职工薪酬认知

(一) 职工薪酬的概念

职工薪酬,是指企业为获得职工提供的服务或解除劳动关系而给予的各种形式的报酬或补偿。职工薪酬包括职工在职期间和离职后提供给职工的全部货币性薪酬和非货币性福利,还包括提供给职工配偶、子女或其他被赡养人的福利等。

这里所称"职工"包括三类人员:第一类是与企业订立劳动合同的所有人员,含全职、兼职和临时职工;第二类是未与企业订立劳动合同,但由企业正式任命的企业治理层和管理层人员,如董事会成员、监事会成员等,尽管有些董事会、监事会成员不是本企业员工,未与企业订立劳动合同,但对其发放的津贴、补贴等仍属于职工薪酬;第三类是在企业的计划和控制下,虽未与企业订立劳动合同或未由其正式任命,但为其提供与职工类似服务的人员,如通过中介机构签订用工合同,为企业提供与本企业职工类似服务的人员。

(二) 职工薪酬的内容

1. 短期薪酬

短期薪酬是指企业在职工提供相关服务的年度报告期间结束后 12 个月内需要全部予以支付的职工薪酬,因解除与职工的劳动关系给予的补偿除外。

短期薪酬具体包括以下几方面。

(1) 职工工资、奖金、津贴和补贴。这里是指按照构成工资总额的计时工资、计件工资、支付给职工的超额劳动报酬和增收节支的劳动报酬、为补偿职工特殊或额外的劳动消耗和因其他特殊原因支付给职工的津贴,以及为保证职工工资水平不受物价影响支付给职工的物价补贴等。其中,企业按照短期奖金计划向职工发放的奖金属于短期薪酬,按照长期奖金计划向职工发放的奖金属于其他长期职工福利。

(2) 职工福利费。职工福利费主要是尚未实行医疗统筹企业职工的医疗费用、职工因公负伤赴外地就医路费、职工生活困难补助,以及按照国家规定开支的其他职工福利支出,如丧葬补助费、抚恤费、职工异地安家费、防暑降温费等职工福利支出。

(3) 社会保险费。这里是指企业按照国家规定的基准和比例计算,向社会保险经办机构缴纳的医疗保险费、工伤保险费等。

(4) 住房公积金。住房公积金是指企业按照国家规定的基准和比例计算,向住房公积金管理机构缴存的公积金。

(5) 工会经费和职工教育经费。工会经费和职工教育经费是指企业为了改善职工文化生活、为职工学习先进技术、提高文化水平和业务素质,用于开展工会活动和职工教育及职业技能培训等的相关支出。

(6) 短期带薪缺勤。短期带薪缺勤是指职工虽然缺勤但企业仍向其支付报酬的安排,包括年休假、病假、婚假、产假、丧假、探亲假等。长期带薪缺勤属于其他长期职工福利。

(7) 短期利润分享计划。短期利润分享计划是指因职工提供服务而与职工达成的基于利润或其他经营成果提供薪酬的协议。长期利润分享计划属于其他长期职工福利。

(8) 非货币性福利。非货币性福利是指企业以非货币性资产支付给职工的薪酬,主要包括企业以自产产品发放给职工作为福利、将企业拥有的资产无偿提供给职工使用、为职工无偿提供医疗保健服务等。

(9) 其他短期薪酬。这里是指除上述薪酬以外的其他为获得职工提供的服务而给予的短期薪酬。

2. 离职后福利

离职后福利，是指企业为获得职工提供的服务而在职工退休或与企业解除劳动关系后，提供的各种形式的报酬和福利(如养老保险、失业保险)，短期薪酬和辞退福利除外。企业应当将离职后福利计划分类为设定提存计划和设定受益计划。离职后福利计划，是指企业与职工就离职后福利达成的协议，或者企业为向职工提供离职后福利制定的规章或办法等。其中，设定提存计划是指向独立的基金缴存固定费用后，企业不再承担进一步支付义务的离职后福利计划；设定受益计划是指除设定提存计划以外的离职后福利计划。

3. 辞退福利

辞退福利，是指企业在职工劳动合同到期之前解除与职工的劳动关系，或者为鼓励职工自愿接受裁减而给予职工的补偿。

4. 其他长期职工福利

其他长期职工福利，是指除短期薪酬、离职后福利、辞退福利之外所有的职工薪酬，包括长期带薪缺勤、长期残疾福利、长期利润分享计划等。

总之，从薪酬的涵盖时间来看，职工薪酬分为短期性职工薪酬和长期性职工薪酬；从支付形式看，职工薪酬包括货币性薪酬和非货币性福利；从薪酬的支付对象来看，职工薪酬包括提供给职工本人及其配偶、子女、受赡养人、已故员工遗属及其他受益人等的福利。

二、应付职工薪酬核算设置的账户

企业应设置"应付职工薪酬"账户核算职工薪酬的计提、结算、使用等情况。该账户属于负债类账户，贷方登记分配计入有关成本费用项目的职工薪酬的数额，借方登记实际发放或支付的职工薪酬的数额，包括扣还的款项等，期末贷方余额反映企业应付未付的职工薪酬。

"应付职工薪酬"账户应当按照"工资""职工福利费""非货币性福利""社会保险费""住房公积金""工会经费""职工教育经费""带薪缺勤""利润分享计划""设定提存计划""设定受益计划""辞退福利"等职工薪酬项目设置明细账，进行明细核算。

三、短期薪酬的核算

企业应当在职工为其提供服务的会计期间，将实际发生的短期薪酬确认为负债，并根据职工提供服务的受益对象，分别计入相关资产成本或当期损益。

(一) 货币性职工薪酬的确认与发放

1. 工资、奖金、津贴和补贴

(1) 分配职工工资。对于职工工资、奖金、津贴和补贴等货币性职工薪酬，企业应当在职工为其提供服务的会计期间，将实际发生的职工工资、奖金、津贴和补贴等，根据职工提供服务的受益对象，确认为相应的职工薪酬，借记"生产成本""制造费用""在建工程""研发支出"等账户，贷记"应付职工薪酬——工资"账户。

【例5-8】风华公司2024年8月应付工资总额685 000元，工资费用分配汇总表中列示的产品生产人员工资为450 000元，车间管理人员工资为80 000元，企业行政管理人员工资为

90 000 元, 医务及福利部门人员工资为 20 000 元, 专设销售机构人员工资为 45 000 元。风华公司应编制会计分录如下。

借: 生产成本	450 000
制造费用	80 000
管理费用	110 000
销售费用	45 000
贷: 应付职工薪酬——工资	685 000

(2) 发放职工工资。实务中, 企业一般在每月发放工资前, 根据工资结算汇总表中"实发金额"栏的合计数, 通过开户银行支付给职工或从开户银行提取现金, 然后再向职工发放。

企业按照有关规定向职工支付工资、奖金、津贴、补贴等, 借记"应付职工薪酬——工资"账户, 贷记"银行存款""库存现金"等账户; 企业从应付职工薪酬中结转代扣代垫款项(代垫的家属药费、代垫房租等), 借记"应付职工薪酬"账户, 贷记"其他应收款"账户; 企业从应付职工薪酬中结转代扣代缴个人所得税, 借记"应付职工薪酬"账户, 贷记"应交税费——应交个人所得税"账户; 企业从应付职工薪酬中结转代扣代付款项(社会保险费、住房公积金等), 借记"应付职工薪酬"账户, 贷记"其他应付款"账户。

【例 5-9】承例 5-8, 风华公司根据工资费用结算汇总表结算本月应付职工工资总额 685 000 元, 其中, 企业代垫职工医药费 3 000 元, 代扣社会保险费 68 500 元, 代扣住房公积金 57 750 元, 代扣职工个人所得税 40 000 元, 实发工资 515 750 元。风华公司应编制会计分录如下。

借: 应付职工薪酬——工资	685 000
贷: 其他应收款——代垫医药费	3 000
其他应付款——社会保险费	68 500
——住房公积金	57 750
应交税费——应交个人所得税	40 000
银行存款	515 750

2. 职工福利费

对于职工福利费, 企业应当在实际发生时根据实际发生额计入当期损益或相关资产成本, 借记"生产成本""制造费用""管理费用""销售费用"等账户, 贷记"应付职工薪酬——职工福利费"科目。实际支付福利费时, 借记"应付职工薪酬——职工福利费"账户, 贷记"银行存款"等账户。

【例 5-10】风华公司下设一个职工食堂, 每月根据在岗职工数量及岗位分布情况、相关历史经验数据等计算需要补贴食堂的金额, 从而确定企业每期因补贴职工食堂需要承担的福利金额。2024 年 8 月, 企业在岗职工 130 人, 其中, 生产车间产品生产人员 80 人, 生产车间管理人员 10 人, 行政管理部门人员 20 人, 专设销售部门人员 10 人, 医务福利部门人员 10 人。对于每个职工企业每月需补贴食堂 150 元。风华公司应编制会计分录如下。

借: 生产成本	12 000
制造费用	1 500
管理费用	4 500
销售费用	1 500
贷: 应付职工薪酬——职工福利费	19 500

将上述款项开出支票拨交食堂时, 编制会计分录如下。

借: 应付职工薪酬——职工福利费	19 500
贷: 银行存款	19 500

3. 国家规定计提标准的职工薪酬

对于国家规定了计提基础和计提比例的医疗保险费、工伤保险费、生育保险费等社会保险费和住房公积金，以及按规定提取的工会经费和职工教育经费，企业应当在职工为其提供服务的会计期间，根据规定的计提基础和计提比例计算确定相应的职工薪酬金额，并确认相关负债，按照受益对象计入当期损益或相关资产成本，借记"生产成本""制造费用""管理费用"等账户，贷记"应付职工薪酬"账户。

【例 5-11】承例 5-8，2024 年 8 月，风华公司根据相关规定，分别按照工资总额的 2%和 8%的计提标准，确认应付工会经费和职工教育经费。风华公司应编制会计分录如下。

计入"生产成本"的金额=450 000×(2%+8%)=45 000(元)

计入"制造费用"的金额=80 000 × (2%+8%)=8 000(元)

计入"管理费用"的金额=110 000 × (2%+8%)=11 000(元)

计入"销售费用"的金额=45 000 × (2%+8%)=4 500(元)

```
借: 生产成本                          45 000
      制造费用                        8 000
      管理费用                        11 000
      销售费用                        4 500
    贷: 应付职工薪酬——工会经费              13 700
             ——职工教育经费              54 800
```

【例 5-12】承例 5-8，2024 年 8 月，风华公司根据相关规定，分别按工资总额的 12%和 11%计提社会保险费(不含基本养老保险和失业保险费)和住房公积金。风华公司应编制会计分录如下。

计入"生产成本"的金额=450 000×(12%+11%)=103 500(元)

计入"制造费用"的金额=80 000 × (12%+11%)=18 400(元)

计入"管理费用"的金额=110 000 × (12%+11%)=25 300(元)

计入"销售费用"的金额 =45 000 × (12%+11%)=10 350(元)

```
借: 生产成本                          103 500
      制造费用                        18 400
      管理费用                        25 300
      销售费用                        10 350
    贷: 应付职工薪酬——社会保险费              82 200
             ——住房公积金              75 350
```

【例 5-13】风华公司以银行存款向工会拨交工会经费 13 700 元、支付职工培训费 10 000 元，上交社会保险费 82 200 元、住房公积金 75 350 元。风华公司应编制会计分录如下。

```
借: 应付职工薪酬——工会经费              13 700
             ——职工教育经费              10 000
             ——社会保险费              82 200
             ——住房公积金              75 350
    贷: 银行存款                        181 250
```

(二) 非货币性福利的确认和发放

1. 企业以其自产产品作为非货币性福利发放给职工

企业以其自产产品作为非货币性福利发放给职工的,应当根据受益对象,按照该产品的公允价值计入相关资产成本或当期损益,同时确认应付职工薪酬,借记"管理费用""生产成本""制造费用"等账户,贷记"应付职工薪酬——非货币性福利"账户。

企业以自产产品作为职工薪酬发放给职工时,应确认主营业务收入,借记"应付职工薪酬——非货币性福利"账户,贷记"主营业务收入"账户,同时结转相关成本,涉及增值税销项税额的,还应进行相应的处理。

【例 5-14】风华公司现有在岗职工 130 人,其中生产车间产品生产人员 80 人,生产车间管理人员 10 人,行政管理部门人员 20 人,专设销售部门人员 10 人,医务福利部门人员 10 人。2024 年 1 月,风华公司以其生产的每件成本为 200 元的甲产品作为春节福利发放给公司每名职工一套。该产品的市场售价为每件 500 元,风华公司适用的增值税税率为 13%。风华公司应编制会计分录如下。

(1) 发放福利时,编制的会计分录如下。

借: 应付职工薪酬——非货币性福利　　　　　　73 450
　　贷: 主营业务收入　　　　　　　　　　　　　　65 000
　　　　应交税费——应交增值税(销项税额)　　　　8 450
借: 主营业务成本　　　　　　　　　　　　　　26 000
　　贷: 库存商品　　　　　　　　　　　　　　　26 000

(2) 确认非货币性福利时,编制的会计分录如下。

计入"应付职工薪酬"的金额=130 × 500 × (1+13%)=73 450(元)

计入"生产成本"的金额=80 × 500 × (1+13%) = 45 200(元)

计入"制造费用"的金额=10 × 500 × (1+13%) = 5 650(元)

计入"管理费用"的金额=30 × 500 × (1+13%) = 16 950(元)

计入"销售费用"的金额=10 × 500 × (1+13%) = 5 650(元)

借: 生产成本　　　　　　　　　　　　　　　45 200
　　制造费用　　　　　　　　　　　　　　　 5 650
　　管理费用　　　　　　　　　　　　　　　16 950
　　销售费用　　　　　　　　　　　　　　　 5 650
　　贷: 应付职工薪酬——非货币性福利　　　　　73 450

2. 租赁住房等资产无偿提供给职工使用

租赁住房等资产供职工无偿使用的,应当根据受益对象,将每期应付的租金计入相关资产成本或当期损益,并确认应付职工薪酬,借记"管理费用""生产成本""制造费用"等账户,贷记"应付职工薪酬——非货币性福利"账户。支付租金时按实际支付的数额,借记"应付职工薪酬——非货币性福利"账户,贷记"银行存款"账户。

【例 5-15】风华公司规定为公司中层管理人员 6 人(引进的高级人才)提供免费租赁住房一套,每月以银行存款支付租赁费 6 000 元。风华公司应编制会计分录如下。

(1) 确认租赁费时,编制的会计分录如下。

借: 管理费用　　　　　　　　　　　　　　　6 000
　　贷: 应付职工薪酬——非货币性福利　　　　　 6 000

(2) 支付租赁费时，编制的会计分录如下。

借：应付职工薪酬——非货币性福利　　　　　　　　　　6 000

　　贷：银行存款　　　　　　　　　　　　　　　　　　　6 000

3. 将自有房屋等固定资产无偿提供给职工使用

将企业拥有的房屋等固定资产无偿提供给职工使用的，应当根据受益对象，将该住房等资产每期应计提的折旧计入相关资产成本或当期损益，同时确认应付职工薪酬，借记"管理费用""生产成本""制造费用"等账户，贷记"应付职工薪酬——非货币性福利"账户，并且同时借记"应付职工薪酬——非货币性福利"科目，贷记"累计折旧"账户。

【例5-16】风华公司规定，为企业高层管理人员提供汽车免费使用，本月应计提的小轿车折旧8 000元。风华公司编制会计分录如下。

借：管理费用　　　　　　　　　　　　　　　　　　　　8 000

　　贷：应付职工薪酬——非货币性福利　　　　　　　　　8 000

借：应付职工薪酬——非货币性福利　　　　　　　　　　8 000

　　贷：累计折旧　　　　　　　　　　　　　　　　　　　8 000

四、设定提存计划的核算

设定提存计划，是企业根据在资产负债表日为换取职工在会计期间提供的服务而应向单独主体缴存的提存金，确认为应付职工薪酬，并计入当期损益或相关资产成本，借记"生产成本""制造费用""管理费用""销售费用"等账户，贷记"应付职工薪酬——设定提存计划"账户。

【例5-17】承例5-8，风华公司根据所在地政府规定，按照职工工资总额的16%计提基本保险费，缴存当地社会保险经办机构。2024年8月，甲企业缴存的基本养老保险费，应计入生产成本的金额为72 000元，应计入制造费用的金额为12 800元，应计入管理费用的金额为17 600元，应计入销售费用的金额为7 200元。风华公司应编制会计分录如下。

借：生产成本　　　　　　　　　　　　　　　　　　　　72 000

　　制造费用　　　　　　　　　　　　　　　　　　　　12 800

　　管理费用　　　　　　　　　　　　　　　　　　　　17 600

　　销售费用　　　　　　　　　　　　　　　　　　　　7 200

　　贷：应付职工薪酬——设定提存计划——基本养老保险费　109 600

▶ 案例分析

继续教育——助会计人员技能提升

2024年1月末，甲公司稽核人员在审核会计刘某编制的第85号记账凭证时，发现凭证摘要栏为计提折旧，账务处理如下。

借：管理费用——福利费　　　　　　　20 000

　　贷：累计折旧　　　　　　　　　　　20 000

查实所附原始凭证，该项业务为甲公司为副总裁以上管理人员提供汽车免费使用所计提的固定资产折旧费。刘某的处理显然违背了《企业会计准则第9号——职工薪酬(2006)》的有关规定。经查刘某经常缺席单位组织的会计人员继续教育培训，也因此其对财政部《企业会计准则》的培训内容一无所知。

分析提示

请思考：

(1) 刘某经常缺席会计人员继续教育培训的行为是否违背了会计职业道德要求？

(2) 假如你是会计刘某，该项职工福利业务应如何处理？

任务小结

应付职工薪酬典型业务账务处理总结

业务内容		账务处理
职工工资	确认职工工资	借：生产成本 　　制造费用等 　　贷：应付职工薪酬——工资
	发放职工工资	借：应付职工薪酬——工资 　　贷：库存现金或银行存款
	结转代扣、代垫、代缴款项	借：应付职工薪酬——工资 　　贷：其他应收款 　　　　其他应付款 　　　　应交税费——应交个人所得税
职工福利费	确认职工福利费	借：生产成本 　　制造费用等 　　贷：应付职工薪酬——职工福利费
	发放职工福利费	借：应付职工薪酬——职工福利费 　　贷：银行存款等
工会经费、职工教育经费、社会保险费、住房公积金等	计提工会经费、职工教育经费、社会保险费、住房公积金等	借：生产成本 　　制造费用等 　　贷：应付职工薪酬——工会经费等
	支付工会经费、职工教育经费、社会保险费、住房公积金等	借：应付职工薪酬——工会经费等 　　贷：银行存款等
以自产产品作为福利发放给职工	确认非货币性福利	借：生产成本等 　　贷：应付职工薪酬——非货币性福利
	发放非货币性福利	借：应付职工薪酬——非货币性福利 　　贷：主营业务收入 　　　　应交税费——应交增值税(销项税额)
租赁资产免费提供给职工使用	确认非货币性福利	借：管理费用等 　　贷：应付职工薪酬——非货币性福利
	支付租金	借：应付职工薪酬——非货币性福利 　　贷：银行存款
以自有固定资产免费提供给职工使用	确认并计提折旧	借：管理费用等 　　贷：应付职工薪酬——非货币性福利 借：应付职工薪酬——非货币性福利 　　贷：累计折旧

任务考核

一、单项选择题

1. 下列各项中，不属于职工薪酬的是(　　)。

　　A. 职工工资　　　　　　　　B. 职工福利费

　　C. 医疗保险费　　　　　　　D. 职工出差报销的火车票

2. 应由生产产品、提供劳务负担的职工薪酬，应当(　　)。

    A. 计入管理费用   B. 计入存货成本或劳务成本

    C. 计入销售费用   D. 确认为当期费用

3. 企业从应付职工工资中代扣为职工垫付的房租，应借记的会计账户是(　　)。

    A. 应付职工薪酬   B. 银行存款

    C. 其他应收款   D. 其他应付款

4. 某饮料生产企业为增值税一般纳税人，年末将本企业生产的一批饮料发放给职工作为福利。该饮料市场售价为 12 万元(不含增值税)，增值税适用税率为 13%，实际成本为 10 万元。假定不考虑其他因素，该企业应确认的应付职工薪酬为(　　)万元。

    A. 10   B. 11.3   C. 12   D. 13.56

5. 下列各项中，不应当在"应付职工薪酬"科目核算的是(　　)。

    A. 应付职工的医疗保险费   B. 预支职工的差旅费

    C. 应付职工的带薪缺勤   D. 应付职工的辞退福利

二、多项选择题

1. 下列项目中，属于职工薪酬的有(　　)。

    A. 工伤保险费   B. 非货币性福利

    C. 职工津贴和补贴   D. 因解除与职工的劳动关系给予的补偿

2. 下列项目中，属于职工薪酬的有(　　)。

    A. 业务招待费   B. 非货币性福利

    C. 养老保险费   D. 辞退福利

3. 下列各项中，应通过"应付职工薪酬"科目核算的有(　　)。

    A. 提取的工会经费   B. 计提的职工住房公积金

    C. 计提的职工医疗保险费   D. 确认的职工短期带薪缺勤

4. 企业将拥有的小汽车无偿提供给本单位高级管理人员使用，下列会计处理正确的有(　　)。

    A. 借：管理费用   B. 借：管理费用

         贷：累计折旧   贷：应付职工薪酬

    C. 借：应付职工薪酬   D. 借：管理费用

         贷：累计折旧   贷：其他应收款

5. 下列职工薪酬中，属于短期薪酬的有(　　)。

    A. 养老保险   B. 生育保险   C. 失业保险   D. 工伤保险

三、判断题

1. 企业在计量应付职工薪酬时，国家没有明确规定计提基础和比例的，企业不得自行提取各项职工薪酬。　　　　　　　　　　　　　　　　　　　　　　　　　　　　(　　)

2. 企业将自产的产品作为福利发放给本单位职工，应当根据产品的公允价值加增值税销项税额作为应付职工薪酬核算。　　　　　　　　　　　　　　　　　　　　　　　(　　)

3. 将企业拥有的房屋无偿提供给职工使用的，应当根据受益对象，将该住房每期应计提的折旧计入相关资产成本或当期损益，借记"管理费用""生产成本""制造费用"等科目，贷记"累计折旧"科目。　　　　　　　　　　　　　　　　　　　　　　　　　　　　(　　)

4. 根据受益对象进行分配，应付财务人员的职工薪酬应计入"财务费用"科目。　(　　)

5. 企业发生的辞退福利支出计入"营业外支出"科目。　　　　　　　　　　(　　)

四、业务实训题

资料：甲公司是一家计算机生产企业，现有职工 120 人，其中，生产工人为 100 人，总部管理人员 20 人，2024 年 12 月有关职工薪酬业务如下。

(1) 根据工资结算汇总表结算本月应付职工工资总额为 660 000 元，其中，代扣为职工垫付的医药费 5 000 元，代扣职工个人所得税 15 000 元，代扣应由职工个人负担的社会保险费 60 000 元，住房公积金 32 000 元，实发工资 548 000 元已转入职工个人存款户。

(2) 将自己生产的笔记本电脑作为福利发放给职工，每台成本为 18 000 元，计税价格(售价)每件产品为 20 000 元，增值税税率为 13%。

(3) 为总部部门经理级别以上职工每人提供一辆轿车，供其免费使用，该公司总部共有部门经理以上职工 10 名，假定每辆轿车每月计提折旧 2 000 元。

(4) 该公司为 5 名副总裁以上高级管理人员每人租赁一套公寓，供其免费使用，每套公寓月租金为 15 000 元，按月以银行存款支付。

(5) 按照工资总额的标准分配工资费用，其中，生产工人薪酬为 500 000 元，总部管理人员薪酬为 160 000 元，已通过银行支付。

(6) 按照工资总额的 2%计提应向工会部门缴纳的工会经费。

(7) 按照国家规定的标准计提应向社会保险经办机构缴纳的医疗保险费、养老保险费等社会保险费 100 000 元，其中，生产工人负担 80 000 元，总部管理人员负担 20 000 元。

(8) 按照规定计提应向住房公积金管理中心缴存的住房公积金 32 000 元，其中，生产工人负担 30 000 元，总部管理人员负担 2 000 元。

要求：根据以上资料编制会计分录。

◥◣ 任务拓展

对于职工带薪缺勤，企业应当根据其性质及职工享有的权利，分为累积带薪缺勤和非累积带薪缺勤两类。企业应当对累积带薪缺勤和非累积带薪缺勤分别进行会计处理。如果带薪缺勤属于长期带薪缺勤的，企业应当作为其他长期职工福利处理。

累积带薪缺勤，是指带薪权利可以结转下期的带薪缺勤，本期尚未用完的带薪缺勤权利可以在未来期间使用。企业应当在职工提供了服务从而增加了其未来享有的带薪缺勤权利时，确认与累积带薪缺勤相关的职工薪酬，并以累积未行使权利而增加的预期支付金额计量。确认累积带薪缺勤时，借记"管理费用"等科目，贷记"应付职工薪酬——带薪缺勤——短期带薪缺勤——累积带薪缺勤"科目。

非累积带薪缺勤，是指带薪权利不能结转下期的带薪缺勤，本期尚未用完的带薪缺勤权利将予以取消，并且职工离开企业时也无权获得现金支付。我国企业职工休婚假、产假、丧假、探亲假、病假期间的工资通常属于非累积带薪缺勤。由于职工提供服务本身不能增加其享受的福利金额，企业在职工未缺勤时不应当计提相关费用和负债。为此，企业应当在职工实际发生缺勤的会计期间确认与非累积带薪缺勤相关的职工薪酬。

企业确认职工享有的与非累积带薪缺勤权利相关的薪酬，视同职工出勤确认的当期损益或相关资产成本。通常情况下，与非累积带薪缺勤相关的职工薪酬已经包括在企业每期向职工发放的工资等薪酬中，因此不必额外做相应的账务处理。

任务四 应交税费的核算

任务导入

兴华公司为增值税一般纳税企业，适用增值税税率13%，材料采用实际成本法进行日常核算。该公司2024年4月30日"应交税费——应交增值税"科目的借方余额为40 000元，该借方余额均可用下月的销项税额抵扣。2024年5月发生如下业务。

(1) 5月5日，购买原材料一批，价款600 000元，增值税78 000万元，公司已开出承兑的商业汇票。材料已入库。

(2) 5月10日，用原材料对外进行长期股权投资，双方协议按成本作价。该批材料的成本和计税价格均为410 000元，应交增值税为53 300元。

(3) 5月15日，销售产品一批，销售价格为200 000元(不含增值税)，实际成本为160 000元，货款尚未收到。

(4) 5月20日，领用原材料一批用于职工福利，该批原材料实际成本为300 000元，应由该批材料负担的增值税为39 000元。

(5) 5月25日，管理不善盘亏原材料一批，该批原材料的实际成本为100 000元，增值税13 000元。

(6) 5月31日，用银行存款交纳本月增值税10 000元。

(7) 5月31日，将本月应交未交增值税转入未交增值税明细科目。

要求： 编制上述业务相关会计分录("应交税费"科目要求写出明细科目及专栏名称)并计算兴华公司2024年5月发生的销项税额、应交增值税和未交增值税(以万元为单位)。

任务实施

任务准备

一、应交税费认知

企业按照税法规定应交纳的各种税费包括：增值税、消费税、城市维护建设税、资源税、企业所得税、土地增值税、房产税、车船税、城镇地使用税、教育费附加、印花税、车辆购置税、耕地占用税、契税等。

为了反映和监督各种税费的形成与交纳情况，企业应设置"应交税费"账户，该账户贷方登记应交纳的各种税费；借方登记实际交纳的各种税费和应抵扣的税费；期末余额一般在贷方，表示尚未交纳的税费；期末余额如果在借方，表示多交的税费或尚未抵扣的税费。该账户按照应交税费项目设置明细账户进行明细核算。

企业代扣代交的个人所得税，也通过"应交税费"账户核算。而企业交纳的印花税、耕地占用税、契税、车辆购置税、进口关税不通过"应交税费"账户核算。

二、应交增值税的核算

(一) 增值税概述

增值税是以商品(含应税劳务、应税行为)在流转过程中实现的增值额作为计税依据而征收的一种流转税。按照我国现行增值税制度的规定，在我国境内销售、进口货物，或提供加工修理修配劳务，以及应税服务的企业、单位和个人为增值税的纳税人。

根据经营规模大小及会计核算水平的健全程度，增值税纳税人分为一般纳税人和小规模纳税人。计算增值税的方法分为一般计税方法和简易计税方法。

1. 一般计税方法

增值税的一般计税方法，是先按当期销售额和适用的税率计算出销项税额，然后以该销项税额对当期购进项目支付的税款(即进项税额)进行抵扣，间接算出当期的应纳税额。应纳税额的计算公式为

$$应纳税额 = 当期销项税额 - 当期进项税额$$

(1) 当期销项税额是指纳税人当期销售货物或者加工、修理修配劳务，销售服务、无形资产、不动产时按照销售额和增值税税率计算并收取的增值税税额。其中，销售额是指纳税人销售货物或者加工、修理修配劳务，销售服务、无形资产、不动产向购买方收取的全部价款和价外费用，但是不包括收取的销项税额。当期销项税额的计算公式为

$$销项税额 = 销售额 \times 增值税税率$$

(2) 当期进项税额是指纳税人购进货物或者加工、修理修配劳务，销售服务、无形资产或不动产，支付或者负担的增值税税额。下列进项税额准予从销项税额中抵扣。①从销售方取得的增值税专用发票上注明的增值税税额。②从取得的海关进口增值税专用缴款书上注明的增值税税额。③购进农产品，除取得增值税专用发票或者海关进口增值税专用缴款书外，按照农产品收购发票或者销售发票上注明的农产品买价和9%的扣除率计算的进项税额；如用于生产销售或委托加工13%税率货物的农产品，按照农产品收购发票或者销售发票上注明的农产品买价和10%的扣除率计算的进项税额。④从境外单位或者个人购进服务、无形资产或者不动产，从税务机关或者扣缴义务人取得的解缴税款的完税凭证上注明的增值税税额。⑤一般纳税人支付的道路、桥、闸通行费，凭取得的通行费发票上注明的收费金额和规定的方法计算的可抵扣的增值税进项税额。

当期销项税额小于当期进项税额不足抵扣时，其不足部分可以结转下期继续抵扣。

2. 简易计税方法

增值税的简易计税方法是按照销售额与征收率的乘积计算应纳税额，不得抵扣进项税额。应纳税额的计算公式为

$$应纳税额 = 销售额 \times 征收率$$

公式中的销售额不包括其应纳税额，如果纳税人采用销售额和应纳税额合并定价方法，应按照公式"销售额=含税销售额÷(1+征收率)"将其还原为不含税销售额计算。

增值税一般纳税人计算增值税大多采用一般计税方法；小规模纳税人一般采用简易计税方法；一般纳税人发生财政部和国家税务总局规定的特定应税销售行为，也可以选择简易计税方式计税，但是不得抵扣进项税额。采用简易计税方式的增值税征收率为 3%，国家另有规定的除外。

(二) 一般纳税人的核算

1. 应设置的账户及专栏设置

增值税一般纳税人应当在"应交税费"账户下设置"应交增值税""未交增值税""预交增值税""待抵扣进项税额""待认证进项税额""待转销项税额""增值税留抵税额""简易计税""转让金融商品应交增值税""代扣代交增值税"等明细账户。

1) "应交增值税"明细账户

"应交增值税"明细账户,核算一般纳税人进项税额、销项税额抵减、已交税金、转出未交增值税、减免税款、出口抵减内销产品应纳税额、销项税额、出口退税、进项税额转出、转出多交增值税等情况。

该明细账设置如下专栏。

(1) "进项税额"专栏,记录一般纳税人购进货物、加工修理修配劳务、服务、无形资产或不动产而支付或负担的、准予从当期销项税额中抵扣的增值税税额。

(2) "销项税额"专栏,记录一般纳税人销售货物、加工、修理修配劳务、服务、无形资产或不动产应收取的增值税税额。

(3) "进项税额转出"专栏,记录一般纳税人购进货物、加工、修理修配劳务、服务、无形资产或不动产等发生非正常损失,以及其他原因而不应从销项税额中抵扣,按规定转出的进项税额。

(4) "已交税金"专栏,记录一般纳税人当月已交纳的应交增值税税额。

(5) "减免税款"专栏,记录一般纳税人按现行增值税制度规定准予减免的增值税税额。

(6) "出口抵减内销产品应纳税额"专栏,记录实行"免、抵、退"办法的一般纳税人按规定计算的出口货物的进项税抵减内销产品的应纳税额。

(7) "销项税额抵减"专栏,记录一般纳税人按照现行增值税制度规定因扣减销售额而减少的销项税额。

(8) "出口退税"专栏,记录一般纳税人出口货物、加工修理修配劳务、服务、无形资产按规定退回的增值税税额。

(9) "转出未交增值税"专栏,记录一般纳税人月度终了转出当月应交未交的增值税税额。

(10) "转出多交增值税"专栏,记录一般纳税人月度终了转出当月多交的增值税税额。

2) "未交增值税"明细账户

"未交增值税"明细账户,核算一般纳税人月度终了从"应交增值税"或"预交增值税"明细科目转入当月应交未交、多交或预交的增值税税额,以及当月交纳以前期间未交的增值税税额。

3) "预交增值税"明细账户

"预交增值税"明细账户,核算一般纳税人转让不动产、提供不动产经营租赁服务、提供建筑服务、采用预收款方式销售自行开发的房地产项目等,以及其他按现行增值税制度规定应预交的增值税税额。

4) "待抵扣进项税额"明细账户

"待抵扣进项税额"明细账户,核算一般纳税人已取得增值税扣税凭证并经税务机关认证,按照现行增值税制度规定准予以后期间从销项税额中抵扣的进项税额。

5) "待认证进项税额"明细账户

"待认证进项税额"明细账户,核算一般纳税人由于未经税务机关认证而不得从当期销项税额中抵扣的进项税额。

6)"待转销项税额"明细账户

"待转销项税额"明细账户，核算一般纳税人销售货物、加工修理修配劳务、服务、无形资产或不动产，已确认相关收入(或利得)但尚未发生增值税纳税义务而需于以后期间确认为销项税额的增值税税额。

7)"简易计税"明细账户

"简易计税"明细账户，核算一般纳税人采用简易计税方法发生的增值税计提、扣减、预缴、缴纳等业务。

8)"转让金融商品应交增值税"明细账户

"转让金融商品应交增值税"明细账户，核算增值税纳税人转让金融商品发生的增值税税额。

9)"代扣代交增值税"明细账户

"代扣代交增值税"明细账户，核算纳税人购进在境内未设经营机构的境外单位或个人在境内的应税行为代扣代缴的增值税。

2. 一般纳税人增值税的账务处理

1)取得资产、接受劳务或服务

(1) 一般纳税人购进货物、加工修理修配劳务、服务、无形资产或者不动产，按应计入相关成本费用或资产的金额，借记"材料采购""在途物资""原材料""库存商品""生产成本""无形资产""固定资产""管理费用"等账户，按当月已认证的可抵扣增值税税额，借记"应交税费——应交增值税(进项税额)"账户，按当月未认证的可抵扣增值税税额，借记"应交税费——待认证进项税额"账户，按应付或实际支付的金额，贷记"应付账款""应付票据""银行存款"等账户。

购进货物等发生的退货，应根据税务机关开具的红字增值税专用发票编制相反的会计分录，如原增值税专用发票未做认证，应将发票退回并作相反的会计分录。

企业购进农产品，除取得增值税专用发票或者海关进口增值税专用缴款书外，按照农产品收购发票或者销售发票上注明的农产品买价和9%的扣除率计算的进项税额；购进用于生产销售或委托加工13%税率货物的农产品，按照农产品收购发票或者销售发票上注明的农产品买价和10%的扣除率计算的进项税额，借记"应交税费——应交增值税(进项税额)"账户，按农产品买价扣除进项税额后的差额，借记"材料采购""在途物资""原材料""库存商品"等账户，按照应付或实际支付的价款，贷记"应付账款""应付票据""银行存款"等账户。

【例5-18】风华公司2024年8月5日购入一批材料，增值税专用发票上注明的原材料价款200 000元，增值税税额为26 000元。货款已用银行存款支付，材料已验收入库(存货采用实际成本核算，下同)。风华公司编制会计分录如下。

借：原材料　　　　　　　　　　　　　　　　200 000
　　应交税费——应交增值税(进项税额)　　　26 000
　　　贷：银行存款　　　　　　　　　　　　22 600

【例5-19】风华公司2024年8月10日生产车间为生产产品而接受其他单位提供的劳务，对方开出的专用发票上注明的劳务成本为50 000元，增值税税额为6 500元，款项已经支付。风华公司编制会计分录如下。

借：生产成本　　　　　　　　　　　　　　　50 000
　　应交税费——应交增值税(进项税额)　　　6 500
　　　贷：银行存款　　　　　　　　　　　　56 500

【例5-20】风华公司2024年8月15日为生产产品购入农产品一批，价款200 000元，规定的扣除率为9%。货物尚未到达，款项以银行存款支付。风华公司编制会计分录如下。

借：在途物资　　　　　　　　　　　　　　　　182 000
　　应交税费——应交增值税(进项税额)　　　　　18 000
　　　贷：银行存款　　　　　　　　　　　　　　　　　　200 000

(2) 进项税额转出。企业已单独确认进项税额的购进货物、加工修理修配劳务或者服务、无形资产或者不动产但其事后改变用途(如用于简易计税方法计税项目、免征增值税项目、非增值税应税项目等)，或发生非正常损失，原已计入进项税额、待抵扣进项税额或待认证进项税额，按照现行增值税制度规定不得从销项税额中抵扣。这里所说的"非正常损失"，根据现行增值税制度规定，是指因管理不善造成货物被盗、丢失、霉烂变质，以及因违反法律法规造成货物或者不动产被依法没收、销毁、拆除的情形。

进项税额转出的账务处理为，借记"待处理财产损溢""应付职工薪酬""固定资产""无形资产"等账户，贷记"应交税费——应交增值税(进项税额转出)""应交税费——待抵扣进项税额"或"应交税费——待认证进项税额"账户。属于转作待处理财产损失的进项税额，应与非正常损失的购进货物、在产品或库存商品、固定资产或无形资产的成本一并处理。

【例5-21】风华公司2024年8月16日因管理不善发生火灾损失，材料实际成本为10 000元，相关增值税专用发票上注明的增值税税额为1 300元。风华公司将毁损库存材料作为待处理财产损溢入账。

借：待处理财产损溢——待处理流动资产损溢　　　11 300
　　　贷：原材料　　　　　　　　　　　　　　　　　　10 000
　　　　　应交税费——应交增值税(进项税额转出)　　　1 300

【例5-22】风华公司2024年8月20日领用一批外购原材料用于集体福利，该批原材料的实际成本为40 000元，相关增值税专用发票上注明的增值税税额为5 200元。风华公司编制会计分录如下。

借：应付职工薪酬——职工福利费　　　　　　　　45 200
　　　贷：原材料　　　　　　　　　　　　　　　　　　40 000
　　　　　应交税费——应交增值税(进项税额转出)　　　5 200

需要说明的是，一般纳税人购进货物、加工修理修配劳务、服务、无形资产或不动产，用于简易计税方法计税项目、免征增值税项目、集体福利或个人消费等，即使取得的增值税专用发票上已注明增值税进项税额，该税额按照现行增值税制度规定也不得从销项税额中抵扣的，取得增值税专用发票时，应将待认证的目前不可抵扣的增值税进项税额，借记"应交税费——待认证进项税额"账户，贷记"银行存款""应付账款"等科目。经税务机关认证为不可抵扣的增值税进项税额时，借记"应交税费——应交增值税(进项税额)"账户，贷记"应交税费——待认证进项税额"账户；同时，将增值税进项税额转出，借记相关成本费用或资产账户，贷记"应交税费——应交增值税(进项税额转出)"账户。

【例5-23】风华公司2024年8月22日外购电暖器作为福利发放给直接从事生产的职工，取得的增值税专用发票上注明的价款为180 000元、增值税税额为23 400元，以银行存款支付了购买电暖器的价款和增值税进项税额，增值税专用发票尚未经税务机关认证。

购入时，编制会计分录如下。

借：库存商品——电暖器　　　　　　　　　　　　180 000
　　应交税费——待认证进项税额　　　　　　　　　23 400

  贷：银行存款   203 400

经税务机关认证不可抵扣时，编制会计分录如下。

  借：应交税费——应交增值税(进项税额) 23 400

    贷：应交税费——待认证进项税额   23 400

同时，

  借：库存商品——电暖器   23 400

    贷：应交税——应交增值税(进项税额转出) 23 400

实际发放时，编制会计分录如下。

  借：应付职工薪酬——非货币性福利   203 400

    贷：库存商品——电暖器   203 400

2) 销售业务的账务处理

(1) 企业销售货物、加工修理修配劳务、服务、无形资产或不动产，应当按应收或已收的金额，借记"应收账款""应收票据""银行存款"等账户，按取得的收益金额，贷记"主营业务收入""其他业务收入""固定资产清理"等账户，按现行增值税制度规定计算的销项税额(或采用简易计税方法计算的应纳增值税税额)，贷记"应交税费——应交增值税(销项税额)"或"应交税费——简易计税"账户。

企业销售货物等发生销售退回的，应根据税务机关开具的红字增值税专用发票作相反的会计分录。根据会计准则相关规定的收入或利得确认时点早于按照现行增值税制度确认增值税纳税义务发生时点的，应将相关销项税额记入"应交税费——待转销项税额"账户，待实际发生纳税义务时再转入"应交税费——应交增值税(销项税额)"或"应交税费——简易计税"账户。按照增值税制度确认增值税纳税义务发生时点早于根据会计准则相关规定收入或利得确认时点的，应将应纳增值税税额，借记"应收账款"账户，贷记"应交税费——应交增值税(销项税额)"或"应交税费——简易计税"账户，根据会计准则相关规定确认收入或利得时，应按扣除增值税销项税额后的金额确认收入或利得。

【例5-24】风华公司 2024 年 8 月 25 日销售产品一批，增值税发票上注明的价款为 740 000 元，增值税税额为 96 200 元。商品已经发出，价款尚未收到。风华公司编制会计分录如下。

  借：应收账款   836 200

    贷：主营业务收入   740 000

     应交税费——应交增值税(销项税额) 96 200

(2) 视同销售。企业有些交易和事项按照现行增值税制度规定，应视同对外销售处理，计算应交增值税。视同销售需要交纳增值税的事项主要有：企业将自产或委托加工的货物用于集体福利或个人消费、作为投资提供给其他单位或个体工商户、分配给股东或投资者、对外捐赠等。在这些情况下，企业应当根据视同销售的具体内容，按照现行增值税制度规定计算的销项税额(或采用简易计税方法计算的应纳增值税税额)，借记"长期股权投资""应付职工薪酬""利润分配""营业外支出"等账户，贷记"应交税费——应交增值税(销项税额)"或"应交税费——简易计税"账户。

【例5-25】风华公司 2024 年 8 月 27 日以公司生产的产品对外捐赠，该批产品的实际成本为 100 000 元，市场不含税售价为 180 000 元，开具的增值税专用发票上注明的增值税税额为 23 400 元。

  借：营业外支出   123 400

    贷：库存商品   100 000

     应交税费——应交增值税(销项税额) 23 400

【例 5-26】2024 年 8 月 28 日，风华公司用一批原材料对外进行长期股权投资。该批原材料实际成本为 50 000 元，双方协商不含税价值为 100 000 元，开具的增值税专用发票上注明的增值税税额为 13 000 元。

借：长期股权投资　　　　　　　　　　　　　　113 000
　　贷：其他业务收入　　　　　　　　　　　　100 000
　　　　应交税费——应交增值税(销项税额)　　　13 000

同时，

借：其他业务成本　　　　　　　　　　　　　　50 000
　　贷：原材料　　　　　　　　　　　　　　　50 000

3) 交纳增值税

企业交纳当月应交的增值税，借记"应交税费——应交增值税(已交税金)"账户，贷记"银行存款"账户；企业交纳以前期间未交的增值税，借记"应交税费——未交增值税"账户，贷记"银行存款"账户。

【例 5-27】风华公司 2024 年 8 月发生增值税销项税额合计为 132 600 元，增值税进项税额转出合计为 29 900 元，增值税进项税额 73 900 元，风华公司当月应交增值税计算结果如下。

$$当月应交增值税 = 132\,600 + 29\,900 - 73\,900 = 88\,600(元)$$

风华公司当月实际交纳增值税税款 50 000 元，编制会计分录如下。

借：应交税费——应交增值税(已交税金)　　　　50 000
　　贷：银行存款　　　　　　　　　　　　　50 000

4) 月末转出多交增值税和未交增值税

月度终了，企业应当将当月应交未交或多交的增值税自"应交增值税"明细科目转入"未交增值税"明细科目。对于当月应交未交的增值税，借记"应交税费——应交增值税(转出未交增值税)"科目，贷记"应交税费——未交增值税"科目；对于当月多交的增值税，借记"应交税费——未交增值税"科目，贷记"应交税费——应交增值税(转出多交增值税)"科目。

【例 5-28】承例 5-27，2024 年 8 月 31 日，风华公司将尚未交纳的增值税税款 38 600 元进行转账。风华公司编制会计分录如下。

借：应交税费——应交增值税(转出未交增值税)　　38 600
　　贷：应交税费——未交增值税　　　　　　　38 600

2024 年 9 月，风华公司交纳 8 月未交的增值税 38 600 元，编制会计分录如下。

借：应交税费——未交增值税　　　　　　　　　38 600
　　贷：银行存款　　　　　　　　　　　　　38 600

需要说明的是，企业购入材料、商品等不能取得增值税专用发票的，发生的增值税应计入材料采购成本，借记"材料采购""在途物资""原材料""库存商品"等账户，贷记"银行存款"等账户。

(三) 小规模纳税人增值税的核算

小规模纳税人核算增值税采用简化的方法，即购进货物、应税服务或应税行为，取得增值税专用发票上注明的增值税，一律不予抵扣，直接计入相关成本费用或资产。小规模纳税人销售货物、应税服务或应税行为时，按照不含税的销售额和规定的增值税征收率计算应交纳的增值税(即应纳税额)，但不得开具增值税专用发票。

一般来说，小规模纳税人采用销售额和应纳税额合并定价的方法并向客户结算款项，销售货物、应税劳务或应税行为后，应进行价税分离，确定不含税的销售额。不含税的销售额计算

公式为

$$不含税销售额 = 含税销售额 \div (1 + 征收率)$$
$$应纳税额 = 不含税销售额 \times 征收率$$

小规模纳税人进行账务处理时，只需在"应交税费"账户下设置"应交增值税"明细账户，该明细账户不再设置增值税专栏。"应交税费——应交增值税"账户贷方登记应交纳的增值税，借方登记已交纳的增值税；期末贷方余额反映小规模纳税人尚未交纳的增值税，期末借方余额反映小规模纳税人多交纳的增值税。

小规模纳税人购进货物、应税服务或应税行为，按照应付或实际支付的全部款项(包括支付的增值税税额)，借记"材料采购""在途物资""原材料""库存商品"等账户，贷记"应付账款""应付票据""银行存款"等账户；销售货物、应税服务或应税行为，应按全部价款(包括应交的增值税税额)借记"银行存款"等账户，按不含税的销售额贷记"主营业务收入"等账户，按应交增值税税额贷记"应交税费——应交增值税"账户。

【例 5-29】某企业为小规模纳税人，增值税征收率为 3%。本月购入材料，增值税专用发票上注明的价款为 30 000 元，增值税税额为 3 900 元，价款以银行存款支付，材料已验收入库(材料采用实际成本法核算)。该企业本月销售产品，含税价格为 51 500 元，货款尚未收到。根据上述经济业务，应编制会计分录如下。

(1) 购进材料时，编制的会计分录如下。

借：原材料   33 900
  贷：应付票据   33 900

(2) 销售产品时，编制的会计分录如下。

不含税价格 $= 51\ 500 \div (1 + 3\%) = 50\ 000(元)$
应交增值税 $= 50\ 000 \times 3\% = 1\ 500(元)$

借：应收账款   51 500
  贷：主营业务收入   50 000
    应交税费——应交增值税   1 500

三、应交消费税的核算

(一) 消费税概述

消费税是指国家对在我国境内生产、委托加工和进口应税特定消费品的单位和个人，按其流转额征收的一种税，它属于价内税。

消费税的征收方法采用从价定率、从量定额、从价定率和从量定额复合计税(简称"复合计税")三种征收方法。

采取从价定率方法征收的消费税，以不含增值税的销售额为税基，按照税法规定的税率计算。企业的销售收入包含增值税的，应将其换算为不含增值税的销售额。采取从量定额计征的消费税，按税法确定的企业应税消费品的数量和单位应税消费品应缴纳的消费税计算确定。采取复合计税计征的消费税，由以不含增值税的销售额为税基，按照税法规定的税率计算的消费税和根据按税法确定的企业应税消费品的数量和单位应税消费品应缴纳的消费税计算的消费税合计确定。

(二) 应交消费税的账务处理

企业应在"应交税费"账户下设置"应交消费税"明细账户，核算应交消费税的发生、交纳情况。该账户贷方登记应交纳的消费税，借方登记已交纳的消费税，期末贷方余额反映企业尚未交纳的消费税，期末借方余额反映企业多交纳的消费税。

1. 销售应税消费品

企业销售应税消费品应交的消费税，应借记"税金及附加"账户，贷记"应交税费——应交消费税"账户。

【例 5-30】某企业为增值税一般纳税人，增值税税率为 13%。本月销售应税消费品一批，价款 800 000 元(不含增值税)，价税款尚未收到，消费税税率为 30%。企业应编制会计分录如下。

$$应向购买方收取的增值税税额=800\,000×13\%=104\,000(元)$$
$$应交纳的消费税=800\,000×30\%=240\,000(元)$$

(1) 确认收入时，编制会计分录如下。

借：应收账款　　　　　　　　　　　　　　904 000
　　贷：主营业务收入　　　　　　　　　　　800 000
　　　　应交税费——应交增值税(销项税额)　104 000

(2) 计算应交消费税时，编制会计分录如下。

借：税金及附加　　　　　　　　　　　　　240 000
　　贷：应交税费——应交消费税　　　　　　240 000

2. 自产自用应税消费品

企业将生产的应税消费品用于在建工程等非生产机构时，按规定应交纳的消费税，借记"在建工程"等账户，贷记"应交税费——应交消费税" 账户。

【例 5-31】某企业在建工程领用自产柴油，成本为 30 000 元，应纳消费税 4 500 元。编制会计分录如下。

借：在建工程　　　　　　　　　　　　　　34 500
　　贷：库存商品　　　　　　　　　　　　　30 000
　　　　应交税费——应交消费税　　　　　　 4 500

3. 委托加工应税消费品

企业如有应交消费税的委托加工物资，一般应由受托方代收代缴消费税。委托加工物资收回后，直接用于销售的，应将受托方代收代缴的消费税计入委托加工物资的成本，借记"委托加工物资"等账户，贷记"应付账款""银行存款"等账户；委托加工物资收回后用于连续生产应税消费品，按规定准予抵扣的，应按已由受托方代收代缴的消费税，借记"应交税费——应交消费税"账户，贷记"应付账款""银行存款"等账户，待用委托加工的应税消费品生产出应纳消费税的产品销售时，再交纳消费税。

【例 5-32】某企业委托外单位代为加工一批应交消费税的材料(非金银首饰)，发出材料价款 180 000 元，加工费用 60 000 元，增值税税率为 13%，由受托方代收代缴的消费税 6 000 元，加工费及相关税费尚未支付。材料已加工完毕验收入库，委托方收回材料用于继续生应税消费品。编制委托方会计分录。

(1) 发出材料时，编制会计分录如下。

借：委托加工物资　　　　　　　　　　　　180 000
　　贷：原材料　　　　　　　　　　　　　　180 000

(2) 应付加工费、增值税、消费税时，编制会计分录如下。

借：委托加工物资   60 000

     应交税费——应交消费税   6 000

            ——应交增值税(进项税额)   7 800

    贷：银行存款   73 800

(3) 材料加工完毕验收入库时，编制会计分录如下。

借：原材料   240 000

    贷：委托加工物资   240 000

4. 进口应税消费品

企业进口应税物资交纳的消费税由海关代征。应交的消费税按照组成计税价格和规定的税率计算，消费税计入该项物资成本，借记"在途物资""材料采购""原材料""库存商品"科目，贷记"银行存款"等科目。

【例 5-33】某企业从国外进口一批需要交纳消费税的商品，已知该商品关税完税价格为900 000 元，按规定应缴纳关税 180 000 元，假定进口的应税消费品的消费税税率为 10%、增值税税率为 13%。货物报关后，自海关取得的"海关进口消费税专用缴款书"注明的消费税为120 000 元、"海关进口增值税专用缴款书"注明的增值税为 156 000 元。进口商品已验收入库，全部货款和税款已用银行存款支付。

本例中，应交消费税税额=[(900 000 + 180 000) ÷ (1- 10%)] × 10% = 120 000(元)；应交增值税税额= (900 000+180 000+120 000) × 13%=156 000(元)；进口商品的入账成本= 900 000+180 000+120 000= 1 200 000(元)。

该企业应编制会计分录如下。

借：库存商品   1 200 000

     应交税费——应交增值税(进项税额)   156 000

    贷：银行存款   1 356 000

四、其他应交税费的核算

(一) 应交城市维护建设税和教育费附加的核算

城市维护建设税是以增值税和消费税为计税依据征收的一种税。其纳税人为交纳增值税和消费税的单位和个人。

教育费附加是指为了加快发展地方教育事业、扩大地方教育经费资金来源而向企业征收的附加费用。

城市维护建设税和教育费附加以各单位实际缴纳的增值税、消费税的税额为计征依据，按其一定比例分别与增值税、消费税同时缴纳。应纳税计算公式为

       应纳税额=(实际交纳的增值税+实际交纳的消费税)×适用税率

企业按规定计算出应交纳的城市维护建设税和教育费附加，借记"税金及附加"等账户，贷记"应交税费——城市维护建设税""应交税费——应交教育费附加"账户。

【例 5-34】某企业本月实际交纳的增值税为 80 000 元，消费税为 20 000 元，按 7%计算应交城市维护建设税，按 3%计算本月应交的教育费附加。

应交城市维护建设税金额：(80 000 + 20 000) × 7%=7 000(元)

应交教育费附加金额：(80 000 + 20 000) × 3%=3 000(元)

```
借：税金及附加                          10 000
    贷：应交税费——应交城市维护建设税        7 000
              ——应交教育费附加            3 000
```

(二) 应交房产税、城镇土地使用税、车船税的核算

房产税是国家对在城市、县城、建制镇和工矿区征收的由产权所有人缴纳的一种税。房产税依照房产原值一次减除10%～30%后的余额计算交纳。没有房产原值作为依据的，由房产所在地税务机关参考同类房产核定；房产出租的，以房产租金收入为房产税的计税依据。

城镇土地使用税是以城市、县城、建制镇、工矿区范围内使用土地的单位和个人为纳税人，以其实际占用的土地面积和规定税额计算征收。

车船税是以车辆、船舶(简称"车船")为课征对象，向车船的所有人或者管理人征收的一种税。

企业应交的房产税、城镇土地使用税、车船税，记入"税金及附加"账户，借记"税金及附加"账户，贷记"应交税费——应交房产税、应交城镇土地使用税、应交车船税"账户。

【例5-35】某企业本期应交房产税2 200元、车船税1 800元、城镇土地使用税2 500元，编制的会计分录如下。

```
借：税金及附加                          6 500
    贷：应交税费——应交房产税              2 200
              ——应交车船税              1 800
              ——应交城镇土地使用税        2 500
```

(三) 应交资源税的核算

资源税是对在我国境内开采矿产品或者生产盐的单位和个人征收的税。对外销售应税产品品应交纳的资源税应记入"税金及附加"账户，借记"税金及附加"账户，贷记"应交税费——应交资源税"账户；自产自用应税产品应交纳的资源税应记入"生产成本""制造费用"等账户，借记"生产成本""制造费用"等账户，贷记"应交税费——应交资源税"账户。

【例5-36】某企业本期对外销售资源税应税矿产品5 000吨、将自产资源税应税矿产品1 000吨用于其产品生产，税法规定每吨矿产品应交资源税5元。该企业应编制会计分录如下。

(1) 计算对外销售应税矿产品应交资源税，编制的会计分录如下。

```
借：税金及附加                          25 000
    贷：应交税费——应交资源税              25 000
```

企业对外销售应税产品而应交的资源税=5 000×5 =25 000(元)

(2) 计算自用应税矿产品应交资源税，编制的会计分录如下。

```
借：生产成本                            5 000
    贷：应交税费——应交资源税              5 000
```

企业自产自用应税矿产品而应交纳的资源税=1 000×5 =5 000(元)

(3) 交纳资源税，编制的会计分录如下。

```
借：应交税费——应交资源税                30 000
    贷：银行存款                          30 000
```

(四) 应交土地增值税的核算

土地增值税是对转让国有土地使用权、地上的建筑物及其附着物(简称"转让房地产")并

取得增值性收入的单位和个人所征收的一种税。

土地增值税按照转让房地产所取得的增值额和规定的税率计算征收。转让房地产的增值额是转让收入减去税法规定扣除项目金额后的余额，其中，转让收入包括货币收入、实物收入和其他收入；扣除项目主要包括取得土地使用权所支付的金额、开发土地的成本及费用、新建房及配套设施的成本及费用、与转让房地产有关的税金、旧房及建筑物的评估价格、财政部确定的其他扣除项目等。土地增值税采用四级超率累进税率，其中最低税率为30%，最高税率为60%。

根据企业对房地产核算方法不同，企业应交土地增值税的账务处理也有所区别：企业转让的土地使用权连同地上建筑物及其附着物一并在"固定资产"账户核算的，转让时应交的土地增值税，借记"固定资产清理"账户，贷记"应交税费——应交土地增值税"账户；土地使用权在"无形资产"账户核算的，借记"银行存款""累计摊销""无形资产减值准备"账户，按应交的土地增值税，贷记"应交税费——应交土地增值税"账户，同时冲销土地使用权的账面价值，贷记"无形资产"账户，按其差额借记或贷记"资产处置损益"科目；房地产开发经营企业销售房地产应交纳的土地增值税，借记"税金及附加"账户，贷记"应交税费——应交土地增值税"账户。交纳土地增值税，借记"应交税费——应交土地增值税"账户，贷记"银行存款"账户。

【例5-37】甲企业对外转让一栋厂房，根据税法规定计算的应交土地增值税为30 000元。甲企业应编制如下会计分录。

(1) 计算应交土地增值税，编制的会计分录如下。

借：固定资产清理   30 000
    贷：应交税费——应交土地增值税   30 000

(2) 用银行存款交纳土地增值税，编制的会计分录如下。

借：应交税费——应交土地增值税   30 000
    贷：银行存款   30 000

此外，企业职工按规定应交纳的个人所得税通常由单位代扣代缴，其账务处理已在本项目任务三做过介绍，此处不再重复。

案例分析

无视法律，大肆虚开增值税专用发票

20××年4月，四川省南充市国税局与公安机关联合，成功查处K有限公司虚开增值税专用发票案。经查实，犯罪嫌疑人詹某某，伙同赵某某、解某某等人，冒用他人身份信息，注册成立南充市K有限公司等2家企业，通过支付4%~5%手续费的方法从辽宁、山东、广西等地的12家企业非法购买增值税专用发票307份，涉及金额3 850.37万元，涉及税额568.84万元；海关增值税专用缴款书1份，涉及税额6.32万元。同时，以收取5%~8%的手续费的方式为他人虚开增值税专用发票，累计虚开增值税专用发票343份，涉及金额3 352.52万元，税额569.92万元。南充市国税局已向上下游涉案企业所在地税务机关发出《已证实虚开通知单》。经司法机关审判，主要犯罪嫌疑人已被判刑。

请思考：

(1) 什么是虚开增值税专用发票？

(2) 虚开增值税专用发票有什么后果？

(3) 虚开增值税专用发票的行为应承担何种法律责任？

分析提示

任务小结

应交税费典型业务账务处理总结

业务内容		账务处理
一般纳税人应交增值税	采购物资或接受应税劳务	借：在途物资等 　　应交税费——应交增值税(进项税额) 　贷：银行存款等
	进项税额转出	借：待处理财产损溢(应付职工薪酬等) 　贷：原材料等 　　　应交税费——应交增值税(进项税额转出)
	销售货物或者提供应税劳务	借：银行存款等 　贷：主营业务收入等 　　　应交税费——应交增值税(销项税额)
	视同销售	借：营业外支出等 　贷：库存商品等 　　　应交税费——应交增值税(销项税额)
	交纳增值税 交纳当月应交增值税	借：应交税费——应交增值税(已交税金) 　贷：银行存款
	交纳增值税 交纳上月未交增值税	借：应交税费——未交增值税 　贷：银行存款
	月末转出增值税 转出未交增值税	借：应交税费——应交增值税(转出未交增值税) 　贷：应交税费——未交增值税
	月末转出增值税 转出多交增值税	借：应交税费——未交增值税 　贷：应交税费——应交增值税(转出多交增值税)
小规模纳税人应交增值税	采购物资或接受应税劳务	借：在途物资等 　贷：银行存款等
	销售货物或者提供应税劳务	借：银行存款等 　贷：主营业务收入等 　　　应交税费——应交增值税
	缴纳增值税	借：应交税费——应交增值税 　贷：银行存款
应交消费税	销售应税消费品	借：税金及附加 　贷：应交税费——应交消费税
	自产自用应税消费品	借：在建工程 　贷：库存商品 　　　应交税费——应交消费税
	委托加工应税消费品 收回后继续加工生产应税消费品	借：应交税费——应交消费税 　贷：银行存款等
	委托加工应税消费品 收回后对外销售	借：委托加工物资 　贷：银行存款等
其他应交税费	应交城市维护建设税、教育费附加、房产税、车船税、城镇土地使用税等	借：税金及附加 　贷：应交税费——应交城市维护建设税等
	应交资源税	借：税金及附加(生产成本) 　贷：应交税费——应交资源税

(续表)

业务内容		账务处理
其他应交税费	应交土地增值税	借：固定资产清理 　　贷：应交税费——应交土地增值税 借：银行存款 　　累计摊销 　　无形资产减值准备 　　贷：无形资产 　　　　应交税费——应交增值税(销项税额) 　　　　应交税费——应交土地增值税 　　　　资产处置损益(或借记)

任务考核

一、单项选择题

1. A 公司为增值税一般纳税人，委托 M 公司加工应交消费税的 B 材料一批(非金银首饰)，发出材料价款 20 000 元，支付加工费 10 000 元，取得增值税专用发票上注明增值税税额为 1 300 元，由受托方代收代缴的消费税为 1 000 元，材料已加工完成，委托方收回 B 材料用于继续生产应税消费品，该 B 材料收回时的成本为(　　)元。

  A. 30 000　　　　　　B. 31 000　　　　　　C. 32700　　　　　　D. 22 700

2. 某企业适用的城市维护建设税税率为 7%，2024 年 8 月该企业实际缴纳增值税 200 000 元、土地增值税 30 000 元、印花税 100 000 元、消费税 150 000 元、资源税 20 000 元。2024 年 8 月该企业应记入"应交税费——应交城市维护建设税"科目的金额为(　　)元。

  A. 16 100　　　　　　B. 24 500　　　　　　C. 26 600　　　　　　D. 28 000

3. 企业当月交纳当月的增值税，应通过(　　)科目核算。

  A. 应交税费——应交增值税(已交税金)

  B. 应交税费——未交增值税

  C. 应交税费——应交增值税(转出未交增值税)

  D. 应交税费——应交增值税

4. 某企业生产资源税应税项日产品用于本企业，应交资源税借记(　　)。

  A. 管理费用　　　　B. 营业外支出　　　　C. 税金及附加　　　　D. 生产成本

5. 下列各项中，关于相关税费的会计处理正确的是(　　)。

  A. 拥有产权房屋交纳的房产税计入房屋成本

  B. 企业应交的城市维护建设税计入税金及附加

  C. 签订购销合同缴纳的印花税计入主营业务成本

  D. 商用货车缴纳的车船税计入管理费用

二、多项选择题

1. 下列各项中，关于增值税一般纳税人会计处理表述正确的有(　　)。

  A. 已单独确认进项税额的购进货物用于投资，应贷记"应交税费——应交增值税(进项税额转出)"科目

  B. 将委托加工的货物用于对外捐赠，应贷记"应交税费——应交增值税(销项税额)"科目

    C. 已单独确认进项税额的购进货物发生非正常损失,应贷记"应交税费——应交增值税(进项税额转出)"科目

    D. 企业管理部门领用本企业生产的产品,应贷记"应交税费——应交增值税(销项税额)"科目

2. 在下列各项税金中,应计入存货成本的是( )。

    A. 由受托方代扣代缴的委托加工继续用于生产应纳消费税的商品负担的消费税

    B. 由受托方代扣代缴的委托加工直接用于销售的商品负担的消费税

    C. 进口商品交纳的进口关税、消费税

    D. 一般纳税企业进口原材料交纳的增值税

3. 下列各项中,应计入相关资产成本的有( )。

    A. 企业进口原材料交纳的进口关税

    B. 企业商务用车交纳的车船税

    C. 小规模纳税人购买商品支付的增值税

    D. 企业书立加工承揽合同交纳的印花税

4. 下列各项中,企业应通过"应交税费"科目核算的有( )。

    A. 计算确认的代扣代缴个人所得税

    B. 占用耕地建设厂房缴纳的耕地占用税

    C. 计算确认的教育费附加

    D. 签订购销合同购买印花税票缴纳的印花税

5. 下列各项中,属于企业利润表"税金及附加"项目列示内容的有( )。

    A. 商品购销业务应负担的教育费附加

    B. 出租房产应缴纳的房产税

    C. 商品购销业务应负担的城市维护建设税

    D. 销售商品产生的增值税

三、判断题

1. 某企业为小规模纳税人,销售产品一批,含税价格 61 800 元,增值税征收率 3%,该批产品应交纳的增值税为 1 800 元。　　　　　　　　　　　　　　　( )

2. 对于当月销项税额小于进项税额而形成的留抵税额,月末借记"应交税费——未交增值税"科目,贷记"应交税费——应交增值税(转出多交增值税)"科目。　　　　( )

3. 企业代扣代缴的个人所得税,不通过"应交税费——应交个人所得税"科目进行核算。
　　　　　　　　　　　　　　　　　　　　　　　　　　　　　　　　( )

4. 企业将自产或委托加工的货物用于职工福利,在会计上按照货物成本转账,不用计税。
　　　　　　　　　　　　　　　　　　　　　　　　　　　　　　　　( )

5. 企业出售土地使用权交纳的增值税应记入"营业外支出"科目。　　　　( )

四、业务实训题

资料:甲公司为增值税一般纳税人,适用的增值税税率为 13%。2024 年 9 月发生部分经济业务如下。

(1) 2 日,外购原材料一批,取得货物增值税专用发票注明的价款为 100 万元,增值税税额为 13 万元,取得运费增值税专用发票注明的运费为 2 万元,增值税税额为 0.18 万元,原材料已验收入库。以上款项均通过银行转账方式支付。

(2) 5 日,将一批原材料委托乙公司将其加工为 A 产品(非金银首饰的应税消费品)。发出

原材料的成本为 80 万元，支付加工费取得增值税专用发票注明的价款为 20 万元，增值税税额为 2.6 万元，乙公司按税法规定代收代缴的消费税为 5 万元。收回的 A 产品用于继续生产应税消费品。以上款项均通过银行转账方式支付。

(3) 15 日，将一台设备对外出租，当月确认租金收入为 11.3 万元(含税，税率为 13%)。

(4) 20 日，将闲置的一处仓库对外转让，取得转让收入 218 万元(含税，税率为 9%)。已知该仓库的原值为 800 万元，已提折旧 600 万元，已提减值准备 100 万元。

(5) 30 日，计提税金及附加。已知当月实际交纳的增值税为 70 万元、消费税为 30 万元、印花税为 6 万元、城市维护建设税为 7 万元、教育费附加为 5 万元。

要求：根据上述资料编制有关会计分录。

✎ 任务拓展

增值税一般纳税人适用的税率分为 13%、9%、6% 和零税率 4 种。

一般纳税人销售货物、劳务、有形动产租赁服务或者进口货物，税率为 13%。

一般纳税人销售或者进口粮食等农产品、食用植物油、食用盐、自来水、暖气、冷气、热水、煤气、石油液化气、天然气、二甲醚、沼气、居民用煤炭制品、图书、报纸、杂志、音像制品、电子出版物、饲料、化肥、农药、农机、农膜及国务院及其有关部门规定的其他货物，税率为 9%；提供交通运输、邮政、基础电信、建筑、不动产租赁服务，销售不动产，转让土地使用权，税率为 9%；其他应税行为，税率为 6%。

一般纳税人出口货物，税率为零，但国务院另有规定的除外。境内单位和个人发生的跨境应税行为税率为零，具体范围由财政部和国家税务总局另行规定。

任务五　非流动负债的核算

✎ 任务导入

兴华公司于 2024 年 1 月 1 日从银行借入资金 300 000 元，借款期限为 3 年，年利率为 4.8%(到期一次还本付息，不计复利)，实际利率与合同利率相同，所借款项已存入银行。同日用这笔借款购买不需要安装的设备一台，价款为 200 000 元，增值税税额为 26 000 元，另支付运杂费及保险费等费用 10 000 元。2024 年 10 月 1 日该设备交付使用。

要求：根据资料作出兴华公司相关的会计处理。

任务实施

✎ 任务准备

一、长期借款的核算

(一) 长期借款认知

长期借款是指企业从银行或其他金融机构借入的期限在 1 年以上(不含 1 年)的借款。长期借款一般用于固定资产的购建、改扩建工程、大修理工程及流动资产的正常需要等方面。长期借款属于企业的非流动负债，和短期借款相比，具有信用期长、借款数额大的特点。

(二) 长期借款核算设置的账户

设置"长期借款"账户，用来核算长期借款的借入和归还的情况。该账户属于负债类账户，账户贷方登记借入的长期借款本金和计提的利息，借方登记偿还的长期借款本金和利息，期末贷方余额反映企业尚未偿还的长期借款本金和利息。该账户按照贷款单位和贷款种类，分别用"本金""应计利息""利息调整"等设置明细账。

(三) 长期借款典型业务的账务处理

1. 取得长期借款

企业借入各种长期借款时，按实际收到的款项，借记"银行存款"账户，按借入的本金贷记"长期借款——本金"账户，两者之间如有差额，还应借记"长期借款——利息调整"账户。

2. 资产负债表日计提长期借款的利息

资产负债表日，企业应当按照长期借款的摊余成本和实际利率计算确定长期借款的利息费用，借记"在建工程""制造费用""财务费用"等账户；按借款本金和合同利率计算确定的应付未付利息，贷记"长期借款——应计利息"账户；最后按其差额，贷记"长期借款——利息调整"账户。对于已过付息期但尚未支付的利息，应借记"长期借款——应计利息"账户，贷记"应付利息"账户。

当实际利率与合同约定的名义利率差异很小时，也可以采用合同约定的名义利率计算确定利息费用。

长期借款计算确定的利息费用，应当按以下原则计入有关成本、费用：属于筹建期间的，计入管理费用；属于生产经营期间的，如果长期借款用于购建固定资产等符合资本化条件的资产，在资产尚未达到预定可使用状态前，所发生的利息支出数应当资本化，计入在建工程等相关资产成本；资产达到预定可使用状态后发生的利息支出，以及按规定不予资本化的利息支出，计入财务费用。账务处理为借记"在建工程""制造费用""财务费用""研发支出"等账户，贷记"长期借款——应计利息"账户。

3. 归还借款本息

企业归还长期借款本金时，借记"长期借款——本金"账户，贷记"银行存款"账户。按归还的利息，借记"应付利息"或"长期借款——应计利息"账户，贷记"银行存款"账户。

【例5-38】风华公司为建造厂房，2022年1月1日向银行借入3年期借款5 000 000元，利率4.8%，利息按年计提，3年后一次还本付息。该厂房建设期1年，1年后达到预定可使用状态。款项收付均通过银行办理。风华公司编制会计分录如下。

(1) 2022年1月1日收到借款存银行时，编制的会计分录如下。

借：银行存款　　　　　　　　　　　　　　　5 000 000
　　贷：长期借款——本金　　　　　　　　　　　5 000 000

(2) 2022年12月31日计提借款利息时，编制的会计分录如下。

年利息=5 000 000×4.8%＝240 000(元)

借：在建工程　　　　　　　　　　　　　　　　240 000
　　贷：长期借款——应计利息　　　　　　　　　240 000

(3) 2023 年 12 月 31 日计提借款利息时，编制的会计分录如下。

借：财务费用　　　　　　　　　　　　　　　240 000

　　贷：长期借款——应计利息　　　　　　　　　　240 000

(4) 2024 年 12 月 31 日归还长期借款本息时，编制的会计分录如下。

借：长期借款——本金　　　　　　　　　　　5 000 000

　　　　　　　——应计利息　　　　　　　　　480 000

　　财务费用　　　　　　　　　　　　　　　240 000

　　贷：银行存款　　　　　　　　　　　　　　　5 720 000

二、应付债券的核算

(一) 应付债券认知

应付债券是指企业为筹集长期资金发行期限在一年以上的债券而产生的非流动负债。企业债券是企业向投资者公开筹集资金而发行的并且承诺按特定利率支付利息并按约定条件偿还本金的债权债务凭证。对于发行债券企业而言，作为资金的借入者需要在一定时期内还本付息，形成其负债业务。

债券的发行价格通常有三种：平价、溢价和折价。平价指以债券的票面金额为发行价格；溢价指以高出债券票面金额的价格为发行价格；折价指以低于债券票面金额的价格为发行价格。

债券发行价格的形成受多种因素的影响，其中最主要的是票面利率与市场利率的一致程度。债券的票面金额、票面利率在债券发行前即已参照市场利率和发行公司的具体情况确定下来，并载明于债券之上。但是，在发行债券时，已确定的票面利率不一定与当时的市场利率一致。

为了协调债券购销双方在债券利息上的利益，就要调整发行价格，即当票面利率高于市场利率时，以溢价发行债券，溢价发行表明企业以后多付利息而事先得到的补偿；当票面利率低于市场利率时，以折价发行债券，折价发行表明企业以后少付利息而预先给投资者的补偿；当票面利率等于市场利率时，以平价发行债券。溢价或折价是发行债券企业在债券存续期内对利息费用的一种调整。

(二) 设置有关账户

设置"应付债券"账户，该账户属于负债类账户，用来核算应付债券的发行、计提利息、还本付息等情况。账户贷方登记发行的债券面值和计提的利息、借方登记偿还的面值和利息数额，期末贷方余额反映企业尚未偿还的应付债券本金和利息。该账户可按照投资者、应付债券种类，分别用"面值""应计利息""利息调整"等设置明细账。

(三) 应付债券典型业务的账务处理

1. 发行债券

企业发行债券时，按实际收到的款项，借记"银行存款"等账户，按债券票面金额，贷记"应付债券——面值"账户；存在差额的，还应借记或贷记"应付债券——利息调整"账户。

2. 资产负债表日确认利息费用

资产负债表日企业应在计提票面利息的同时摊销发行时的溢价或折价，从而确认实际的利息费用。溢价或折价发行债券时，其债券发行价格与债券面值总额的差额即利息调整，应当在债券存续期间采用实际利率法进行分期摊销。

资产负债表日，应按摊余成本和实际利率确定的债券的实际利息费用，借记"在建工程""财务费用""制造费用"等账户，按票面利率计算确定的应付未付票面利息，贷记"应付债券——应计利息"账户，按其差额，借记或贷记"应付债券——利息调整"账户。对于已过付息期但尚未支付的利息，应借记"应付债券——应计利息"账户，贷记"应付利息"账户。

实际利率与合同约定的名义利率差异不大的，也可以采用合同约定的名义利率计算确定利息费用。

3. 债券到期归还

应付债券到期，支付债券本息，借记"应付债券——面值""应付债券——应计利息"或"应付利息"等账户，贷记"银行存款"等账户。同时存在利息调整余额的，借记或贷记"应付债券——利息调整"账户，贷记或借记"在建工程""财务费用""制造费用"等账户。

【例 5-39】风华公司 2022 年 1 月 1 日发行面值为 1 000 000 元的公司债券，年利率为 8%，期限为 3 年，到期一次还本付息。发行时市场利率为 8%，采用面值发行。风华公司发行公司债券所筹集的资金用于生产线的建设，建设工期 1 年。风华公司会计处理如下。

(1) 2022 年 1 月 1 日发行债券收款时，编制的会计分录如下。

借：银行存款 1 000 000
　贷：应付债券——面值 1 000 000

(2) 2022 年 12 月 31 日计提利息时，编制的会计分录如下。

年利息=1 000 000×8%=80 000(元)

借：在建工程 80 000
　贷：应付债券——应计利息 80 000

(3) 2023 年 12 月 31 日计提利息时，编制的会计分录如下。

借：财务费用 80 000
　贷：应付债券——应计利息 80 000

(4) 2024 年 12 月 31 日分录同上。

(5) 2025 年 1 月 1 日偿还债券本息时，编制的会计分录如下。

借：应付债券——面值 1 000 000
　　　　　——应计利息 240 000
　贷：银行存款 1 240 000

案例分析

私欲膨胀，违规"借款收息"被法办

某官员在职期间，利用职务之便，多次为某建设公司在获得授信额度及贷款等方面提供帮助。为感谢其帮助，该建设公司法定代表人李某与该官员约定以"借款收息"的方式向他输送利益。该官员借给李某本金后，按年息 30%的"利滚利"方式收受李某以支付"利息"为名所送的贿赂。该官员因此被开除党籍、开除公职，并涉嫌受贿罪。

请思考：

从案件中你得到了什么启示？

分析提示

任务小结

非流动负债典型业务账务处理总结

典型业务	业务内容	账务处理
长期借款	借入长期借款	借：银行存款 　　长期借款——利息调整 　贷：长期借款——本金
	确认利息	借：在建工程(财务费用)等 　贷：长期借款——应计利息 　　　长期借款——利息调整
	已过付息期但尚未支付的利息	借：长期借款——应计利息 　贷：应付利息
	归还借款本息	借：长期借款——本金 　　长期借款——应计利息(或应付利息) 　贷：银行存款
应付债券	发行债券	借：银行存款 　贷：应付债券——面值 　　　应付债券——利息调整 　或借记应付债券——利息调整
	计提利息并摊销溢折价	借：财务费用(在建工程)等 　　应付债券——应计利息 　　应付债券——利息调整 　或借记应付债券——利息调整
	已过付息期但尚未支付的利息	借：应付债券——应计利息 　贷：应付利息
	归还债券本息	借：应付债券——面值 　　应付债券——应计利息(或应付利息) 　贷：银行存款

任务考核

一、单项选择题

1. 企业每期期末计提一次还本付息的长期借款利息，对其中应当予以资本化的部分，下列会计处理正确的是(　　)。

　　A. 借记"财务费用"科目，贷记"长期借款"科目

　　B. 借记"财务费用"科目，贷记"应付利息"科目

　　C. 借记"在建工程"科目，贷记"长期借款"科目

　　D. 借记"在建工程"科目，贷记"应付利息"科目

2. 下列关于长期借款利息的表述不正确的是(　　)。

　　A. 到期一次还本付息的长期借款计提的利息应增加长期借款的账面金额

　　B. 分期付息的长期借款计提的利息应增加应付利息的账面金额

　　C. 支付的利息符合资本化条件的应计入相关资产成本

　　D. 支付的利息不符合资本化条件的应计入财务费用

3. 在债券发行时，假定其他条件不变，当票面利率高于市场利率时，称为(　　)。

　　A. 加价发行　　　　B. 溢价发行　　　　C. 平价发行　　　　D. 折价发行

4. 2023 年 7 月 1 日，某公司按面值发行 5 年期、到期一次还本付息的公司债券，该债券面值为 10 万元，票面年利率为 4%(不计复利)，假定不考虑相关税费，2023 年 12 月 31 日该应付债券的账面价值为(　　)万元。

    A. 10.4　　　　　　B. 10.2　　　　　　C. 10.6　　　　　　　　D. 10

5. 就发行债券企业而言，债券折价实质是(　　)。

    A. 为以后少付利息而付出的代价　　　B. 为以后多得利息而得到的补偿

    C. 本期利息收入　　　　　　　　　　D. 以后期间的利息收入

二、多项选择题

1. 下列各项中，关于长期借款会计处理表述正确的有(　　)。

    A. 筹建期间不符合资本化条件的借款利息费用计入管理费用

    B. 生产经营期间不符合资本化条件的借款利息计入财务费用

    C. 为购建固定资产发生的符合资本化条件的借款利息费用计入在建工程

    D. 为购建厂房发生的借款利息费用在所建厂房达到预定可使用状态后的部分计入管理费用

2. 下列关于长期借款利息的表述正确的是(　　)。

    A. 到期一次还本付息的长期借款计提的利息应增加长期借款的账面金额

    B. 分期付息的长期借款计提的利息应增加应付利息的账面金额

    C. 支付的利息符合资本化条件的应计入相关资产成本

    D. 支付的利息不符合资本化条件的应计入管理费用

3. 长期借款所发生的利息费用，根据长期借款的使用方向，可以将其直接计入的项目有(　　)。

    A. 财务费用　　　B. 在建工程　　　C. 营业外支出　　　　D. 管理费用

4. 企业为了核算对外发行的公司债券，应当在"应付债券"账户下设置的明细账户有(　　)。

    A. 债券面值　　　B. 利息调整　　　C. 债券溢价摊销　　　D. 应计利息

5. 企业按面值发行一次还本付息债券，按期计提利息时，可能涉及的会计账户有(　　)。

    A. 财务费用　　　B. 在建工程　　　C. 应付债券　　　　D. 应付利息

三、判断题

1. 企业借入的分期付息到期还本的长期借款，对于核算的应支付利息，增加长期借款的账面价值。　　　　　　　　　　　　　　　　　　　　　　　　　　　　　　(　　)

2. "长期借款"账户的期末余额，反映企业尚未支付的各种长期借款的本金。　(　　)

3. 溢价发行债券的原因是企业发行债券时，债券的票面利率低于市场利率。　(　　)

4. 利息调整应在债券存续期间内采用直线法进行摊销。　　　　　　　　　　(　　)

5. 企业借入的到期还本一次付息的长期借款，对于核算的应支付利息，增加长期借款的账面价值。　　　　　　　　　　　　　　　　　　　　　　　　　　　　　　(　　)

四、业务实训题

资料：某企业经批准于 2023 年 1 月 1 日起发行三年期面值为 100 元的债券 10 000 张，发行价格确定为按面值发行(款项收存银行)，债券年利率为 6%，每半年计息一次，该债券所筹资金全部用于新生产线的建设，该生产线于 2024 年 6 月底完工交付使用，债券到期后全部一次还本付息。

要求：根据上述资料编制该债券从发行到到期的全部会计分录。

任务拓展

借款费用是指企业因借入资金而发生的利息及其他相关成本，具体包括借款的利息、折价或溢价的摊销、辅助费用及因外币借款而发生的汇兑差额等。企业发生的借款费用，可直接归属于符合资本化条件的资产的购建或者生产的，应当予以资本化，计入相关资产成本；其他借款费用，应当在发生时根据其发生额确认为费用计入当期损益。符合资本化条件的资产，是指需要经过相当长时间的购建或者生产活动才能达到预定可使用或可销售状态的固定资产、投资性房地产和存货等资产。

项目六　所有者权益核算

能力目标

1. 能正确处理实收资本(或股本)的增减业务。
2. 能正确处理资本公积的形成与使用业务。
3. 能正确处理盈余公积的形成与使用业务。
4. 能正确处理未分配利润的形成和分配业务。

知识目标

1. 熟悉实收资本(或股本)的管理规定，掌握实收资本(或股本)的核算方法。
2. 熟悉资本公积的来源和使用，掌握资本公积的核算方法。
3. 熟悉留存收益的内容及管理规定，掌握留存收益的核算方法。

素质目标

1. 能与资金筹集人员有效沟通，建立规范的资金管理制度。
2. 能够洞察企业资金筹集管理上的漏洞，并及时与领导沟通。
3. 具有良好的与证券公司、股东等单位和个人的沟通协调能力。
4. 在记账、算账、报账过程中能做到认真、细致、严谨，遵纪守法。

项目导读

　　所有者权益是指企业资产扣除负债后由所有者享有的剩余权益。公司的所有者权益又称为股东权益。和负债相比，所有者权益是企业的"永久性"权益，在企业的存续期间没有归还的义务。所有者权益按其来源可分为所有者投入的资本、其他综合收益、留存收益等，通常由实收资本(或股本)、其他权益工具、资本公积、其他综合收益、专项储备、留存收益构成。本项目主要介绍实收资本(或股本)、资本公积和留存收益的核算内容及核算方法。在会计实务中，企业接受投资业务是资金筹资岗位核算的主要内容。企业接受投资形成实收资本(或股本)，当收到投资者出资额超过其在注册资本(或股本)中所占份额时还会产生资本公积——资本溢价(或股本溢价)。留存收益包括盈余公积和未分配利润，其形成于企业的净利润。留存收益的核算是企业财务成果岗位会计的工作内容。所有者权益核算项目知识结构，如图6-1所示。

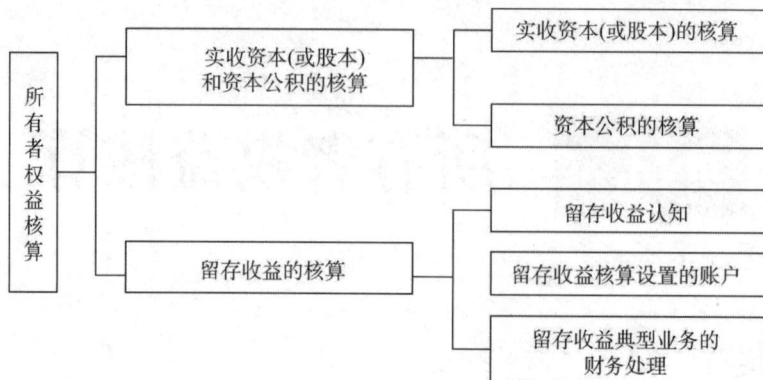

图6-1　所有者权益核算项目知识结构

任务一　实收资本(或股本)和资本公积的核算

✎ 任务导入

2023年10月长江公司和黄河公司共同出资成立兴华公司，成立之初注册资本10 000 000元，出资比例各占50%。2024年10月，经有关部门批准后，兴华公司实施增资，将注册资本增加到30 000 000元。长江公司和黄河公司决定追加投资，此时有一新的投资者长城公司要求加入。经三方协商，一致同意，完成下述投资后，三方投资者各拥有兴华公司10 000 000元的资本，各占兴华公司1/3的股份。各投资者的出资情况如下。

(1) 长江公司以一台不需要安装设备投入兴华公司作为增资，该设备原价8 000 000元，已提折旧1 000 000元，评估确认原价6 000 000元，评估确认净值5 500 000元。

(2) 黄河公司以银行存款追加投资4 000 000元已到账，同时投入一批原材料，该批材料账面价值1 100 000元，评估确认价值1 000 000元，税务部门认定应交增值税为130 000元。黄河公司已开具了增值税专用发票，材料已入库。

(3) 长城公司以银行存款投入兴华公司11 000 000元已到账。

要求：请以财会人员身份做出兴华公司成立之初接受投资，以及接受追加投资的账务分录。

任务实施

任务准备

一、实收资本(或股本)的核算

(一) 实收资本(或股本)认知

实收资本(或股本)是指企业按照章程或合同、协议的约定,接受投资者投入企业的资本。投资者即所有者向企业投入的资本,在一般情况下无须偿还,并可以长期周转使用。实收资本的构成比例即投资者的出资比例或股东的持股比例,通常是确定所有者在企业所有者权益中所占的份额和所有者参与生产经营决策的基础,也是企业据以向所有者进行利润或股利分配的主要依据。

《中华人民共和国公司法》规定,股东可以用货币出资,也可以用实物、知识产权、土地使用权等可以用货币估价并可以依法转让的非货币性财产作价出资;但是,法律、行政法规规定不得作为出资的财产除外。企业应当对作为出资的非货币性财产评估作价,核实财产,不得高估或者低估作价。法律、行政法规对评估作价有规定的,从其规定。

股东应当按期足额缴纳公司章程中规定的各自所认缴的出资额。股东以货币出资的,应当将货币出资足额存入有限责任公司在银行开设的账户中;以非货币性财产出资的,应当依法办理其财产权的转移手续。对于股东不按照前款规定缴纳出资的,除应当向公司足额缴纳外,还应当向已按期足额缴纳出资的股东承担违约责任。

(二) 实收资本(或股本)核算设置的账户

股份有限公司设置"股本"账户,其他各类企业设置"实收资本"账户。

设置"实收资本"账户,用来核算投资者投入资本的增减变动及结存情况。该账户属于所有者权益类账户,贷方登记企业收到投资者符合注册资本的出资额,借方登记企业按法定程序报经批准减少的注册资本额,期末贷方余额反映企业实有的资本数额。为了反映投资者在企业所有者权益中的构成及其变动情况,"实收资本"账户应按投资者设置明细账户,进行明细分类核算。

设置"股本"账户,用来核算股份有限公司股本增加变动及结存情况。该账户贷方登记已发行的股票面值,借方登记经批准核销的股票面值,期末贷方余额反映发行在外的股票面值。"股本"账户应当按照股票的类别设置明细账户,进行明细分类核算。

(三) 实收资本(或股本)典型业务的账务处理

企业收到所有者投入企业的资本后,应根据有关原始凭证(如投资清单、银行通知单等),分别针对不同的出资方式进行会计处理。

1. 接受现金资产投资

(1) 股份有限公司以外的其他企业接受现金资产投资。企业接受现金资产投资时,按实际收到的金额,借记"银行存款"等账户;按投资人出资比例计算的在企业注册资本中所占份额,贷记"实收资本"账户;按企业实际收到投资者的出资额超过其在该企业注册资本中所占份额的部分,贷记"资本公积——资本溢价"账户。

【例6-1】华泰公司、天龙公司、龙腾公司共同投资成立风华公司,注册资本5 000 000元。出资协议规定,华泰公司、天龙公司、龙腾公司的出资比例分别为40%、35%和25%。当日风华公司如期收到各投资者一次缴足的款项。风华公司编制会计分录如下。

```
借：银行存款                        5 000 000
    贷：实收资本——华泰公司               2 000 000
            ——天龙公司                1 750 000
            ——龙腾公司                1 250 000
```

(2) 股份有限公司接受现金资产投资。股份有限公司发行股票时，既可以按面值发行股票，也可以溢价发行(发行股票取得的收入大于股本总额)，我国目前不允许折价发行。股份有限公司在核定的股本总额及核定的股份总额的范围内发行股票时，应在实际收到现金资产时进行会计处理。股份有限公司发行股票收到现金资产时，借记"银行存款"等账户，按每股股票面值和发行股份总数的乘积计算的金额，贷记"股本"账户，实际收到的金额与该股本之间的差额，贷记"资本公积——股本溢价"账户。股份有限公司发行股票发生的手续费、佣金等交易费用，应从溢价中抵扣，冲减资本公积(股本溢价)。

【例6-2】宏达股份有限公司发行普通股 10 000 000 股，每股面值为 1 元，每股发行价为 5 元。假定股票发行成功，该股份有限公司按发行收入的 1%向证券公司支付发行费用，证券公司从发行收入中抵扣，股款已划入宏达股份有限公司的银行账户。宏达股份有限公司编制会计分录如下。

实际收到的款项=10 000 000 × 5 × (1 − 1%) = 49 500 000(元)

```
借：银行存款                        49 500 000
    贷：股本                         10 000 000
        资本公积——股本溢价              39 500 000
```

2. 接受非现金资产投资

企业接受投资者投入的材料物资、固定资产、无形资产等非现金资产投资时，应按投资合同或协议约定价值确定入账金额(投资合同或协议约定价值不公允的除外)，借记"原材料""固定资产""无形资产"等账户，按取得的增值税专用发票上注明的金额借记"应交税费——应交增值税(进项税额)"账户，按投资者所占注册资本份额贷记"实收资本"或"股本"账户。如果投入的资产价值超过投资者在企业注册资本(或股本)中所占份额的部分，应当计入资本公积(资本溢价或股本溢价)。

【例6-3】甲有限责任公司于设立时接受乙公司投资转入的原材料一批，账面价值 100 000 元，投资协议约定价值 120 000 元，增值税进项税额为 15 600 元，投资协议约定的价值与公允价值相符，不考虑其他因素。甲有限责任公司对原材料采用实际成本法进行日常核算。甲有限责任公司编制会计分录如下。

```
借：原材料                          120 000
    应交税费——应交增值税(进项税额)          15 600
    贷：实收资本——乙公司                 135 600
```

【例6-4】A 有限责任公司于设立时收到 B 公司作为资本投入的不需要安装的机器设备一台，合同约定该机器设备的价值为 500 000 元，增值税进项税额为 65 000 元；收到 C 公司作为资本投入的非专利技术一项，合同约定该非专利技术的价值为 60 000 元，增值税进项税额为 3 600 元。合同约定的资产价值与公允价值相符，不考虑其他因素。A 有限责任公司编制会计分录如下。

```
借：固定资产                        500 000
    无形资产——非专利技术                60 000
```

应交税费——应交增值税(进项税额)	68 600
贷：实收资本——B公司	565 000
——C公司	63 600

3. 实收资本(或股本)的增减变动

《中华人民共和国企业法人登记管理条例施行细则》规定，除国家另有规定外，企业的实收资本应当与注册资本一致。企业实收资本比原注册资本数额增减超过20%时，应持资金使用证明或验资证明，向原登记主管机关申请变更登记。如擅自改变注册资本或抽逃资金，要受到工商行政管理部门的处罚。

(1) 实收资本(或股本)的增加。企业增加实收资本的途径一般有三个：①接受投资者追加投资，会计处理与初次投入时相同；②将资本公积转为实收资本或股本，账务处理为借记"资本公积——资本溢价(股本溢价)"账户，贷记"实收资本"或"股本"账户；③盈余公积转为实收资本或股本，账务处理为借记"盈余公积"账户，贷记"实收资本"或"股本"账户。

需要注意，资本公积和盈余公积均属于所有者权益，用其转增实收资本或股本时，如为独资企业则核算比较简单，直接结转即可；如为股份有限公司或有限责任公司，应按原投资者所持股份比例增加各股东的股份份额。

【例6-5】承例6-1，因扩大经营规模需要，经批准，风华公司将注册资本扩大为6 000 000元。华泰公司、天龙公司、龙腾公司的出资比例按原出资比例追加投资，风华公司如期收到投资，款项已存入银行。风华公司应编制会计分录如下。

借：银行存款	1 000 000
贷：实收资本——华泰公司	400 000
——天龙公司	350 000
——龙腾公司	250 000

【例6-6】承例6-1，因扩大经营规模需要，经批准，风华公司按原出资比例将资本公积1 000 000元转增资本。风华公司应编制会计分录如下。

借：资本公积	1 000 000
贷：实收资本——华泰公司	400 000
——天龙公司	350 000
——龙腾公司	250 000

【例6-7】承例6-1，因扩大经营规模需要，经批准，风华公司按原出资比例将盈余公积1 000 000元转增资本。风华公司应编制会计分录如下。

借：盈余公积	1 000 000
贷：实收资本——华泰公司	400 000
——天龙公司	350 000
——龙腾公司	250 000

(2) 实收资本(或股本)的减少。我国《公司法》规定，公司成立后，股东不得抽逃出资。但符合公司法规定的，可以减少注册资本，如企业发生重大亏损、资本过剩等。公司减少注册资本，须由董事会制定减资方案，经股东大会决议通过。公司减资后的注册资本不得低于法定的最低限额。公司减少注册资本，须依法向公司登记机关办理变更登记。

企业因资本过剩而减资，一般要返还投资款。企业按照法定程序报经批准减少注册资本的，按返还投资款的数额，借记"实收资本"账户，贷记"库存现金""银行存款"等账户。

股份有限公司通过股票回购方式减资的，通过"库存股"账户核算所回购的股票的金额，回购本公司股票时,按回购价格借记"库存股"账户,贷记"银行存款"等账户。注销本公司股票时,如果回购股票支付的价款高于面值总额,按股票面值借记"股本"账户,按注销库存股的账面余额贷记"库存股"账户,按注销库存股的账面余额与所冲减股本的差额冲减"资本公积——股本溢价"账户,股本溢价不足冲减的,应依次冲减"盈余公积"账户、"利润分配——未分配利润"账户。如果回购股票支付的价款低于面值总额的,所注销库存股的账面余额与所冲减股本的差额作为增加资本公积(股本溢价)处理。

【例6-8】宏达股份有限公司股本为 20 000 000 股,面值为 1 元,资本公积(股本溢价)3 000 000元,盈余公积 4 000 000 元。经股东大会批准,公司以存款回购本公司股票 2 000 000 股并注销。宏达股份有限公司按每股 2 元回购股票,不考虑其他因素。宏达公司编制会计分录如下。

(1) 回购本公司股票时。

库存股成本=2 000 000×2=4 000 000(元)

借: 库存股   4 000 000

    贷: 银行存款   4 000 000

(2) 注销本公司股票时。

应冲减的资本公积 = 20 000 000×2 − 2 000 000×1 = 2 000 000(元)

借: 股本   2 000 000

    资本公积——股本溢价   2 000 000

    贷: 库存股   4 000 000

【例6-9】承例6-8,假定宏达股份有限公司按每股 3 元回购股票,其他条件不变,宏达股份有限公司编制会计分录如下。

(1) 回购本公司股票时。

库存股成本 = 2 000 000×3 = 6 000 000(元)

借: 库存股   6 000 000

    贷: 银行存款   6 000 000

(2) 注销本公司股票时。

应冲减的资本公积 = 2 000 000×3 − 2 000 000×1 = 4 000 000(元)

由于应冲减的资本公积大于公司现有的资本公积,所以只能冲减资本公积 3 000 000 元,剩余的 1 000 000 元应冲减盈余公积。

借: 股本   2 000 000

    资本公积——股本溢价   3 000 000

    盈余公积   1 000 000

    贷: 库存股   6 000 000

【例6-10】承例6-8,假定宏达股份有限公司按每股 0.9 元回购股票,其他条件不变,宏达股份有限公司编制会计分录如下。

(1) 回购本公司股票时。

库存股成本 = 2 000 000×0.9 = 1 800 000(元)

借: 库存股   1 800 000

    贷: 银行存款   1 800 000

(2) 注销本公司股票时。

应增加的资本公积 = 2 000 000×1 − 2 000 000×0.9 = 200 000(元)

由于折价回购,股本与库存股成本的差额 200 000 元应作为增加资本公积处理。

借: 股本   2 000 000

  贷: 库存股   1 800 000

    资本公积——股本溢价   200 000

二、资本公积的核算

(一) 资本公积认知

1. 资本公积的来源

资本公积是企业收到投资者出资额超过其在注册资本(或股本)中所占份额的部分，以及其他资本公积等。资本公积由全体股东共同享有，可转增资本但不能进行利润分配。

资本公积包括资本(或股本)溢价和其他资本公积等。

资本(或股本)溢价是指企业收到投资者的超出其在企业注册资本(或股本)中所占份额的投资。形成资本溢价(或股本溢价)的原因有投资者超额缴入资本、溢价发行股票等。

其他资本公积是指除资本溢价(或股本溢价)、净损益、其他综合收益和利润分配以外所有者权益的其他变动。比如，企业的长期股权投资采用权益法核算时，因被投资单位发生除净损益、其他综合收益及利润分配以外的所有者权益其他变动(主要包括被投资单位接受其他股东的资本性投入、被投资单位发行可分离交易的可转债中包含的权益成分、以权益结算的股份支付、其他股东对被投资单位增资导致投资方持股比例变动等)，投资企业按应享有份额而增加或减少的资本公积，直接计入投资方所有者权益(资本公积——其他资本公积)。

2. 资本公积与实收资本(或股本)的区别

(1) 实收资本(或股本)是指投资者实际投入并依法进行注册的资本；而资本公积是投资者的出资中超出其在注册资本中所占份额的部分，以及其他资本公积。

(2) 实收资本(或股本)表明了投资者依法享有的资本金额，是所有者参与企业财务经营决策、进行利润分配或股利分配，以及在企业清算时确定对企业净资产的要求权的依据；资本公积的主要用途是转增资本，不能代表投资者所享有的在所有者权益中的份额。

(二) 资本公积核算设置的账户

设置"资本公积"账户，用来核算企业资本公积的增减变动及结存情况。该账户属于所有者权益类账户，贷方登记企业因接受投资等原因增加的资本公积数额，借方登记企业因资本公积转增资本等引起的资本公积减少数额，期末余额为企业资本公积结余数额。为了反映各类不同性质的资本公积的增减变动情况，该账户应设置"资本溢价(或股本溢价)""其他资本公积"明细账户进行明细核算。

(三) 资本公积典型业务的账务处理

1. 资本溢价或股本溢价

1) 资本溢价

除股份有限公司外的其他企业，在企业创立时，投资者认缴的出资额与注册资本一致，一般不会产生资本溢价。但在企业重组或有新的投资者加入时，常常会出现资本溢价。因为在企业进行正常生产经营后，其资本利润率通常要高于企业初创阶段，另外，企业有内部积累，新投资者加入企业后，对这些积累将来也要分享，所以新加入的投资者往往要付出大于原投资者的出资额，才能取得与原投资者相同的出资比例。投资者多缴的部分就形成了资本溢价。

【例6-11】丰源有限责任公司由甲、乙、丙三位投资者投资3 000 000元设立，每人各出资1 000 000元。经过几年经营，该公司留存收益为1 200 000元，这时又有丁投资者想要加入，并表示愿意出资1 200 000元享有与甲、乙、丙三位投资者同等的权利，丰源有限责任公司已收到投资款项。丰源有限责任公司编制的会计分录如下。

借：银行存款　　　　　　　　　　　　　1 200 000
　　贷：实收资本　　　　　　　　　　　　　1 000 000
　　　　资本公积——资本溢价　　　　　　　　200 000

2) 股本溢价

股份有限公司是以发行股票的方式筹集股本的，股票可按面值发行，也可按溢价发行，我国目前不准折价发行。与其他企业不同，股份有限公司在成立时可能会溢价发行股票，因而在成立之初，就可能会产生股本溢价。股本溢价的数额等于股份有限公司发行股票时实际收到的款额超过股票面值总额的部分。

股份有限公司在按面值发行股票的情况下，企业发行股票取得的收入，应全部作为股本处理；在溢价发行股票的情况下，企业发行股票取得的收入，等于股票面值的部分作为股本处理，超出股票面值的溢价收入应作为股本溢价处理。股份有限公司发行股票相关的手续费、佣金等交易费用，如果是溢价发行股票的，应从溢价中抵扣，冲减资本公积(股本溢价)；无溢价或不足抵扣的部分，应依次冲减盈余公积和未分配利润。

有关账务处理，参见例6-2的有关内容。

2. 其他资本公积

其他资本公积是指除资本溢价(股本溢价)等项目以外所形成的资本公积。本书以被投资单位除净损益、其他综合收益和利润分配以外的所有者权益的其他变动为例，介绍相关的其他资本公积的核算。

企业对被投资单位的长期股权投资采用权益法核算的，在持股比例不变的情况下，对因被投资单位发生除净损益、其他综合收益和利润分配以外的所有者权益的其他变动，应按持股比例计算其应享有或应分担被投资单位所有者权益的增减数额，调整长期股权投资的账面价值和资本公积(其他资本公积)。在处置长期股权投资时，应转销与该笔投资相关的其他资本公积。

【例6-12】2024年1月1日，甲公司向乙公司投资10 000 000元，持有乙公司30%的股份，能够对其施加重大影响。甲公司对其持有乙公司的长期股权投资采用权益法进行核算。年末，乙公司除净损益、其他综合收益和利润分配以外的所有者权益增加了1 500 000元，除此之外，乙公司的所有者权益无其他变化。不考虑其他因素。甲公司编制会计分录如下。

甲公司对乙公司投资增加的资本公积=1 500 000×30%=450 000(元)
借：长期股权投资——其他权益变动　　　　450 000
　　贷：资本公积——其他资本公积　　　　　450 000

【例6-13】承例6-12，甲公司于2025年1月10日决定出售对乙公司的全部股权投资，出售时甲公司对乙公司股权投资的账面价值构成为：投资成本10 000 000元，其他权益变动450 000元。出售价款10 500 000元，已收到并存入银行。甲公司编制会计分录如下。

借：银行存款　　　　　　　　　　　　　10 500 000
　　贷：长期股权投资——投资成本　　　　　10 000 000
　　　　　　　　　　　——其他权益变动　　　450 000
　　　　投资收益　　　　　　　　　　　　　　50 000
借：资本公积——其他资本公积　　　　　　450 000
　　贷：投资收益　　　　　　　　　　　　　450 000

3. 资本公积转增资本

资本公积转增资本经股东大会或类似机构决议,用资本公积转增资本时,应冲减资本公积,同时按照转增资本前的实收资本(或股本)的结构或比例,将转增的金额记入"实收资本"(或"股本")账户下各所有者的明细分类账。

有关账务处理,参见例 6-6 的有关内容。

案例分析

"琼民源"案对企业财务人员的警示

"琼民源"全称海南民源现代农业发展股份有限公司,1992 年进行股份制改组。1993 年 4 月 30 日,"琼民源"在深圳证券交易所上市,当天收盘价为 25.80 元。但 1994 年业绩却陡降为每股收益 0.17 元,到了 1995 年更是一落千丈,公司已到了亏损的边缘,每股收益仅有 0.009 元。经过不断地送配,加之股市日趋低迷和自身业绩下滑,琼民源股价跌至 2 元多,由绩优股变成一只不折不扣的垃圾股。1997 年 1 月 22 日,琼民源率先公布 1996 年年报:每股收益 0.867 元,净利润同比增长 1 290.68 倍,分红方案为每 10 股送 9.8 股。琼民源的年报公布后立即引起了巨大争议:这么短时间内公司的巨额利润从何而来?琼民源停牌一年后,1998 年 4 月 29 日,中国证监会公布了对琼民源案的调查结果和处理意见。调查发现,琼民源 1996 年年报中所称 71 亿元利润中,有 5.66 亿元是虚构的,并且虚增了 6.57 亿元资本公积金。1998 年 11 月 12 日,法院做出一审判决:原海南民源现代农业发展股份有限公司董事长、北京民源大厦董事长、北京凯奇通信公司董事长马五和,因提供虚假财务会计报告罪被一审判处有期徒刑 3 年;原广西壮族自治区北海市会计师事务所退休干部、海南民源现代农业发展有限公司聘用会计班文绍因同样的罪名被判处有期徒刑 2 年,缓刑 2 年。法院认为,财会人员听从董事长马五和授意,将虚构利润编入 1996 年度公司财务会计报告;同时,班文绍配合海南大正会计师事务所对公司资产进行评估,虚编资本公积金并在媒体上公布。

资料来源: 侯海文. 琼民源事件始末[N]. 南方都市报, 2008-12-15.

请思考:

如果你是财务人员,公司领导要求提供非法财务数据时,你会听从领导的安排吗?

分析提示

任务小结

实收资本(或股本)和资本公积业务账务处理总结

业务内容		账务处理
其他企业实收资本和资本公积业务	接受投资	借: 银行存款、原材料、固定资产、无形资产等 贷: 实收资本 资本公积——资本溢价
	资本公积转增资本	借: 资本公积——资本溢价 贷: 实收资本
股份有限公司股本和资本公积业务	发行股票	借: 银行存款 贷: 股本 资本公积——股本溢价
	资本公积转增资本	借: 资本公积——股本溢价 贷: 股本

（续表）

业务内容			账务处理
股份有限公司股本和资本公积业务	回购股票		借：库存股 贷：银行存款
	注销库存股	回购价格高于面值	借：股本 资本公积——股本溢价 盈余公积 利润分配——未分配利润 贷：库存股
		回购价格低于面值	借：股本 贷：库存股 资本公积——股本溢价

任务考核

一、单项选择题

1. 甲公司发行普通股 5 000 万股，每股面值 1 元，每股发行价格为 8 元，支付券商发行手续费为 120 万元，支付法律咨询费 30 万元，则甲公司发行普通股计入股本的金额为(　　)万元。

　　A. 40 000　　　　　B. 5 000　　　　　C. 39 850　　　　　D. 39 880

2. 甲股份有限公司委托 A 证券公司发行普通股 1 000 万股，每股面值 1 元，每股发行价格 4 元。甲公司按发行收入的 2% 向 A 证券公司支付发行费。甲股份有限公司计入"资本公积"科目的金额应为(　　)万元。

　　A. 20　　　　　　B. 80　　　　　　C. 2 920　　　　　D. 3 000

3. 股份有限公司采用回购本公司股票方式减资，下列说法正确的是(　　)。

　　A. 应按股票面值和注销股数计算的股票面值总额减少资本

　　B. 应按股票面值和注销股数计算的股票面值总额减少库存股

　　C. 应按股票面值和注销股数计算的股票面值总额增加资本

　　D. 应按股票面值和注销股数计算的股票面值总额增加库存股

4. 甲、乙公司均为增值税一般纳税人，适用的增值税税率为 13%，甲公司接受乙公司投资转入的原材料一批，账面价值 100 000 元，投资协议约定价值 120 000 元。假定投资协议约定的价值与公允价值相符，该项投资没有产生资本溢价，甲公司实收资本应增加(　　)元。

　　A. 100 000　　　　B. 113 000　　　　C. 120 000　　　　D. 135 600

5. 某股份有限公司按法定程序报经批准后采用收购本公司股票方式减资，购回股票支付价款低于股票面值总额的，所注销库存股账面余额与冲减股本的差额应计入(　　)。

　　A. 盈余公积　　　B. 营业外收入　　　C. 资本公积　　　D. 未分配利润

二、多项选择题

1. 下列项目中，可能引起资本公积变动的有(　　)。

　　A. 与发行权益性证券直接相关的手续费、佣金等交易费用

　　B. 企业接受投资者投入的资本

　　C. 用资本公积转增资本

　　D. 股份有限公司低于面值回购股票

2. A 有限责任公司收到 B 企业以机器设备出资，该设备的原价为 100 万元，已提折旧 60 万元，投资合同约定该设备价值为 50 万元(与公允价值相同且不考虑增值税)，占注册资本 40 万

元，不考虑其他因素，则关于 A 有限责任公司会计处理的表述正确的有(　　)。

    A. A 公司固定资产的入账价值为 40 万元

    B. A 公司固定资产的入账价值为 50 万元

    C. A 公司应当确认的资本公积为 10 万元

    D. A 公司应当确认的资本公积为 20 万元

  3. 甲公司接受以非现金资产投资，下列表述正确的有(　　)。

    A. 以固定资产投资的，应当以双方约定的价值(不公允的除外)作为固定资产入账成本

    B. 以存货投资的，实收资本(股本)应当以存货的公允价值确认

    C. 以无形资产投资的，应当以合同或协议约定的价值(不公允的除外)确认无形资产的入账成本

    D. 以存货投资的，应当以双方在合同或协议中约定的价值(不公允的除外)确认存货价值

  4. 下列关于资本公积的表述正确的有(　　)。

    A. 资本公积是企业收到投资者出资额超出其注册资本中所占份额的部分，以及其他资本公积等

    B. 资本公积的来源之一是资本公积——其他资本公积

    C. 企业可以使用资本公积弥补亏损

    D. 企业可以用资本公积转增资本

  5. 下列关于股份有限公司发行股票的表述中不正确的有(　　)。

    A. 在溢价发行股票的情况下，企业发行股票取得的收入应作为股本处理

    B. 发行股票相关的手续费、佣金等交易费用计入管理费用

    C. 我国目前不准折价发行股票

    D. 股票按面值发行的，发行股票取得的收入应全部作为股本处理

三、判断题

1. 当企业投资者投入资本高于其注册资本时，应当将高出部分计入营业外收入。(　　)

2. 企业接受投资者以非现金资产投资时，应按投资合同或协议约定的价值确认资产的价值和在注册资本中应享有的份额，并将其差额确认为资本公积，但投资合同或协议约定的价值不公允的除外。(　　)

3. 股份有限公司溢价发行股票时，按股票面值计入股本，溢价收入扣除发行手续费、佣金等发行费用后的金额计入资本公积。(　　)

4. 企业溢价发行股票发生的手续费、佣金应从溢价中抵扣，溢价不足抵扣的调整留存收益。(　　)

5. 企业实收资本的构成比例可以作为企业生产经营决策的基础，但不能作为企业清算时确定所有者对净资产要求的依据。(　　)

四、业务实训题

资料：甲公司为增值税一般纳税人，由 A、B、C 三位股东于 2022 年 12 月 31 日共同出资设立，注册资本 800 万元。出资协议规定，A、B、C 三位股东出资比例分别为 40%、35% 和 25%。有关资料如下。

(1) 2022 年 12 月 31 日三位股东的出资方式及出资额如下表所示。

三位股东的出资方式

单位：万元

出资者	货币资金	实物资产	无形资产	合计
A	270		50(专利权)	320
B	130	150(设备)		280
C	170	30(轿车)		200
合计	570	180	50	800

(2) 2023 年甲公司实现净利润 400 万元，决定分派现金股利 100 万元，计划在 2024 年 2 月 10 日支付。

(3) 2024 年 12 月 31 日，吸收 D 股东加入本公司，将甲公司注册资本由原来 800 万元增到 1 000 万元。D 股东以银行存款 100 万元、原材料 56.5 万元(增值税专用发票中注明材料计税价格为 50 万元，增值税 6.5 万元)出资，占增资后注册资本 10%的股份；其余的 100 万元增资由 A、B、C 三位股东按原持股比例以银行存款出资。当天出资全部到位。

要求：

(1) 编制甲公司 2022 年 12 月 31 日收到投资者投入资本的会计分录("实收资本"写明细)。

(2) 编制甲公司 2023 年决定分配现金股利的会计分录("应付股利"科目写明细)。

(3) 计算甲公司 2024 年 12 月 31 日吸收 D 股东出资时产生的资本公积。

(4) 编制甲公司 2024 年 12 月 31 日增收 A、B、C 股东追加投资和 D 股东出资的会计分录。

(5) 计算甲公司 2024 年 12 月 31 日增资扩股后各股东的持股比例(答案金额均以万元表示)。

✎ 任务拓展

根据中国证监会会计部发布的《上市公司执行企业会计准则监管问题解答(2010 年第 1 期)》中对上市公司在发行权益性证券过程中发生的各种交易费用及其他费用，应如何进行会计核算的规定，上市公司为发行权益性证券发生的承销费、保荐费、上网发行费、招股说明书印刷费、申报会计师费、律师费、评估费等与发行权益性证券直接相关的新增外部费用，应自所发行权益性证券的发行收入中扣减。在权益性证券发行有溢价的情况下，自溢价收入中扣除，冲减资本公积(股本溢价)；在权益性证券发行无溢价或溢价金额不足以扣减的情况下，应当将不足抵扣的部分冲减盈余公积和未分配利润；发行权益性证券过程中发行的广告费、路演及财经公关费、上市酒会费等其他费用应在发生时计入当期损益。

任务二 留存收益的核算

✎ 任务导入

大成公司 2024 年初"利润分配——未分配利润"账户贷方余额 700 000 元，本年度实现净利润 5 000 000 元。按规定提取 10%的法定盈余公积，宣告分配现金股利 2 000 000 元。不考虑其他因素。

任务实施

要求：请以大成公司财会人员身份对上述业务进行账务处理并计算该公司 2020 年末的未分配利润。

任务准备

一、留存收益认知

(一) 留存收益的概念

留存收益是指企业从历年实现的利润中提取或形成的留存于企业的内部积累。留存收益来源于企业在生产经营活动中所实现的净利润,它与实收资本和资本公积的区别在于：实收资本和资本公积来源于企业的资本投入,而留存收益则来源于企业生产经营活动实现的利润。

留存收益的目的是保证企业实现的净利润有一部分留存在企业,不全部分配给投资者,这样,一方面可以满足企业维持或扩大再生产经营活动的资金需要,保持或提高企业的获利能力；另一方面可以保证企业有足够的资金弥补以后年度可能出现的亏损,也保证企业有足够的资金用于偿还债务,保护债权人的权益。因此,对于留存收益的提取和使用,除了企业的自主行为外,往往也有法律上的诸多规定和限制,如我国规定企业必须根据净利润提取法定盈余公积。

(二) 留存收益的内容

留存收益主要包括盈余公积和未分配利润两类。

1. 盈余公积

盈余公积是指企业按照规定从净利润中提取的积累资金,包括法定盈余公积和任意盈余公积。法定盈余公积,是指企业按照法律规定的比例从净利润中提取的盈余公积；任意盈余公积,是指企业按照股东大会决议提取的盈余公积。

企业提取的盈余公积经批准可用于弥补亏损、转增资本或发放现金股利或利润等。

2. 未分配利润

未分配利润是指企业实现的净利润经过弥补亏损、提取盈余公积和向投资者分配利润后留存在企业的、历年结存的利润。相对于所有者权益的其他部分来说,企业对于未分配利润的使用有较大的自主权。从数量上来说,未分配利润是可供分配的利润减去提取的盈余公积和分配的股利或利润后的余额。企业进行利润分配前,应根据本年净利润(或亏损)与年初未分配利润(或亏损),其他转入的金额(如盈余公积幕布的亏损)等项目,计算可供分配的利润,即

可供分配的利润=当年实现的净利润(或净亏损)+年初未分配利润(或 - 年初未弥补亏损)+
　　　其他转入

如果可供分配的利润为负数(即累计亏损),则不能进行后续分配；如果可供分配的利润为正数(即累计盈利),则可进行后续分配。

利润分配的顺序如下。

(1) 提取法定盈余公积,按照《公司法》有关规定,公司制企业应按照净利润(减弥补以前年度亏损,下同)的 10%提取法定盈余公积。非公司制企业法定盈余公积的提取比例可超过净利润的 10%。法定盈余公积累计额已达注册资本的 50%时可以不再提取。值得注意的是,如果

以前年度未分配利润有盈余(即年初未分配利润余额为正数)，在计算提取法定盈余公积的基数时，不应包括企业年初未分配利润；如果以前年度有亏损(即年初未分配利润余额为负数)，应先弥补以前年度亏损再提取盈余公积。

(2) 提取任意盈余公积，公司制企业可根据股东大会的决议提取任意盈余公积。非公司制企业经类似权力机构批准，也可提取任意盈余公积。法定盈余公积和任意盈余公积的区别在于其各自计提的依据不同，前者以国家的法律法规为依据；后者由企业的权力机构自行决定。

(3) 向投资者分配利润，可供分配的利润减去提取的盈余公积为可供投资者分配的利润。企业提取盈余公积后，根据相关规定可以向企业的投资者分配利润或股利。

二、留存收益核算设置的账户

设置"利润分配"账户，用以核算和监督利润的分配或亏损的弥补，以及历年分配或弥补后的积存余额。该账户属于所有者权益类账户，其贷方登记年度终了自"本年利润"账户转入的本年实现的净利润及盈余公积弥补亏损等；借方登记企业按规定提取的盈余公积、分配给投资者的现金股利或利润等利润分配去向，以及年度终了自"本年利润"账户转入的本年发生的净亏损；期末余额可能在贷方，也可能在借方，贷方余额表示企业历年积存的未分配利润，借方余额表示企业的未弥补亏损。"利润分配"账户应当分别设置"提取法定盈余公积""提取任意盈余公积""应付现金股利或利润""转作股本的普通股股利""盈余公积补亏"和"未分配利润"等明细账户，进行明细分类核算。

设置"盈余公积"账户，用来核算和监督企业从净利润中提取的盈余公积。该账户属于所有者权益类账户，其贷方登记按规定提取的盈余公积；借方登记因将盈余公积用于弥补亏损或转增资本等使用的盈余公积数额；期末余额在贷方，表示企业盈余公积的实际结存数。"盈余公积"账户应按盈余公积的种类设置明细账户，进行明细分类核算。

设置"应付股利"账户，用来核算和监督企业分配的现金股利或利润。该账户属于负债类账户，其贷方登记企业根据利润分配方案计算确定应支付给投资者的现金股利或利润；借方登记实际支付的现金股利或利润；期末余额在贷方，表示企业应付未付的现金股利或利润。"应付股利"账户应按投资者设置明细账户，进行明细分类核算。

三、留存收益典型业务的账务处理

1. 结转净利润或亏损

年度终了，如果盈利，按"本年利润"账户的贷方余额借记"本年利润"账户，贷记"利润分配——未分配利润"账户；如果亏损，按"本年利润"账户的借方余额借记"利润分配——未分配利润"账户，贷记"本年利润"账户。

2. 提取盈余公积

企业按照规定从净利润中提取法定盈余公积和任意盈余公积时，借记"利润分配——提取法定盈余公积""利润分配——提取任意盈余公积"账户，贷记"盈余公积——法定盈余公积""盈余公积——任意盈余公积"账户。

3. 向投资者分配利润或股利

企业可供分配的利润扣除提取的盈余公积后，形成可供投资者分配的利润。企业可采取现金股利、股票股利和财产股利等形式向投资者分配利润或股利。

企业分配给投资者现金股利或利润时，借记"利润分配——应付现金股利或利润"账户，贷记"应付股利"账户。

企业经股东大会批准向投资者分派股票股利，应于实际分派股票股利时，借记"利润分配——转作股本的普通股股利"账户，贷记"股本"等账户。

4. 结转利润分配明细账

年末，企业应将利润分配除了"未分配利润"明细账以外的其他明细账户的余额转入"利润分配——未分配利润"明细账户。结转后，除"利润分配——未分配利润"明细账户有余额外，其余明细账户均无余额。

【例6-14】 宏达公司2024年初未分配利润为115 000元，本年度实现税后利润7 300 000元。按规定提取10%的法定盈余公积金、5%的任意盈余公积金，向投资者分配利润2 000 000元。宏达公司编制会计分录如下。

结转2024年实现的净利润时，编制会计分录如下。

借：本年利润　　　　　　　　　　　　　　　　　　　　　7 300 000
　　贷：利润分配——未分配利润　　　　　　　　　　　　　　7 300 000

提取盈余公积时，编制会计分录如下。

借：利润分配——提取法定盈余公积　　　　　　　　　　　　730 000
　　　　　　　——提取任意盈余公积金　　　　　　　　　　　365 000
　　贷：盈余公积——法定盈余公积　　　　　　　　　　　　　730 000
　　　　　　　　——任意盈余公积金　　　　　　　　　　　　365 000

分配投资者现金股利时，编制会计分录如下。

借：利润分配——应付现金股利　　　　　　　　　　　　　2 000 000
　　贷：应付股利　　　　　　　　　　　　　　　　　　　　2 000 000

结转利润分配明细账时，编制会计分录如下。

借：利润分配——未分配利润　　　　　　　　　　　　　　3 095 000
　　贷：利润分配——提取法定盈余公积　　　　　　　　　　　730 000
　　　　　　　　——提取任意盈余公积金　　　　　　　　　　365 000
　　　　　　　　——应付现金股利　　　　　　　　　　　　2 000 000

2024年末宏达公司"利润分配——未分配利润"明细账户为贷方余额4 320 000(115 000 + 7 300 0000 - 3 095 000)元，即为宏达公司本年年末的累计未分配利润。

5. 盈余公积的使用

(1) 盈余公积补亏。企业以提取的盈余公积弥补亏损时，应当由公司董事会提议，并经股东大会批准。企业用盈余公积弥补亏损应借记"盈余公积"账户，贷记"利润分配——盈余公积补亏"账户。

【例6-15】 经股东大会批准，甲股份有限公司用以前年度提取的盈余公积弥补当年亏损，当年弥补亏损的金额为500 000元。假定不考虑其他因素，甲股份有限公司编制会计分录如下。

借：盈余公积　　　　　　　　　　　　　　　　　　　　　500 000
　　贷：利润分配——盈余公积补亏　　　　　　　　　　　　　500 000

(2) 盈余公积转增资本。企业将盈余公积转增资本时，转增后留存盈余公积的数额不得少于注册资本的25%。

【例6-16】 因扩大经营规模需要，经股东大会批准，乙股份有限公司将盈余公积300 000元转增股本。假定不考虑其他因素，乙股份有限公司应编制会计分录如下。

借：盈余公积　　　　　　　　　　　　　　　　　　　　　300 000
　　贷：股本　　　　　　　　　　　　　　　　　　　　　　300 000

(3) 用盈余公积发放现金股利或利润。

【例6-17】丙股份有限公司宣告利润分配方案，宣告分配 8 000 000 元现金股利，其中动用可供投资者分配的利润 5 000 000 元、盈余公积 3 000 000 元。假定不考虑其他因素，丙股份有限公司应编制会计分录如下。

宣告发放现金股利时，编制会计分录如下。

借：利润分配——应付现金股利或利润   5 000 000

  盈余公积   3 000 000

   贷：应付股利   8 000 000

支付股利时，编制会计分录如下。

借：应付股利   8 000 000

   贷：银行存款   8 000 000

◤ 案例分析

偷逃税款，价外费用计入盈余公积

某县国税局于 20×× 年 8 月对某陶瓷厂纳税情况实施税务检查，发现该厂连续几年采取将价外费用计入盈余公积中隐瞒收入，少缴税款 12 万元。县国税局确认该厂的上述行为属于偷税，要求其补缴税款，并加收滞纳金 1 万元，同时处 40 万元罚款，以上款项限其在 15 日内全部缴清。此后，县国税局发现该厂在限期内大量转移企业的机器设备、库存商品，责令其提供纳税担保，但遭到陶瓷厂拒绝。为保证税款、滞纳金和罚款及时入库，县国税局立即采取税收保全措施，冻结其银行存款 53 万元，该厂对县国税局采取的保全措施不服，向省国税局申请行政复议。

请思考：

(1) 县国税局对该厂的定性是否正确？罚款是否符合规定？

(2) 县国税局采取的保全措施是否恰当？该厂向省国税局申请行政复议是否正确？

分析提示

◤ 任务小结

留存收益典型业务账务处理总结

业务内容		账务处理
本年利润的结转	盈利的结转	借：本年利润 贷：利润分配——未分配利润
	亏损的结转	结：利润分配——未分配利润 贷：本年利润
进行利润分配	提取盈余公积	借：利润分配——提取法定/任意盈余公积 贷：盈余公积
	向投资者分配现金股利或利润	借：利润分配——应付现金股利或利润 贷：应付股利

	向投资者分配股票股利	借：利润分配——转作股本的股利
		  贷：股本
		    资本公积——股本溢价

盈余公积使用	盈余公积补亏	借：盈余公积 贷：利润分配——盈余公积补亏

(续表)

业务内容		账务处理
盈余公积使用	盈余公积转增资本	借：盈余公积 　贷：实收资本(或股本)
	盈余公积分配股利	借：盈余公积 　贷：应付股利(或股本)等
结转利润分配明细账	结转提取盈余公积、应付现金股利或利润、转作股本的股利明细账	借：利润分配——未分配利润 　贷：利润分配——提取法定/任意盈余公积 　　　　——应付现金股利或利润 　　　　——转作股本的股利
	结转盈余公积补亏明细账	借：利润分配——盈余公积补亏 　贷：利润分配——未分配利润

任务考核

一、单项选择题

1. 下列各项中，不属于留存收益的是( )。
A. 资本溢价　　B. 任意盈余公积　　C. 未分配利润　　D. 法定盈余公积

2. 2024年初某企业"利润分配——未分配利润"科目借方余额20万元，2024年度该企业实现净利润为160万元，根据净利润的10%提取盈余公积，2024年末该企业可供分配利润的金额为( )万元。
A. 126　　B. 124　　C. 140　　D. 160

3. 某公司年初未分配利润为1 000万元，盈余公积为500万元；本年实现净利润5 000万元，分别提取法定盈余公积500万元、任意盈余公积250万元，宣告发放现金股利500万元。不考虑其他因素，该公司年末留存收益为( )万元。
A. 5 250　　B. 6 000　　C. 6 500　　D. 5 750

4. 2024年初某公司"盈余公积"余额为120万元，当年实现利润总额900万元，所得税费用300万元，按净利润的10%提取法定盈余公积，经股东大会批准将盈余公积50万元转增资本。2024年12月31日，该公司资产负债表中"盈余公积"项目年末余额为( )万元。
A. 180　　B. 120　　C. 70　　D. 130

5. 某公司2024年初所有者权益总额为1 360万元，当年实现净利润450万元，提取盈余公积45万元，向投资者分配现金股利200万元，本年内以资本公积转增资本50万元，投资者追加现金投资30万元。该公司年末所有者权益总额为( )万元。
A. 1 565　　B. 1 595　　C. 1 640　　D. 1 795

二、多项选择题

1. 下列各项中，属于企业留存收益的有( )。
A. 按规定从净利润中提取的法定盈余公积
B. 累积未分配的利润
C. 按股东大会决议从净利润中提取的任意盈余公积
D. 发行股票的溢价收入

2. 下列各项中，不会引起留存收益总额发生增减变动的有( )。
A. 资本公积转增资本　　　　B. 盈余公积转增资本
C. 盈余公积弥补亏损　　　　D. 税后利润弥补亏损

3. 下列各项中，关于盈余公积的用途表述正确的有( )。

    A. 以盈余公积转增实收资本   B. 以盈余公积转增资本公积

    C. 以盈余公积弥补亏损   D. 以盈余公积发放现金股利

4. 下列各项中，导致留存收益总额发生增减变动的有( )。

    A. 资本公积转增资本   B. 盈余公积补亏

    C. 盈余公积转增资本   D. 盈余公积分配现金股利

5. 影响可供分配的利润项目的因素有( )。

    A. 年初盈余公积   B. 提取法定盈余公积

    C. 其他转入   D. 当年实现的净利润

三、判断题

1. 年度终了，无论企业盈利或亏损，都需要将"本年利润"科目的本年累计余额转入"利润分配——未分配利润"科目。 ( )

2. 企业在计算确定提取法定盈余公积的基数时，不应包括年初未分配利润的贷方余额。 ( )

3. 企业应按当年实现的净利润的一定比例提取盈余公积。 ( )

4. 资本公积转增资本和盈余公积转增资本，企业所有者权益总额不会发生变化。 ( )

5. 企业用当年实现利润弥补以前年度亏损，不需要单独进行账务处理，"利润分配——未分配利润"科目借贷方自动抵减即可完成。 ( )

四、业务实训题

资料：B 公司 2023 年 1 月 1 日的所有者权益为 2 000 万元。其中，股本为 1 500 万元(每股面值 1 元)，资本公积为 100 万元，盈余公积为 100 万元，未分配利润为 300 万元。B 公司 2023 年实现净利润为 200 万元，按实现净利润的 10%提取法定盈余公积金。2024 年 B 公司发生亏损 50 万元，用以前年度的未分配利润每股分派现金股利 0.1 元，每 10 股分派股票股利 1 股。

要求：

(1) 编制 B 公司 2023 年和 2024 年结转盈亏、利润分配有关业务的会计分录(2023 年分录：①结转净利润；②提取法定盈余公积；③结转利润分配明细账。2024 年分录：①结转亏损；②分派现金股利；③发放股票股利；④结转利润分配明细账)。

(2) 计算 B 公司 2024 年 12 月 31 日所有者权益的余额(金额单位以万元表示)。

任务拓展

企业弥补亏损的渠道有三条：①用税前利润弥补亏损。按规定，企业当年发生的亏损，可以从次年开始五年内用税前利润弥补亏损。②用税后利润弥补亏损。企业用税前利润弥补亏损，如果五年内仍不足弥补，从第六年开始用税后利润弥补亏损。③用盈余公积弥补亏损。

用利润弥补亏损，在会计核算上无须做专门的账务处理，因为企业如果在当年发生亏损，表现为"本年利润"账户出现借方余额。此时应将本年发生的亏损从"本年利润"账户的贷方转入"利润分配——未分配利润"账户的借方，在以后年度实现净利润的情况下，应将本年度实现的净利润从"本年利润"账户借方转入"利润分配——未分配利润"账户的贷方，其贷方发生额(即实现的利润)与借方发生额(未弥补的亏损)可自然抵补。而且，无论是税前利润补亏，还是税后利润补亏，其会计处理是相同的，唯一区别在于企业申报缴纳所得税时，前者可以作为应纳税所得额的调整数，而后者则不能。

企业用盈余公积弥补亏损应借记"盈余公积"账户，贷记"利润分配——未分配利润"账户。

项目七 收入、费用和利润核算

能力目标

1. 能够确认不同类型的收入和费用并正确计量。
2. 能正确计算营业利润、利润总额和净利润。
3. 能对营业收入、营业成本、税金及附加、期间费用业务进行账务处理。
4. 能对营业外收支、所得税费用、利润形成业务进行账务处理。

知识目标

1. 理解收入、费用的概念与特征。
2. 掌握营业利润、利润总额和净利润的计算。
3. 熟悉收入确认原则、前提条件及收入确认与计量的步骤。
4. 掌握在某一时点及某一时段履行履约义务确认收入的核算方法。
5. 掌握营业成本、税金及附加、期间费用的核算方法
6. 掌握营业外收支、所得税费用及利润形成的核算方法。

素质目标

1. 严格按照《企业会计准则》等政策法规要求规范操作，讲诚信，遵纪守法。
2. 在建账、登账过程中做到认真、细致，具备严谨的工作态度。
3. 在业务往来过程中具有良好的沟通协调能力和团队协作精神。
4. 具备收入、费用和利润相关业务的会计职业判断能力。

项目导读

　　财务成果是指企业在一定时期内从事生产经营活动所取得的利润或发生的亏损。企业生产经营活动的目的主要是取得收入、获取利润，利润的确定当然离不开费用，收入、费用、利润

的核算过程也就是企业财务成果的归集与确认环节，因此收入、费用、利润的核算岗位也可以称为财务成果岗位。一般企业应单独设置财务成果岗位，并配备专门人员负责核算工作；规模较小、业务不多的企业也可以不单独设置此岗位，而将其相关业务并入其他会计核算岗位进行处理。本项目会计核算的内容主要包括收入核算、费用核算、利润核算。收入、费用和利润核算项目知识结构，如图7-1所示。

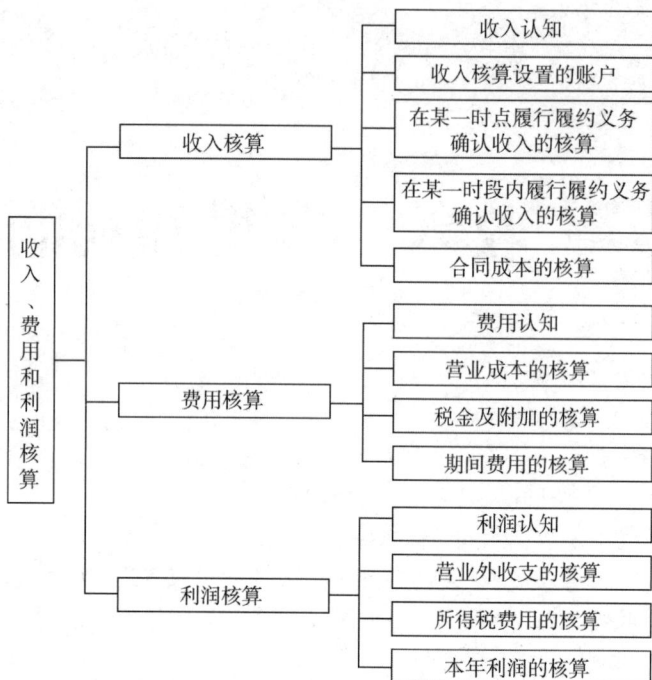

图7-1　收入、费用和利润核算项目知识结构

任务一　收入的核算

任务导入

兴华公司为增值税一般纳税人，适用的增值税税率为13%，商品销售价格均不含增值税税额，所有劳务均属于工业性劳务。销售成本按发生的经济业务逐项结转。销售商品和提供劳务均为主营业务。2024年12月发生的经济业务及相关资料如下。

(1) 12月5日，对A公司销售商品一批，增值税发票上注明的销售价款为1 000 000元，商品已发给B公司，为及时收回货款，给予A公司的现金折扣为：2/10、n/20(计算现金折扣时不考虑增值税因素)。该批商品的实际成本为820 000元。兴华公司基于对A公司的了解，预计A公司10天内付款的概率为90%，10天后付款的概率为10%。12月12日收到A公司支付的价款。

(2) 12月8日，与B公司签订协议，委托其代销商品一批。根据代销协

任务实施

议，B 公司按代销商品协议销售款的 5%收取手续费，并直接从代销商品价款中扣除。手续费的增值税税率为 6%。该批商品的协议价 100 000 元，实际成本 80 000 元，商品已运往 B 公司。31 日收到 B 公司开出的代销清单，列明已售出商品 40%，同时收到已售出商品的代销款。

(3) 12 月 10 日，与 C 公司签订协议销售商品一批，增值税专用发票上注明的销售价款 2 000 000 元，增值税 260 000 元，商品已发出，款项已收到。商品的成本 1 200 000 元。

(4) 12 月 16 日收到 D 公司退回的 11 月 10 日销售的全部商品，并收到 D 公司交来的税务机关开具的进货退出证明单，并开具了红字增值税发票，价款全部退回。

该批商品是 11 月 10 日企业销售给 D 公司的，商品销售价款为 200 000 元，销售成本为 160 000 元，价款已于 11 月 28 日收到。经查该批商品确实不符合合同的要求，存在质量问题。

(5) 12 月 16 日，与 E 公司签订一项设备维修合同，兴华公司承担维修服务，维修期 3 个月，维修服务符合在某一时段内履行履约义务确认收入的条件，履约进度按已发生的成本占估计总成本的比例确定。合同规定设备维修价款为 500 000 元，E 公司按完工进度支付价款同时支付对应的增值税款。本月实际发生维修费 80 000 元，其中维修人员工资 30 000 元，耗用商品 50 000 元。预计还将发生维修费用 120 000 元。

要求：请你以兴华公司财会人员身份对 2024 年 12 月发生的上述经济业务进行账务处理，并计算 2024 年 12 月的主营业务收入和主营业务成本。

任务准备

一、收入认知

(一) 收入的概念与特征

收入是指企业在日常活动中形成的、会导致所有者权益增加的、与所有者投入资本无关的经济利益的总流入。

收入有广义和狭义之分，广义的收入是指企业的一切所得，包括经营活动所得和非经营活动所得。狭义的收入仅指企业的日常经营活动所得，即企业的日常经营活动所得的收入。本任务下的收入是指狭义的收入，通常又称为营业收入。营业收入包括主营业务收入和其他业务收入。收入具有以下特征。

1. 收入是企业在日常活动中形成的经济利益的总流入

日常活动是指企业为完成其经营目标所从事的经常性活动，以及与之相关的活动。工业企业销售产品、商业企业销售商品、咨询公司提供咨询服务、软件开发企业为客户开发软件、安装公司提供安装服务、物流公司提供物流服务等活动，均属于企业为完成其经营目标所从事的经常性活动，由此形成的经济利益的总流入构成收入。工业企业对外出售不需用的原材料、对外转让无形资产使用权、对外进行权益性投资(取得现金股利)或债权性投资(取得利息)等活动，虽不属于企业的经常性活动，但属于企业为完成其经营目标所从事的与经常性活动相关的活动，由此形成的经济利益的总流入也构成收入。

收入形成于企业日常活动的特征使其与产生于非日常活动的利得相区分，即不是从偶发的交易或事项中产生的。企业所从事或发生的某些活动也能为企业带来经济利益，但不属于企业为完成其经营目标所从事的经常性活动，也不属于与经常性活动相关的活动，例如，企业接受捐赠取得收入，因其他企业违约收取罚款等，这些活动形成的经济利益的总流入属于企业的利得而不是收入。利得通常不经过经营过程就能取得，或属于企业不曾期望获得的收益。

2. 收入会导致企业所有者权益增加

收入形成的经济利益总流入的形式多种多样，既可能表现为资产的增加，如增加银行存款、应收账款；也可能表现为负债的减少，如减少预收账款；还可能表现为两者的组合，如销售实现时，部分冲减预收账款，部分增加银行存款。收入形成的经济利益总流入能增加资产或减少负债，或两者兼而有之，根据"资产－负债＝所有者权益"的会计等式，收入一定能增加企业的所有者权益。这里所说的收入能增加所有者权益，仅指收入本身的影响，而收入扣除与之相配比的费用后的净额，既可能增加所有者权益，也可能减少所有者权益。

3. 收入不包括为第三方或客户代收的款项

企业为第三方或客户代收的款项，如企业代国家收取的增值税等，一方面增加企业的资产，另一方面增加企业的负债，并不增加企业的所有者权益，因此不构成本企业的收入。

4. 收入与所有者投入资本无关

所有者投入资本主要是为谋求享有企业资产的剩余权益，由此形成的经济利益的总流入不构成收入，而应直接确认为企业所有者权益的组成部分。

(二) 收入的确认与计量

1. 收入确认的原则

企业应当在履行了合同中的履约义务，即在客户取得相关商品控制权时确认收入。

1) 合同

合同是指双方或多方之间订立的有法律约束力的权利义务的协议，合同有书面形式、口头形式及其他形式。

2) 履约义务

履约义务是指合同中企业向客户转让可明确区分商品的承诺。履约义务既包括合同中明确的承诺，也包括因企业已公开宣布的政策、特定声明或以往的习惯做法等使合同订立时客户合理预期企业将履行的承诺。企业为履行合同而应开展的初始活动，通常不构成履约义务，除非该活动向客户转让了承诺的商品。

3) 客户

客户是指与企业订立合同以向该企业购买其日常活动产出的商品或服务(简称"商品")，并支付对价的一方。

4) 取得相关商品控制权

取得相关商品控制权是指客户能够主导该商品的使用并从中获得几乎全部经济利益，也包括有能力阻止其他方主导该商品的使用并从中获得经济利益。取得商品控制权包括三个要素：一是客户必须拥有现时权利，能够主导该商品的使用并从中获得几乎全部经济利益；二是客户有能力主导该商品的使用，即客户在其活动中有权使用该商品，或者能够允许或阻止其他方使用该商品；三是客户能够获得商品几乎全部的经济利益。商品的经济利益是指商品的潜在现金流量，既包括现金流入的增加，也包括现金流出的减少。客户可以通过使用、消耗、出售、处置、交换、抵押或持有等多种方式直接或间接地获得商品的经济利益。

需要说明的是，本任务下的收入不涉及企业对外出租资产收取的租金、进行债权投资收取的利息、进行股权投资取得的现金股利，以及保费收入等。

2. 收入确认的前提条件

企业与客户之间的合同同时满足下列五项条件的，企业应当在客户取得相关商品控制权时确认收入：

  (1) 合同各方已批准该合同并承诺将履行各自义务；

  (2) 该合同明确了合同各方与所转让商品相关的权利和义务；

  (3) 该合同有明确的与所转让商品相关的支付条款；

  (4) 该合同具有商业实质，即履行该合同将改变企业未来现金流量的风险、时间分布或金额；

  (5) 企业因向客户转让商品而有权取得的对价很可能收回。

3. 收入确认和计量的步骤

根据《企业会计准则第 14 号——收入》(2018)，收入确认和计量大致分为五步。

第一步，识别与客户订立的合同。合同是指双方或多方之间订立有法律约束力的权利义务的协议。合同有书面形式、口头形式及其他形式。合同的存在是企业确认客户合同收入的前提，企业与客户之间的合同一经签订，企业即享有从客户取得与转移商品和服务对价的权利，同时负有向客户转移商品和服务的履约义务。

第二步，识别合同中的单项履约义务。履约义务是指合同中企业向客户转让可明确区分商品或服务的承诺。企业应当将向客户转让可明确区分商品(或者商品的组合)的承诺，以及向客户转让一系列实质相同且转让模式相同的、可明确区分商品的承诺作为单项履约义务。

第三步，确定交易价格。交易价格是指企业因向客户转让商品而预期有权收取的对价金额，不包括企业代第三方收取的款项(如增值税)及企业预期将退还给客户的款项。合同条款所承诺的对价，可能是固定金额、可变金额或两者兼有。

第四步，将交易价格分摊至各单项履约义务。当合同中包含两项或多项履约义务时，需要将交易价格分摊至各单项履约义务，分摊的方法是在合同开始日，按照各单项履约义务所承诺商品的单独售价(企业向客户单独销售商品的价格)的相对比例，将交易价格分摊至各单项履约义务。通过分摊交易价格，使企业分摊至各单项履约义务的交易价格能够反映其因向客户转让已承诺的相关商品而有权收取的对价金额。

第五步，履行各单项履约义务时确认收入。当企业将商品转移给客户，客户取得了相关商品的控制权，意味着企业履行了合同履约义务，此时，企业应确认收入。企业将商品控制权转移给客户，可能是在某一时段内(即履行履约义务的过程中)发生，也可能在某一时点(即履约义务完成时)发生。企业应当根据实际情况，首先判断履约义务是否满足在某一时段内履行的条件，如不满足，则该履约义务属于在某一时点履行的履约义务。

收入确认和计量的五个步骤中，第一步、第二步和第五步主要与收入的确认有关，第三步和第四步主要与收入的计量有关。需要说明的是，一般而言，确认和计量任何一项合同收入应考虑全部的五个步骤。但履行某些合同义务确认收入不一定都经过五个步骤，如企业按照第二步确定某项合同仅为单项履约义务时，可以从第三步直接进入第五步确认收入，不需要第四步(分摊交易价格)。

二、收入核算设置的账户

设置"主营业务收入"账户，用来核算企业确认的销售商品、提供服务等主营业务的收入。该账户属于损益类账户，贷方登记主营业务活动实现的收入，借方登记销货退回、销售折让冲减的收入和期末结转"本年利润"的数额，结转"本年利润"后，该账户无余额。该账户按主营业务的种类设置明细账。

设置"主营业务成本"账户，用来核算企业确认销售商品、提供服务等主营业务时应结转的成本。该账户属于损益类账户，借方登记本期销售商品或提供服务时发生的实际成本，贷方登记销货退回冲减的成本和期末余额结转到"本年利润"账户的数额，结转后该账户无余额。该账户按主营业务的种类设置明细账。

设置"其他业务收入"账户，用来核算企业确认的除主营业务活动以外的其他经营活动实现的收入，包括出租固定资产、出租无形资产、出租包装物和商品、销售材料等的收入。该账户属于损益类账户，贷方登记本期各项其他业务收入的发生数额，借方登记期末结转到"本年利润"账户的数额，结转后该账户无余额。该账户按其他业务收入的种类设置明细账。

设置"其他业务成本"账户，用来核算企业确认的除主营业务活动以外的其他经营活动所发生的成本，包括销售材料的成本、出租固定资产的折旧额、出租无形资产的摊销额、出租包装物的成本或摊销额等。该账户属于损益类账户，借方登记企业发生的其他业务成本，贷方登记月末结转到"本年利润"账户的数额，结转后本账户无余额。该账户按照其他业务成本的种类设置明细账户。

设置"合同取得成本"账户，用来核算企业取得合同发生的、预计能够收回的增量成本。该账户属于成本类账户，借方登记发生的合同取得成本，贷方登记摊销的合同取得成本，期末借方余额，反映企业尚未结转的合同取得成本。该账户可按合同进行明细核算。

设置"合同履约成本"账户，用来核算企业为履行当前或预期取得的合同所发生的、不属于其他企业会计准则规范范围且按照收入准则应当确认为一项资产的成本。该账户属于成本类账户，登记发生的合同履约成本，贷方登记摊销的合同履约成本，期末借方余额，反映企业尚未结转的合同履约成本。该账户可按合同分为"服务成本""工程施工"等账户进行明细核算。

设置"合同资产"账户，用来核算企业已向客户转让商品而有权收取对价的权利，且该权利取决于时间流逝之外的其他因素(如履行合同中的其他履约义务)。该账户属于资产类账户，借方登记因已转让商品而有权收取的对价金额，贷方登记取得无条件收款权的金额，期末借方余额，反映企业已向客户转让商品而有权收取的对价金额。该账户按合同进行明细核算。

设置"合同负债"账户，用来核算企业已收或应收客户对价而应向客户转让商品的义务。该账户属于负债类账户，贷方登记企业在向客户转让商品之前，已经收到或已经取得无条件收取合同对价权利的金额；借方登记企业向客户转让商品时冲销的金额；期末贷方余额，反映企业在向客户转让商品之前，已经收到的合同对价或已经取得的无条件收取合同对价权利的金额。该账户按合同进行明细核算。

此外，企业发生减值的，还应当设置"合同履约成本减值准备""合同取得成本减值准备""合同资产减值准备"等账户进行核算。

三、在某一时点履行履约义务确认收入的核算

(一) 在某一时点履行履约义务确认收入概述

1. 时点履约的认定

对一项履约义务，应首先分析判断是否为某一时段内履行的履约义务，当不属于在某一时段内履行的履约义务时，应当归属于在某一时点履行的履约义务。

2. 时点履约收入的确认

对于在某一时点履行的履约义务，企业应当在客户取得相关商品控制权时点确认收入。

3. 商品控制权转移的影响因素

在判断控制权是否转移时，企业应当综合考虑下列迹象：

(1) 企业已将该商品实物转移给客户，即客户已实际占有该商品；

(2) 客户已接受该商品；

(3) 企业已将该商品的法定所有权转移给客户，即客户已经拥有该商品的法定所有权；

(4) 企业已将该商品所有权上的主要风险和报酬转移给客户，即客户已取得该商品所有权上的主要风险和报酬；

(5) 企业就该商品享有现时收款权利，即客户就该商品负有现时付款义务；

(6) 其他表明客户已取得商品控制权的迹象。

(二) 在某一时点履行履约义务确认收入的账务处理

1. 一般销售商品业务的账务处理

一般情况下，销售商品收入业务是指符合销售商品收入确认条件的现销业务和赊销业务。销售商品确认收入时，按已收或应收的款项借记"银行存款""应收账款""应收票据"等账户；按确定的销售收入金额，贷记"主营业务收入"账户；按确认的增值税，贷记"应交税费——应交增值税(销项税额)"账户。

【例7-1】2024年11月11日，风华公司销售给兴盛商场产品一批，增值税专用发票上注明的价款为300 000元，增值税税额39 000元，风华公司收到兴盛商场开出的不带息银行承兑汇票一张，票面金额为339 000元，期限为2个月，该批商品已经发出，风华公司开出支票代垫运杂费2 000元，该批商品成本为150 000元。风华公司编制会计分录如下。

确认销售商品收入时，编制会计分录如下。

```
借：应收票据——兴盛商场                            339 000
    应收账款——兴盛商场                              2 000
    贷：主营业务收入                                300 000
        应交税费——应交增值税(销项税额)              39 000
        银行存款                                    2 000
```

结转发出商品的销售成本时，编制会计分录如下。

```
借：主营业务成本                                  150 000
    贷：库存商品                                  150 000
```

2. 商品已经发出但不符合收入确认条件的销售商品业务的账务处理

企业按合同发出商品，合同约定客户只有在商品售出取得价款后才支付货款。企业向客户转让商品的对价未达到"很可能收回"收入确认条件，在发出商品时企业不能确认收入，按发出的商品成本，借记"发出商品"账户，贷记"库存商品"账户，如果商品被客户退回，应编制相反会计分录。"发出商品"账户核算企业商品已发出但客户没有取得商品控制权的商品成本。当收到货款或取得收款权利时再确认收入、结转成本。

在支付手续费方式的委托代销商品业务中，委托方发出商品时不确认收入，借记"发出商品"账户，贷记"库存商品"账户，在收到受托方开出的代销清单时，确认为销售商品收入，借记"应收账款"账户，贷记"主营业务收入""应交税费——应交增值税(销项税额)"账户，计算代销手续费时，借记"销售费用""应交税费——应交增值税(进项税额)"账户，贷记"应收账款"账户。结转销售成本时，借记"主营业务成本"账户，贷记"发出商品"科目。收到受托方支付的货款时，借记"银行存款"账户，贷记"应收账款"账户；受托方代销商品销售后，按合同或协议约定的方法计算确定代销手续费，确认收入。

【例7-2】2024 年 7 月 2 日，风华公司与光明公司签订委托代销合同，风华公司委托光明公司销售甲产品 1 000 件，甲产品已经发出，每件商品成本为 120 元。合同约定乙公司应按每件 200 元对外销售，风华公司按不含增值税的销售价格的 10%向光明公司支付手续费。销售商品适用的增值税税率均为 13%，手续费的增值税税率为 6%。合同约定除非这些商品在光明公司存放期间内由于光明公司的责任发生毁损或丢失，否则在甲产品对外销售之前，光明公司没有义务向风华公司支付货款。光明公司不承担包销责任，没有售出的甲产品须退回给风华公司，同时，风华公司也有权要求收回甲产品或将其销售给其他的客户。

至 2024 年 7 月 31 日，光明公司实际对外销售 1 000 件，开出的增值税专用发票上注明销售价款 200 000 元，增值税税额 26 000 元。光明公司向风华公司开具代销清单。代销业务为光明公司附营业务。风华公司编制会计分录如下。

2024 年 7 月 2 日按合同约定发出商品时，编制会计分录如下。

借：发出商品	120 000	
贷：库存商品		120 000

2024 年 7 月 31 日收到光明公司开具的代销清单时，编制会计分录如下。

借：应收账款——光明公司	226 000	
贷：主营业务收入		200 000
应交税费——应交增值税(销项税额)		26 000
借：主营业务成本	120 000	
贷：发出商品		120 000
借：销售费用	20 000	
应交税费——应交增值税(进项税额)	1 200	
贷：应收账款——光明公司		21 200

收到光明公司支付的货款时，编制会计分录如下。

借：银行存款	204 800	
贷：应收账款——光明公司		204 800

3. 附有现金折扣、商业折扣条件的销售商品业务的账务处理

企业销售商品收入的金额通常按照从购货方已收或应收的合同或协议价款确定。对于附有折扣条件的销售商品业务，在确定销售商品收入的金额时，应注意现金折扣、商业折扣因素的影响。对于商业折扣，企业应按照扣除商业折扣后的金额确认销售收入和增值税销项税额；对于现金折扣，通常按照最可能发生的现金折扣率预测其有权收取的对价金额。

【例7-3】风华公司 2024 年 12 月 4 日销售乙产品 10 000 件，每件标价为 40 元(不含增值税)，每件商品的实际成本为 20 元，商品适用的增值税税率为 13%，由于是成批销售，风华公司给予购货方 10%的商业折扣，并在销售合同中规定现金折扣条件为 2/20，$n/30$，且计算现金折扣时不考虑增值税。该批产品于 2024 年 12 月 4 日发出，基于对购货方的了解，风华公司预计其在 20 天内付款的概率为 90%，20 天后付款的概率为 10%。购货方于 2024 年 12 月 9 日付款。风华公司编制会计分录如下。

2024 年 12 月 4 日销售实现时，编制会计分录如下。

应确认的销售收入=10 000×40×(1−10%)×(1−2%)=352 800(元)

借：应收账款	399 600	
贷：主营业务收入		352 800

应交税费——应交增值税(销项税额)	46 800

借: 主营业务成本　200 000
　　贷: 库存商品　200 000

2024 年 12 月 9 日收到货款时，编制会计分录如下。

借: 银行存款　399 600
　　贷: 应收账款　399 600

4. 销售商品发生销售折让业务的账务处理

销售折让是指企业因售出商品的质量不合格等原因而在售价上给予的价格减让。企业将商品销售给买方后，如买方发现商品在质量、规格等方面不符合要求，可能要求卖方在价格上给予一定的减让。

销售折让可能发生在销售收入确认之前，也可能发生在销售收入确认之后。销售折让如发生在确认销售收入之前，则应在确认销售收入时直接按扣除销售折让后的金额确认，其会计处理与商业折扣相同；已确认销售收入的售出商品发生销售折让，且不属于资产负债表日后事项的，应在发生时冲减当期销售商品收入，如按规定允许扣减增值税税额的，还应冲减已确认的应交增值税销项税额。

【例 7-4】风华公司 2024 年 12 月 10 日销售甲产品一批给宏业公司，开出的增值税专用发票上注明的售价为 100 000 元，增值税税额为 13 000 元，款项尚未收到。该批商品的成本为 70 000 元。货到后宏业公司发现商品质量不合格，要求风华公司在价格上给予 6%的折让。宏业公司提出的销售折让要求符合原合同的约定，2024 年 12 月 15 日风华公司同意并办妥了相关手续，开具了增值税专用发票(红字)。2024 年 12 月 16 日风华公司通过银行收到货款。风华公司编制会计分录如下。

2024 年 12 月 10 日销售实现时，编制会计分录如下。

借: 应收账款　113 000
　　贷: 主营业务收入　100 000
　　　　应交税费——应交增值税(销项税额)　13 000

借: 主营业务成本　70 000
　　贷: 库存商品　70 000

2024 年 12 月 15 日发生销售折让时，编制会计分录如下。

借: 主营业务收入　6 000
　　应交税费——应交增值税(销项税额)　780
　　　　贷: 应收账款　6 780

2024 年 12 月 16 日实际收到款项时，编制会计分录如下。

借: 银行存款　106 220
　　贷: 应收账款　106 220

本例中，假定发生销售折让前，因该项销售在货款回收上存在不确定性，风华公司未确认该批商品的销售收入，纳税义务也未发生；发生销售折让后 2 个月，宏业公司承诺近期付款。则风华公司编制会计分录如下。

发出商品时，编制会计分录如下。

借: 发出商品　70 000
　　贷: 库存商品　70 000

宏业公司承诺付款，风华公司确认销售收入时，编制会计分录如下。

借：应收账款 106 220
　　贷：主营业务收入 94 000
　　　　应交税费——应交增值税(销项税额) 12 220
借：主营业务成本 70 000
　　贷：发出商品 70 000

实际收到款项时，编制会计分录如下。

借：银行存款 106 220
　　贷：应收账款 106 220

5. 销售商品发生销货退回业务的账务处理

企业销售商品除了可能发生销售折让外，还有可能发生销售退回。销售退回是指企业因售出商品在质量、规格等方面不符合销售合同规定条款的要求，客户要求企业予以退货。企业销售商品发生退货，表明企业履约义务的减少和客户商品控制权及其相关经济利益的丧失。企业售出商品发生的销售退回，应当分别按不同情况进行会计处理。

(1) 尚未确认销售商品收入的售出商品发生销售退回的，应借记"库存商品"账户，贷记"发出商品"账户。

(2) 已确认销售商品收入的售出商品发生销售退回的，除属于资产负债表日后事项外，一般应在发生时冲减当期销售商品收入，同时冲减当期销售商品成本。

【例 7-5】 2024 年 8 月 10 日，风华公司向乙公司销售一批商品，开出的增值税专用发票上注明的销售价款为 300 000 元，增值税税额为 39 000 元，款项尚未收到；该批商品成本为 180 000 元。风华公司在销售时已知乙公司资金周转发生困难，但为了减少存货积压，同时也为了维持与乙公司长期建立的商业合作关系，风华公司仍将商品发往乙公司且办妥托收手续。假定风华公司发出该批商品时其增值税纳税义务已经发生。货到后因商品存在严重质量问题，乙公司要求退货，因乙公司提出的退货要求符合销售合同约定，风华公司同意退货并按规定向乙公司开具了增值税专用发票(红字)。风华公司 2024 年 8 月 21 日收到乙公司退回的商品并已办理了验收退货入库手续。风华公司编制会计分录如下。

2024 年 8 月 10 日发出商品时，编制会计分录如下。

借：发出商品 180 000
　　贷：库存商品 180 000
借：应收账款——乙公司 39 000
　　贷：应交税费——应交增值税(销项税额) 39 000

2024 年 8 月 21 日收到退回的商品时，编制会计分录如下。

借：库存商品 180 000
　　贷：发出商品 180 000
借：应交税费——应交增值税(销项税额) 39 000
　　贷：应收账款——乙公司 39 000

【例 7-6】 风华公司 2024 年 11 月 8 日销售甲产品一批，增值税专用发票上注明售价为 350 000 元，增值税税额为 45 500 元；该批商品成本为 182 000 元。商品于 2024 年 11 月 8 日发出，购货方于 2024 年 11 月 27 日付款。风华公司对该项销售确认了销售收入。2024 年 12 月 7 日，该批商品质量出现严重问题，购货方将该批商品全部退回给风华公司，风华公司同意退货，于退货当日支付了退货款，并按规定向购货方开具了增值税专用发票(红字)。风华公司编制会计分录如下。

2024年11月8日销售实现时，编制会计分录如下。

借：应收账款		395 500
贷：主营业务收入		350 000
应交税费——应交增值税(销项税额)		45 500
借：主营业务成本		182 000
贷：库存商品		182 000

2024年11月27日收到货款时，编制会计分录如下。

借：银行存款	395 500
贷：应收账款	395 500

销售退回时，编制会计分录如下。

借：主营业务收入	350 000
应交税费——应交增值税(销项税额)	45 500
贷：银行存款	395 500
借：库存商品	182 000
贷：主营业务成本	182 000

6. 销售材料等存货的账务处理

企业在日常活动中会发生对外销售不需用的原材料、随同商品销售单独计价的包装物等业务。企业销售原材料、包装物等存货取得收入的确认和计量原则比照商品销售。企业销售原材料、包装物等存货确认的收入作为其他业务收入处理，结转的相关成本作为其他业务成本处理。

【例7-7】风华公司销售一批闲置不用的原材料，开出的增值税专用发票上注明的售价为10 000元，增值税税额为1 300元，款项已由银行收妥。该批原材料的实际成本为9 000元。风华公司编制会计分录如下。

确认销售原材料收入时，编制会计分录如下。

借：银行存款	11 300
贷：其他业务收入	10 000
应交税费——应交增值税(销项税额)	1 300

结转已销原材料的实际成本时，编制会计分录如下。

借：其他业务成本	9 000
贷：原材料	9 000

四、在某一时段内履行履约义务确认收入的核算

(一) 在某一时段内履行履约义务概述

1. 时段履约的认定

企业应当根据履约义务履行的实际情况，先判断履约义务是否满足在某一时段履约的条件，如满足条件则属于在某一时段履行的履约义务，如不满足条件则属于在某一时点履行的履约义务。对于在某一时段履行的履约义务，企业应当选择适当的方法计算确定履约进度。

满足下列条件之一的属于在某一时段内履行的履约义务：①客户在企业履约的同时即取得并消耗企业履约所带来的经济利益；②客户能够控制企业履约过程中在建的商品；③企业履约过程中所产出的商品具有不可替代用途，且该企业在整个合同期间内有权就累计至今已完成的履约部分收取款项。

2. 时段履约收入的确认

对于在某一时段内履行的履约义务，企业应当在该段时间内按照履约进度确认收入，履约进度不能合理确定的除外。

3. 履约进度的确定

企业计算履约进度时，应当考虑商品的性质，采用产出法或投入法。

产出法是根据已转移给客户的商品对于客户的价值确定履约进度，可按实际测量的完工程度、评估已实现的结果、已达到的里程碑、已完工或交付的产品、时间进度等计算履约进度。例如，某企业与客户签订的合同约定。为客户生产A产品1 000件，现已完工交付500件，则履约进度为50%(500÷1 000)。

投入法是根据企业为履行履约义务的投入确定履约进度，可按投入材料的数量、花费的人工工时或机器工时、发生的成本等计算履约进度。例如，企业为客户建造的某工程项目，总建造成本为2 000万元，现已投入建造成本500万元，则履约进度为25%(500÷2 000)。

对于每一项履约义务，企业只能采用一种方法计算确定其履约进度，并持续运用。对于类似情况下的履约义务，企业应当采用相同的方法确定履约进度。

(二) 在某一时段内履行履约义务收入的账务处理

企业对于按时段确认收入的单项履约义务，一般情况下应按照向客户提供商品或劳务的履约进度计算确定收入金额，相关的成本按同样的方法计算确认其金额。资产负债表日，企业应当按照提供商品或劳务的合同交易价格总额乘以累计的履约进度扣除以前期间累计已确认收入后的金额，确认当期收入。同时按照提供商品或劳务的合同预计总成本乘以累计履约进度扣除以前期间累计已确认成本后的金额，结转当期成本。其计算公式为

本期确认的收入金额=合同交易价格总额×累计履约进度－以前期间累计已确认的收入

本期确认的成本金额=合同预计的总成本×累计履约进度－以前期间累计已确认的成本

企业对于按时段确认收入的单项履约义务，在发生各项支出时按实际支出的成本金额，借记"合同履约成本"账户，贷记"银行存款"等账户。涉及增值税进项税额的还应一并进行处理。按实收或预收的单项履约义务对价款金额，借记"银行存款""合同负债"等账户，发生增值税纳税义务的，按应交的增值税销项税额贷记"应交税费——应交增值税(销项税额)"账户，资产负债表日依据按履约进度计算确认的收入金额，借记"银行存款""合同负债"等账户，贷记"主营业务收入"账户，依据按履约进度计算确认的成本金额，借记"主营业务成本"账户，贷记"合同履约成本"账户。

【例7-8】风华公司2023年12月1日与乙公司签订一项为期3个月的装修合同，装修服务为其兼营业务，适用增值税税率为9%。合同约定装修价款为400 000元，增值税税额为36 000元。装修费用每月末按完工进度支付。2023年12月31日，经专业测量师测量后，确定该项劳务的完工程度为25%；乙公司按完工进度支付价款及相应的增值税税款。截至2023年12月31日，风华公司为完成该合同累计发生劳务成本75 000元(假定均以银行存款支付)，估计还将发生劳务成本225 000元。该装修服务构成单项履约义务，属于在某一时段内履行的履约义务；风华公司按照实际测量的完工进度确定履约进度。2024年1月31日，经专业测量师测量后，确定该项劳务的完工程度为70%；乙公司按完工进度支付价款，同时支付对应的增值税税款。2024年1月，为完成该合同发生劳务成本135 000元(假定均以银行存款支付)，为完成该合同估计还将发生劳务成本90 000元。2024年2月28日，装修完工，乙公司验收合格，按完工进度支

付价款，同时支付对应的增值税款。2024 年 2 月，为完成该合同发生劳务成本 90 000 元(假定均以银行存款支付)。

(1) 2023 年风华公司应编制会计分录如下。

① 实际发生劳务成本 75 000 元。

借: 合同履约成本　　　　　　　　　　　　　　　　　　　75 000
　　贷: 银行存款　　　　　　　　　　　　　　　　　　　　　75 000

② 2023 年 12 月 31 日确认劳务收入并结转劳务成本。

2023 年 12 月 31 日确认的劳务收入=400 000×25%=100 000(元)

2023 年 12 月 31 日确认的劳务成本=(75 000+225 000)×25%=75 000(元)

借: 银行存款　　　　　　　　　　　　　　　　　　　　　109 000
　　贷: 其他业务收入　　　　　　　　　　　　　　　　　　　100 000
　　　　应交税费——应交增值税(销项税额)　　　　　　　　　　9 000
借: 其他业务成本　　　　　　　　　　　　　　　　　　　　75 000
　　贷: 合同履约成本　　　　　　　　　　　　　　　　　　　　75 000

(2) 2024 年 1 月风华公司应编制会计分录如下。

① 实际发生劳务成本 135 000 元。

借: 合同履约成本　　　　　　　　　　　　　　　　　　　135 000
　　贷: 银行存款　　　　　　　　　　　　　　　　　　　　　135 000

② 2024 年 1 月 31 日确认劳务收入并结转劳务成本。

2024 年 1 月 31 日确认的劳务收入=400 000×70% - 100 000=180 000(元)

2024 年 1 月 31 日确认的劳务成本=(75 000+135 000+90 000)×70% - 75 000=135 000(元)

借: 银行存款　　　　　　　　　　　　　　　　　　　　　196 200
　　贷: 其他业务收入　　　　　　　　　　　　　　　　　　　180 000
　　　　应交税费——应交增值税(销项税额)　　　　　　　　　　16 200
借: 其他业务成本　　　　　　　　　　　　　　　　　　　135 000
　　贷: 合同履约成本　　　　　　　　　　　　　　　　　　　135 000

(3) 2024 年 2 月风华公司应编制如下会计分录。

① 实际发生劳务成本 90 000 元。

借: 合同履约成本　　　　　　　　　　　　　　　　　　　90 000
　　贷: 银行存款　　　　　　　　　　　　　　　　　　　　　90 000

② 2024 年 2 月 28 日确认劳务收入并结转劳务成本。

2024 年 2 月 28 日确认的劳务收入=400 000 - 100 000 - 180 000=120 000(元)

2024 年 2 月 28 日确认的劳务成本=300 000 - 75 000 - 135 000=90 000(元)

借: 银行存款　　　　　　　　　　　　　　　　　　　　　130 800
　　贷: 其他业务收入　　　　　　　　　　　　　　　　　　　120 000
　　　　应交税费——应交增值税(销项税额)　　　　　　　　　　10 800
借: 其他业务成本　　　　　　　　　　　　　　　　　　　90 000
　　贷: 合同履约成本　　　　　　　　　　　　　　　　　　　90 000

【例 7-9】甲公司经营一家健身俱乐部。2024 年 2 月 1 日，某客户与甲公司签订合同，成为甲公司的会员，并向甲公司支付会员费 4 800 元(不含税价)，可在未来的 12 个月内在该俱乐部健身，且没有次数的限制。该业务适用的增值税税率为 6%。甲公司于每月末确认收入时开具增值税专用发票并收到税款。该履约义务属于在某一时段内履行的履约义务，并且该履约义务在会员的会籍期间内随时间的流逝而被履行。因此，甲公司按照直线法确认收入，每月应当确认的收入为 400 元(4 800÷12)。甲公司应编制如下会计分录。

(1) 2024 年 2 月 1 日收到会员费时，编制会计分录如下。

借: 银行存款   4 800
  贷: 合同负债   4 800

(2) 2024 年 2 月 28 日确认收入，开具增值税专用发票并收到税款时，编制会计分录如下。

借: 合同负债   400
  银行存款   24
  贷: 主营业务收入   400
    应交税费——应交增值税(销项税额) 24

2024 年 3 月至 2025 年 1 月，每月确认收入同上。

当履约进度不能合理确定时，企业已经发生的成本预计能够得到补偿的，应当按照已经发生的成本金额确认收入，直到履约进度能够合理确定为止。

五、合同成本的核算

企业为了履行合同可能发生各项支出，这些支出构成合同成本。企业在与客户之间建立合同关系过程中发生的成本，主要有合同取得成本和合同履约成本。

(一) 合同履约成本

合同履约成本是指企业为履行当前或预期取得的合同所发生的、属于《企业会计准则第 14 号——收入》(2018)规定范围并且按照该准则应当确认为一项资产的成本。

1. 合同履约成本中确认为资产部分

企业为履行合同可能会发生各种成本，企业在确认收入的同时应当对这些成本进行分析；不属于其他范围且同时满足下列条件的，应当作为合同履约成本确认为一项资产。

(1) 该成本与一份当前或预期取得的合同直接相关。预期取得的合同应当是企业能够明确识别的合同，如现有合同续约后的合同、尚未获得批准的特定合同等。与合同直接相关的成本包括直接人工(例如，支付给直接为客户提供所承诺服务的人员的工资、奖金等)、直接材料(例如，为履行合同耗用的原材料、辅助材料、构配件、零件、半成品的成本和周转材料的摊销及租赁费用等)、制造费用(或类似费用，例如，组织和管理相关生产、施工、服务等活动发生的费用，包括管理人员的职工薪酬、劳动保护费、固定资产折旧费及修理费、物料消耗、取暖费、水电费、办公费、差旅费、财产保险费、工程保修费、排污费、临时设施摊销费等)、明确由客户承担的成本及仅因该合同而发生的其他成本(例如，支付给分包商的成本、机械使用费、设计和技术援助费用、施工现场二次搬运费、生产工具和用具使用费、检验试验费、工程定位复测费、工程点交费用、场地清理费等)。

(2) 该成本增加了企业未来用于履行(包括持续履行)履约义务的资源。

(3) 该成本预期能够收回。

2. 合同履约成本中属于当期损益部分

在确认合同履约成本时需要注意，企业下列支出在发生时计入当期损益：

(1) 管理费用，除非这些费用明确由客户承担；

(2) 非正常消耗的直接材料、直接人工和制造费用(或类似费用)，这些支出为履行合同发生，但未反映在合同价格中；

(3) 与履约义务中已履行(包括已全部履行或部分履行)部分相关的支出,即该支出与企业过去的履约活动相关;

(4) 无法在尚未履行的与已履行(或已部分履行)的履约义务之间区分的相关支出。

企业发生合同履约成本时,借记"合同履约成本"账户,贷记"银行存款""应付职工薪酬""原材料"等账户,对合同履约成本进行分摊时,借记"主营业务成本""其他业务成本"等账户,贷记"合同履约成本"账户,涉及增值税的,还应进行相应处理。

【例 7-10】甲公司经营一家酒店,该酒店是甲公司的自有资产。2024 年 12 月甲公司计提与酒店经营直接相关的酒店、客房及客房内的设备家具等折旧 100 000 元、酒店土地使用权摊销费用 50 000 元。经计算,当月确认房费、餐饮等服务含税收入 371 000 元(增值税税率 6%),全部存入银行。甲公司应编制会计分录如下。

(1) 确认资产的折旧费、摊销费。

借:合同履约成本　　　　　　　　　　　　　　150 000
　　贷:累计折旧　　　　　　　　　　　　　　　100 000
　　　　累计摊销　　　　　　　　　　　　　　　 50 000

(2) 2024 年 12 月确认酒店服务收入并摊销合同履约成本。

借:银行存款　　　　　　　　　　　　　　　　371 000
　　贷:主营业务收入　　　　　　　　　　　　　350 000
　　　　应交税费——应交增值税(销项税额)　　 21 000
借:主营业务成本　　　　　　　　　　　　　　150 000
　　贷:合同履约成本　　　　　　　　　　　　　150 000

(二) 合同取得成本

企业为取得合同发生的增量成本预期能够收回的,应作为合同取得成本确认为一项资产。增量成本是指企业不取得合同就不会发生的成本,如销售佣金等。若预期可通过未来的相关服务收入予以补偿,该销售佣金(即增量成本)应在发生时确认为一项资产,即合同取得成本。

企业取得合同发生的增量成本已经确认为资产的,应当采用与该资产相关的商品收入确认相同的基础进行摊销,计入当期损益。为简化实务操作,该资产摊销期限不超过一年的,可以在发生时计入当期损益。

企业为取得合同发生的、除预期能够收回的增量成本之外的其他支出。例如,无论是否取得合同均会发生的差旅费、投标费、为准备投标资料发生的相关费用等,应当在发生时计入当期损益,除非这些支出明确由客户承担。

【例 7-11】乙公司是一家咨询服务公司,通过竞标赢得一个服务期为 3 年的新客户。该客户每年年末支付含税咨询费 1 590 000 元。为取得与该客户的合同,乙公司聘请外部律师进行尽职调查,支付相关费用 10 000 元,为投标而发生的差旅费 8 000 元,支付销售人员佣金 36 000元。乙公司预期这些支出未来均能够收回。乙公司应编制会计分录如下。

(1) 支付与取得成本相关的费用。

借:合同取得成本　　　　　　　　　　　　　　36 000
　　管理费用　　　　　　　　　　　　　　　　18 000
　　贷:银行存款　　　　　　　　　　　　　　　54 000

(2) 每月确认咨询服务收入。

咨询服务收入=1 590 000÷(1+6%)÷12=125 000(元)

借:应收账款　　　　　　　　　　　　　　　　132 500

贷：主营业务收入	125 000
应交税费——应交增值税(销项税额)	7 500

(3) 每月摊销销售佣金。

销售佣金摊销额=36 000÷3÷12=1 000(元)

借：销售费用	1 000
贷：合同取得成本	1 000

案例分析

隐瞒销售收入以逃避缴税

江阴市某汽车用品有限公司是从事汽车装潢业务的私营企业。20×4年7月，江阴市地税局稽查局组织人员对该公司20×2—20×3年地方税收纳税情况进行了检查。经查，20×2年、20×3年该企业账面反映主营业务收入分别为1 034 164.02元和1 115 833.36元，都已按规定的利润率缴纳了企业所得税。与此同时，稽查局另外一个检查小组正在某汽贸公司进行检查，发现"其他应付款"中有代收汽车装潢费并直接以现金支付给××汽车用品有限公司，联系到局里正在对××汽车用品有限公司实施检查，于是就将该汽贸公司20×2—20×3年支付给××汽车用品有限公司的汽车装潢费金额进行了取证统计，共计不含税收入2 014 549.13元。

第二天，检查人员再次来到该企业，直接询问该企业法人代表，是否有销售不入账问题。该法人代表起先不承认，后来在大量的证据面前，承认有部分不需开票的业务没有确认为收入。检查人员核实，该企业20×2年少列收入284 052.51元，20×3年少列收入304 664.10元。

据此，江阴市地税局对该企业依法做出了补缴企业所得税13 002.71元，加收滞纳金1 912.27元并处罚款6 501.36元的处理决定。

请思考：

请你指出该汽车用品有限公司的做法属于何种行为？

分析提示

任务小结

收入典型业务账务处理总结

业务内容		账务处理
一般商品销售		借：银行存款等 　　贷：主营业务收入等 　　　　应交税费——应交增值税(销项税额)
不满足收入确认条件的商品销售(支付手续费方式为委托代销)	将商品交付受托方	借：发出商品(成本价) 　　贷：库存商品
	收到代销清单并开出发票	借：应收账款 　　贷：主营业务收入(协议售价) 　　　　应交税费——应交增值税(销项税额) 借：主营业务成本 　　贷：发出商品
	计算代销手续费	借：销售费用 　　应交税费——应交增值税(销项税额) 　　贷：应收账款
	收到货款	借：银行存款 　　贷：应收账款

(续表)

业务内容	账务处理
附有商业折扣的商品销售	借：银行存款等 　　贷：主营业务收入等(标价扣除商业折扣) 　　　　应交税费——应交增值税(销项税额)
附有现金折扣条件的商品销售	销售商品 借：应收账款 　　贷：主营业务收入等(售价扣除现金折扣) 　　　　应交税费——应交增值税(销项税额) 收到款项 借：银行存款 　　贷：应收账款
销售商品后发生销售折让	借：主营业务收入等 　　应交税费——应交增值税(销项税额) 　　贷：银行存款等
销售商品后发生销货退回	借：主营业务收入等 　　应交税费——应交增值税(销项税额) 　　贷：银行存款等 借：主营业务成本 　　贷：库存商品等
在某一时段内履行履约义务且能确定履约进度	发生劳务成本 借：合同履行成本 　　贷：应付职工薪酬等 确认收入和成本 借：银行存款等 　　贷：主营业务收入等 借：主营业务成本 　　贷：合同履约成本

任务考核

一、单项选择题

1. 下列关于收入确认与计量的表述正确的有(　　)。
   A. 合同有书面形式及其他形式，不含口头形式
   B. 交易价格包括企业代第三方收取的款项及企业预期将退还给客户的款项
   C. 合同条款所承诺的对价，可能是固定金额、可变金额或两者兼有
   D. 按照各单项履约义务所承诺商品成本的相对比例，将交易价格分摊至各单项履约义务

2. 企业应当在履行了合同中的履约义务，即在(　　)时确认收入。
   A. 客户取得相关商品控制权　　　B. 商品的风险和报酬转移
   C. 开具增值税发票　　　　　　　D. 合同成立

3. 某企业为增值税一般纳税人，适用的增值税税率为13%。2024年11月1日，对外销售M商品20 000件，每件不含增值税销售价格为15元，给予10%的商业折扣，符合收入确认条件。下列各项中，该企业销售商品会计处理正确的是(　　)。
   A. 确认应交税费3.9万元　　　　B. 确认主营业务收入27万元
   C. 确认管理费用3万元　　　　　D. 确认财务费用3万元

4. 某企业于 2024 年 9 月 1 日销售商品一批,增值税专用发票上标明的价款为 250 万元,合同规定的现金折扣条件为 2/20、n/30(假定计算现金折扣时不考虑增值税)。该项销售业务属于在某一时点履行的履约义务,商品于当日发出。该企业预计客户 20 天内付款的概率为 80%,20 天后付款的概率为 20%。不考虑其他因素,该企业销售商品时确认的收入为( )万元。

A. 200　　　　　 B. 196　　　　　 C. 250　　　　　 D. 245

5. 甲公司本年度委托乙商店代销一批零配件,代销价款 200 万元。本年度收到乙商店交来的代销清单,代销清单列明已销售代销零配件的 60%,甲公司收到代销清单时向乙商店开具增值税专用发票。乙商店按代销价款的 5%收取手续费、增值税税率为 6%。该批零配件的实际成本为 110 万元,则甲公司本年度应确认的销售收入为( )万元。

A. 120　　　　　 B. 114　　　　　 C. 200　　　　　 D. 68.4

二、多项选择题

1. 下列属于收入确认与计量的步骤的有( )。

A. 合同各方已批准该合同并承诺将履行各自义务

B. 识别合同中的单项履约义务

C. 确定交易价格和合同履约成本

D. 将交易价格分摊至各项履约义务

2. 甲公司为一家培训公司,2024 年 12 月 1 日,甲公司与乙公司签订一项培训合同,期限 3 个月,截至 12 月 31 日,劳务履约进度不能合理确定,已实际发生劳务 40 万元,预计仅收回 20 万元,下列处理正确的有( )。

A. 银行存款借记 20 万元　　　　　 B. 主营业务成本借记 40 万元

C. 主营业务收入贷记 20 万元　　　　　 D. 劳务成本借记 20 万元

3. 某企业于 2024 年 9 月 1 日销售商品一批,增值税专用发票上标明的价款为 1 000 000 元,增值税税率为 13%,由于是成批销售,给予客户 10%的商业折扣,合同规定的现金折扣条件为 2/20、n/30(假定计算现金折扣时不考虑增值税)。该项销售业务属于在某一时点履行的履约义务,商品于当日发出。该企业预计客户 20 天内付款的概率为 90%,20 天后付款的概率为 10%。2024 年 9 月 19 日,收到客户支付的货款,则 2024 年确认收入会计处理正确的是( )。

A. 借记"应收账款"科目 1 017 000 元

B. 贷记"主营业务收入"科目 900 000 元,贷记"应交税费——应交增值税(销项税额)"科目 117 000 元

C. 借记"账款"科目 99 9000 元

D. 贷记"主营业务收入"科目 882 000 元,贷记"应交税费——应交增值税(销项税额)"科目 117 000 元

4. 下列各项关于合同履约成本表述错误的有( )。

A. 非正常消耗的直接材料、直接人工和制造费用应记入合同履约成本

B. 行政管理部门的管理费用支出应记入合同履约成本

C. 合同履约成本账户借方登记摊销的合同履约成本

D. 合同履约成本期末借方余额,反映企业尚未结转的合同履约成本

5. 下列各项关于合同取得成本表述正确的有( )。

A. 企业为取得合同发生的增量成本,应当作为合同取得成本确认为一项资产

B. 取得合同发生的为准备投标资料发生的相关费用等,应当在发生时计入当期损益

C. "合同取得成本"科目核算企业取得合同发生的、预计能够收回的成本

D. "合同取得成本"摊销期限不超过一年的，可以在发生时计入当期损益

三、判断题

1. 企业在商品售出后，即使仍然能够对售出商品实施有效控制，也应确认商品销售收入。
（　）

2. 对于商业折扣，企业应按扣除商业折扣后的金额确认销售收入和增值税销项税额；对于现金折扣，通常根据最可能发生的现金折扣率预测其有权获取的对价金额。
（　）

3. 如果销售商品不符合收入确认条件，在商品发出时不需要进行会计处理。（　）

4. 企业摊销合同履约成本时应借记"合同履约成本"，贷记"主营业务成本""其他业务成本"等。
（　）

5. 对于在某一时间内履行的履约义务，企业一律在该段时间内按照履约进度确认收入。
（　）

四、业务实训题

资料：甲公司为增值税一般纳税人，适用的增值税税率为13%。销售商品和提供服务均属于企业主营业务，商品销售价格不含增值税，在确认销售收入时逐笔结转销售成本。2024年该公司发生如下交易或事项。

(1) 4月21日，向乙公司销售一批E产品，开出增值税专用发票上注明的销售价格为600万元，增值税税额为78万元，款项尚未收到；该批产品成本为350万元，甲公司已将商品发出，纳税义务已经发生，但该笔销售不符合收入确认条件。

(2) 7月6日，甲公司承担一项安装服务，安装期9个月，安装服务符合在某一段时段内履行履约义务确认收入的条件，履约进度按已发生成本占预计总成本的比例确定，合同总收入为40万元，当年实际发生成本12万元(假定均为职工薪酬)，预计还将发生成本18万元。

(3) 9月1日，甲公司将本公司生产的部分F产品作为福利发给本公司职工，其中生产工人400件、车间管理人员100件、专设销售机构人员50件，该产品每件销售价格为0.6万元，实际成本为0.4万元。

(4) 12月4日，甲公司向丙公司销售G产品，销售价格总额为100万元，产品的实际成本总额为65万元。因成批销售，甲公司给予丙公司10%的商业折扣，丙公司12月15日付款，该笔销售符合收入确认条件。

要求：根据以上资料编制相关会计分录。

任务拓展

采用委托代销商品方式销售商品，委托方除了可以采用支付手续费方式委托其他纳税人代销，还可以采用视同买断方式委托代销。视同买断，即由委托方和受托方签订协议，委托方按协议价收取所代销的货款，实际售价可由受托方自定，实际售价与协议价之间的差额归受托方所有。如果双方协议明确代销商品能否卖出或获利均与委托方无关的话，委托方在交付商品时应确认收入，受托方也应作为购进商品处理。受托方将商品销售后，应按实际售价确认为销售收入；如果协议明确将来代销商品未售出可以退回给委托方，或受托方因代销商品出现亏损可以要求委托方赔偿，则委托方在交付商品时不确认收入，受托方也不做购进商品处理。代销商品售出后，受托方按实际售价确认收入，并向委托方开具代销清单，委托方收到代销清单时确认收入。

任务二　费用的核算

任务导入

东方公司 2024 年 6 月发生与费用有关的业务如下。

(1) 采购员张青因去外地采购预借差旅费 3 000 元，以现金支付。

(2) 以银行存款支付广告费 5 000 元。

(3) 销售一批材料，结转材料成本 2 000 元。

(4) 开出转账支票支付业务招待费 2 000 元。

(5) 采购员张青出差回来报销差旅费 2 800 元，余款交回现金。

(6) 以银行存款支付银行承兑汇票承兑手续费 800 元。

(7) 收到银行利息结算单，收到第二季度存款利息 1 000 元。

(8) 以银行存款支付车间固定资产修理费 2 000 元，行政管理部门固定资产修理费 1 500 元。

(9) 结转本月已销商品成本 120 000 元。

(10) 计提本月固定资产折旧费 8 600 元，其中，车间固定资产折旧费 5 000 元，行政管理部门固定资产修理费 2 500 元，销售部门固定资产折旧费 1 100 元。

(11) 分配本月职工工资费用 460 000 元，其中，生产工人工资 250 000 元，车间管理人员工资 50 000 元，行政管理人员工资 100 000 元，销售部门人员工资 60 000 元。

(12) 计提坏账准备 15 000 元。

(13) 计提本月短期借款利息 4 800 元。

(14) 计算本月应交城市维护建设税 2 500 元。

(15) 将上述的费用转入"本年利润"账户。

要求：根据以上资料编制东方公司 2024 年 6 月发生的与费用有关的会计分录。

任务实施

任务准备

一、费用认知

按照配比原则，要正确计算企业利润，不仅要合理确认、计量企业在一定会计期间取得的各项收入，而且要合理确认、计量为取得收入而支出的各种费用。

(一) 费用的概念和特征

费用是指企业在日常活动中发生的、会导致所有者权益减少的、与向所有者分配利润无关的经济利益的总流出。企业的费用主要包括营业成本、税金及附加、期间费用等。费用有以下特征。

1. 费用是企业在日常活动中发生的经济利益的总流出

日常活动是指企业为完成其经营目标所从事的经常性活动，以及与之相关的其他活动。工业企业制造并销售产品、商业企业购买并销售商品、咨询公司提供咨询服务、软件开发企业为客户开发软件、安装公司提供安装服务、租赁公司出租资产等活动中发生的经济利益的总流出构成费用。工业企业对外出售不需用的原材料结转的材料成本等，也构成费用。

费用形成于企业日常活动的特征使其与产生于非日常活动的损失相区分。企业从事或发生的某些活动或事项也能导致经济利益流出企业，但不属于企业的日常活动。例如，企业因违约支付罚款、对外捐赠，或因自然灾害等非常原因造成财产毁损等，这些活动或事项形成的经济利益的总流出属于企业的损失，而不是费用。

2. 费用会导致企业所有者权益减少

费用既可能表现为资产的减少，如减少银行存款、库存商品等；也可能表现为负债的增加，如增加应付账款、应付职工薪酬、应交税费等。根据"资产-负债＝所有者权益"的会计等式，费用一定会导致企业所有者权益的减少。

企业经营管理中的某些支出并不减少企业的所有者权益，也就不构成费用。例如，企业以银行存款偿还一项负债，只是一项资产和一项负债的等额减少，对所有者权益没有影响，因此，不构成企业的费用。

3. 费用与向所有者分配利润无关

向所有者分配利润或股利属于企业利润分配的内容，不构成企业的费用。

(二) 费用的确认与计量

费用应按照权责发生制和配比原则确认，凡应属于本期发生的费用，不论其款项是否在本期支付，均应确认为本期费用；反之，不属于本期发生的费用，即使其款项已在本期支付，也不应确认为本期费用。

企业在生产经营中所发生的各项费用，应当以实际发生数计入成本、费用。凡应当由本期负担而尚未支出的费用，应预计其数额计入本期成本、费用；凡已支出、应当由本期和以后各期负担的费用，应按合理方法分期摊入成本、费用。

二、营业成本的核算

(一) 营业成本认知

营业成本是指企业为生产产品、提供劳务等发生的可归属于产品成本、劳务成本等的费用，应当在确认销售商品收入、提供劳务收入等时，将已销售商品、已提供劳务的成本等计入当期损益。营业成本包括主营业务成本和其他业务成本。

1. 主营业务成本

主营业务成本是指企业销售商品、提供劳务等经常性活动所发生的成本。企业一般在确认销售商品、提供劳务等主营业务收入时，或在月末将已销售商品、已提供劳务的成本结转入主营业务成本。

2. 其他业务成本

其他业务成本是指企业除主营业务活动以外的其他经营活动所发生的成本。其他业务成本包括销售材料的成本、出租固定资产的折旧额、出租无形资产的摊销额、出租包装物的成本或摊销额等。采用成本模式计量投资性房地产的，其投资性房地产计提的折旧额或摊销额，也构成其他业务成本。

(二) 营业成本核算设置的账户

设置"主营业务成本"和"其他业务成本"账户的相关内容前面已做介绍，此处不再重复。

(三) 营业成本的账务处理

企业发生主营业务成本时，借记"主营业务成本"账户，贷记"库存商品""合同履约成本"等账户。期末应将该账户余额结转至"本年利润"账户，借记"本年利润"账户，贷记"主营业务成本"账户。发生销货退回冲减时借记"主营业务成本"账户，贷记"库存商品"等账户。

企业发生其他业务成本时，借记"其他业务成本"账户，贷记"原材料""累计折旧""累计摊销"等账户。期末，应将该账户的发生额合计结转入"本年利润"账户，借记"本年利润"账户，贷记"其他业务成本"账户。发生销货退回冲减时借记"其他业务成本"账户，贷记"原材料"等账户。

有关主营业务成本和其他业务成本的核算举例参见本项目任务一。

三、税金及附加的核算

(一) 税金及附加认知

税金及附加是指企业经营活动应负担的相关税费，包括消费税、城市维护建设税、教育费附加、资源税、土地增值税、房产税、城镇土地使用税、车船税、印花税等。

(二) 税金及附加核算设置的账户

设置"税金及附加"账户，用来核算企业日常经营活动中发生的消费税、城市维护建设税、资源税、教育费附加及房产税、车船税、城镇土地使用税、印花税等相关税费。该账户属于损益类账户，借方登记按照规定计算的各项税金及附加，贷方登记期末转入"本年利润"账户的税金及附加，结转后该账户无余额。

(三) 税金及附加的处理

企业按规定计算的消费税、城市维护建设税、教育费附加、房产税等，借记"税金及附加"账户，贷记"应交税费"账户。期末，应将"税金及附加"账户的借方发生额合计结转至"本年利润"账户，借记"本年利润"账户，贷记"税金及附加"账户。

企业缴纳的印花税，不会发生应付未付税款的情况，不需要预计应纳税金额，同时也不存在与税务机关结算或者清算的问题。因此，企业缴纳的印花税不通过"应交税费"科目核算，于购买印花税票时，直接借记"税金及附加"账户，贷记"银行存款"账户。

【例 7-12】风华公司计算出本期应交城市维护建设税 65 000 元，应交教育费附加 25 000元。编制会计分录如下。

```
借：税金及附加                              90 000
    贷：应交税费——应交城市维护建设税              65 000
              ——应交教育费附加                25 000
```

【例 7-13】风华公司当月按规定计算确定的应交房产税为 3 000 元、应交车船税为 2 600元、应交城镇土地使用税为 4 300 元。编制会计分录如下。

借: 税金及附加		9 900
贷: 应交税费——应交房产税		3 000
——应交车船使用税		2 600
——应交城镇土地使用税		4 300

四、期间费用的核算

(一) 期间费用认知

期间费用是指企业日常活动发生的不能计入特定核算对象的成本, 而应计入发生当期损益的费用。期间费用包括销售费用、管理费用和财务费用。

1. 销售费用

销售费用是指企业在销售商品和材料、提供劳务过程中发生的各项费用, 包括企业在销售商品过程中发生的包装费、保险费、展览费和广告费、商品维修费、预计产品质量保证损失、运输费、装卸费等费用, 以及企业发生的为销售企业商品而专设的销售机构的职工薪酬、业务费、折旧费、固定资产修理费等费用。

销售费用是与企业销售商品活动有关的费用, 但不包括销售商品本身的成本和劳务成本。销售商品的成本属于主营业务成本, 提供劳务的成本属于劳务成本。

2. 管理费用

管理费用是指企业为组织和管理生产经营活动而发生的各种费用, 包括企业在筹建期间发生的开办费、董事会和行政管理部门在企业的经营管理中发生的或者应由企业统一负担的公司经费(包括行政管理部门职工薪酬、物料消耗、低值易耗品摊销、办公费和差旅费等)、董事会费(包括董事会成员津贴、会议费和差旅费等)、聘请中介机构费、咨询费(含顾问费)、诉讼费、业务招待费、技术转让费、研究费用、排污费等, 以及企业生产车间(部门)和行政管理部门发生的固定资产修理费等。

3. 财务费用

财务费用是指企业为筹集生产经营所需资金等而发生的筹资费用, 包括利息支出(减利息收入)、汇兑损益及相关的手续费、企业发生的现金折扣等。

(二) 期间费用核算设置的相关账户

设置"销售费用"账户, 用来核算销售费用的发生和结转情况。该账户属于损益类账户, 借方登记企业所发生的各项销售费用, 贷方登记期末结转入"本年利润"账户的销售费用, 结转后该账户应无余额。该账户应按销售费用的费用项目进行明细核算。

设置"管理费用"账户, 用来核算管理费用的发生和结转情况。该账户属于损益类账户, 借方登记企业发生的各项管理费用, 贷方登记期末转入"本年利润"账户的管理费用, 结转后该账户应无余额。该账户应按管理费用的费用项目进行明细核算。

设置"管理费用"账户, 用来核算财务费用的发生和结转情况。该账户属于损益类账户, 借方登记企业发生的各项财务费用, 贷方登记期末结转入"本年利润"账户的财务费用。结转后该账户应无余额。该账户应按财务费用的费用项目进行明细核算。

(三) 期间费用的账务处理

1. 销售费用的账务处理

企业在销售商品过程中发生的包装费、保险费、展览费和广告费、运输费、装卸费等费用，借记"销售费用"等账户，贷记"库存现金""银行存款"等账户；企业发生的为销售本企业商品而专设的销售机构的职工薪酬、业务费等经营费用，借记"销售费用"账户，贷记"应付职工薪酬""银行存款""累计折旧"等账户。期末，应将"销售费用"账户余额转入"本年利润"账户，借记"本年利润"账户，贷记"销售费用"账户。

【例7-14】风华公司宣传新产品发生广告费，取得的增值税专用发票上注明的价款为90 000元，增值税税额为5 400元，用银行存款支付。编制会计分录如下。

借：销售费用 90 000
　应交税费——应交增值税(进项税额) 5 400
　　贷：银行存款 95 400

【例7-15】风华公司销售部本月共发生费用240 000元，其中，销售人员薪酬100 000元，销售部专用办公设备折旧费60 000元，以银行存款支付业务费80 000元。编制会计分录如下。

借：销售费用 240 000
　　贷：应付职工薪酬 100 000
　　　累计折旧 60 000
　　　银行存款 80 000

【例7-16】风华公司销售一批产品，取得的增值税专用发票上注明的运输费为4 000元，增值税税额为360元、取得的增值税普通发票上注明的装卸费为1 000元，均用银行存款支付。编制会计分录如下。

借：销售费用 5 000
　应交税费——应交增值税(进项税额) 360
　　贷：银行存款 5 360

2. 管理费用的账务处理

发生管理费用时，借记"管理费用"等账户，贷记"库存现金""银行存款""应付职工薪酬""累计折旧""应交税费"等账户。期末，应将"管理费用"账户余额转入"本年利润"账户，借记"本年利润"账户，贷记"管理费用"账户。

【例7-17】风华公司筹建期间发生办公费、差旅费等开办费25 000元，均用银行存款支付。编制会计分录如下。

借：管理费用 25 000
　　贷：银行存款 25 000

【例7-18】风华公司为拓展产品销售市场发生业务招待费30 000元，取得的增值税专用发票上注明增值税税额为1 800元，用银行存款支付。编制会计分录如下。

借：管理费用 30 000
　应交税费——应交增值税(进项税额) 1 800
　　贷：银行存款 31 800

【例7-19】风华公司就一项产品的设计方案向有关专家咨询，以现金支付咨询费20 000元。编制会计分录如下。

借：管理费用   20 000

    贷：库存现金   20 000

【例 7-20】风华公司行政部本月份共发生费用 300 000 元。其中，行政人员薪酬 220 000 元，行政部专用办公设备折旧费 55 000 元，以现金支付行政人员报销的差旅费 20 000 元，用银行存款支付其他办公、水电费 5 000 元。编制会计分录如下。

借：管理费用   300 000

    贷：应付职工薪酬   220 000

        累计折旧   55 000

        库存现金   20 000

        银行存款   5 000

【例 7-21】风华公司以银行存款支付生产车间发生的设备日常修理费用 45 000 元，行政管理部门发生设备日常修理费用 1 500 元，均不满足固定资产确认条件。编制会计分录如下。

借：管理费用   46 500

    贷：银行存款   46 500

3. 财务费用的账务处理

企业发生的各项财务费用，借记"财务费用"账户，贷记"库存现金""银行存款""应付职工薪酬""累计折旧""应收账款"等账户。期末，应将"财务费用"账户余额转入"本年利润"账户，借记"本年利润"账户，贷记"财务费用"账户。

【例 7-22】风华公司以银行存款支付本月负担的短期借款利息 4 500 元，编制会计分录如下。

借：财务费用   4 500

    贷：银行存款   4 500

【例 7-23】风华公司于 2024 年 1 月 1 日向银行借入生产经营用短期借款 360 000 元，期限 6 个月，年利率 5%，该借款本金到期后一次归还，利息分月预提、按季支付。假定 2024 年 1 月其中 120 000 元暂时作为闲置资金存入银行，并获得利息收入 400 元。假定所有利息均不符合利息资本化条件。2024 年 1 月编制会计分录如下。

1 月末，预提当月应计利息=360 000×5%÷12=1 500(元)

借：财务费用   1 500

    贷：应付利息   1 500

同时，当月取得的利息收入 400 元应作为冲减财务费用处理。

借：银行存款   400

    贷：财务费用   400

【例 7-24】风华公司以银行存款支付银行承兑手续费 4 000 元，编制会计分录如下。

借：财务费用   4 000

    贷：银行存款   4 000

◆ 案例分析

会计人员当遵守会计职业道德

因实施岗位轮换，小刘从筹资和投资岗位轮换到了成本费用岗位，负责成本费用的核算。成本费用核算的工作量大，业务繁忙，与以前筹资和投资核算业务相比，小刘的工作量大大增加，但其工资收入却没有增长，这引起了小刘的强烈不满。小刘在工作中出现以下情况。

(1) 小刘向会计部经理提出，要求调回原工作岗位，理由是熟悉原来的核算业务，可以大大提高工作效率。

(2) 小刘应其爱人的要求，将本公司开发新产品的成本资料和技术资料复印后，提供给其爱人单位。

(3) 小刘整日牢骚满腹，对待工作粗心大意，频频出现核算错误，引起同事的强烈不满。

(4) 小刘对待前来办理业务的相关部门人员，面无表情，态度冷淡，甚至故意刁难。

请思考：

(1) 分析财务经理是否会同意小刘的要求，将其调回筹资和投资核算岗位，为什么？

(2) 实施岗位轮换对会计人员的业务素质有何影响？

(3) 分析事项(2)~(4)中小刘的行为违背了会计职业道德的哪些方面？

分析提示

任务小结

费用典型业务账务处理总结

业务内容	账务处理
发生主营业务成本	借：主营业务成本 　　贷：库存商品、劳务成本等
发生其他业务成本	借：其他业务成本 　　贷：原材料、累计摊销等
发生税金及附加	借：税金及附加 　　贷：应交税费等
发生期间费用	借：销售费用、管理费用、财务费用等 　　贷：银行存款等
期末结转费用	借：本年利润 　　贷：主营业务成本 　　　　其他业务成本 　　　　税金及附加 　　　　销售费用 　　　　管理费用 　　　　财务费用等

任务考核

一、单项选择题

1. 企业销售部门支付的业务招待费，应计入( )。
   A. 管理费用　　　　B. 财务费用　　　　C. 销售费用　　　　D. 制造费用

2. 下列各项中应在企业"销售费用"科目核算的是( )。
   A. 购入原材料支付的运费　　　　　　B. 随同商品出售单独计价的包装物成本
   C. 委托方支付的代销手续费　　　　　D. 销售方给予的现金折扣

3. 2024年10月，某企业销售应税消费品确认应交增值税20万元、消费税30万元、应交城市维护建设税3.5万元。不考虑其他因素，该企业2024年10月利润表"税金及附加"项目本期金额为( )万元。

    A. 53.5   B. 23.5   C. 50   D. 33.5

4. 下列各项中,应计入期间费用的是( )。

    A. 计提车间管理用固定资产折旧费   B. 预计产品质量保证损失

    C. 车间管理人员的工资费用   D. 销售商品发生的商业折扣

5. 下列各项中,应列入利润表"管理费用"项目的是( )。

    A. 计提的坏账准备   B. 出租无形资产的摊销额

    C. 支付中介机构的咨询费   D. 处置固定资产的净损失

二、多项选择题

1. 下列各项中,不应计入其他业务成本的有( )。

    A. 领用的用于出借的新包装物成本

    B. 领用的用于出租的新包装物成本

    C. 随同材料出售单独计价的包装物成本

    D. 随同材料出售不单独计价的包装物成本

2. 下列各项中,应列入利润表"营业成本"项目的有( )。

    A. 销售商品的成本   B. 销售材料的成本

    C. 出租非专利技术的摊销额   D. 短期出租设备计提的折旧额

3. 下列各项中,应当计入销售费用的有( )。

    A. 广告费   B. 出租包装物的摊销

    C. 出借包装物的摊销   D. 随商品出售不单独计价的包装物

4. 下列各项中,关于管理费用会计处理表述正确的有( )。

    A. 无法查明原因的现金短缺应计入管理费用

    B. 转销确实无法支付的应付账款应冲减管理费用

    C. 行政管理部门负担的工会经费应计入管理费用

    D. 企业在筹建期间发生的开办费应计入管理费用

5. 2024 年 8 月 31 日,某企业发生有关经济业务如下:书立销售合约支付印花税 0.1 万元;支付商品展览费 4 万元;收取货款发生现金折扣 2 万元;支付销售商品保险费 1.06 万元。不考虑其他因素,下列各项中,该企业相关会计科目处理正确的有( )。

    A. 借记"销售费用"科目 5.06 万元   B. 借记"税金及附加"科目 0.1 万元

    C. 借记"财务费用"科目 2 万元   D. 借记"管理费用"科目 1.06 万元

三、判断题

1. 工业企业为拓展销售市场所发生的业务招待费,应计入销售费用。   ( )

2. 现金折扣和销售折让,均应在实际发生时计入当期财务费用。   ( )

3. 企业发生的借款利息费用均计入财务费用。   ( )

4. 企业销售应税消费品缴纳的消费税通过"税金及附加"科目核算。   ( )

5. 随同商品出售不单独计价包装物的成本应记入"其他业务成本"科目核算。   ( )

四、业务实训题

资料:某企业本月发生下列经济业务。

(1) 采购员预借差旅费 1 500 元,以现金支付。

(2) 本月应付企业管理人员工资为 60 000 元,销售人员工资 50 000 元。

(3) 本月业务招待费 2 000 元，以转账支票付讫。

(4) 购买印花税票 500 元，以银行存款支付。

(5) 以银行存款支付广告费 8 800 元。

(6) 摊销本月管理部门使用的无形资产 2 700 元。

(7) 计提本月固定资产折旧费 6 600 元，其中，管理部门 4 600 元，销售机构 2 000 元。

(8) 计提本月坏账准备 3 500 元。

(9) 以银行存款支付本月固定资产修理费 4 000 元，其中，管理部门 3 000 元，销售机构 1 000 元。

(10) 以银行存款支付前已计提的房产税 800 元、车船税 300 元。

(11) 支付银行承兑汇票的手续费 80 元。

(12) 计提本月短期借款利息 4 800 元。

(13) 将上述的期间费用转入"本年利润"账户。

要求：根据上述经济业务编制会计分录。

任务拓展

费用有广义和狭义之说。广义的费用，是指企业在生产经营过程中的资产消耗或负债的承诺，包括企业各种费用和损失。狭义的费用，仅指与当期营业收入直接配比的耗费。会计要素中所指的费用即为狭义。区别费用和损失的唯一标准就是看其是否在企业日常活动中形成。同时，费用与成本既有区别也有联系，虽然两者都是支付或耗费的各项资产，但是成本并不等于费用。费用与一定的期间相联系，而成本与一定的成本计算对象相联系。当期的成本不一定是当期的费用。

任务三 利润的核算

任务导入

东方股份有限公司(以下简称东方公司)为增值税一般纳税人，适用的增值税税率为 13%，适用的所得税税率为 25%。2020 年初未分配利润借方余额为 72 375 元。东方公司本年利润结转采用表结法，2024 年末有关损益类账户结转前余额如下表所示。

损益类账户结转前余额表

2024 年 12 月 31 日

单位：万元

收入类账户	贷方余额	费用类账户	借方余额
主营业务收入	8 000 000	主营业务成本	3 500 000
其他业务收入	1 000 000	其他业务成本	850 000
公允价值变动损益	100 000	税金及附加	90 000
投资收益	400 000	销售费用	200 000
营业外收入	50 000	管理费用	300 000
		财务费用	100 000
		资产减值损失	80 000
		营业外支出	30 000

2024 年东方公司递延所得税资产年初数为 2 000 000 元，年末数为 3 000 000 元；递延所得税负债年初数为 1 500 000 元，年末数为 3 000 000 元。东方公司营业外支出中有税收滞纳金 10 000 元。东方公司法定盈余公积的计提比例为 10%，经股东大会决议按当年净利润的 8% 提取任意盈余公积，按照 2020 年可供投资者分配的利润总额的 20% 分配股利。

除以上数据外，2024 年 12 月 31 日财产清查中又发生下列业务：

(1) 现金清查中发现库存现金较账面余额多出 1 500 元，无法查明原因，经批准做转账处理；
(2) 固定资产清查中盘亏设备一台，原价 100 000 元，已提折旧 20 000 元，经批准处理；
(3) 盘盈原材料 5 000 元，经查是收发计量差错导致的，经批准处理。

要求：

(1) 对东方公司 2024 年 12 月 31 日财产清查业务做出相关会计处理；
(2) 计算东方公司 2024 年度的营业利润；
(3) 结转损益类账户计算利润总额；
(4) 计算并确认所得税费用；
(5) 结转所得税费用计算净利润；
(6) 结转本年利润并计算可供分配的利润；；
(7) 计算并提取法定盈余公积；
(8) 计算并提取任意盈余公积；
(9) 计算并确定向投资者分配股利；
(10) 结转利润分配明细账并计算"利润分配"账户余额。

任务准备

一、利润认知

(一) 利润的概念

利润是指企业在一定会计期间的经营成果，反映的是企业的经营业绩情况，是业绩考核的重要指标。

(二) 利润的来源构成

利润包括收入减去费用后的净额、直接计入当期利润的利得和损失等。其中，收入减去费用后的净额反映的是企业日常活动的业绩；直接计入当期利润的利得和损失，是指应当计入当期损益、会导致所有者权益发生增减变动的、与所有者投入资本或向所有者分配利润无关的利得或损失，即营业外收支，它反映的是企业非日常活动的业绩。未计入当期利润的利得和损失扣除所得税影响后的净额计入其他综合收益项目。净利润与其他综合收益的合计金额为综合收益总额。

(三) 利润的相关计算公式

1. 营业利润

营业利润=营业收入－营业成本－税金及附加－销售费用－管理费用－研发费用－财务费用+其他收益＋投资收益(或－投资损失)＋净敞口套期收益(或－净敞口套期损失)＋公允价值变动收益(或－公允价值变动损失)－信用减值损失－资产减值损失+资产处置收益(或－资产处置损失)

其中，营业收入是指企业经营业务所实现的收入总额，包括主营业务收入和其他业务收入。

营业成本是指企业经营业务所发生的实际成本总额，包括主营业务成本和其他业务成本。

研发费用是指企业进行研究与开发过程中发生的费用化支出，以及计入管理费用的自行开发无形资产的摊销。

其他收益主要是指与企业日常活动相关，除冲减相关成本费用以外的政府补助。

投资收益(或损失)是指企业以各种方式对外投资所取得的收益(或损失)。

公允价值变动收益(或损失)是指企业交易性金融资产等公允价值变动形成的应计入当期损益的利得(或损失)。

信用减值损失是指企业计提各项金融工具信用减值准备所确认的信用损失。

资产减值损失是指企业计提有关资产减值准备所形成的损失。

资产处置收益(或损失)反映企业出售划分为持有待售的非流动资产(金融工具、长期股权投资和投资性房地产除外)或处置组(子公司和业务除外)时确认的处置利得或损失，以及处置未划分为持有待售的固定资产、在建工程、生产性生物资产及无形资产而产生的处置利得或损失，还包括非货币性资产交换中换出非流动资产产生的利得或损失。

2. 利润总额

$$利润总额=营业利润+营业外收入-营业外支出$$

营业外收入是指企业发生的与其日常活动无直接关系的各项利得。

营业外支出是指企业发生的与其日常活动无直接关系的各项损失。

3. 净利润

$$净利润=利润总额-所得税费用$$

其中，所得税费用是指企业确认的应从当期利润总额中扣除的所得税费用。

二、营业外收支的核算

(一) 认知营业外收入和营业外支出

1. 营业外收入

营业外收入是指企业发生的与其日常活动无直接关系的各项利得。营业外收入并不是企业经营资金耗费所产生的，不需要企业付出代价，实际上是经济利益的净流入，不可能也不需要与有关的费用进行配比。营业外收入主要包括非流动资产毁损报废收益、盘盈利得、与企业日常活动无关的政府补助、罚没利得、捐赠利得、确实无法支付而按规定程序经批准后转作营业外收入的应付款项等。

其中，非流动资产毁损报废收益，指因自然灾害等发生毁损、已丧失使用功能而报废非流动资产所产生的清理收益。

盘盈利得，主要指对于现金等清查盘点中盘盈的现金等，报经批准后计入营业外收入的金额。

与企业日常活动无关的政府补助指企业从政府无偿取得货币性资产或非货币性资产，且与企业日常活动无关的利得。

罚没利得，指企业取得的各项罚款，在弥补由于违反合同或协议而造成的经济损失后的罚款净收益。

捐赠利得，指企业接受捐赠产生的利得。

2. 营业外支出

营业外支出是指企业发生的与其日常活动无直接关系的各项损失，主要包括非流动资产毁损报废损失、盘亏损失、罚款支出、捐赠支出、非常损失等。

其中，非流动资产毁损报废损失，指因自然灾害等发生毁损、已丧失使用功能而报废非流动资产所产生的清理损失。

盘亏损失，主要指对于财产清查盘点中盘亏的资产，在查明原因处理时按确定的损失计入营业外支出的金额。

罚款支出，指企业支付的行政罚款、税务罚款，以及其他违反法律法规、合同协议等而支付的罚款、违约金、赔偿金等支出。

捐赠支出，指企业对外进行公益性捐赠发生的支出。

非常损失，指企业对于因客观因素(如自然灾害等)造成的损失，在扣除保险公司赔偿后应计入营业外支出的净损失。

(二) 营业外收支核算设置的账户

设置"营业外收入"账户，用来核算营业外收入的取得及结转情况。该账户属于损益类账户，贷方登记企业确认的各项营业外收入，借方登记期末结转入本年利润的营业外收入。结转后该账户应无余额。该账户应按照营业外收入的项目进行明细核算。

设置"营业外支出"账户，用来核算营业外支出的发生及结转情况。该账户属于损益类账户，借方登记企业发生的各项营业外支出，贷方登记期末结转入本年利润的营业外支出。结转后该账户应无余额。该账户应按照营业外支出的项目进行明细核算。

(三) 营业外收入典型业务账务处理

企业确认营业外收入，借记"固定资产清理""银行存款""待处理财产损溢""应付账款"等账户，贷记"营业外收入"账户。期末，应将"营业外收入"账户余额转入"本年利润"账户，借记"营业外收入"账户，贷记"本年利润"账户。

【例 7-25】风华公司经批准转销无法查明原因的现金溢余 100 元，编制会计分录如下。

借: 待处理财产损溢　　　　　　　　　　　　　　　　　　　　100
　　贷: 营业外收入——盘盈利得　　　　　　　　　　　　　　　　　100

【例 7-26】风华公司将固定资产报废清理的净收益 10 000 元转作营业外收入，编制会计分录如下。

借: 固定资产清理　　　　　　　　　　　　　　　　　　　　10 000
　　贷: 营业外收入——非流动资产毁损报废收益　　　　　　　　　　10 000

【例 7-27】风华公司按规定转销无法支付的应付账款 5 000 元，编制会计分录如下。

借: 应付账款　　　　　　　　　　　　　　　　　　　　　　5 000
　　贷: 营业外收入——无法支付应付款　　　　　　　　　　　　　5 000

(四) 营业外支出典型业务账务处理

企业发生营业外支出时，借记"营业外支出"账户，贷记"固定资产清理""待处理财产损溢""库存现金""银行存款"等账户。期末，应将"营业外支出"账户余额结转入"本年利润"账户，借记"本年利润"账户，贷记"营业外支出"账户。

【例 7-28】风华公司将已经发生的原材料意外灾害损失 100 000 元转作营业外支出，编制会计分录如下。

借: 营业外支出——非常损失　　　　　　　　　　　　　　100 000
　　贷: 待处理财产损溢　　　　　　　　　　　　　　　　　　100 000

【例7-29】风华公司用银行存款支付税款滞纳金20 000元,编制会计分录如下。

借: 营业外支出——罚款支出   20 000

    贷: 银行存款   20 000

【例7-30】风华公司以银行存款捐赠希望工程10 000元,编制会计分录如下。

借: 营业外支出——捐赠支出   10 000

    贷: 银行存款   10 000

三、所得税费用的核算

(一) 所得税费用的计算

企业的所得税费用包括当期所得税和递延所得税两个部分。其中,当期所得税是指当期应交所得税。递延所得税包括递延所得税资产和递延所得税负债。递延所得税资产是指以未来期间很可能取得用来抵扣可抵扣暂时性差异的应纳税所得额为限确认的一项资产。递延所得税负债是指根据应纳税暂时性差异计算的未来期间应付所得税的金额。企业在计算确定当期所得税及递延所得税的基础上,应将两者之和确认为利润表中的所得税费用,计算公式为

$$所得税费用=当期所得税+递延所得税$$

其中,

$$递延所得税费用=(递延所得税负债的期末余额-递延所得税负债的期初余额)$$
$$-(递延所得税资产的期末余额-递延所得税资产的期初余额)$$
$$当期所得税=应纳税所得额×所得税税率$$
$$应纳税所得额=税前会计利润+纳税调整增加额-纳税调整减少额$$

纳税调整增加额主要包括税法规定允许扣除项目中,企业已计入当期费用但超过税法规定扣除标准的金额(如超过税法规定标准的业务招待费支出),以及企业已计入当期损失但税法规定不允许扣除项目的金额(如税收滞纳金、罚款)等。

纳税调整减少额主要包括按税法规定允许弥补的亏损和准予免税的项目,如前五年内的未弥补亏损和国债利息收入等。

【例7-31】宏达公司2024年递延所得税负债年初数为400 000元,年末数为500 000元;递延所得税资产年初数为250 000元,年末数为200 000元。2024年度按《企业会计准则》计算的税前会计利润为9 900 000元,其中包括本年收到的国库券利息收入200 000元,所得税税率为25%。经查,宏达公司当年营业外支出中有100 000元为税款滞纳罚金。假定宏达公司全年无其他纳税调整因素。

本例中,宏达公司有两项纳税调整因素,即已计入当期营业外支出但按税法规定不允许扣除的税收滞纳金,这个因素应调整增加应纳税所得额。按照税法的有关规定,企业购买国库券的利息收入免交所得税,即在计算纳税所得时可将其扣除,属于应调整减少应纳税所得额。宏达公司所得税费用的计算如下。

当期应交所得税$=(9\ 900\ 000+100\ 000-200\ 000)×25\%=2\ 450\ 000(元)$

递延所得税费用$=(500\ 000-400\ 000)+(250\ 000-200\ 000)=150\ 000(元)$

所得税费用$=当期所得税+递延所得税费用=2\ 450\ 000+150\ 000=2\ 600\ 000(元)$

(二) 所得税费用核算设置的账户

设置"所得税费用"账户,用来核算企业确认的应从当期利润总额中扣除的所得税费用。借方登记当期发生的所得税费用,贷方登记期末转入"本年利润"账户的所得税费用,该账户

期末一般无余额。

(三) 所得税费用的账务处理

确认所得税费用时，应按当期所得税费用和递延所得税费用之和借记"所得税费用"账户，按递延所得税资产期末余额与期初余额的差额借记或贷记"递延所得税资产"账户，按计算的当期所得税费用贷记"应交税费——应交所得税"账户，按递延所得税负债期末余额与期初余额的差额贷记或借记"递延所得税负债"账户。结转所得税费用时，借记"本年利润"账户，贷记"所得税费用"账户。

【例 7-32】承例 7-31，宏达公司确认所得税费用时编制会计分录如下。

借：所得税费用   2 600 000

    贷：应交税费——应交所得税   2 450 000

        递延所得税负债   100 000

        递延所得税资产   50 000

四、本年利润的核算

(一) 设置相关账户

设置"本年利润"账户，用来核算企业本年度实现的净利润或发生的净亏损。该账户属于所有者权益类账户，贷方登记期末由收入类账户转入的本期实现的收入总额及年末结转的本年累计实现的净利润，贷方登记期末由费用类账户转入的本期发生的支出总额及年末结转的本年累计发生的净亏损。在会计年度的 1—11 月末该账户的期末余额可能在贷方，也可能在借方。贷方余额表示年初至本月末止累计实现的利润额；借方余额表示年初至本月末止累计发生的亏损额。年末结转后该账户无余额。该账户按照主营业务收入、其他业务收入、营业外收入、主营业务成本、其他业务成本、税金及附加、销售费用、管理费用、财务费用等进行明细核算。

(二) 本年利润结转的方法

1. 表结法

表结法下各损益类账户每月月末只需结计出本月发生额和月末累计余额，不结转到"本年利润"账户。只有在年末时，才将全年累计余额结转入"本年利润"账户，但每月月末要将本月末累计余额填入利润表的"本期金额"栏，通过利润表计算反映各期的利润或亏损。表结法下，年中损益类账户无须结转入"本年利润"账户，从而减少了转账环节和工作量，同时并不影响利润表的编制及有关损益指标的利用。

2. 账结法

账结法下，每月月末均需编制转账凭证，将在账上结计出的各损益类账户的余额结转入"本年利润"账户。结转后，"本年利润"账户的本月合计数反映当月实现的利润或发生的亏损，"本年利润"账户的本年累计数反映本年累计实现的利润或发生的亏损。账结法在各月均可通过"本年利润"账户提供当月及本年累计的利润或亏损额，但增加了转账环节和工作量。

(三) 典型业务账务处理

会计期末(账结法下为月末，表结法下为年末)，企业应将"主营业务收入""其他业务收入"

"营业外收入""公允价值变动损益(净收益)""投资收益(净收益)"等账户的余额分别转入"本年利润"账户的贷方，将"主营业务成本""其他业务成本""税金及附加""销售费用""管理费用""财务费用""信用减值损失""资产减值损失""营业外支出""公允价值变动损益(净损失)""投资收益(净损失)"等账户的余额分别转入"本年利润"账户的借方。当"所得税费用"未转入"本年利润"账户时，"本年利润"账户贷方余额表示本年实现的利润总额；如为借方余额，表示本年发生的税前亏损。

【例7-33】宏达公司2024年12月有关损益类账户结转前的余额如表7-1所示(该企业采用表结法结转损益类账户)。该公司所得税费用为2 600 000元。

表7-1 损益类账户结转前的余额

2024年12月31日　　　　　　　　　　　　　　　　　单位：元

账户名称	借方	贷方	账户名称	借方	贷方
主营业务收入	1 000 000	30 000 000	管理费用	1 800 000	
主营业务成本	16 000 000	800 000	资产减值损失	1 600 000	100 000
其他业务收入		2 000 000	公允价值变动损益	600 000	400 000
其他业务成本	1 500 000		投资收益	700 000	1 000 000
税金及附加	1 000 000		营业外收入		900 000
销售费用	500 000		营业外支出	400 000	
财务费用	200 000		所得税费用	2 600 000	

宏达公司2024年12月末结转本年利润的会计分录如下。

(1) 结转各收入类账户。

借：主营业务收入　　　　　　　　　　　　29 000 000
　　其他业务收入　　　　　　　　　　　　2 000 000
　　投资收益　　　　　　　　　　　　　　300 000
　　营业外收入　　　　　　　　　　　　　900 000
　　　贷：本年利润　　　　　　　　　　　　　32 200 000

(2) 结转各费用类账户。

借：本年利润　　　　　　　　　　　　　　22 300 000
　　　贷：主营业务成本　　　　　　　　　　　15 200 000
　　　　其他业务成本　　　　　　　　　　　1 500 000
　　　　税金及附加　　　　　　　　　　　　1 000 000
　　　　销售费用　　　　　　　　　　　　　500 000
　　　　管理费用　　　　　　　　　　　　　1 800 000
　　　　财务费用　　　　　　　　　　　　　200 000
　　　　资产减值损失　　　　　　　　　　　1 500 000
　　　　公允价值变动损益　　　　　　　　　200 000
　　　　营业外支出　　　　　　　　　　　　400 000

经过上述结转后，"本年利润"账户的贷方发生额合计32 200 000元，减去借方发生额合计22 300 000元，即为利润总额(即税前会计利润)9 900 000元。

(3) 结转所得税费用。

借：本年利润　　　　　　　　　　　　　　2 600 000
　　　贷：所得税费用　　　　　　　　　　　　2 600 000

经过上述结转后，"本年利润"账户金额7 300 000(9 900 000-2 600 000)元为净利润(即税后利润)。

(4) 结转"本年利润"账户转入"利润分配"。

借: 本年利润   7 300 000

 贷: 利润分配——未分配利润   7 300 000

关于利润分配的核算见项目六任务二,此处不再重复。

案例分析

虚增利润 恶意造假

2016 年 10 月山东墨龙石油机械股份有限公司(简称山东墨龙)公告三季度盈利 800 余万元并预计全年盈利。2017 年 2 月修正称,预计 2016 年全年亏损 4.8 亿至 6.3 亿元,业绩"变脸"引发市场质疑。调查发现,2015 年以来,山东墨龙通过虚增售价、少计成本等手段连续两年将季报、半年报"扭亏为盈",虚增收入最高达 1 亿元,虚增利润最高达 2.2 亿元。在业绩"变脸"的内幕信息发布前,公司实际控制人、董事长张恩荣及其子张云山(总经理)以大宗交易方式抛售股票,避损 3 824 万元。2017 年 9 月,证监会依法对山东墨龙和张恩荣父子内幕交易行为做出行政处罚。

请思考:

从会计职业道德角度分析,本案例给你带来了哪些启示?

分析提示

任务小结

利润形成典型业务账务处理总结

业务内容		账务处理
营业外收支核算	发生营业外收入	借: 银行存款等 贷: 营业外收入
	发生营业外支出	借: 营业外支出 贷: 银行存款等
利润总额形成核算	将收入类账户转入本年利润	借: 主营业务收入等收入类账户 贷: 本年利润
	将费用类账户转入本年利润	借: 本年利润 贷: 主营业务成本等费用类账户

所得税费用核算	确认所得税费用	借: 所得税费用
		 贷: 应交税费——应交所得税
		  递延所得税资产(或借记)
		  递延所得税负债(或借记)

	缴纳所得税	借: 应交税费——应交所得税 贷: 银行存款
净利润形成的核算	结转所得税费用	借: 本年利润 贷: 所得税费用

任务考核

一、单项选择题

1. 下列各项中,应计入营业外支出的是( )。

 A. 保管人员过失造成的原材料净损失   B. 建设期间工程物资盘亏净损失

C. 批准处理的库存现金短少损失　　　　D. 经营期间固定资产清理报废的净损失

2. 某企业本期营业收入 1 000 万元，营业成本 800 万元，管理费用 20 万元，销售费用 35 万元，资产减值损失 40 万元，投资收益 45 万元，营业外收入 15 万元，营业外支出 10 万元，所得税费用 32 万元。假定不考虑其他因素，该企业本期营业利润为(　　)万元。

A. 123　　　　　　B. 200　　　　　　C. 150　　　　　　D. 155

3. 2024 年 3 月某企业开始自行研发一项非专利技术，至 2024 年 12 月 31 日研发成功并达到预定可使用状态，累计研究支出为 160 万元，累计开发支出为 500 万元(其中符合资本化条件的支出为 400 万元)。该非专利技术使用寿命不能合理确定，假定不考虑其他因素，该业务导致企业 2024 年度利润总额减少(　　)万元。

A. 100　　　　　　B. 160　　　　　　C. 260　　　　　　D. 66

4. 某企业适用的所得税税率为 25%。2024 年度该企业实现利润总额 500 万元，应纳税所得额为 480 万元，影响所得税费用的递延所得税资产增加 8 万元。不考虑其他因素，该企业 2024 年度利润表"所得税费用"项目本期金额为(　　)万元。

A. 128　　　　　　B. 112　　　　　　C. 125　　　　　　D. 120

5. 下列各项中，关于会计期末结转本年利润的表结法表述正确的是(　　)。

A. 表结法下不需要设置"本年利润"科目

B. 年末不需要将各项损益类科目余额结转入"本年利润"科目

C. 各月末需要将各项损益类科目发生额填入利润表来反映本期的利润(或亏损)

D. 每月月末需要编制转账凭证将当期各损益类科目余额结转入"本年利润"科目

二、多项选择题

1. 下列各项中，影响企业营业利润的有(　　)。

A. 销售商品发生的展览费　　　　　　B. 出售包装物取得的净收入

C. 出售固定资产的净损失　　　　　　D. 出售无形资产的净损失

2. 下列各项中，不影响企业营业利润的有(　　)。

A. 无法查明原因的现金短缺　　　　　B. 公益性捐赠支出

C. 固定资产报废净损失　　　　　　　D. 支付的合同违约金

3. 下列各项中，按规定应计入营业外支出的有(　　)。

A. 固定资产出售净收益　　　　　　　B. 非常损失

C. 固定资产盘亏净损失　　　　　　　D. 计提的存货跌价准备

4. 下列各项中，影响利润表"所得税费用"项目金额的有(　　)。

A. 当期应交所得税　　　　　　　　　B. 递延所得税收益

C. 递延所得税费用　　　　　　　　　D. 代扣代缴的个人所得税

5. 下列关于结转本年利润账结法的表述中，正确的有(　　)。

A. "本年利润"科目本年余额反映本年累计实现的净利润或发生的亏损

B. 各月均可通过"本年利润"科目提供当月及本年累计的利润 (或亏损)额

C. 年末时需将各损益类科目的全年累计余额结转入"本年利润"科目

D. 每月月末各损益类科目需将本月的余额结转入"本年利润"科目

三、判断题

1. 企业在年终结转利润后，"本年利润"账户一定没有余额。　　　　　　　　　(　　)

2. 企业根据会计准则规定，计算确定的当期所得税和递延所得税之和，即为应从当期利润总额中扣除的所得税费用。　　　　　　　　　　　　　　　　　　　　　　(　　)

3. 年度终了，无论企业盈利或亏损，都需要将"本年利润"科目的本年累计余额转入"利润分配——未分配利润"科目。　　　　　　　　　　　　　　　　　　（　　）

4. 在表结法下，平时无须将各损益类科目余额结转至本年利润中，只有在年末时才将其全年累计余额转入本年利润中，本年利润年末无余额。　　　　　　　　　　（　　）

5. 企业需在每月月末将本年利润的余额结转至利润分配，结转后"本年利润"科目无余额。

　　　　　　　　　　　　　　　　　　　　　　　　　　　　　　　　　　　（　　）

四、业务实训题

资料：甲公司系工业企业(一般纳税企业)，适用的增值税税率为13%，所得税税率为25%。销售价格均为不含税的价格，按10%提取法定盈余公积。2024年初未分配利润为80 000元。2024年发生下列经济业务。

(1) 销售产品的货款8 800 000元，款项收到存入银行。该产品的实际成本为5 500 000元。

(2) 转让无形资产的使用权，取得收入20 000元存入银行。

(3) 计提短期借款利息30 000元。

(4) 2023年12月25日购入一台管理设备，原价910 000元，预计净残值10 000元，预计使用年限5年，按年数总和法计提折旧。

(5) 委托乙公司销售产品一批，销售价格100 000元，产品成本70 000元。甲公司本年收到乙公司开来的代销清单，乙公司已将代销的材料全部售出，价款尚未收到。

(6) 收到上月销售退回的产品，销售收入为400 000元，销售成本为250 000元，同时冲减应收账款，商品已入库。

(7) 以银行存款支付管理费用560 000元，支付销售费用300 000元，支付其他财务费用130 000元。

(8) 计算本年各项收益，并结转到"本年利润"账户。

(9) 计算本年各项费用、支出，并结转到"本年利润"账户。

(10) 计算本年应交所得税，并结转本年损益(假定企业无其他纳税调整、不考虑城市维护建设税及教育费附加)。

(11) 年末股东大会决议，按税后利润的10%提取法定盈余公积，按20%分配现金股利。

(12) 结转并计算年末未分配利润。

要求：根据上述经济业务编制会计分录。

任务拓展

利得是指由企业非日常活动所形成的、会导致所有者权益增加的、与所有者投入资本无关的经济利益的流入。损失是指由企业非日常活动所发生的、会导致所有者权益减少的、与向所有者分配利润无关的经济利益的流出。利得和损失与收入和费用的主要区别是其产生于非日常活动中。

按照是否直接计入所有者权益，利得和损失分为两类：一类是直接计入所有者权益的利得和损失，另一类是不直接计入所有者权益的利得和损失，即直接计入当期利润的利得和损失。其中，直接计入所有者权益的利得和损失，是指不应计入当期损益、会导致所有者权益发生增减变动的、与所有者投入资本或向所有者分配利润无关的利得或损失。直接计入当期利润的利得和损失，是指应当计入当期损益、会导致所有者权益发生增减变动的、与所有者投入资本或向所有者分配利润无关的利得或损失。

项目八　编制财务报表

🔍 能力目标

1. 能编制资产负债表和利润表。
2. 会计算现金流量表中各项指标。
3. 会运用所学知识解读财务报告信息。

🔍 知识目标

1. 了解财务报告和财务报表的内容及编制的基本要求。
2. 熟悉资产负债表、利润表、现金流量表的结构和内容。
3. 掌握资产负债表、利润表、现金流量表的编制方法。

🔍 素质目标

1. 严格按《企业会计准则》要求编制财务报表，规范操作。
2. 讲求会计职业道德，不做虚假报表。
3. 在办理业务过程中具有良好的沟通技巧和团队协作精神。
4. 能运用知识分析、解决企业日常会计处理中的常见问题。

✏️ 项目导读

财务报表是财务报告的核心组成部分。财务报告是指企业对外提供的反映企业在某一特定日期财务状况和某一会计期间经营成果、现金流量等会计信息的文件。财务报告包括财务报表和其他应当在财务报告中披露的相关信息和资料，主要由财务报表、财务报表附注、财务情况说明书三部分构成。一套完整的财务报表至少包括资产负债表、利润表、现金流量表、所有者权益变动表和附注几部分。

　　财务报告的目标是向投资者、债权人、政府及有关部门、社会公众，以及企业内部有关管理人员提供与企业财务状况、经营成果、现金流量等有关的会计信息，反映企业管理层受托责任的履行情况，有助于财务报告使用者做出经济决策。财务报告岗位会计是通过编制财务报表、财务分析报告定期向投资者、债权人，以及企业的管理者等会计信息使用者提供企业财务状况、经营成果及现金流量等信息的会计岗位。财务报告岗位会计核算的主要内容是编制财务报表，并就财务会计报表资料编写财务分析报告。有关财务分析报告将在后续财务管理课程中学习，本书重点介绍资产负债表、利润表和现金流量表的编制。编制财务报表项目结构，如图 8-1 所示。

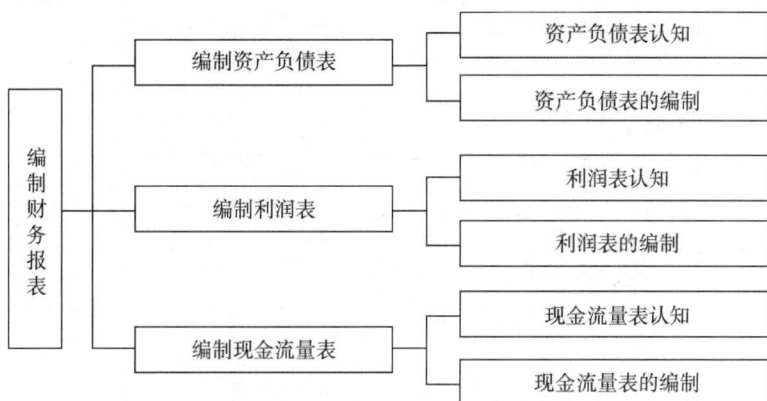

图 8-1　编制财务报表项目结构

任务一　编制资产负债表

任务导入

　　光明股份有限公司为增值税一般纳税人，增值税税率为 13%，所得税税率为 25%，2023 年资产负债表期末数如表 8-1 所示。

表 8-1　资产负债表

会企 01 表

编制单位：光明股份有限公司　　　　　　　　　2023 年 12 月 31 日　　　　　　　　　单位：元

资产	期末余额	上年年末余额	负债及所有者权益	期末余额	上年年末余额
流动资产：	190 000		流动负债：		
货币资金			短期借款		
交易性金融资产			交易性金融负债		
应收票据			应付票据		
应收账款	4 000 000		应付账款	950 000	
应收款项融资			预收款项	5 000	
预付款项	750 000		合同负债		
其他应收款	8 000		应付职工薪酬	20 000	
存货	2 600 000		应交税费	115 000	

(续表)

资产	期末余额	上年年末余额	负债及所有者权益	期末余额	上年年末余额
合同资产			其他应付款	20 000 000	
持有待售资产			持有待售负债		
一年内到期的非流动资产			一年内到期的非流动负债		
其他流动资产			其他流动负债		
流动资产合计	7 548 000		流动负债合计	21 090 000	
非流动资产:			非流动负债:		
债权投资			长期借款		
其他债权投资			应付债券		
长期应收款			其中: 优先股		
长期股权投资	6 150 000		永续债		
其他权益工具投资			租赁负债		
其他非流动金融资产			长期应付款		
投资性房地产			预计负债		
固定资产	15 500 000		递延收益		
在建工程			递延所得税负债		
生产性生物资产			其他非流动负债		
油气资产			非流动负债合计		
使用权资产			负债合计	21 090 000	
无形资产			所有者权益(或股东权益):		
开发支出	350 000		实收资本(或股本)	10 000 000	
商誉			其他权益工具		
长期待摊费用			其中: 优先股		
递延所得税资产	99 000		永续债		
其他非流动资产			资本公积	200 000	
非流动资产合计	22 099 000		减: 库存股		
			其他综合收益		
			专项储备		
			盈余公积	52 000	
			未分配利润	-1 695 000	
			所有者权益(或股东权益)合计	8 557 000	
资产总计	29 647 000		负债和所有者权益(或股东权益)总计	29 647 000	

2024 年有关账户年末余额如表 8-2 所示。

表 8-2 账户年末余额表

单位: 元

总分类账户	明细分类账户	期末借方余额	期末贷方余额
库存现金		5 000	
银行存款		600 000	
其他货币资金		1 500	
应收账款		6 000 000	
预付账款		450 000	
其他应收款		9 000	
坏账准备	应收账款		850 000
	其他应收款		1 100
生产成本		85 000	

(续表)

总分类账户	明细分类账户	期末借方余额	期末贷方余额
原材料		2 000 000	
库存商品		400 000	
自制半成品			
长期股权投资		6 150 000	
固定资产		55 000 000	
累计折旧			37 000 000
固定资产减值准备			15 000
在建工程		900 000	
无形资产		400 000	
累计摊销			55 400
递延所得税资产		99 000	
应付账款			1 200 000
预收账款			8 000
其他应付款			24 455 000
应付职工薪酬			8 000
应交税费			100 000
长期借款			700 000
股本			10 000 000
资本公积			200 000
盈余公积			52 000
利润分配	未分配利润	2 545 000	
合计		74 644 500	74 644 500

要求：请根据以上资料为光明股份有限公司编制 2024 年度资产负债表。

任务准备

任务实施

一、资产负债表认知

(一) 资产负债表的概念

资产负债表是反映企业在某一特定日期(月末、季末、半年报、年末)财务状况的财务报表。它是根据资产、负债和所有者权益之间的相互关系，按照一定的分类标准和一定的顺序，把企业在一定日期的资产、负债、所有者权益各项目的期末余额以适当顺序排列，并对日常活动中形成的大量数据进行高度浓缩整理汇总后编制而成的。它表明企业在某一特定日期所拥有或控制的经济资源、所承担的现有义务和所有者对净资产的要求权。

(二) 资产负债表的作用

资产负债表能够提供资产、负债和所有者权益的全貌。资产负债表有着极其重要的作用，主要表现在以下几个方面。

(1) 资产负债表可以提供某一日期资产的总额，表明企业拥有或控制的经济资源及其分布情况，是分析企业生产经营能力的重要资料。

(2) 资产负债表可以反映某一日期的负债总额和结构，表明企业未来需用多少资产或劳务清偿债务。

(3) 资产负债表可以反映所有者权益的情况，表明投资者在企业资产中所占的份额，了解权益的结构情况。

(4) 资产负债表可以提供财务分析的基本资料，通过资产负债表所列的数据可以计算流动比率、速动比率等指标，了解企业的财务状况。

(三) 资产负债表结构

目前，国际上流行的资产负债表结构，主要有报告式和账户式两种。

(1) 报告式资产负债表，是将资产负债表的项目自上而下排列，首先列示资产的数额，然后列示负债的数额，最后再列示所有者权益的数额。

(2) 账户式资产负债表，是将资产项目列在资产负债表的左方，负债和所有者权益项目列在资产负债表的右方，遵循"资产=负债+所有者权益"会计基本等式，反映资产、负债、所有者权益之间的内在联系。

我国会计准则规定，企业的资产负债表采用账户式结构，如表 8-3 所示。

表 8-3　资产负债表

会企 01 表

编制单位：　　　　　　　　　　　　　年　　月　　日　　　　　　　　　　　　　　单位：元

资产	期末余额	上年年末余额	负债及所有者权益	期末余额	上年年末余额
流动资产：			流动负债：		
货币资金			短期借款		
交易性金融资产			交易性金融负债		
应收票据			应付票据		
应收账款			应付账款		
应收款项融资			预收款项		
预付款项			合同负债		
其他应收款			应付职工薪酬		
存货			应交税费		
合同资产			其他应付款		
持有待售资产			持有待售负债		
一年内到期的非流动资产			一年内到期的非流动负债		
其他流动资产			其他流动负债		
流动资产合计			流动负债合计		
非流动资产：			非流动负债：		
债权投资			长期借款		
其他债权投资			应付债券		
长期应收款			其中：优先股		
长期股权投资			永续债		
其他权益工具投资			租赁负债		
其他非流动金融资产			长期应付款		
投资性房地产			预计负债		
固定资产			递延收益		
在建工程			递延所得税负债		
生产性生物资产			其他非流动负债		
油气资产			非流动负债合计		
使用权资产			负债合计		
无形资产			所有者权益(或股东权益)：		
开发支出			实收资本(或股本)		

资产	期末余额	上年年末余额	负债及所有者权益	期末余额	上年年末余额
商誉			其他权益工具		
长期待摊费用			其中：优先股		
递延所得税资产			永续债		
其他非流动资产			资本公积		
非流动资产合计			减：库存股		
			其他综合收益		
			专项储备		
			盈余公积		
			未分配利润		
			所有者权益(或股东权益)合计		
资产总计			负债和所有者权益(或股东权益)总计		

二、资产负债表的编制

资产负债表是反映企业某一特定日期财务状况的报表。资产、负债和所有者权益各项目列报的数据有两项：上年年末余额和期末余额。

(一) 上年年末余额的填列方法

资产负债表"上年年末余额"栏内各项数字，应根据上年末资产负债表"期末余额"栏内所列数字填列。如果上年度资产负债表规定的各个项目的名称和内容同本年度不一致，应对上年年末资产负债表各项目的名称和数字按照本年度的规定进行调整，填入报表中的"上年年末余额"栏内。

(二) 期末余额的填列方法

1. 一般填列方法

"期末余额"栏的数字应根据资产、负债、所有者权益和成本类账户的期末余额计算分析填列。其主要有以下几种方法。

(1) 根据一个总账账户期末余额直接填列。资产负债表中有些项目可以根据一个总账账户的期末余额直接填列，如资产负债表中"短期借款""实收资本"等项目应分别根据"短期借款""实收资本"总账账户期末余额直接填列。

(2) 根据若干总账账户的期末余额分析计算填列。资产负债表中有些项目需要根据若干总账账户的期末余额分析计算填列，如资产负债表中"货币资金"项目应根据"库存现金""银行存款""其他货币资金"总账账户的期末余额的合计数填列。

(3) 根据明细账账户期末余额分析计算填列。资产负债表中有些项目需要根据若干明细账户的期末余额分析计算填列，如资产负债表中"应付账款"项目应根据"应付账款"和"预付账款"总账所属明细账期末贷方余额合计数计算填列；资产负债表中"预收款项"项目应根据"应收账款"和"预收账款"总账所属明细账期末贷方余额合计数填列。

(4) 根据总账账户和所属明细账账户的期末余额分析计算填列。资产负债表中有些项目需要根据总账账户和所属明细账账户的期末余额分析计算填列，如资产负债表中"长期借款"项目应根据"长期借款"总账账户的期末余额扣除所属明细账户中将于一年内到期且企业不能自主地将清偿义务展期的长期借款后的金额计算填列。

(5) 根据有关账户余额与其备抵账户抵消后的净额填列。资产负债表中有些资产项目填列的是资产的账面价值,即有关资产账户的期末余额扣除资产减值后的金额,如资产负债表中"应收票据"项目应根据"应收票据"账户期末余额减去"坏账准备"中有关应收票据计提的坏账准备期末余额后的金额填列;资产负债表中"无形资产"项目应根据"无形资产"账户期末余额,减去"累计摊销"和"无形资产减值准备"账户期末余额后的金额填列。

2. 各项目的具体填列方法

(1)"货币资金"项目,反映企业库存现金、银行结算户存款、外埠存款、银行汇票存款、银行本票存款、信用卡存款、信用证保证金存款、存出投资款等的合计数。本项目应根据"库存现金""银行存款""其他货币资金"账户的期末余额的合计数填列。

(2)"交易性金融资产"项目,反映资产负债表日企业分类为以公允价值计量且其变动计入当期损益的金融资产,以及企业持有的指定为以公允价值计量且其变动计入当期损益的金融资产的期末账面价值。该项目应根据"交易性金融资产"账户的相关明细账户期末余额分析填列。自资产负债表日起超过一年到期且预期持有超过一年的以公允价值计量且其变动计入当期损益的非流动金融资产的期末账面价值,在"其他非流动金融资产"项目反映。

(3)"应收票据"项目,反映资产负债表日以摊余成本计量的、企业因销售商品、提供服务等而收到的商业汇票,包括商业承兑汇票和银行承兑汇票。本项目应根据"应收票据"账户的期末余额,减去"坏账准备"账户中相关坏账准备期末余额后的金额分析填列。

(4)"应收账款"项目,反映资产负债表日以摊余成本计量的,企业因销售商品、提供服务等经营活动应收取的款项。本项目应根据"应收账款"账户的期末余额,减去"坏账准备"账户中相关坏账准备期末余额后的金额分析填列。

(5)"应收款项融资"项目,反映资产负债表日以公允价值计量且其变动计入其他综合收益的应收票据和应收账款等。

(6)"预付款项"项目,反映企业按照购货合同规定预付给供应单位的款项等。本项目应根据"预付账款"和"应付账款"账户所属各明细账户的期末借方余额合计数,减去"坏账准备"账户中有关预付账款计提的坏账准备期末余额后的净额填列。如"预付账款"账户所属有关明细账户期末有贷方余额的,应在资产负债表"应付账款"项目内填列。

(7)"其他应收款"项目,反映企业除应收票据、应收账款、预付账款等经营活动以外的其他各种应收、暂付的款项。本项目应根据"应收利息""应收股利"和"其他应收款"账户的期末余额合计数,减去"坏账准备"账户中相关坏账准备期末余额后的金额填列。其中的"应收利息"仅反映相关金融工具已到期可收取但于资产负债表日尚未收到的利息。基于实际利率法计提的金融工具的利息应包含在相应金融工具的账面余额中。

(8)"存货"项目,反映企业期末在库、在途和在加工中的各项存货的可变现净值或成本(成本与可变现净值孰低)。存货包括各种材料、商品、在产品、半成品、包装物、低值易耗品、发出商品等。本项目应根据"材料采购""在途物资""原材料""库存商品""委托加工物资""周转材料""生产成本""受托代销商品"等账户的期末余额合计数,减去"受托代销商品款""存货跌价准备"账户期末余额后的净额填列。材料采用计划成本核算,以及库存商品采用计划成本或售价核算的企业,还应加上或减去材料成本差异、商品进销差价后的金额填列。

(9)"合同资产"项目,反映企业按照《企业会计准则第 14 号——收入》(2018)的相关规定,根据本企业履行履约义务与客户付款之间的关系在资产负债表中列示的合同资产。"合同资产"项目应根据"合同资产"账户的相关明细账户期末余额分析填列,同一合同下的合同资产和合同负债应当以净额列示,其中净额为借方余额的,应当根据其流动性在"合同资产"或"其他非流动资产"项目中填列,已计提减值准备的,还应以减去"合同资产减值准备"账户中相关的期末余额后的金额填列；其中，净额为贷方余额的，应当根据其流动性在"合同负债"或"其他非流动负债"项目中填列。

(10)"持有待售资产"项目，反映资产负债表日划分为持有待售类别的非流动资产及划分为持有待售类别的处置组中的流动资产和非流动资产的期末账面价值。该项目应根据"持有待售资产"账户的期末余额，减去"持有待售资产减值准备"账户的期末余额后的金额填列。

(11)"一年内到期的非流动资产"项目，反映企业预计自资产负债表日起一年内变现的非流动资产。本项目应根据有关账户的期末余额分析填列。

(12)"其他流动资产"项目，反映企业除以上资产以外的其他流动资产。本项目应根据有关账户的期末余额填列。

(13)"债权投资"项目，反映资产负债表日企业以摊余成本计量的长期债权投资的期末账面价值。该项目应根据"债权投资"账户的相关明细账户期末余额，减去"债权投资减值准备"账户中相关减值准备的期末余额后的金额分析填列。自资产负债表日起一年内到期的长期债权投资的期末账面价值，在"一年内到期的非流动资产"项目反映。企业购入的以摊余成本计量的一年内到期的债权投资的期末账面价值，在"其他流动资产"项目反映。

(14)"其他债权投资"项目，反映资产负债表日企业分类为以公允价值计量且其变动计入其他综合收益的长期债权投资的期末账面价值。该项目应根据"其他债权投资"账户的相关明细科目期末余额分析填列。自资产负债表日起一年内到期的长期债权投资的期末账面价值，在"一年内到期的非流动资产"项目反映。企业购入的以公允价值计量且其变动计入其他综合收益的一年内到期的债权投资的期末账面价值，在"其他流动资产"项目反映。

(15)"长期应收款"项目，反映企业租赁产生的应收款项和采用递延方式分期收款、实质上具有融资性质的销售商品和提供劳务等经营活动产生的应收款项。本项目应根据"长期应收款"账户的期末余额，减去相应的"未实现融资收益"账户和"坏账准备"账户所属相关明细账户期末余额后的金额填列。

(16)"长期股权投资"项目，反映投资方对被投资单位实施控制、重大影响的权益性投资，以及对其合营企业的权益性投资。本项目应根据"长期股权投资"账户的期末余额，减去"长期股权投资减值准备"账户的期末余额后的净额分析填列。

(17)"其他权益工具投资"项目，反映资产负债表日企业指定为以公允价值计量且其变动计入其他综合收益的非交易性权益工具投资的期末账面价值。本项目应根据"其他权益工具投资"账户的期末余额填列。

(18)"其他非流动金融资产"项目，应根据"交易性金融资产"科目的相关明细科目余额分析填列。

(19)"投资性房地产"项目，反映企业持有的投资性房地产。企业采用成本模式计量投资性房地产的，本项目应根据"投资性房地产"账户的期末余额，减去"投资性房地产累计折旧(摊销)"和"投资性房地产减值准备"账户期末余额后的净额填列。企业采用公允价值模式计量投资性房地产的，本项目应根据"投资性房地产"账户的期末余额填列。

(20)"固定资产"项目，反映资产负债表日企业固定资产的期末账面价值和企业尚未清理完毕的固定资产清理净损益。本项目应根据"固定资产"账户期末余额，减去"累计折旧"和"固定资产减值准备"账户期末余额后的金额，以及"固定资产清理"账户的期末余额填列。

(21)"在建工程"项目，反映资产负债表日企业尚未达到预定可使用状态的在建工程的期末账面价值和企业为在建工程准备的各种物资的期末账面价值。本项目应根据"在建工程"账户的期末余额，减去"在建工程减值准备"账户期末余额后的金额，以及"工程物资"账户的期末余额，减去"工程物资减值准备"账户的期末余额后的金额填列。

(22)"生产性生物资产"项目，根据有关科目余额减去其备抵科目余额后的净额填列。

(23)"油气资产"项目，根据有关科目余额减去其备抵科目余额后的净额填列。

(24)"使用权资产"项目，反映资产负债表日承租人企业持有的使用权资产的期末账面价值。该项目应根据"使用权资产"账户的期末余额，减去"使用权资产累计折旧"和"使用权资产减值准备"账户的期末余额后的金额填列。

(25)"无形资产"项目，反映企业持有的专利权、非专利技术、商标权、著作权、土地使用权等无形资产的成本，减去累计摊销和减值准备后的净值。本项目应根据"无形资产"账户的期末余额，减去"累计摊销"和"无形资产减值准备"账户期末余额后的净额填列。

(26)"开发支出"项目，反映企业开发无形资产过程中能够资本化形成无形资产成本的支出部分。本项目应根据"研发支出"账户中所属"资本化支出"明细账户期末余额填列。

(27)"商誉"项目，反映企业合并中形成的商誉价值。本项目应根据"商誉"账户的期末余额，减去相应减值准备后的净额填列。

(28)"长期待摊费用"项目，反映企业已经发生但应由本期和以后各期负担的分摊期限一年以上的各项费用。本项目应根据"长期待摊费用"账户的期末余额减去将于一年内(含一年)摊销的数额后的金额分析填列。但长期待摊费用的摊销年限只剩一年或不足一年的，或预计在一年内(含一年)进行摊销的部分，不得归类为流动资产，仍在各该非流动资产项目中填列，不转入一年内到期的非流动资产项目。

(29)"递延所得税资产"项目，反映企业根据所得税准则确认的可抵扣暂时性差异产生的所得税资产。本项目应根据"递延所得税资产"账户的期末余额填列。

(30)"其他非流动资产"项目，反映企业除以上资产以外的其他非流动资产。本项目应根据有关账户的期末余额填列。

(31)"短期借款"项目，反映企业向银行或其他金融机构等借入的期限在一年内(含一年)的各种借款。本项目应根据"短期借款"账户期末余额填列。

(32)"交易性金融负债"项目，反映企业资产负债表日承担的交易性金融负债，以及企业持有的直接指定为以公允价值计量且其变动计入当期损益的金融负债的期末账面价值。本项目应根据"交易性金融负债"账户的相关明细账户期末数填列。

(33)"应付票据"项目，反映资产负债表日以摊余成本计量的，企业因购买原材料、商品和接受服务供应等开出、承兑的商业汇票，包括银行承兑汇票和商业承兑汇票。本项目应根据"应付票据"账户的期末余额填列。

(34)"应付账款"项目，反映资产负债表日以摊余成本计量的，企业因购买原材料、商品和接受服务等经营活动应支付的款项。本项目应根据"应付账款"和"预付账款"账户所属各明细账户的期末贷方余额合计数填列。

(35)"预收款项"项目，反映企业按照购货合同规定预收的款项。本项目应根据"预收账款"和"应收账款"账户所属各明细账户的期末贷方余额合计数填列。如"预收账款"账户所属各明细账户期末有借方余额的，应在资产负债表"应收账款"项目内填列。

(36)"合同负债"项目，反映企业按照《企业会计准则第14号——收入》(2018)的相关规定，根据本企业履行履约义务与客户付款之间的关系在资产负债表中列示的合同负债。"合同负债"项目应根据"合同负债"的相关明细账户期末余额分析填列。

(37)"应付职工薪酬"项目，反映企业为获得职工提供的服务或解除劳动关系而给予的各种形式的报酬或补偿。本项目应根据"应付职工薪酬"账户所属各明细账户的期末贷方余额分析填列。外商投资企业按规定从净利润中提取的职工奖励及福利基金，也在本项目列示。

(38)"应交税费"项目，反映企业按照税法规定计算应交纳的各种税费，包括增值税、消费税、城市维护建设税、教育费附加、企业所得税、资源税、土地增值税、房产税、城镇土地使用税、车船税等。企业代扣代缴的个人所得税，也通过本项目列示。企业所交纳的税金不需要预计应交数的，如印花税、耕地占用税等，不在本项目列示。本项目应根据"应交税费"账户的期末贷方余额填列，如"应交税费"账户期末为借方余额，应以"-"号填列。需要说明的是，"应交税费"账户下的"应交增值税""未交增值税""待抵扣进项税额""待认证进项税额""增值税留抵税额"等明细账户期末借方余额，应根据情况在资产负债表中的"其他流动资产"或"其他非流动资产"项目列示；"应交税费——待转销项税额"等账户期末贷方余额，应根据情况在资产负债表中的"其他流动负债"或"其他非流动负债"项目列示；"应交税费"账户下的"未交增值税""简易计税""转让金融商品应交增值税""代扣代交增值税"等账户期末贷方余额，应在资产负债表中的"应交税费"项目列示。

(39)"其他应付款"项目，反映企业除应付票据、应付账款、预收账款、应付职工薪酬、应交税费等经营活动以外的其他各项应付、暂收的款项。本项目应根据"应付利息""应付股利""其他应付款"账户的期末余额合计数填列。其中，"应付利息"账户仅反映相关金融工具已到期应支付但于资产负债表日尚未支付的利息。基于实际利率法计提的金融工具的利息应包含在相应金融工具的账面余额中。

(40)"持有待售负债"项目，反映资产负债表日处置组中与划分为持有待售类别的资产直接相关的负债的期末账面价值。本项目应根据"持有待售负债"账户的期末余额填列。

(41)"一年内到期的非流动负债"项目，反映企业非流动负债中将于资产负债表日后一年内到期部分的金额，如将于一年内偿还的长期借款。本项目应根据有关账户的期末余额填列。

(42)"其他流动负债"项目，反映企业除以上负债以外的其他流动负债。本项目应根据有关账户的期末余额填列。

(43)"长期借款"项目，反映企业向银行或其他金融机构等借入的期限在一年以上(不含一年)的各种借款。本项目应根据"长期借款"账户的期末余额扣除"长期借款"所属明细账中将在资产负债表日起一年内到期，且企业不能自主地将清偿义务展期的长期借款后的金额计算填列。

(44)"应付债券"项目，反映企业为筹集长期资金而发行的债券本金和利息。本项目应根据"应付债券"账户的期末余额分析填列。对于资产负债表日企业发行的金融工具，分类为金融负债的，应在本项目填列，对于优先股和永续债还应在本项目下的"优先股"项目和"永续债"项目分别填列。

(45)"租赁负债"项目，反映资产负债表日承租人企业尚未支付的租赁付款额的期末账面价值。该项目应根据"租赁负债"账户的期末余额填列。自资产负债表日起一年内到期应予以清偿的租赁负债的期末账面价值，在"一年内到期的非流动负债"项目反映。

(46)"长期应付款"项目，应根据"长期应付款"账户的期末余额，减去相关的"未确认融资费用"账户的期末余额后的金额，以及"专项应付款"账户的期末余额填列。

(47)"预计负债"项目，反映企业根据或有事项等相关准则确认的各项预计负债，包括对外提供担保、未决诉讼、产品质量保证、重组义务，以及固定资产和矿区权益弃置义务等产生的预计负债。本项目应根据"预计负债"账户的期末余额填列。企业按照《企业会计准则第22号——金融工具确认和计量》(2018)的相关规定，对贷款承诺等项目计提的损失准备，应当在本项目中填列。

(48) "递延收益"项目,反映尚待确认的收入或收益。本项目核算包括企业根据政府补助准则确认的应在以后期间计入当期损益的政府补助金额、售后租回形成融资租赁的售价与资产账面价值差额等其他递延性收入。本项目应根据"递延收益"账户的期末余额填列。本项目中摊销期限只剩一年或不足一年的,或预计在一年内(含一年)进行摊销的部分,不得归类为流动负债,仍在本项目中填列,不转入"一年内到期的非流动负债"项目。

(49) "递延所得税负债"项目,反映企业根据所得税准则确认的应纳税暂时性差异产生的所得税负债。本项目应根据"递延所得税负债"账户的期末余额填列。

(50) "其他非流动负债"项目,反映企业除以上非流动负债项目以外的其他非流动负债。本项目应根据有关账户的期末余额减去将于一年内(含一年)到期偿还数后的余额分析填列。非流动负债各项目中将于一年内(含一年)到期的非流动负债,应在"一年内到期的非流动负债"项目内反映。

(51) "实收资本(或股本)"项目,反映企业各投资者实际投入的资本(或股本)总额。本项目应根据"实收资本(或股本)"账户的期末余额填列。

(52) "其他权益工具"项目,反映资产负债表日企业发行在外的除普通股以外分类为权益工具的金融工具的期末账面价值,并下设"优先股"和"永续债"两个项目,分别反映企业发行的分类为权益工具的优先股和永续债的账面价值。

(53) "资本公积"项目,反映企业收到投资者出资超出其在注册资本或股本中所占的份额,以及直接计入所有者权益的利得和损失等。本项目应根据"资本公积"账户的期末余额填列。

(54) "库存股"项目,反映企业持有尚未转让或注销的本公司股份金额。本项目应根据"库存股"账户的期末余额填列。

(55) "其他综合收益"项目,反映企业其他综合收益的期末余额。本项目应根据"其他综合收益"账户的期末余额填列。

(56) "专项储备"项目,反映高危行业按国家规定提取的安全生产费的期末账面价值。本项目应根据"专项储备"账户科目的期末余额填列。

(57) "盈余公积"项目,反映企业盈余公积的期末数。本项目应根据"盈余公积"账户的期末余额填列。

(58) "未分配利润"项目,反映企业尚未分配的利润。本项目应根据"本年利润"账户和"利润分配"账户的余额计算填列。未弥补的亏损在本项目内以"-"号填列。

【例 8-1】某公司为增值税一般纳税人,适用的增值税税率为 13%,所得税税率为 25%,存货按计划成本进行日常核算。2024 年 12 月 31 日有关账户的期末余额如表 8-4 所示。

表 8-4　账户余额表

2024 年 12 月 31 日　　　　　　　　　　　　　　　　单位:元

总分类账户	明细分类账户	期末借方余额	期末贷方余额
库存现金		11 100	
银行存款		1 121 100	
其他货币资金		500 000	
交易性金融资产		25 000	
应收票据		30 000	
应收账款		500 000	
应收股利		40 000	
其他应收款		5 000	

总分类账户	明细分类账户	期末借方余额	期末贷方余额
坏账准备	应收账款		10 000
	其他应收款		100
材料采购		180 000	
原材料		50 000	
周转材料		20 000	
库存商品		280 000	
材料成本差异		2 000	
存货跌价准备			20 000
长期股权投资		350 000	
长期股权投资减值准备			4 100
固定资产		3 600 000	
累计折旧			255 000
固定资产减值准备			85 000
固定资产清理		25 000	
在建工程		530 000	
工程物资		120 000	
无形资产		960 000	
累计摊销			80 000
无形资产减值准备			10 000
研发支出	资本性支出	610 000	
短期借款			200 000
应付票据			100 000
应付账款			700 000
合同负债			65 000
其中：一年内转销的			25 000
应付职工薪酬			165 000
应付股利			95 000
应付利息			25 000
其他应付款			65 000
应交税费			71 000
	未交增值税		68 500
	应交所得税		2 500
长期借款			3 450 000
其中：一年内到期的			500 000
实收资本			3 000 000
资本公积			254 000
盈余公积			180 000
利润分配	未分配利润		125 000
合计		8 959 200	8 959 200

　　根据表8-4账户的期末余额资料，按照资产负债表的编制方法，编制资产负债表，如表8-5所示。

表8-5 资产负债表

会企01表

编制单位：某公司　　　　　　　　　　　2024 年 12 月 31 日　　　　　　　　　　　单位：元

资产	期末余额	上年年末余额	负债及所有者权益	期末余额	上年年末余额
流动资产：		(略)	流动负债：		(略)
货币资金	1 632 200		短期借款	200 000	
交易性金融资产	25 000		交易性金融负债		
应收票据	30 000		应付票据	100 000	
应收账款	490 000		应付账款	700 000	
应收款项融资			预收款项		
预付款项			合同负债	25 000	
其他应收款	44 900		应付职工薪酬	165 000	
存货	512 000		应交税费	71 000	
合同资产			其他应付款	185 000	
持有待售资产			持有待售负债		
一年内到期的非流动资产			一年内到期的非流动负债	500 000	
其他流动资产			其他流动负债		
流动资产合计	2 734 100		流动负债合计	1 946 000	
非流动资产：			非流动负债：		
债权投资			长期借款	2 950 000	
其他债权投资			应付债券		
长期应收款			其中：优先股		
长期股权投资	345 900		永续债		
其他权益工具投资			租赁负债		
其他非流动金融资产			长期应付款		
投资性房地产			预计负债		
固定资产	3 285 000		递延收益		
在建工程	650 000		递延所得税负债		
生产性生物资产			其他非流动负债	40 000	
油气资产			非流动负债合计	2 990 000	
使用权资产			负债合计	4 936 000	
无形资产	870 000		所有者权益(或股东权益)：		
开发支出	610 000		实收资本(或股本)	3 000 000	
商誉			其他权益工具		
长期待摊费用			其中：优先股		
递延所得税资产			永续债		
其他非流动资产			资本公积	254 000	
非流动资产合计	5 760 900		减：库存股		
			其他综合收益		
			专项储备		
			盈余公积	180 000	
			未分配利润	125 000	

(续表)

资产	期末余额	上年年末余额	负债及所有者权益	期末余额	上年年末余额
			所有者权益(或股东权益)合计	3 559 000	
资产总计	8 495 000		负债和所有者权益(或股东权益)总计	8 495 000	

案例分析

防范财务造假当警钟长鸣

2018 年底，证监会发现上市公司 KM 药业涉嫌财务造假，随即立案调查。2019 年 5 月 17 日，证监会通报 KM 药业案调查进展，确定 KM 药业披露的 2016—2018 年度财务报表存在重大虚假。2019 年 8 月 16 日，证监会对 KM 药业等作出处罚及禁入告知，正式通告了 KM 药业 2016—2018 年度、半年度财务报告中累计虚增营业收入 291.28 亿元，多计利息收入 5.1 亿元，虚增营业利润 41.01 亿元；2016 年 1 月至 2018 年 6 月，KM 药业累计虚增货币资金超过 886.80 亿元；2018 年度财务报告中，KM 药业虚增固定资产 11.89 亿元，虚增在建工程 4.01 亿元，虚增投资性房地产 20.15 亿元；同时，公司还未按规定披露控股股东及其关联方非经营性占用资金的关联交易情况，属于有预谋、有组织、长期、系统实施财务造假行为，造假金额巨大，影响恶劣，为我国上市公司监管和财务造假预防敲响警钟。

分析提示

请思考：

请结合 KM 药业财务造假案例，谈谈你从中得到哪些启示？

任务小结

资产负债表主要项目填列总结

报表内容		项目及指标来源
表首		报表名称、编制单位名称、填制时间、报表编号、计量单位名称
上年年末余额		"上年年末余额"栏各项数字根据上年末资产负债表"期末余额"栏内数字填列
期末余额	1. 根据一个总账账户期末余额直接填列	资产负债表中"递延所得税资产""短期借款""递延所得税负债""实收资本(或股本)""库存股""资本公积""其他综合收益""专项储备""盈余公积"等项目应根据有关总账期末余额直接填列
	2. 根据若干总账账户的期末余额分析计算填列	(1)"货币资金"项目根据"库存现金""银行存款""其他货币资金"账户期末余额合计数填列 (2)"未分配利润"项目根据"本年利润"账户期末余额＋"利润分配"账户期末余额填列 (3)"其他应付款"项目根据"应付股利""应付利息""其他应付款"账户期末余额合计数填列
	3. 根据若干明细账户期末余额分析计算填列	(1)"预收款项"项目根据"预收账款""应收账款"账户的期末贷方余额合计数填列 (2)"应付账款"项目根据"应付账款""预付账款"账户的期末贷方余额合计数填列 (3)"交易性金融资产""交易性金融负债""应交税费""应付职工薪酬"项目分别根据"交易性金融资产""交易性金融负债""应交税费""应付职工薪酬"账户的相关明细账户期末余额分析填列 (4)"开发支出"项目根据"研发支出"账户所属的"资本化支出"明细账户期末余额填列

(续表)

报表内容		项目及指标来源
期末余额	4. 根据总账账户和所属明细账账户的期末余额分析计算填列	(1)"长期借款"项目根据"长期借款"账户的期末余额扣除"长期借款"所属明细账中将在资产负债表日起一年内到期且企业不能自主地将清偿义务展期的长期借款后的金额计算填列
		(2)"应付债券"项目根据"应付债券"账户的期末余额扣除"应付债券"所属明细账中将在资产负债表日起一年内到期且企业不能自主地将清偿义务展期的应付债券后的金额计算填列
	5. 根据有关账户与其备抵账户抵消后的净额填列	(1)"应收票据"项目根据"应收票据"账户,减去"坏账准备"账户有关应收票据计提的坏账准备期末余额后的金额填列
		(2)"应收账款"项目根据"应收账款"账户,减去"坏账准备"账户有关应收账款计提的坏账准备期末余额后的金额填列
		(3)"预付款项"项目根据"预付账款"和"应付账款"账户所属明细账户期末借方余额合计数,减去"坏账准备"账户有关预付账款计提的坏账准备期末余额后的金额填列
		(4)"其他应收款"项目根据"应收利息""应收股利""其他应收款"账户期末余额合计数,减去"坏账准备"账户中相关坏账准备期末余额后的金额填列
		(5)"存货"项目根据"材料采购""在途物资""原材料""库存商品""委托加工物资""周转材料""生产成本""受托代销商品"等账户的期末余额合计数,减去"受托代销商品款""存货跌价准备"账户期末余额后的净额填列。材料采用计划成本核算,以及库存商品采用计划成本或售价核算的企业,还应加上或减去材料成本差异、商品进销差价后的金额填列
		(6)"固定资产"项目根据"固定资产"账户期末余额,减去"累计折旧"和"固定资产减值准备"账户期末余额后的金额,以及"固定资产清理"账户的期末余额填列
		(7)"在建工程"项目根据"在建工程"账户的期末余额,减去"在建工程减值准备"账户期末余额后的金额,以及"工程物资"账户的期末余额,减去"工程物资减值准备"账户的期末余额后的金额填列
		(8)"无形资产"项目应根据"无形资产"账户的期末余额,减去"累计摊销"和"无形资产减值准备"账户期末余额后的净额填列

✎ 任务考核

一、单项选择题

1. 某企业 2024 年 12 月 31 日"固定资产"账户余额为 3 000 万元,"累计折旧"账户余额为 800 万元,"固定资产减值准备"账户余额为 200 万元,"固定资产清理"账户借方余额为 50 万元,"在建工程"账户余额为 200 万元。不考虑其他因素,该企业 2024 年 12 月 31 日资产负债表中"固定资产"项目金额为( )万元。

    A. 3 000   B. 1 950   C. 2 050   D. 3 200

2. 2024 年 12 月 31 日,某企业"其他应收款"科目借方余额为 1 000 万元,"应收利息"科目借方余额为 200 万元,"应收股利"科目借方余额为 150 万元,"坏账准备"中有关其他应收款计提的坏账金额为 60 万元。不考虑其他因素,该企业 2024 年 12 月 31 日资产负债表中"其他应收款"项目金额为( )万元。

    A. 1 350   B. 1 000   C. 940   D. 1 290

3. 下列资产负债表项目中,根据总账科目余额填列的有( )。

    A. 货币资金   B. 固定资产   C. 短期借款   D. 应付账款

4. 资产负债表中的"未分配利润"项目，应根据(　　)填列。

A. "利润分配"科目余额

B. "本年利润"科目余额

C. "本年利润"和"利润分配"科目的余额计算后

D. "盈余公积"科目余额

5. 某企业"应付账款"科目月末贷方余额 50 000 元，其中，"应付甲公司账款"明细科目贷方余额 45 000 元，"应付乙公司账款"明细科目贷方余额 20 000 元，"应付丙公司账款"明细科目借方余额 15 000 元。"预付账款"科目月末贷方余额 20 000 元，其中，"预付 A 工厂账款"明细科目贷方余额 30 000 元，"预付 B 工厂账款"明细科目借方余额 10 000 元。该企业月末资产负债表中"预付款项"项目的金额为(　　)元。

A. -45 000　　　　　B. 25 000　　　　　C. -20 000　　　　　D. 20 000

二、多项选择题

1. 下列各项中，导致企业资产负债表"存货"项目期末余额发生变动的有(　　)。

A. 计提存货跌价准备　　　　　　B. 收到受托代销的商品

C. 已经发出但不符合收入确认条件的商品　　D. 用银行存款购入的修理用备件

2. 下列资产减值准备相关科目余额中，不在资产负债表上单独列示的有(　　)。

A. 在建工程减值准备　　　　　　B. 存货跌价准备

C. 坏账准备　　　　　　　　　　D. 固定资产减值准备

3. 下列各项中，应列入资产负债表"应收账款"项目的有(　　)。

A. 预付职工差旅费　　　　　　　B. 代购货单位垫付的运杂费

C. 销售产品应收取的款项　　　　D. 对外提供劳务应收取的款项

4. 下列会计科目中，在编制资产负债表时应列入"存货"项目的有(　　)。

A. 在途物资　　　B. 存货跌价准备　　　C. 委托加工物资　　　D. 工程物资

5. 下列资产负债表项目中，根据总账余额直接填列的有(　　)。

A. 短期借款　　　B. 资本公积　　　　　C. 应收票据　　　　　D. 应收账款

三、判断题

1. "开发支出"项目应当根据"研发支出"科目中所属的"资本化支出"明细科目期末余额填列。　　　　　　　　　　　　　　　　　　　　　　　　　　　　(　　)

2. "长期股权投资"项目应根据"长期股权投资"科目的期末余额，减去"长期股权投资减值准备"期末余额后的净额填列。　　　　　　　　　　　　　　　　　　(　　)

3. 资产负债表中"长期借款"项目，根据"长期借款"总账科目余额直接填列。(　　)

4. 资产负债表日，应根据"库存现金""银行存款"和"其他货币资金"三个总账科目的期末余额合计数填列资产负债表"货币资金"项目。　　　　　　　　　　　　(　　)

5. "应付账款"项目应根据"应付账款"和"预付账款"科目所属各明细科目的期末贷方余额合计数填列；如"应付账款"科目所属明细科目期末有借方余额的，应在资产负债表"预付款项"项目内填列。　　　　　　　　　　　　　　　　　　　　(　　)

四、业务实训题

资料：甲公司为增值税一般纳税人，适用的增值税税率为 13%。原材料和库存商品均按实际成本核算，商品售价不含增值税，其销售成本随销售同时结转。2024 年 1 月 1 日资产负债表(简表)资料如下。

资产负债表(简表)

编制单位：甲公司   2024 年 1 月 1 日   单位：万元

资产	年初数	负债和所有者权益	年初数
货币资金	200	短期借款	100
交易性金融资产	70	应付账款	100
应收票据	60	应付票据	40
应收账款	60	应付职工薪酬	20
预付款项	10	应交税费	50
存货	300	应付利息	40
固定资产	1000	长期借款	300
在建工程	100	实收资本	1100
无形资产	70	盈余公积	100
长期待摊费用	10	未分配利润	30
资产总计	1 880	负债和所有者权益总计	1 880

2024 年甲公司发生如下交易或事项。

(1) 购入材料一批，发票账单已经收到，增值税专用发票上注明的货款为 100 万元，增值税税额为 13 万元。材料已验收入库，款项已经支付。

(2) 销售库存商品一批，该批商品售价为 300 万元，增值税为 39 万元，实际成本为 220 万元，商品已发出。该批销售符合收入确认条件，款项尚未收到。

(3) 出售交易性金融资产，售价 100 万元，该交易性金融资产的账面价值为 70 万元，其中成本为 50 万元，公允价值变动 20 万元。款项已经收到(假定不考虑相关税费)。

(4) 计算并确认短期借款利息 7 万元。

(5) 计算并确认坏账准备 2 万元。

(6) 计提行政管理部门用固定资产折旧 10 万元；摊销管理用无形资产成本 8 万元。

(7) 分配工资费用，其中，企业行政管理人员工资 10 万元，在建工程人员工资 5 万元。

(8) 计算并确认应交城市维护建设税 3 万元(教育费附加略)。

(9) 转销无法支付的应付账款 30 万元。

(10) 本年度实现利润总额 100 万元，所得税费用和应交所得税均为 25 万元(不考虑其他因素)；提取法定盈余公积 7.5 万元。

要求：

(1) 编制甲公司 2024 年度上述交易或事项的会计分录(无须编制各损益类科目结转本年利润以及利润分配的有关会计分录)；

(2) 填列甲公司 2024 年 12 月 31 日的资产负债表。

◥ 任务拓展

附注是对资产负债表、利润表、现金流量表和所有者权益变动表等报表中列示项目的文字描述或明细资料，以及对未能在这些报表中列示项目的说明等。附注是财务报表的重要组成部分。企业应当按照如下顺序披露附注的内容：①企业的基本情况；②财务报表的编制基础；③遵循企业会计准则的声明；④重要会计政策和会计估计；⑤会计政策和会计估计变更，以及差错更正的说明；⑥报表重要项目的说明。

资产负债表中重要项目说明主要包括：①以公允价值计量且其变动计入当期损益的金融资产；②应收款项；③存货；④长期其股权投资；⑤投资性房地产；⑥固定资产；⑦无形资产；

⑧职工薪酬；⑨应交税费；⑩短期借款和长期借款；⑪应付债券；⑫长期应付款。

任务二　编制利润表

任务导入

光明股份有限公司核算本年利润的方法为表结法，所得税税率为25%(假定无纳税调整事项)，2024年1—12月各损益类账户的累计发生额，如表8-6所示。

表8-6　损益类账户的累计发生额

单位：元

账户名称	借方累计发生额	贷方累计发生额
主营业务收入		19 980 000
其他业务收入		20 000
主营业务成本	17 995 000	
其他业务成本	5 000	
税金及附加	140 000	
销售费用	150 000	
管理费用	650 000	
财务费用	10 000	
信用减值损失	851 100	
资产减值损失	748 900	
营业外支出	300 000	

要求：根据上述资料编制利润表。

任务实施

任务准备

一、利润表认知

(一) 利润表的概念

利润表是反映企业在一定会计期间的经营成果的财务报表。利润表充分反映企业一定时期经营业绩的主要来源和构成，是动态报表。

(二) 利润表的作用

1. 有助于报表使用者全面地了解企业经营成果

利润表可以反映企业经营业绩的主要来源和构成，反映企业在一定会计期间收入、费用、利润(或亏损)的数额、构成情况。

2. 有助于考核管理层的经营业绩

利润表详细反映企业财务成果的形成过程，并且提供不同时期的对比数据，可以评价和考核管理层的业绩。

3. 有助于报表使用者做出经济决策

通过利润表，可以分析企业今后利润的发展趋势、获利能力，了解投资者投入资本的保值增值情况，从而为其做出经济决策提供依据。

(三) 利润表的结构

利润表通常有单步式和多步式两种结构。单步式利润表是将本期所有的收入和所有的支出相抵，计算出当期损益；多步式利润表是通过对当期的收入、费用、支出项目按性质加以归类，按利润形成的主要环节分别计算营业利润、利润总额、净利润、其他综合收益的税后净额和综合收益，分步计算当期损益。我国企业的利润表采用多步式列报。

利润表一般由表头、表体两部分组成。表头部分应列明报表名称、编制单位名称、编制日期、报表编号和计量单位。表体部分为利润表的主体，列示了形成经营成果的各个项目和计算过程。

为了使报表使用者比较不同期间利润的情况，利润表将各项目分为"本期金额"和"上期金额"两栏分别填列。

二、利润表的编制

(一) 编制利润表的步骤

1. 计算营业利润

营业利润＝营业收入－营业成本－税金及附加－销售费用－管理费用－财务费用＋
　　　　其他收益＋投资收益(－投资损失)＋净敞口套期收益(－净敞口套期损失)＋
　　　　公允价值变动收益(－公允价值变动损失)－信用减值损失－资产减值损失＋
　　　　资产处置收益(－资产处置损失)

2. 计算利润总额

利润总额＝营业利润＋营业外收入－营业外支出

3. 计算净利润

净利润＝利润总额－所得税费用

4. 计算综合收益总额

以净利润(或净亏损)和其他综合收益的税后净额为基础，可以计算出综合收益总额。

5. 计算每股收益

以净利润(或净亏损)为基础，可以计算每股收益。

普通股或潜在普通股已公开交易的企业，以及正处于公开发行普通股或潜在普通股过程中的企业，还应当在利润表中列示每股收益信息。

多步式利润表的优点在于，便于对企业生产经营情况进行分析，有利于不同企业之间进行比较，更重要的是利用多步式利润表有利于预测企业今后的盈利能力。

我国会计制度规定，企业的利润表采用多步式格式，其基本格式如表8-7所示。

表 8-7 利润表

会企 02 表

编制单位：　　　　　　　　　　　　年度　　　　　　　　　　　　单位：元

项目	本期金额	上期金额
一、营业收入		
减：营业成本		
税金及附加		
销售费用		
管理费用		
研发费用		
财务费用		
其中：利息费用		
利息收入		
加：其他收益		
投资收益(损失以"-"号填列)		
其中：对联营企业和合营企业的投资收益		
以摊余成本计量的金融资产终止确认收益(损失以"-"号填列)		
净敞口套期收益(损失以"-"号填列)		
公允价值变动收益(损失以"-"号填列)		
信用减值损失(损失以"-"号填列)		
资产减值损失(损失以"-"号填列)		
资产处置收益(损失以"-"号填列)		
二、营业利润(亏损以"-"号填列)		
加：营业外收入		
减：营业外支出		
三、利润总额(亏损总额以"-"号填列)		
减：所得税费用		
四、净利润(净亏损以"-"号填列)		
(一) 持续经营净利润(净亏损以"-"号填列)		
(二) 终止经营净利润(净亏损以"-"号填列)		
五、其他综合收益的税后净额		
(一) 不能重分类进损益的其他综合收益		
1. 重新计量设定受益计划变动额		
2. 权益法下不能转损益的其他综合收益		
3. 其他权益工具投资公允价值变动		
4. 企业自身信用风险公允价值变动		
……		
(二) 将重分类进损益的其他综合收益		
1. 权益法下可转损益的其他综合收益		
2. 其他债权投资公允价值变动		
3. 金融资产重分类计入其他综合收益的金额		
4. 其他债权投资信用减值准备		
5. 现金流量套期储备		
6. 外币财务报表折算差额		
……		
六、综合收益总额		
七、每股收益		
(一) 基本每股收益		
(二) 稀释每股收益		

(二) 利润表主要项目编制说明

1. "上期金额"栏的填列方法

利润表"上期金额"栏内各项数字，应根据上年该期利润表"本期金额"栏内所列数字填列。如果上年该期利润表规定的各个项目的名称和内容同本期不相一致，应对上年该期利润表各项目的名称和数字按照本期的规定进行调整，填入报表中的"上期金额"栏内。

2. "本期金额"栏的填列方法

利润表"本期金额"栏内各项数字一般应根据损益类科目的发生额分析计算填列。

(1) "营业收入"项目，反映企业经营主要业务和其他业务所确认的收入总额。本项目应根据"主营业务收入"和"其他业务收入"账户的发生额分析填列。

(2) "营业成本"项目，反映企业经营主要业务和其他业务发生的成本总额。本项目应根据"主营业务成本"和"其他业务成本"账户的发生额分析填列。

(3) "税金及附加"项目，反映企业经营业务应负担的消费税、城市维护建设税、资源税、土地增值税、房产税、车船税、城镇土地使用税、印花税和教育费附加等。本项目应根据"税金及附加"账户的发生额分析填列。

(4) "销售费用"项目，反映企业在销售商品过程中发生的包装费、广告费等费用和为销售本企业商品而专设的销售机构的职工薪酬、业务费等经营费用。本项目应根据"销售费用"账户的发生额分析填列。

(5) "管理费用"项目，反映企业为组织和管理生产经营发生的管理费用。本项目应根据"管理费用"账户的发生额分析填列。

(6) "研发费用"项目，反映企业进行研究与开发过程中发生的费用化支出，以及计入管理费用的自行开发无形资产的摊销。本项目应根据"管理费用"账户下"研发费用"明细账户的发生额及"管理费用"账户下"无形资产摊销"明细账户的发生额分析填列。

(7) "财务费用"项目，反映企业为筹集生产经营所需资金等而发生的应予费用化的利息支出。本项目应根据"财务费用"账户的相关明细账户发生额分析填列。其中，"利息费用"项目，反映企业为筹集生产经营所需资金等，而发生的应予费用化的利息支出，本项目应根据"财务费用"账户的相关明细账户的发生额分析填列；"利息收入"项目，反映企业应冲减财务费用的利息收入，本项目应根据"财务费用"账户的相关明细账户的发生额分析填列。

(8) "其他收益"项目，反映计入其他收益的政府补助，以及其他与日常活动相关的且计入其他收益的项目。本项目应根据"其他收益"账户的发生额分析填列。企业作为个人所得税的扣缴义务人，根据《中华人民共和国个人所得税法》的规定收到的扣缴税款手续费，应作为其他与日常活动相关的收益在本项目中填列。

(9) "投资收益"项目，反映企业以各种方式对外投资所取得的收益。本项目应根据"投资收益"账户的发生额分析填列，如为投资损失，本项目以"－"号填列。

(10) "净敞口套期收益"项目，反映净敞口套期下被套期项目累计公允价值变动转入当期损益的金额或现金流量套期储备转入当期损益的金额。本项目应根据"净敞口套期损益"账户的发生额分析填列，如为套期损失，本项目以"－"号填列。

(11) "公允价值变动收益"项目，反映企业应当计入当期损益的资产或负债公允价值变动收益。本项目应根据"公允价值变动损益"科目的发生额分析填列，如为净损失，本项目以"－"号填列。

(12) "信用减值损失"项目，反映企业按照《企业会计准则第22号——金融工具确认和计量》(2018)的要求计提的各项金融工具信用减值准备所确认的信用损失。本项目应根据"信用减值损失"账户的发生额分析填列。

(13)"资产减值损失"项目，反映企业各项资产发生的减值损失。本项目应根据"资产减值损失"账户的发生额分析填列。

(14)"资产处置收益"项目，反映企业出售划分为持有待售的非流动资产(金融工具、长期股权投资和投资性房地产除外)或处置组(子公司和业务除外)时确认的处置利得或损失，以及处置未划分为持有待售的固定资产、在建工程、生产性生物资产及无形资产而产生的处置利得或损失。债务重组中因处置非流动资产(金融工具、长期股权投资和投资性房地产除外)产生的利得或损失和非货币性资产交换中换出非流动资产(金融工具、长期股权投资和投资性房地产除外)产生的利得或损失也包括在本项目内。本项目应根据"资产处置损益"账户的发生额分析填列，如为处置损失，本项目以"−"号填列。

(15)"营业利润"项目，反映企业实现的营业利润。本项目如为亏损，以"−"号填列。

(16)"营业外收入"项目，反映企业发生的除营业利润以外的收益，主要包括与企业日常活动无关的政府补助、盘盈利得、捐赠利得(企业接受股东或股东的子公司直接或间接的捐赠，经济实质属于股东对企业的资本性投入的除外)等。本项目应根据"营业外收入"账户的发生额分析填列。

(17)"营业外支出"项目，反映企业发生的除营业利润以外的支出，主要包括公益性捐赠支出、非常损失、盘亏损失、非流动资产毁损报废损失等。本项目应根据"营业外支出"账户的发生额分析填列。

(18)"利润总额"项目，反映企业实现的利润。本项目如为亏损，以"−"号填列。

(19)"所得税费用"项目，反映企业应从当期利润总额中扣除的所得税费用。本项目应根据"所得税费用"账户的发生额分析填列。

(20)"净利润"项目，反映企业实现的净利润。本项目如为亏损，以"−"号填列。

(21)"其他综合收益的税后净额"项目，反映企业根据企业会计准则规定未在损益中确认的各项利得和损失扣除所得税影响后的净额。

(22)"综合收益总额"项目，反映企业净利润与其他综合收益的合计金额。

(23)"每股收益"项目，包括"基本每股收益"和"稀释每股收益"两项指标，反映普通股或潜在普通股已公开交易的企业，以及正处在公开发行普通股或潜在普通股过程中的企业的每股收益信息。

【例8-2】某公司2024年末有关损益类账户发生额及利润表，如表8-8和表8-9所示。

表8-8 损益类账户发生额

	2024年度	单位：元
账户名称	借方发生额	贷方发生额
主营业务收入	1 000 000	30 000 000
主营业务成本	16 000 000	800 000
其他业务收入		2 000 000
其他业务成本	1 500 000	
税金及附加	1 000 000	
销售费用	500 000	
管理费用	1 800 000	
其中：研发费用	700 000	

(续表)

账户名称	借方发生额	贷方发生额
财务费用	200 000	
其中：利息费用	208 000	
利息收入		8 000
资产减值损失	1 600 000	100 000
信用减值损失	200 000	
投资收益	600 000	1 000 000
公允价值变动损益	400 000	700 000
资产处置损益	800 000	
营业外收入		900 000
营业外支出	400 000	
所得税费用	2 325 000	

表 8-9　利润表

编制单位：宏达公司　　　　　　　　　2024 年度　　　　　　　　　会企 02 表　单位：元

项目	本期金额	上期金额
一、营业收入	31 000 000	
减：营业成本	16 700 000	
税金及附加	1 000 000	
销售费用	500 000	
管理费用	1 100 000	
研发费用	700 000	
财务费用	200 000	
其中：利息费用	208 000	
利息收入	8 000	
加：其他收益		
投资收益(损失以"-"号填列)	400 000	
其中：对联营企业和合营企业的投资收益		
以摊余成本计量的金融资产终止确认收益(损失以"-"号填列)		
净敞口套期收益(损失以"-"号填列)		
公允价值变动收益(损失以"-"号填列)	300 000	
信用减值损失(损失以"-"号填列)	-200 000	
资产减值损失(损失以"-"号填列)	-1 500 000	
资产处置收益(损失以"-"号填列)	-800 000	
二、营业利润(亏损以"-"号填列)	9 000 000	
加：营业外收入	900 000	
减：营业外支出	400 000	
三、利润总额(亏损总额以"-"号填列)	9 500 000	
减：所得税费用	2 325 000	
四、净利润(净亏损以"-"号填列)	7 175 000	
(一) 持续经营净利润(净亏损以"-"号填列)		
(二) 终止经营净利润(净亏损以"-"号填列)		
五、其他综合收益的税后净额		
(一) 不能重分类进损益的其他综合收益		
1. 重新计量设定受益计划变动额		
2. 权益法下不能转损益的其他综合收益		
3. 其他权益工具投资公允价值变动		

（续表）

项目	本期金额	上期金额
4. 企业自身信用风险公允价值变动		
……		
（二）将重分类进损益的其他综合收益		
1. 权益法下可转损益的其他综合收益		
2. 其他债权投资公允价值变动		
3. 金融资产重分类计入其他综合收益的金额		
4. 其他债权投资信用减值准备		
5. 现金流量套期储备		
6. 外币财务报表折算差额		
……		
六、综合收益总额	7 175 000	
七、每股收益		
（一）基本每股收益		
（二）稀释每股收益		

案例分析

会计人员应当坚持原则

2023 年 11 月，东茂公司因产品销售不畅，新产品研发受阻。公司财会部预测公司本年度将发生 800 万元的亏损。刚刚上任的公司总经理责成总会计师王某，要千方百计实现当年盈利目标，并说："实在不行，可以对会计报表做一些会计技术处理。"总会计师很清楚公司本年度亏损已成定局，要落实总经理的盈利目标，只能在财务会计报告上做手脚。总会计师感到左右为难：如果不按总经理的意见去办，自己以后在公司不好干下去；如果照总经理意见办，自己也有风险。为此，总会计师思想负担很重，不知如何是好。

请思考：

根据《中华人民共和国会计法》和会计职业道德的要求，分析总会计师王某应如何处理，并简要说明理由。

分析提示

任务小结

利润表主要项目填列总结

报表内容		项目及指标来源
表首		报表名称、编制单位名称、编制日期、报表编号和计量单位名称
上期金额		根据上年度利润表数的"本期金额"填列
本期金额	根据相应账户的发生额分析填列	"营业收入"项目根据"主营业务收入""其他业务收入"账户的借贷方发生额分析计算填列；"营业成本"项目根据"主营业务成本""其他业务成本"账户的借贷方发生额分析计算填列；"税金及附加""销售费用""管理费用""研发费用""财务费用""信用减值损失""资产减值损失""公允价值变动收益""投资收益""其他收益""营业外收入""营业外支出""所得税费用"项目根据相应账户借贷方发生额分析计算填列
	根据计算公式计算填列	"营业利润""利润总额""净利润""综合收益总额""每股收益"应根据计算公式计算填列，如为亏损应以"－"号填列

任务考核

一、单项选择题

1. 某企业 2024 年发生的营业收入为 200 万元，营业成本为 100 万元，销售费用为 10 万元，管理费用为 20 万元，财务费用为 5 万元，投资收益为 20 万元，资产减值损失为 10 万元(损失)，公允价值变动损益为 30 万元(收益)，营业外收入为 8 万元，营业外支出为 7 万元。该企业 2024 年的营业利润为(   )万元。

  A. 108   B. 105   C. 85   D. 100

2. 下列各项中，影响利润表中"营业利润"项目的是(   )。

  A. 盘亏固定资产净损失   B. 计提固定资产减值准备

  C. 发生的所得税费用   D. 转让无形资产的净收益

3. 2024 年 6 月，某企业发生以下交易或事项：支付诉讼费用 10 万元，固定资产出售净损失 8 万元，对外公益性捐赠支出 5 万元，支付税收滞纳金 1 万元，该企业 2024 年 6 月利润表"营业外支出"项目的本期金额为(   )万元。

  A. 14   B. 16   C. 19   D. 24

4. 企业当期因日常经营活动应缴纳的增值税为 54 000 元，当期确认并交纳的消费税、城市维护建设税和教育费附加分别为 5 000 元、4 172 元、1 788 元，则反映在利润表上的"税金及附加"项目的金额应为(   )元。

  A. 64 960   B. 10 960   C. 14 100   D. 54 000

5. 甲公司 2024 年 5 月取得主营业务收入 1 000 万元，其他业务收入 100 万元，发生主营业务成本 550 万元，其他业务成本 25 万元，税金及附加 200 万元，管理费用 500 万元，资产减值损失 50 万元，投资收益 500 万元，公允价值变动损失 200 万元，营业外收入 100 万元，营业外支出 50 万元，甲公司适用的企业所得税税率为 25%，假定没有纳税调整事项，则甲公司当月利润表中的"净利润"项目金额为(   )万元。

  A. 125   B. 93.75   C. 525   D. 393.75

二、多项选择题

1. 下列各项中，影响企业营业利润的项目有(   )。

  A. 销售费用 B. 管理费用 C. 投资收益   D. 所得税费用

2. 下列各项中，影响营业利润的项目有(   )。

  A. 已销商品成本   B. 原材料销售收入

  C. 出售固定资产净收益   D. 转让股票所得收益

3. 下列交易或事项会影响企业综合收益总额的有(   )。

  A. 销售商品收入   B. 处置固定资产净收益

  C. 交易性金融资产期末公允价值上升 D. 税收罚款

4. 下列各项中，应计入工业企业利润表"营业收入"项目的有(   )。

  A. 销售商品收入   B. 销售原材料收入

  C. 出租闲置设备收取的价款   D. 出售闲置设备收取的价款

5. 下列各项中，关于利润表项目本期金额填列方法表述正确的有(   )。

  A."税金及附加"项目应根据"应交税费"科目的本期发生额分析填列

  B. 企业作为个人所得税的扣缴义务人，收到的扣缴税款手续费，作为其他与日常活动相关的收益在"其他收益"项目填列

    C. "研发费用"项目应根据"管理费用"科目下"研发费用""无形资产摊销"明细科目的发生额分析填列

    D. "管理费用"项目应根据"管理费用"科目的本期发生额分析填列

三、判断题

1. 利润表中"税金及附加"项目不包括增值税。 （   ）

2. 营业利润的计算以营业收入为基础，减去营业成本、税金及附加、销售费用、管理费用、财务费用、资产减值损失、公允价值变动损益，最后加上投资收益。 （   ）

3. 购买商品支付货款取得的现金折扣列入利润表"财务费用"项目。 （   ）

4. 利润表中"其他综合收益的税后净额"项目，反映企业根据企业会计准则规定未在损益中确认的各项利得和损失扣除所得税影响后的净额。 （   ）

5. "营业收入"项目应根据"主营业务收入""其他业务收入"和"营业外收入"科目的发生额分析填列。 （   ）

四、业务实训题

资料：龙腾公司属于工业企业，为增值税一般纳税人，适用13%的增值税税率，售价中不含增值税。商品销售时，同时结转成本。2024年11月30日损益类有关科目的余额如下表所示。

损益类科目余额

单位：万元

科目名称	借方余额	科目名称	贷方余额
主营业务成本	1 000	主营业务收入	1 750
税金及附加	14.5	其他业务收入	50
其他业务成本	30	投资收益	40
销售费用	40	营业外收入	30
管理费用	250	公允价值变动损益	30
财务费用	20		
资产减值损失	80		
营业外支出	17		

2024年12月龙腾公司发生如下经济业务。

(1) 销售商品一批，增值税专用发票上注明的售价为200万元，增值税为34万元，款项尚未收到。该批商品的实际成本为120万元。

(2) 本月发生应付职工薪酬150万元。其中，生产工人工资100万元，车间管理人员工资10万元，厂部管理人员工资25万元，销售人员工资15万元。

(3) 本月收到增值税返还50万元。

(4) 本月摊销自用无形资产成本20万元。

(5) 本月主营业务应交城市维护建设税5万元、教育费附加0.5万元。

(6) 12月31日，某项交易性金融资产公允价值上升2万元。

(7) 12月31日，计提坏账准备5万元，计提存货跌价准备10万元。

(8) 12月1日以100万元取得一项可供出售金融资产，12月31日其公允价值为120万元。

(9) 该公司适用所得税税率为25%。假定该公司2024年度应纳税所得额为500万元，递延所得税资产年初余额为10万元，年末余额为15万元；2024年度递延所得税负债的年初余额为20万元，年末余额为50万元(除可供出售金融资产外均对应所得税费用)。

要求:

(1) 编制龙腾公司 2024 年 12 月相关业务的会计分录。

(2) 编制龙腾公司 2024 年度利润表。

任务拓展

利润表中"每股收益"项目包括"基本每股收益"和"稀释每股收益"项目。

基本每股收益仅考虑当期实际发行在外的普通股股份,按照归属于普通股股东的当期净利润除以发行在外普通股的加权平均数计算基本每股收益。

发行在外普通股加权平均数=期初发行在外普通股股数+当期新发行普通股股数×已发行时间÷报告期时间-当期回购普通股股数×已回购时间÷报告期时间

已发行时间、报告期时间和已回购时间一般按照天数计算;在不影响计算结果合理性的前提下,也可以采用简化的计算方法。

企业存在稀释性潜在普通股的,应当分别调整归属于普通股股东的当期净利润和发行在外普通股的加权平均数,并据以计算稀释每股收益。计算稀释每股收益时,假设潜在普通股在当期期初已经全部转换为普通股。潜在普通股是指赋予其持有者在报告期或以后期间享有取得普通股权利的一种金融工具或其他合同。目前,我国企业发行的潜在普通股主要有可转换公司债券、认股权证、股份期权等。

任务三　编制现金流量表

任务导入

长江公司 2024 年有关资料如下。

(1) 长江公司 2024 年销售商品本年收到现金 10 000 000 元,以前年度销售商品本年收到的现金 2 000 000 元,本年预收款项 1 000 000 元,本年销售本年退回商品支付现金 800 000 元,以前年度销售本年退回商品支付的现金 600 000 元。

(2) 本年分配的生产经营人员的职工薪酬为 2 000 000 元,"应付职工薪酬"年初余额和年末余额分别为 200 000 元和 100 000 元,假定应付职工薪酬本期减少数均为本年支付的现金。

(3) 本年购买商品支付现金 7 000 000 元,本年支付以前年度购买商品的未付款项 800 000 元,本年预付款项 700 000 元,本年发生的购货退回收到的现金 400 000 元。

(4) 长江公司本年年利润表中的所得税费用为 500 000 元(均为当期应交所得税产生的所得税费用,均已支付),"应交税费——应交所得税"科目年初数为 40 000 元,年末数为 20 000 元。假定不考虑其他税费。

要求:根据以上资料,计算现金流量表中下列指标。

(1) 销售商品、提供劳务收到的现金。

(2) 支付给职工及为职工支付的现金。

(3) 购买商品、接受劳务支付的现金。

(4) 支付的各项税费。

任务实施

✎ **任务准备**

一、现金流量表认知

（一）现金流量表的概念

现金流量表是反映企业在一定会计期间现金和现金等价物流入和流出的报表。现金流量表是以现金为基础编制的，这里的现金是广义的概念，它包括现金及现金等价物。其中，现金是指企业库存现金及可以随时用于支付的存款。不能随时用于支付的存款不属于现金。现金等价物是指企业持有的期限短、流动性强、易于转换为已知金额现金、价值变动风险很小的投资。期限短，一般是指从购买日起三个月内到期。现金等价物通常包括三个月内到期的债券投资等。权益性投资变现的金额通常不确定，因而不属于现金等价物。企业应当根据具体情况，确定现金等价物的范围，一经确定不得随意变更。

（二）现金流量的分类

现金流量是指现金及现金等价物的流入和流出，可划分为经营活动产生的现金流量、投资活动产生的现金流量和筹资活动产生的现金流量三类。

1. 经营活动产生的现金流量

经营活动是指企业投资活动和筹资活动以外的所有交易和事项。经营活动的现金流入主要是指销售商品或提供劳务等所收到的现金；经营活动的现金流出主要是指购买货物、接受劳务、广告宣传、支付职工薪酬、交纳税款等所支出的现金。通过经营活动产生的现金流量的计算，可以反映企业经营活动对现金流入和现金流出净额的影响程度，判断企业在不动用对外筹集资金的情况下，是否足以维持生产经营、偿还债务、支付股利、对外投资等。

2. 投资活动产生的现金流量

投资活动是指企业固定资产、无形资产和其他长期资产的购建和处置，以及不包括在现金等价物范围内的投资及其处置活动。投资活动的现金流入主要包括收回投资收到现金、分得利润或取得债券利息收入收到的现金，以及处置固定资产、无形资产和其他长期资产收到的现金等；投资活动的现金流出则是指购建固定资产、无形资产和其他长期资产所支付的现金，以及进行权益性投资或债权性投资等所发生的现金。通过投资活动产生的现金流量的计算，可以分析企业经由投资获取现金流量的能力，以及投资产生的现金流量对企业现金流量净额的影响程度。

3. 筹资活动产生的现金流量

筹资活动是指导致企业资本及债务规模和构成发生变化的活动。筹资活动的现金流入包括吸收权益性投资或借款所收到的现金；筹资活动的现金流出主要包括偿还债务或减少资本所支付的现金，发生筹资费用所支付的现金，分配利润或偿付利息所支付的现金等。通过筹资活动产生的现金流量的计算，可以分析企业筹资的能力，以及筹资产生的现金流量对企业现金流量净额的影响程度。

企业编制现金流量表进行现金流量分类时，对于未特别指明的现金流量，应当按照现金流量的分类方法和重要性原则，判断某项交易或事项所产生的现金流量应当归属的类别或项目，对于重要的现金流入或流出项目，应当单独反映。对于自然灾害损失、保险索赔等特殊项目，应当根据其性质，分别归并到经营活动、投资活动和筹资活动现金流量类别中单独列报。

(三) 现金流量表结构

我国企业的现金流量表包括正表和补充资料两部分。正表是现金流量表的主体，企业一定会计期间现金流量的信息主要由正表提供。正表采用报告式的结构，按照现金流量的性质，依次分类反映经营活动产生的现金流量、投资活动产生的现金流量和筹资活动产生的现金流量，最后汇总反映企业现金及现金等价物净增加额。现金流量表补充资料包括三部分内容：①将净利润调节为经营活动的现金流量；②不涉及现金收支的投资和筹资活动；③现金及现金等价物净增加情况。

现金流量表的基本格式，如表 8-10 和表 8-11 所示。

表 8-10 现金流量表

会企 03 表

编制单位：　　　　　　　　　　　　　　　　年　　　　　　　　　　　　　　单位：元

项目	本期金额	上期金额
一、经营活动产生的现金流量：		
销售商品、提供劳务收到的现金		
收到的税费返还		
收到其他与经营活动有关的现金		
经营活动现金流入小计		
购买商品、接受劳务支付的现金		
支付给职工及为职工支付的现金		
支付的各项税费		
支付其他与经营活动有关的现金		
经营活动现金流出小计		
经营活动产生的现金流量净额		
二、投资活动产生的现金流量：		
收回投资收到的现金		
取得投资收益收到的现金		
处置固定资产、无形资产和其他长期资产收回的现金净额		
处置子公司及其他营业单位收到的现金净额		
收到其他与投资活动有关的现金		
投资活动现金流入小计		
购建固定资产、无形资产和其他长期资产支付的现金		
投资支付的现金		
取得子公司及其他营业单位支付的现金净额		
支付其他与投资活动有关的现金		
投资活动现金流出小计		
投资活动产生的现金流量净额		
三、筹资活动产生的现金流量：		
吸收投资收到的现金		
取得借款收到的现金		
收到其他与筹资活动有关的现金		
筹资活动现金流入小计		
偿还债务支付的现金		

(续表)

项目	本期金额	上期金额
分配股利、利润或偿付利息支付的现金		
支付其他与筹资活动有关的现金		
筹资活动现金流出小计		
筹资活动产生的现金流量净额		
四、汇率变动对现金及现金等价物的影响		
五、现金及现金等价物净增加额		
加：期初现金及现金等价物余额		
六、期末现金及现金等价物余额		

表 8-11　现金流量表补充资料

补充资料	本期金额	上期金额
1. 将净利润调节为经营活动现金流量：		
净利润		
加：资产减值准备		
固定资产折旧、油气资产折耗、生产性生物资产折旧		
无形资产摊销		
长期待摊费用摊销		
处置固定资产、无形资产和其他长期资产的损失(收益以"–"号填列)		
固定资产报废损失(收益以"–"号填列)		
公允价值变动损失(收益以"–"号填列)		
财务费用(收益以"–"号填列)		
投资损失(收益以"–"号填列)		
递延所得税资产减少(增加以"–"号填列)		
递延所得税负债增加(减少以"–"号填列)		
存货减少(增加以"–"号填列)		
经营性应收项目的减少(增加以"–"号填列)		
经营性应付项目的增加(减少以"–"号填列)		
其他		
经营活动产生的现金流量净额		
2. 不涉及现金收支的重大投资和筹资活动		
债务转为资本		
一年内到期的可转换公司债券		
融资租入固定资产		
3. 现金及现金等价物变动情况：		
现金的期末余额		
减：现金的期初余额		
加：现金等价物的期末余额		
减：现金等价物的期初余额		
现金及现金等价物净增加额		

二、现金流量表的编制

(一) 现金流量表的编制方法

在具体编制现金流量表时，企业可根据业务量的大小及复杂程度，采用工作底稿法、T 型账户法，或直接根据有关科目的记录分析填列。

1. 工作底稿法

工作底稿法就是以工作底稿为手段，以利润表和资产负债表数据为基础，结合有关科目的记录，对现金流量表的每一项目进行分析并编制调整分录，从而编制出现金流量表。

采用工作底稿法编制现金流量表的程序如下。

第一步，将资产负债表的年初余额和期末余额过入工作底稿的年初余额和期末余额栏。

第二步，对当期业务进行分析并编制调整分录。在调整分录中，有关现金和现金等价物的事项，并不直接借记或贷记现金，而是分别记入"经营活动产生的现金流量""投资活动产生的现金流量""筹资活动产生的现金流量"有关项目，借记表明现金流入，贷记表明现金流出。

第三步，将调整分录过入工作底稿中的相应部分。

第四步，核对调整分录，借贷合计应相等，资产负债表项目年初余额加减调整分录中的借贷金额以后，应当等于期末余额。

第五步，根据工作底稿中的现金流量表项目部分编制正式的现金流量表。

2. T型账户法

T型账户法就是以T型账户为手段，以利润表和资产负债表数据为基础，对每一项目进行分析并编制调整分录，从而编制出现金流量表。

采用T型账户法编制现金流量表的程序如下。

第一步，为所有的非现金项目(包括资产负债表项目和利润表项目)分别开设T型账户，并将各自的年初、期末变动数过入该账户。

第二步，开设一个大的"现金及现金等价物"T型账户，分为经营活动、投资活动和筹资活动三个部分，左边记现金流入，右边记现金流出。与其他账户一样，过入年初、期末变动数。

第三步，以利润表项目为基础，结合资产负债表分析每一个非现金项目的增减变动，并据此编制调整分录。

第四步，将调整分录过入各T型账户，并进行核对，该账户借贷相抵后的余额应当与原先过入的期末期初变动数一致。

第五步，根据大的"现金及现金等价物"T型账户，编制正式的现金流量表。

3. 分析填列法

分析填列法是直接根据资产负债表、利润表和有关会计科目明细账的记录，分析计算出现金流量表各项目的金额，并据以编制现金流量表的一种方法。

(二) 现金流量表具体项目填列方法

1. 经营活动产生的现金流量

在我国，现金流量表正表中经营活动产生的现金流量应当采用直接法填列。直接法是通过现金收入和现金支出的主要类别直接反映来自企业经营活动的现金流量的一种列报方法。采用这种方法列报经营活动的现金流量时，一般是通过对利润表中的本期营业收入、营业成本，以及其他项目进行调整后取得的。"经营活动产生的现金流量"各项目的内容及填制方法如下。

(1) "销售商品、提供劳务收到的现金"项目。该项目反映企业销售商品、提供劳务实际收到的现金(包括应向购买者收取的增值税销项税额)，包括本期销售商品、提供劳务收到的现金，以及本期收到的前期销售价款和劳务收入款、本期预收的价款等，发生销货退回而支付的现金应从销售商品或提供劳务收入中扣除。企业销售材料和代购代销业务收入收到的现金，也在本项目中反映。本项目可以根据"库存现金""银行存款""应收账款""应收票据""预收账款""主营业务收入""其他业务收入"等科目的记录分析填列。

【**例8-3**】某企业2024年销售商品本年收到现金2 000万元,增值税260万元;以前年度销售商品本年收到现金200万元。本年预收款项100万元,本年销售退回商品支付现金80万元。

销售商品收到的现金=本期销售本期收到现金+前期销售本期收到现金+

本期销售预收现金-销售退回支付现金

=2 000+260+200+100-80=2 480(万元)

也可以根据下列公式计算填列:

销售商品、提供劳务收到的现金=销售商品、提供劳务产生的"营业收入和增值税销项税额"+应收账款本期减少额(年初余额-期末余额)+应收票据本期减少额(年初余额-期末余额)+预收账款本期增加额(期末余额-年初余额)±特殊调整业务(如本期计提的坏账准备、债务人以非现金资产抵偿债务而减少的应收账款为特殊调整业务的减项;以非现金资产换入应收账款和本期冲回前期多提的坏账准备作为特殊调整业务的加项)

【**例8-4**】某企业2024年12月31日资产负债表部分项目金额,如表8-12所示。

表8-12 资产负债表部分项目金额

单位: 万元

项目	年末余额	年初余额
应收账款	170	380
应收票据	100	80
预收款项	120	90

其中,"坏账准备——应收账款"年初余额为20万元,年末余额为30万元,本期未发生坏账和坏账回收业务;应收票据和预付账款未计提坏账准备。2024年利润表中营业收入为5 000万元。

则销售商品收到的现金=5 000+(380-170)+(80-100)+(120-90)-(30-20)=5 210(万元)

(2) "收到的税费返还"项目。该项目反映企业收到返还的各种税费,包括收到返还的增值税、消费税、关税、所得税、教育费附加等。本项目应根据"库存现金""银行存款""税金及附加""营业外收入""其他应收款"等科目的记录分析填列。

(3) "收到其他与经营活动有关的现金"项目。该项目反映企业除了上述各项目以外所收到的其他与经营活动有关的现金流入,如经营租赁租金收入、罚款收入、流动资产损失中由个人赔偿的现金收入等。本项目应根据"库存现金""银行存款""营业外收入"等科目的记录分析填列。

(4) "购买商品、提供劳务支付的现金"项目。该项目反映企业购买材料、商品、接受劳务实际支付的现金。购买商品、接受劳务支付的现金,包括当期购买商品支付的现金(包括增值税进项税额),当期支付的前期购买商品劳务的未付款,以及为购买商品劳务而预付的现金等,扣除本期发生的购货退回而收到的现金。本项目应根据"库存现金""银行存款""应付账款""应付票据""预付账款""主营业务成本""其他业务成本"等科目的记录分析填列。

【**例8-5**】甲公司本年购买商品支付现金1 000万元,支付增值税130万元,本年支付以前年度购买商品的未付款项100万元和本年预付款项80万元,本年发生的购货退回收到现金60万元。

购买商品支付的现金=本期购买本期支付+前期购买本期支付+本期购买预付-

购货退回收到现金

=1 000+130+100+80-60=1 250(万元)

也可以根据下列公式计算填列：

购买商品、接受劳务支付的现金=购买商品、接受劳务产生的"营业成本和增值税进项税额"＋应付账款本期减少额(年初余额－期末余额)＋应付票据本期减少额(年初余额－期末余额)＋预付账款本期增加额(期末余额－年初余额)＋存货成本本期增加额(期末余额－年初余额)±特殊调整业务

【例8-6】某企业2024年12月31日资产负债表部分项目金额，如表8-13所示。

表8-13　资产负债表部分项目金额

单位：万元

项目	年末余额	年初余额
应付账款	80	100
应付票据	70	60
预付款项	100	130
存货	300	290

2024年利润表中营业成本为4 000万元。

则购买商品而支付的现金=4 000+(100－80)+(60－70)+(100－130)+(300－290)=3 990(万元)

(5)"支付给职工及为职工支付的现金"项目。该项目反映企业实际支付给职工，以及为职工支付的现金，包括本期实际支付给职工的工资、奖金、各种津贴和补贴等，以及为职工支付的其他费用。本项目不包括支付给离退休人员的各项费用及支付给在建工程人员的工资及其他费用。本项目应根据"应付职工薪酬""库存现金""银行存款"等科目的记录分析填列。

(6)"支付的各项税费"项目。该项目反映企业按规定支付的各种税费，包括本期发生并支付的税费，以及本期支付以前各期发生的税费和预交的税金，但不包括计入固定资产价值的、实际支付的耕地占用税，也不包括本期退回的增值税、所得税。本项目应根据"应交税费""库存现金""银行存款"等科目的记录分析填列。

(7)"支付其他与经营活动有关的现金"项目。该项目反映企业除上述所支付的其他与经营活动有关的现金流出，如罚款支出、支付的差旅费、业务招待费等现金支出、支付的保险费等。本项目应根据"库存现金""银行存款""销售费用""管理费用""营业外支出"等科目的记录分析填列。

2. 投资活动产生的现金流量

(1)"收回投资收到的现金"项目。该项目反映企业出售、转让或到期收回除现金等价物以外的对其他企业的权益工具、债务工具和合营中的权益等投资收到的现金。本项目不包括收回债务工具实现的投资收益、处置子公司及其他营业单位收到的现金净额。本项目可根据"可供出售金融资产""持有至到期投资""长期股权投资""库存现金""银行存款"等科目的记录分析填列。

(2)"取得投资收益收到的现金"项目。该项目反映企业因持有除现金等价物以外的对其他企业的权益工具、债务工具和合营中的权益等投资所分回的现金股利和债券利息(不包括股票股利)。本项目可以根据"库存现金""银行存款""投资收益"等科目的记录分析填列。

(3)"处置固定资产、无形资产和其他长期资产收回的现金净额"项目。该项目反映企业出售、报废固定资产、无形资产和其他长期资产所收到的现金，减去为处置这些资产而支付的有关费用后的净额。如所收回的现金净额为负数，则应在"支付的其他与投资活动有关的现金"项目反映。本项目可以根据"固定资产清理""库存现金""银行存款"等科目的记录分析填列。

(4)"处置子公司及其他营业单位收到的现金净额"项目。该项目反映企业处置子公司及其他营业单位收到的现金，减去相关处置费用，以及子公司及其他营业单位持有的现金和现金等价物后的净额。本项目可以根据"长期股权投资""库存现金""银行存款"等科目的记录分析填列。

(5)"收到其他与投资活动有关的现金"项目。该项目反映企业除了上述各项目以外，所收到的其他与投资活动有关的现金流入。比如，企业收回购买股票和债券时支付已宣告但未领取的现金股利或已到付息期但尚未领取的债券的利息。本项目可以根据"应收股利""应收利息""库存现金""银行存款"等科目的记录分析填列。

(6)"购建固定资产、无形资产和其他长期资产支付的现金"项目。该项目反映企业本期购买、建造固定资产、无形资产和其他长期资产所实际支付的现金，以及用现金支付的应由在建工程和无形资产负担的职工薪酬，不包括为购建固定资产而发生的借款利息资本化部分，以及融资租入固定资产支付的租赁费。本项目可以根据"固定资产""在建工程""无形资产""库存现金""银行存款"等科目的记录分析填列。

(7)"投资支付的现金"项目。该项目反映企业取得除现金等价物以外的对其他企业的权益工具、债务工具和合营中的权益投资所支付的现金，以及支付的佣金、手续费等交易费用。本项目可以根据"可供出售金融资产""持有至到期投资""长期股权投资""库存现金""银行存款"等科目的记录分析填列。

(8)"取得子公司及其他营业单位支付的现金净额"项目。该项目反映企业购买子公司及其他营业单位购买出价中以现金支付的部分，减去子公司及其他营业单位持有的现金和现金等价物后的净额。本项目可以根据"长期股权投资""库存现金""银行存款"等科目的记录分析填列。

(9)"支付其他与投资活动有关的现金"项目。该项目反映企业除了上述各项目以外所支付的其他与投资活动有关的现金流出。如企业购买股票时实际支付的价款中包含的已宣告但未领取的现金股利，购买债券时支付的价款中包含的已到付息期但尚未领取的债券的利息等。本项目可根据"应收股利""应收利息""库存现金""银行存款"等有关科目的记录分析填列。

3. 筹资活动产生的现金流量

(1)"吸收投资收到的现金"项目。该项目反映企业以发行股票、债券等方式筹集资金实际收到的款项，减去直接支付的佣金、手续费、宣传费、咨询费、印刷费等发行费用后的净额。本项目可以根据"实收资本(或股本)""库存现金""银行存款"等科目的记录分析填列。

(2)"取得借款收到的现金"项目。该项目反映企业举借各种短期、长期借款等所收到的现金。本项目可以根据"短期借款""长期借款""库存现金""银行存款"等科目的记录分析填列。

(3)"收到其他与筹资活动有关的现金"项目。该项目反映企业除上述各项目外所收到的其他与筹资活动有关的现金流入，如接受现金捐赠等。本项目可以根据"库存现金""银行存款""营业外收入"等科目的记录分析填列。

(4)"偿还债务支付的现金"项目。该项目反映企业偿还债务本金所支付的现金，包括偿还金融企业的借款本金、偿还债券本金等。本项目可以根据"短期借款""长期借款""应付债券""库存现金""银行存款"等科目的记录分析填列。

(5)"分配股利、利润和偿付利息支付的现金"项目。该项目反映企业实际支付的现金股利、支付给其他投资单位的利润，以及支付的借款利息、债券利息等。本项目可以根据"应付股利""应付利息""财务费用""长期借款""库存现金""银行存款"等科目的记录分析填列。

(6)"支付的其他与筹资活动有关的现金"项目。该项目反映企业除上述各项目外所支付的其他与筹资活动有关的现金流出,如现金捐赠支出、融资租入固定资产支付的租赁费等。本项目可以根据"库存现金""银行存款""长期应付款""营业外支出"等科目的记录分析填列。

4. 汇率变动对现金及现金等价物的影响

该项目反映企业外币现金流量及境外子公司的现金流量折算为人民币时,所采用的现金流量发生日的即期汇率或按照系统合理的方法确定的、与现金流量发生日即期汇率近似汇率折算的人民币金额与"现金及现金等价物净增加额"中的外币现金净增加额按期末汇率折算的人民币金额之间的差额。

案例分析

提供虚假财务报表骗取贷款被判刑

20×3年7月至20×4年8月,王某在任滕州市某数控机床有限公司法人代表期间,安排财务人员袁某及会计秦某,采取虚报贷款用途、编造公司虚假财务报表的手段,骗取济宁银行滕州支行、滕州市农村商业银行股份有限公司开发区支行、滕州建信村镇银行等银行贷款共计810万元,用于归还个人贷款。经山东省滕州市人民法院审理,被告人王某、袁某、秦某多次以欺骗手段骗取银行贷款,给银行造成重大损失,其行为均已构成骗取贷款罪。法院一审判决被告人王某有期徒刑两年零六个月,并处罚金人民币50 000元;判处被告人袁某有期徒刑两年,缓刑两年,并处罚金人民币40 000元;判决被告人秦某有期徒刑一年零六个月,缓刑两年,并处罚金人民币30 000元。

请思考:

请指出本案例中涉案人员的行为违背了哪些会计职业道德要求,违反了哪些法律法规?

分析提示

任务小结

现金流量表主要项目填制总结

报表内容		项目及指标来源
表首		报表名称、编制单位名称、编制时间、报表编号和计量单位名称
上期金额		根据上年度现金流量表数的"本期金额"填列
本期金额	1. 经营活动产生的现金流量	根据每一项目涉及的会计科目发生额分析填列
	2. 投资活动产生的现金流量	根据每一项目涉及的会计科目发生额分析填列
	3. 筹资活动产生的现金流量	根据每一项目涉及的会计科目发生额分析填列
	4. 汇率变动对现金及现金等价物的影响	可逐笔计算外币业务发生的汇率变动对现金的影响,也可不必逐笔计算而采用简化的计算方法,即通过现金流量表补充资料中"现金及现金等价物净增加额"数额与现金流量表中"经营活动产生的现金流量净额""投资活动产生的现金流量净额""筹资活动产生的现金流量净额"三项之和比较,其差额即为"汇率变动对现金及现金等价物的影响"项目的金额
	5. 现金及现金等价物净增加额	上述四项之和

✎ 任务考核

一、单项选择题

1. 下列各项中，会引起现金流量表"经营活动产生的现金流量净额"项目发生增减变动的是( )。

  A. 偿还长期借款的现金流出　　　　　B. 收取现金股利的现金流入

  C. 购置固定资产的现金流出　　　　　D. 购买日常办公用品的现金流出

2. 下列各项中，属于工业企业现金流量表"经营活动产生的现金流量"的是( )。

  A. 收到的现金股利　　　　　　　　　B. 支付的银行借款利息

  C. 收到的设备处置价款　　　　　　　D. 支付的经营租赁租金

3. 下列各项中，不属于现金流量表"筹资活动产生的现金流量"的是( )。

  A. 取得借款收到的现金　　　　　　　B. 吸收投资收到的现金

  C. 处置固定资产收回的现金净额　　　D. 分配股利、利润或偿付利息支付的现金

4. 某企业2024年度发生以下业务：以银行存款购买将于2个月后到期的国债500万元，偿还应付账款200万元，支付生产人员工资150万元，支付厂房租金120万元，购买固定资产300万元。假定不考虑其他因素，该企业2024年度现金流量表中"购买商品、接受劳务支付的现金"项目的金额为( )万元。

  A. 200　　　　　　　　　　　　　　　B. 320

  C. 650　　　　　　　　　　　　　　　D. 1 150

5. A公司2024年度实现营业收入为5 000万元，其中现销收入2 600万元，赊销收入2 400万元；当年预收货款1 000万元，预付货款1 200万元，因质量不合格销售退回支付现金300万元，收回前期坏账50万元，则A公司当年"销售商品、提供劳务收到的现金"项目的金额为( )万元。

  A. 2 350　　　　　　　　　　　　　　B. 2 300

  C. 3 350　　　　　　　　　　　　　　D. 3 300

二、多项选择题

1. 下列各项中，影响企业现金流量表中"现金及现金等价物净增加额"项目金额变化的有( )。

  A. 以货币资金购买三个月内到期的国库券

  B. 以银行存款支付职工工资、奖金、津贴

  C. 将库存现金存入银行

  D. 收到出租资产的租金

2. 下列各项中，属于现金流量表中"现金及现金等价物"项目的有( )。

  A. 库存现金　　　　　　　　　　　　B. 银行本票

  C. 银行承兑汇票　　　　　　　　　　D. 两个月内到期的国债

3. 下列各项中，属于投资活动产生的现金流量的有( )。

  A. 支付的现金股利　　　　　　　　　B. 支付的业务招待费

  C. 转让无形资产所有权收到的现金　　D. 支付给在建工程人员的职工薪酬

4. 下列各项中，属于现金流量表中"经营活动产生的现金流量"的有( )。

  A. 支付的借款利息　　　　　　　　　B. 销售商品收到的现金

  C. 企业代扣代缴的职工个人所得税　　D. 支付行政人员差旅费

5. 下列属于工业企业现金流量表中"筹资活动产生的现金流量"的项目有( )。

    A. 吸收投资收到的现金   B. 分配利润支付的现金

    C. 取得借款收到的现金   D. 投资收到的现金股利

三、判断题

1. 企业取得的拟在近期出售的股票投资视为现金等价物。   ( )

2. 为购建固定资产而发生的借款利息资本化金额,应列示在现金流量表"购建固定资产、无形资产和其他长期资产支付的现金"项目中。   ( )

3. 企业购置的固定资产是其从事生产经营活动的物质基础,因此购置固定资产支付的资金应在现金流量表"经营活动产生的现金流量"项目列示。   ( )

4. 现金流量表中"销售商品、提供劳务收到的现金"项目,反映本企业自营销售商品或提供劳务收到的现金,不包括委托代销商品收到的现金。   ( )

5. 现金流量表中"支付给职工及为职工支付的现金"项目,反映企业实际支付给职工的现金及为职工支付的现金,包括在职人员及离退休人员的工资薪金。   ( )

◤ 任务拓展

    所有者权益变动表是指反映构成所有者权益各组成部分当期增减变动情况的报表。在所有者权益变动表上,企业至少应当单独列示反映下列信息的项目:①综合收益总额;②会计政策变更和差错更正的累积影响金额;③所有者投入资本和向所有者分配利润等;④提取的盈余公积;⑤实收资本或资本公积、盈余公积、未分配利润的期初和期末余额及其调节情况。所有者权益变动表以矩阵的形式列示:一方面,列示导致所有者权益变动交易或事项,即所有者权益变动的来源,对一定时期所有者权益的变动情况进行全面反映;另一方面,按照所有者权益各组成部分(即实收资本、资本公积、其他综合收益、盈余公积、未分配利润和库存股)列示交易或事项对所有者权益各部分的影响。

参 考 文 献

[1] 财政部会计资格评价中心. 2025 年度全国会计专业技术资格考试辅导教材：初级会计实务[M]. 北京：经济科学出版社，2024.

[2] 财政部会计资格评价中心. 2024 年度全国会计专业技术资格考试辅导教材：初级会计实务[M]. 北京：经济科学出版社，2023.

[3] 中国注册会计师协会. 2025 年度注册会计师全国统一考试辅导教材：会计[M]. 北京：中国财政经济出版社，2025.

[4] 王宗江，张洪波. 财务会计[M]. 7 版. 北京：高等教育出版社，2022.

[5] 陈德萍，高慧云. 财务会计[M]. 11 版. 大连：东北财经大学出版社，2024.